JN234005

社会的認知ハンドブック

Handbook of Social Cognition

山本眞理子・外山みどり・池上知子・遠藤由美・北村英哉・宮本聡介 編

北大路書房

はじめに

　社会心理学の研究領域に，認知的アプローチを取り入れた新しいパラダイムを持ち込み「社会的認知（Social Cognition）」研究がスタートしたのは，20年ほど前である。それにより，社会心理学の研究手法，基礎とする理論や概念に大きな変化が起きてきた。社会心理学の論文の中に，スキーマや表象，反応時間，再生率・再認率といった認知心理学の概念や用語が多数見られるようになり，ブラックボックスとされていた人間の内的側面が，プロセスとして記述されるようになってきた。

　また，社会的認知研究の出現によって，従来の社会心理学の研究領域の中でもさまざまな変化が起きてきた。自己，対人認知，帰属過程，態度，集団など，従来の社会心理学の主要な領域の多くで，社会的認知研究のアプローチに基づく新しい理論化の試みが行われ，新しい視点に立ったモデルが多く出されてきた。このように，社会的認知研究はこの20年間ほどで多くの貴重な研究成果を上げており，社会心理学研究において重要な研究分野となっている。

　日本でも，この新しいパラダイムを取り入れた研究が多く見られるようになってきた。しかし，認知的アプローチを基礎としているため，社会心理学の他の分野とは異なる概念や理論を援用したものが多く，社会的認知研究はとっつきにくいという印象をもたれがちなのも否めない。また，最近では，認知的アプローチを基盤にしながら，社会的認知研究の中で独自に発展してきた概念やモデルも多数出現するようになってきており，これらを理解するための下敷きにしている多くの概念や理論に関する知識の必要性がさらに高まっているように思える。

　そこで，本書では，社会的認知研究の理解を深め，そのおもしろさを共有できる人がもっと多くなることを願って，社会的認知研究の代表的な理論や概念をハンドブック形式で解説しようと試みている。また，社会的認知研究の基礎となっている認知心理学の概念や用語，社会的認知研究を理解するために必要と思われる心理学一般の用語の解説もミニ辞典の形式で後半に含めてある。社会的認知の研究論文や解説書を読む際に，理解の手助けをするものとして本書

はじめに

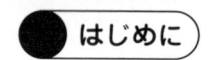

を活用していただけるように，解説内容を吟味しながら本書の構成を検討した。さらに，各章の内容を読みつづけていただくと，社会的認知研究の当該の領域ではどのようなことが問題として議論されているかを概観することもできる。

本書は3部からなる。第Ⅰ部は，社会的認知研究の基本的特徴を理解する手助けとなることを志したものである。社会的認知研究の特徴と，社会的認知研究の基礎となる認知的アプローチの特徴を解説している。Ⅰ-1では，社会的認知研究はそれ以前の社会心理学とはどのように異なるのか，社会的認知研究の中心的関心の変遷と今後どのような方向に向かうのか，などについて概観が述べられている。Ⅰ-2では，社会的認知研究の多くが基盤としている認知的アプローチに関する基礎的な理解を支援するために，認知的アプローチの初学者に必要と思われる基礎的な概念や知識を解説している。

第Ⅱ部が本書の中心的部分に該当する。以下に紹介する6つのパートにわたって，それぞれの領域の代表的な理論や概念が解説されているが，各々の理論やモデルの解説は，1頁から4頁単位で独立した形式でまとめられている。関連する理論やモデルは近い頁にまとめられているのでそれぞれを比較しながら読むとより深い理解が可能になるが，関心のある項目だけを拾い出して読むこともできるように記述の形式が工夫されている。また，各項目の最後に関連する事項が示されている。関連項目には，他の理論との比較を可能にするために，第Ⅱ部で解説されている他の項目と，第Ⅲ部に紹介されている認知的アプローチの基礎用語が示されている。

第Ⅱ部の構成は，Ⅱ-1で「自己」，Ⅱ-2で「対人認知」，Ⅱ-3で「集団・ステレオタイプ」，Ⅱ-5の一部で帰属理論，そしてⅡ-6の一部で態度理論について，社会的認知研究として変化，発展してきたもの，新たに出現した理論やモデルを紹介し，解説している。さらに，Ⅱ-3では集団に関する認知の問題が多く取りあげられているが，社会的認知研究とはやや異なる立場に立つ社会的アイデンティティ理論に関連する理論やモデルも多数紹介している。また，従来の社会心理学で強い関心が寄せられていた研究領域以外で，社会的認知研究の出現によって新たに研究領域に加わったものもある。それが，Ⅱ-4の「感情」の問題と，Ⅱ-5の「社会的推論」である。社会的認知研究では，当初から感情と認知の関係が問題にされてきた。Ⅱ-4では，感情が認知に及ぼす影響と認知が感

情に及ぼす影響の両者が多角的に検討されている。Ⅱ-5の「社会的推論」では，人間が行う社会的情報の処理方法の基本的特徴や社会的判断で起きるさまざまなバイアスが解説されている。そして，Ⅱ-6の「社会的判断と意思決定」では，社会的対象に関する評価，判断，意思決定などに関して解説されている。この章で取り上げられている理論やモデルは，社会心理学を超えて経済学など他の諸学問との交流を可能にするものでもある。

第Ⅲ部では，社会的認知の学習に必要な事項がまとめられている。特に，第Ⅲ部の中心的部分となる「認知的アプローチの基礎用語」には，社会的認知研究を理解するために必要な基礎用語が，社会的認知研究にとどまらず，認知心理学，心理学全般について，ミニ辞典の形式で示されている。さらに，「社会的認知の参考文献」には，おもに日本語で書かれた参考文献が紹介されており，社会的認知についての学習の際の手助けとなる。最後に，「引用文献」「索引」が載せられている。

本書の第Ⅱ部で取り上げた理論やモデルは119項目，第Ⅲ部の基礎用語は70項目である。これらの理論やモデル，事項を選択するにあたっては，以下の手順をふんだ。

まず，外山と山本の2人が，社会的認知研究のジャンルとして想定できそうな領域を意識しながら，それぞれにふさわしいと思われる方々に協力をお願いして，編者となってもらい，ワーキンググループを発足させた。そして，まず，第Ⅱ部で取り上げる領域を検討し，また，本書の構成としてその他必要と思われるものについて議論した。その結果，第Ⅱ部では，本書にある通りの6つの領域に分けること，また，その他に社会的認知の学習に必要と思われる「基礎用語」の章ももうけることを決め，それぞれの担当の編者を決めた。そして，各章の担当者が取り上げるべき事項の原案を作り，それらを持ち寄って，全員で事項の取捨選択を一つひとつ吟味していった。このような吟味は直接集まって行ったこともあれば，時にはインターネットを介して行われることもあった。そして，本書で紹介している119項目，70項目が最終的に決定された。その後，各項目の執筆者を決めるために，また全員が集まり検討した。その結果，執筆者一覧にある通り，編者6名を除いて，53名という多くの方々のご協力を得られることになった。

はじめに

　このような手順をふんだので，社会的認知研究にとって基本的で代表的な理論や概念，モデルをだいたい網羅することができたのではないかと考えている。しかし，本書が出来上がるまでにかなり多くの時間を必要としたので，この2,3年に新たに出現した理論や概念で取り上げきれていないものがあることもまた，事実である。この点は，仕事の遅い編者の一人としての私の責任であり，深く反省するとともにお許しをいただきたい。

　本書が完成するまでには，上記の通り大変多くの方々にお世話になった。各執筆者は，それぞれそのトピックに関して代表者と考えられている方々で，お忙しい中を時間を割いてご協力いただいたことに深く感謝している。

　また，本書の企画に温かいご理解を示していただき，出版を快諾していただいた北大路書房と，200近い項目の整理と編者を含め60名近い執筆者を相手に，膨大な編集作業に孤軍奮闘して下さった編集担当の奥野浩之さんに，心から感謝の気持ちを表したい。

2001年8月

編者を代表して
山本眞理子

［付記］ここ数年において，「被験者」（subject）という呼称は，実験を行なう者と実験をされる者とが対等でない等の誤解を招くことから「実験参加者」（participant）へと変更する流れになってきているが，引き続き，呼称の妥当性についての検証が進められることを考慮して，当面，本書では執筆当時の表記のままとする。

目次

I 社会的認知を学ぶ人へ　1
- I-1　社会的認知とは　3
- I-2　社会的認知の基本的アプローチ　13

II 社会的認知の理論と概念　23
- II-1　自　己　25
- II-2　対人認知　69
- II-3　集団・ステレオタイプ　107
- II-4　感　情　141
- II-5　社会的推論　183
- II-6　社会的判断と意思決定　221

III 社会的認知の学び方　247
- III-1　認知的アプローチの基礎用語　249
- III-2　社会的認知の参考文献　287
- III-3　引用文献　291
- III-4　索　引　311

●執筆者一覧

I 社会的認知を学ぶ人へ

Ⅰ-1 社会的認知とは

1. はじめに
2. 社会的認知研究の特徴
3. 社会的認知研究の変遷

Ⅰ 社会的認知を学ぶ人へ

1. はじめに

　社会心理学に社会的認知（Social Cognition）という言葉が使われ始めたのは，1940年代からである。社会的知覚（Social Perception）という言葉とほぼ同義に用いられ，ニュールック心理学の立場から，われわれの認識する社会的事象が認知者，知覚者の価値や態度にいかに影響されるかという点に焦点を当てた研究が行われるようになった頃からである。その後，社会的認知は対人認知とほぼ同義的に用いられる時代もあった。その頃までは，社会的認知とは，社会的事象の認知をさす言葉として用いられてきていた。

　しかし，1970年代後半に社会心理学の領域で起きてきた新しいパラダイムをさす「社会的認知」研究は，それ以前に社会的認知という言葉が意味しているものとはまったく異なる。これは，それ以前の社会的認知という言葉とは異なり，社会心理学における情報処理アプローチを基礎とした新しい研究パラダイムをさすからである。この社会的認知（Social Cognition）研究がスタートしたのはほぼ20年前からである。「社会心理学は認知的アプローチが入ってくる以前から認知に関心をもち，認知を扱ってきており，社会的認知という言葉は古くから使われてきている」とザイアンス（Zajonc, 1980a）は指摘しているが，社会的認知研究の出現は社会心理学におけるパラダイム変換を意味するという点で，ザイアンスの指摘はまちがっている。ここでいう社会的認知研究とは，テイラーの「認知社会心理学を発展させる」という題名の論文で社会心理学と認知心理学の融合した分野の確立を求めて，従来の社会心理学の方法論にこだわらずに認知心理学の理論や方法論を取り込んだ新しい研究分野の発展をめざした立場に代表される研究パラダイムをさす（Taylor, 1976）。また，"Journal of Personality and Social Psychology" の研究分野の記述に「社会的認知」というタイトルが登場したのも，1980年である。

　この頃を境に，社会心理学の論文の中に，スキーマや表象，反応時間，再生率・再認率といった認知心理学の概念や用語を用いた研究論文が多数見られるようになってきた。「社会的認知」という題名のついた出版物や学術雑誌も多数刊行されるようになってきた。フィスクとテイラーの『社会的認知』と題名

のついた有名な教科書（Fiske & Taylor, 1991）やワイヤーとスラルの『社会的認知ハンドブック』（Wyer & Srull, 1994）もほぼ10年の間をおいて第2版が出版された。ハミルトンら（Hamilton et al., 1994）がいうように、1960年代が認知的斉合性理論の時代、1970年代が帰属理論の時代であったとすると、まさに1980年代は社会的認知研究の時代であった。

2. 社会的認知研究の特徴

　さて、社会的認知研究は社会心理学における新しいパラダイムをさすと前述したが、どのような点がそれ以前のパラダイムと異なるのであろうか。前述のハミルトンらの論文で述べられていることを紹介しながら、社会的認知研究とは何か、その特徴を述べてみようと思う。ハミルトンらは、社会的認知研究の特徴として、以下の4点をあげている。

① 社会的認知アプローチは研究の対象となっている社会的現象の認知的基盤を直接的に問題にすることに焦点を当てている。

　前述のザイアンスの指摘の通り、社会心理学はこれまでずっと社会的事象についての認知的説明をしてきている。たとえば、アッシュ（Asch）やアンダーソン（Anderson）の印象形成の理論、認知的斉合性、とくに認知的不協和理論など認知的説明を試みているものをあげれば、数限りない。しかし、ここでハミルトンらが「社会的現象の認知的基盤を直接的に問題にしている」としていることは、それらとは異なる。ハミルトンらは明示的には述べていないが、これは、テイラー（1976）が「理論と方法の格差」としたものと密接に関係している。彼女はそれまでの社会心理学において認知的説明を試みてきたものの問題点として、研究の対象としては認知過程を問題にしているのに、それを検証しようとしている方法論が認知過程を直接的に検討できるものではなかったことにあると主張している。たとえば、態度の変容過程を扱おうとした研究において、態度そのものをブラック・ボックスであるという前提で態度変容の内的過程を問題にしている認知的不協和理論の方法論などを代表として、理論と

I 社会的認知を学ぶ人へ

して検証しようとしていることと検証の方法論とに格差があり，想定している内的過程が本当に存在すると仮定していよいか決着がつきにくいことが問題なのだと指摘している。そしてその解決法として，内的過程をもっと直接的に扱えるアプローチが必要だと主張したのである。

② 社会的現象を理解する手段として情報処理モデルを採用している。

前述の問題点を受けて，社会的認知研究は人間を情報処理モデルとしてとらえようするアプローチを採用している。情報処理モデルを採用しようとするということは，人間の内的過程に，注意，知覚，判断，保持情報の検索，処理結果の出力，といった複数の内的処理段階を想定することを意味する。この点に関しては，次章の「社会的認知の基本的アプローチ」に詳しい説明がなされている。

③ 心理学の他の関連する分野との共通性をもつ。

上記の情報処理アプローチを採用するということは，認知心理学で想定している人間の内的過程に関する多くのモデルを採用することになる。また，検証方法も，認知心理学で用いられているものを多数採用することになる。テイラー（1976）が「方法のルーズンアップ（loosen-up）」と称し，それまでの社会心理学で用いられていた厳密な刺激の統制と反応の測定にとらわれずに別な検証方法を導入してもよいのではないか，とした主張に通じる。社会的認知研究に，スキーマ，表象，アクセスビリティ，ネットワークモデル，意味記憶とエピソード記憶，スクリプトなどといった認知心理学で作り上げられてきた理論やモデル，用語が多く採用され，反応時間，再生率，再認率，プロトコルなどといった測定手段が多く用いられるようになったのはこのことと関連する。そして，このように認知心理学のアプローチを基盤として多くの検討がなされていることは，同様に認知的アプローチを基盤としている発達心理学の一部や臨床心理学の一部とも共通性を有するようになり，それだけ有用性が増すのだとハミルトンらは述べているのである。

④ 特定の研究領域をさすのではなく，社会心理学における一定のアプローチ（パラダイム）をさす。

したがって，社会的認知研究は判断，推測，概念，意思決定に関連する社会的現象のすべてを前記の立場に立って研究の対象としようとしているものを全

部含めることになる。ハミルトンらが，社会的認知研究は特定の研究分野をさすのではなく一定のアプローチをさすというのはこのことである。ザイアンスがいう，社会的認知研究が登場する以前にもすでに社会的認知は研究されていたという時の社会的認知という用語は，特定の研究領域をさしていると考えられるので，その点でザイアンスの指摘は適切ではないと思える。本書でも，第II部で社会的認知研究の領域として，「自己」「対人認知」「集団・ステレオタイプ」「感情」「社会的推論」「社会的判断と意思決定」の6つの領域における理論やモデルが紹介されているが，これも社会的認知が一定のアプローチを表す証拠である。

3. 社会的認知研究の変遷

さて，この20年あまりの間に，社会的認知研究の関心が変化してきた。また，社会的認知研究として何を重視するかも変化してきた。この間の社会的認知研究の中で起きてきた変化や特徴を，思いつくまま列挙してみたい。

① 認知心理学の理論モデルと方法論の導入

初期の時代は，社会的認知研究の啓蒙の時代とよべる。前述のテイラー（1976）の論文が出された頃を中心とした時期である。この時期には，それ以前の厳密な刺激の統制と反応の測定にこだわらずに，新しいモデルや方法論をもち込むべきだとする主張が強くなされていた。

ハミルトンら（1994）の第一番目の指摘にもある通り，社会的認知研究は社会的事象の認知的基盤を直接的に検証するものであるので，それまで社会心理学ではあまり用いられることのなかった反応時間や再認率，再生率，注目時間など，認知反応をそのまま取り扱う変数が，従属変数として頻繁に用いられるようになってきた。この傾向は，これまでもずっと変わることなく続いている。しかし，再認率，再生率の指標についても，情報処理パターンを検証するのにカテゴリー一致情報，不一致情報の正再生率／正再認率を比較するなどの一定の定型化された手法が定着してきたことや認知課題を遂行している時のプロト

コルをとり，その内容を分析するなど，測定方法にも多くの工夫と改良が見られる。また，近年は，最後の項で取り上げる，神経生理学的な手法も取り入れられるようになってきて，特定の社会的判断が大脳のどこの部位を活性化させているか，というようなデータが示されるようにもなってきた。

② 冷たい心理学（cool psychology）から温かい心理学（warm psychology）へ

社会的認知研究が始められた頃は，人間が行っている社会的事象の認知は認知プロセスだけで説明し，感情，情動といった生々しいものをできるだけ持ち込まないようにしようとする冷たい心理学（cool psychology）の立場を堅持しようとする姿勢（Taylor, 1976）が顕著であった。社会的認知研究の初期に，とくに，人物表象や社会的スキーマの機能に焦点が当てられていたのは，このような姿勢が大きく影響していたと考えられる。そして，この立場から対人記憶研究を中心に多くの興味あるモデルが提唱されてきた（Hastie et al., 1980）

しかし，とくに社会心理学では，感情，評価，動機などを抜きにしては説明が難しい現象が多く存在する。社会的認知を理解するのに，感情，情動，動機づけを含めて理解しようとする「温かい認知（warm cognition）」（Sorrentino & Higgins, 1986；海保，1997に詳しい解説がある）研究がその後行われるようになってきた。

感情（affect）を認知的枠組みでどうにか扱えないかという志向性が強まり，1980年代中頃から，本書のII-4にあるようなさまざまなモデルが提唱されるようになってきた。また，動機の問題も自己や他者に関する情報処理の領域で，広く取り上げられるようになってきた。とくに「自己」の領域では，自己理解，自己判断に影響するさまざまな動機が研究の対象として近年直接取り上げられるようになってきた（Trope, 1986b；Swann, 1990；Sedikides & Strube, 1997など）。また，対人認知の領域では，正確な認知への動機づけが相手に関してどの程度詳細な情報処理に影響を与えるかが問題とされるようになってきた（たとえば，Fiske & Deprét, 1996）。また，正確さの動機づけは，対人情報処理過程に相互作用を絡めて検討しようとしている研究でも重要な要因として取り上げられており，相手をコントロールしたいという動機がそれにかかわるとされている（Fiske & Deprét, 1996）。

③ 認知心理学の援用から社会心理学独自の事象への理論化の試み

このように，啓蒙の時代では，それまでの社会心理学のモデルと手法を捨てて，認知心理学の理論や手法がそのままの形で導入されてきた。人物表象に関する多くのモデルが，認知心理学のモデルを下敷きにして作られてきたことも該当するといえる。初期の社会的スキーマ研究などにもこの傾向が色濃く認められる。初期には，このアプローチを「認知社会心理学（cognitive social psychology）」とよぶ研究者もおり，社会的事象を認知心理学の理論と手法を用いて検討するものと紹介されていた（Taylor, 1976；Hastorf & Isen, 1982）。

その後，"Advances of Social Cognition" が1988年から年1回発刊されるようになり，その第1巻でブルーワーの二重処理モデル（Brewer, 1988）が提唱されるあたりから，社会的事象の独自な特性を組み込んだ理論やモデルが出現するようになってきた。結果依存性と勢力者の情報処理などに関するフィスクらの一連の研究（Fiske, 1993；Fiske & Deprét, 1996他）なども，社会的事象ならではの現象を扱った研究であるといえる。また，社会的認知研究が盛んになるにつれて，社会的認知アプローチが出現する以前から存在していた研究領域で，社会的認知による理論的再検討や新たなモデルの提唱の試みも起きてきた。自己に関する領域や原因帰属に関する領域などがこれに当てはまる。また，次の項で取り上げるステレオタイプ研究もその代表の1つである。このようなことも，社会的認知研究が，社会心理学独自の理論やモデルを提唱するようになってきたことに貢献したものといえる。

④ 個人から集団へ：ステレオタイプ研究の増加

社会的認知の最初の頃の関心は，おもに，個人の表象の構造と既有知識が刺激人物に関する情報処理に与える影響にあったといえる。前述の通り，さまざまな対人表象のモデルが提唱され（Hastie, 1980；Wyer & Srull, 1989など），特定の社会的スキーマがある人物に関する情報処理に影響を与えることを示す研究が盛んに行われていた（たとえば，Cantor & Mischel, 1977；Cohen, 1981）。この頃は，特定の集団に関してわれわれがもっている既有知識は，村田（1991）が指摘する通り，「人カテゴリースキーマ」として，複数ある社会的スキーマの一種類として整理されていた。これは，フィスクとテイラー（1984）が社会的スキーマの分類を試み，役割スキーマ（role schema）の1つ

I 社会的認知を学ぶ人へ

として特定の集団に関する既有知識をあげたことに由来する。そして、集団に関するスキーマは、外向-内向など性格に関してわれわれがもつ人一般スキーマ（村田，1991による命名）など他のスキーマと区別せずに、既有知識がある個人に関する情報処理に与える影響の問題としてひとくくりにして扱われてきた。

しかし、研究が進展し、情報処理パターンの違いが問題にされてくるようになると、対人情報処理過程についても、特定の個人の個々の特性に目を向け詳細に処理をしようとするピースミール処理と特定の社会的カテゴリーに基づいて判断がなされるカテゴリー処理の対比に関心が向いてきた（Brewer, 1988；Fiske & Neuberg, 1990）。これらの研究でいうカテゴリーとは、社会的カテゴリーをさし、おうおうにしてステレオタイプと同義にとらえられている。また、ハミルトンらの錯誤相関の研究（Hamilton & Gifford, 1976）に端を発して、社会的認知研究でも、ステレオタイプそのものに焦点を当てた研究が増えてきた。

II-3で述べられている通り、ステレオタイプ研究の歴史は長く、偏見の問題と絡めて取り上げられてきたが、社会的認知アプローチの出現により、ステレオタイプを社会的カテゴリーに関する表象としてとらえ、認知的バイアスとしてとらえようとする研究が行われるようになってきたのである。近年になって、ステレオタイプに関する研究が急増してきているが、岡（1999）は認知的アプローチによるステレオタイプ研究の特徴として、「ステレオタイプの内容やその認知構造を明らかにしようとするだけでなく、ステレオタイプ化の過程のダイナミズムにも関心を寄せ（中略）、どのような過程でステレオタイプが記憶の中に形成され、対人認知や社会的判断を行う時にステレオタイプ情報が使用されるのか、そして、ステレオタイプ情報の処理の結果、どのような認知的変化や行動が生じるのかを明らかにしようとしている」と述べている。とくに、最近のステレオタイプ研究では、ステレオタイプが活性化されたり、抑制されたりするメカニズム（Devine, 1989；Baudenhausen & Macrae, 1998）やステレオタイプ的判断が自動化されて起こるプロセスなどが検討されており、伝統的なステレオタイプ研究では明らかにされにくかった内的認知過程が解明されるようになってきた。

また，このような社会的カテゴリーとしてステレオタイプを扱おうとする研究の動向に，欧州を中心として，別な文脈で集団の問題を認知的に検討しようとする社会的アイデンティティ理論（social identity theory）の台頭が影響を与えたことを無視することはできない。本来，社会的認知アプローチのステレオタイプ研究と社会的アイデンティティ理論とは異なる背景をもつ関心から生じたものであるが，現在では，両者は互いの知見を交換し，統合化が進みつつある（Abrams & Hogg, 1999）。

⑤　自動的処理と神経生理学的説明への関心の増加

最後に，社会的認知研究の中で，注目されているものを簡単に紹介したい。

1つは，バージ（Bargh, 1989）が主張した，社会的情報処理の自動性（automaticity）の問題である。処理の自動性とは何かについては，Ⅲ部に詳しい解説があるので深くは触れないが，刺激に対して特定の概念との連合をくり返しているうちに，刺激の出現によって，無意図的で無自覚的で本人が統制することの難しい情報処理が自動的に起きてくることがあるというのが，バージのいう処理の自動性である。相手の特性推論，偏見的態度や行動の生起にこの自動性がかかわってきているというのである。従来の社会的認知の処理モデルが，処理量の多さに違いがあるが，何らかの認知的過程を経て判断が生起するとしているのに対して，特定の認知的処理を経ないで，一定の判断や行動が生起する過程を想定しているという点が，画期的である。ステレオタイプ研究においてこの処理の自動性の問題を取り上げる研究が多くなっている。

もう1つ触れておきたいのは，社会的判断過程を，神経生理学的に説明しようとする試みがごく最近始められたことである。たとえば，特定の人物に対して好き・嫌いなどの感情的判断をする時と，その人の特徴を想起する時とでは，活性化される大脳の部位が異なることを，fMRI（functional magnetic resonance imaging）の映像によって示そうとした試み（Aron et al., 1999他）がなされ始めているが，このような試みはまだ始まったばかりで，今後どのように発展するか今の段階ではまだはっきりはしない。しかし，ブルーワー（Brewer, 1999）は，このような試みを高く評価し，これまでは，神経生理学と認知心理学，社会的認知研究の関係は，前者の知見が後者の領域に生かされ，それがさらに，最後の領域に貢献する形で知見が活用される流れになっており，

I 社会的認知を学ぶ人へ

社会的認知研究は，流れの最下流に位置していたが，神経生理学的社会心理学 (neuro social psychology) の誕生によって，この流れを逆流させることもでき，これまで恩恵を受ける一方であった神経生理学や認知心理学に社会心理学の研究が貢献できる可能性が生まれたと述べている。この領域の今後の研究の発展に期待したい。

このように，社会的認知研究は，1990年代に入りさらに進展の速度を速め，またフィスクが言うように（1997, 筆者との私的会話），社会的認知研究は，社会的認知アプローチという共通基盤はもちながらも，社会的認知研究としてひとくくりにしにくいほど各研究分野の中で個別の理論の進展がなされる状況になるなど，大きな変貌を遂げてきていることも事実である。また，社会的認知研究の意義を問い直そうとする試み（たとえば，Devine et al., 1994）が出現する状況にもなってきている。初期の啓蒙の時代，研究の進展の時代を経て，現在は成熟の時代に到達しているということもできる。

I-2 社会的認知の基本的アプローチ

1. 社会的認知アプローチの出発点
2. 命題ネットワークモデル
3. プライミング効果
4. 記憶の機構
5. 長期記憶の種類
6. カテゴリー学習

I 社会的認知を学ぶ人へ

1. 社会的認知アプローチの出発点

　社会的認知研究は，社会的対象の研究に認知的アプローチ，情報処理的アプローチを採用することで発展してきた。本章では，社会的認知研究の概念的，方法的基礎となる認知的アプローチについて概説する。20世紀半ば以降，認知的アプローチは急速に発展し，現在も日々新たな研究知見が得られ，さらには，意識や感情などの新たに積極的に取り組まれている分野も拡大し，また，生理的指標の発達に伴い，研究方法についても大きな発展を遂げている。しかしながら，ここでは，社会的認知の基礎的な知識を理解するという目的に鑑み，認知的アプローチの初学者が基礎的な概念を理解する助けとして，基本的な概念，知識を概説することにしたい。認知研究自体に関心をもたれ，また，最新の分野や知見を学習したいという興味を喚起された読者はぜひとも認知心理学の専門書にあたって学習されることをお勧めしたい。

　社会的認知研究は出発点としては，主として他者にかかわる記憶－対人記憶－の研究が盛んに取り組まれた。そして，認知心理学の記憶研究から多くの概念，用語を取り入れてきた。そのため，社会的認知研究を学習する際のとまどいもおもに，記憶モデルの用語による問題が多く，他の社会心理学分野の専門家にとっても異和感と，ややとっつきにくい印象を与える原因にもなっているようである。そこで，本章は，記憶モデルの概説を中心において，最後にカテゴリー学習について簡単に触れる。カテゴリー学習は，近年，ステレオタイプの研究が進むにしたがって，密接に関係する分野として，認知研究の成果が摂取されている。推論の問題も重要であるが，トバースキーとカーネマン（Tversky & Kahneman）の研究などは，II-5で解説される。他に，類推や比喩など社会的認知研究に役立ちそうな推論研究は多いが，社会的認知研究において，いまだ十分にその成果を利用できていないのが現状であろう。認知科学の分野では，さかんにシミュレーション研究もなされているが，社会的認知研究ではまだまだ少数である。今後の発展が期待されるところである。

　初期には積極的に，対人認知研究に認知的モデル，とくに記憶モデルが取り入れられた。そこでは，人の印象を頭の中に構成される1つの情報としてとら

えた。これを表象という。外界のものを人が情報処理可能な記号形態に変換して表現したものである。その仕組みや働きを調べるために，あるモデルを仮説的に構成して，人の認知機能がそれでうまく表現，説明できるかどうかを検討していくことで，認知的特徴の解明が進んでいくのである。人の印象など，人の頭の中に保持される情報は，保持されているという面から1つの記憶であるととらえることができる。したがって，印象の研究は記憶表象の研究という観点から見直すことができた。印象の形成は，記憶の形成，すなわち符号化の過程であり，印象の再利用は，記憶の想起，検索過程としてとらえることができる。

このような記憶表象のモデルの中でも，社会的認知研究にとくに影響を与え，現在でもその理論的基盤として有益なモデルとなっているのが，ネットワークモデルである。

2. 命題ネットワークモデル

人の認知機能を研究するにあたって，人が外界をいかに理解するかを知ることは肝要なテーマであろう。認知心理学は，行動主義的アプローチがとっていたような人を外界に反応する受け身的な存在とする人間観から，積極的，主体的に外界を理解しようとするアクティブな人間観へと転換を行った。人は内的にもつ知識を積極的に利用して刻一刻外界から得られる情報に対して解釈を施していく。このように考えた際，人がその内部にどのような知識構造をもつのかは重要な問いであった。アクティブな理解を支える知識構造は図書館の本のようにじっと動かずにいるものではなく，知識自体が積極的に働くような動的な知識構造が構想された。環境に応じて，動的に準備状態を調整し，より素早い効率的な反応を支えるメカニズムがいかに備わっているか，多くの研究者が解き明かそうとしたのである。その1つのアイデアが知識をネットワーク構造としてとらえ，提唱された活性化拡散モデルである。

人の知識構造がどのようになっているか解明するアイデアとして，ここではさらに言語研究の発展から文章を機能的な単位に分解し，意味的な役割を分析

I 社会的認知を学ぶ人へ

して図示する方法がとられた。たとえば，以下の4つの出来事を考えてみる。

あゆみはハムスターのジェリーを飼っている。
大輔のねこのトムが，ジェリーを追いかけた。
ジェリーはティッシュボックスに入り込んだ。
あゆみは，大輔をひっぱたいた。

2つ目の文の「追いかけた」という行為の主体（行為者：agent）は，トムであり，行為を受けている受け手（recipient）は，ジェリーである。さらに，「トム」はネコであり，それを「所有する」主体は大輔である。一方，「ジェリー」はハムスターであり，それを「所有する」主体はあゆみであり，また，あゆみは，最後の出来事における行為「たたく」の主体でもある。ハムスターのジェリーはティッシュボックスに入り込んだが，この「入り込む」行為の主体がジェリーということであり，「入り込む」対象（object）はティッシュボックスである。これらを図示すると図1のように描くことができる。

こうすると一つひとつの意味概念を単位として分析できることになる。ちな

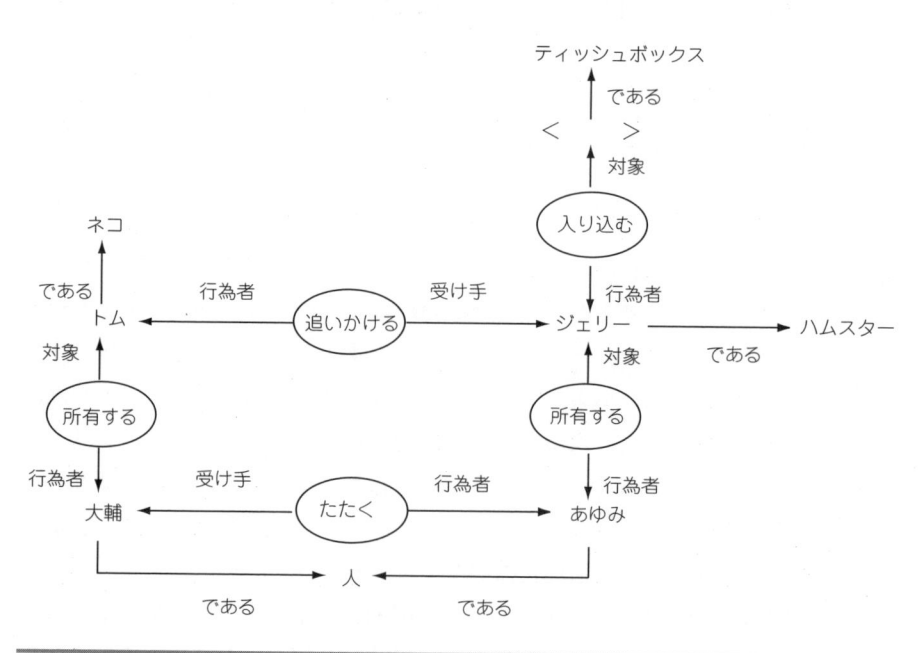

図1：出来事のネットワークによる表象

I-2 社会的認知の基本的アプローチ

みに，図中，＜　　＞となっているのは，ジェリーが入り込んだティッシュボックスは，ティッシュボックス一般ではなくて，特定の「この」ティッシュボックスとでもいえるものであるので，それを＜　　＞で表現している。知識はこのような意味概念一つひとつがネットワークした状態として表現できる。大輔についての知識は他にもたくさんあろうし，あゆみについての知識もたくさんある。このような知識相互間はネットワークで結ばれる。この際，一つひとつの概念をノードと称し，それを互いに結びつけるものをリンクとよぶ。

　しかし，このように文章を解析して図示するだけでは，知識は単なる静的な構造にとどまってしまう。活性化拡散モデルの重要な点は，意味連関の深いものの間にリンクがあり，1つの概念の活性化がこのリンクを伝わって他の概念に及ぶのだとする点にある。すなわち，意識の中である概念について想起したり，あるいは無自覚的にもある概念を処理システムが処理したりすると，その当該概念は活性化状態になる。これは，前意識的にアクセスしやすい状態にそ

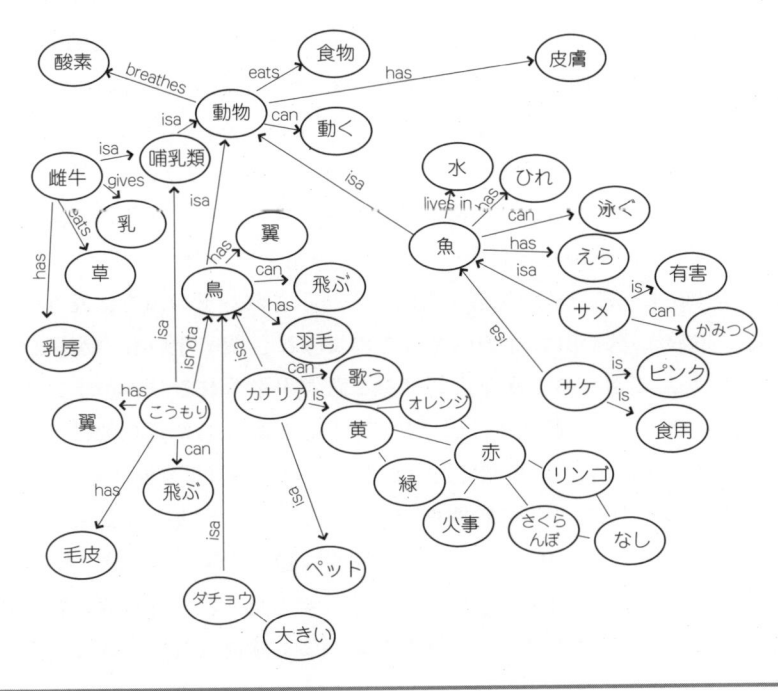

図2：意味ネットワーク・モデル（Lachman et al., 1979より）

の概念が立ち上がることを意味する。そして，このような活性化状態は多くのリンクを伝わって，たくさんの関連概念に伝播していき，結びつきの強い概念はやはり前意識的にアクセスしやすい状態へと活性化していくのである。

これによって，あるテーマで文章が書かれている時，あるいは談話があるテーマでなされている場合，未来に出現する可能性のある関連概念などが効率的によりスムースに理解される準備状態が用意されるわけである。このようなネットワークの例を図2に示しておく。

3. プライミング効果

概念の活性化が拡散していくことを実験的に証明したのがプライミング効果の研究である。プライミング効果とは，ある概念ないし処理機構の活性化が，後にそのもの，あるいは，関連する概念の処理に影響を与える効果である。初期の研究では基本的にその効果は概念の処理への促進効果であった。たとえば，関係のない，土星－看護婦という連なりで呈示されるよりも，医者－看護婦という意味的連関をもった連なりで呈示された場合の方が，「看護婦」という語の処理速度は速くなる。この際，処理の速さをチェックする研究道具として用いられるのが，単語完成課題や語彙決定課題であった。単語完成課題は，「かん－ふ」のように一部が脱落した刺激が呈示され，その語を完成させるものである。語彙決定課題は，「のへさこ」のように言葉でないものが呈示される試行と，「かんごふ」のような言葉である語が呈示される試行がランダムに現れてくる中で，これらが「いしゃ」などの語と対になって逐次的に呈示され，その一つひとつに対して，単語であるかないかを被験者に判断させる課題である。いずれもその完成率や反応時間を観察することで，促進的な効果があったかどうかを見定めることができる（→単語完成課題，語彙決定課題，反応潜時）。

初期では，意味的なネットワークを分析するために，意味的連関をもった単語対の呈示などによるプライミング効果がよく検討され，これは間接プライミングとよばれる。

これに対して，先行呈示した刺激と同一の刺激を後に呈示して，そこに見られる処理促進効果を検討するのは直接プライミングとよばれる。直接プライミング効果が数か月経っても維持されることや，呈示の様式（視覚，聴覚，ひらがななど）の影響を受けることから，単に概念の活性化の効果とは考えにくいことが指摘されるようになった。刺激を処理する1つの機構として知覚表象システムの活性化を考える提案がなされている。さらに活性化だけではなく，一度その刺激を処理することに伴う「流暢性」の上昇が重要であるとする指摘も見られる（→知覚的流暢性，潜在記憶）。

　社会的認知研究の中でも，社会的プライミング研究の始まりとして必ず取り上げられるヒギンズら（Higgins et al., 1977）の研究などがこの観点から考えれば直接プライミングの効果として見ることができよう（→社会的判断と文脈）。

4. 記憶の機構

　人の記憶機構全体のモデルについてもさまざまに理論化が進んできた。当初，支配的であったのは，2貯蔵庫モデルとよばれるものであり，短期記憶，長期記憶という重要な2つの機構が提案されていた（図3）。短期記憶はしばらくの間，電話番号を記憶にとどめておくような場合などがわかりやすいが，短期的に情報を保持しておくもので，またその情報が消失するのも速くて容易である。保持する方略として，こころの中で何度も番号を唱えたりするリハーサルという方略が用いられる。しかし，単なるリハーサルでは十分長期記憶に情報が転送されないことから，長期的な記憶の形成のメカニズムが探究された（→リハーサル）。2貯蔵庫の区別を仮定しない処理水準モデルでは，情報の処理の質が問題にされ，とくにその情報をどれだけ詳しく処理したかという「精緻化」の程度によって，保持される強さが規定されるものと考えられた（→処理水準，精緻化処理，示差性）。現在では情報がリハーサル的に保持される神経機構や，そのような一時保持システムからより永続的な保持へと変換されるシステムに

I 社会的認知を学ぶ人へ

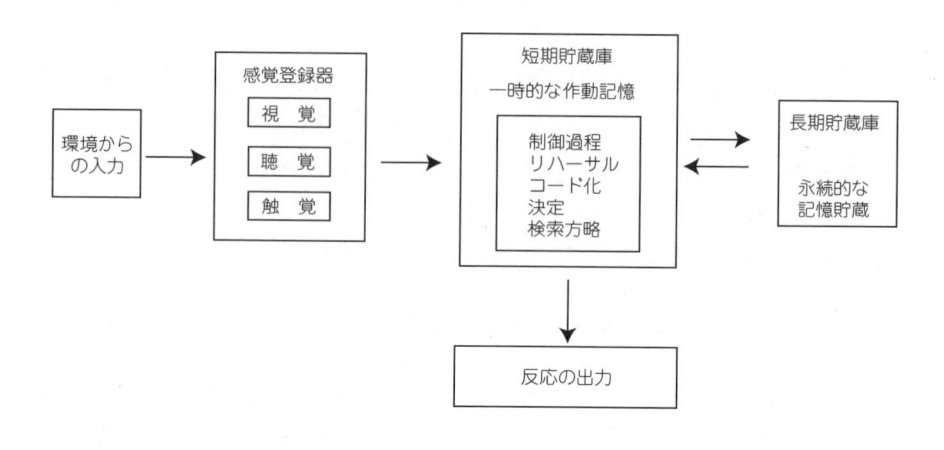

図3：記憶の2貯蔵庫モデル（Atkinson & Shiffrin, 1971）

ついて神経生理学的な研究が進んでいる。ある種の脳損傷者の記憶研究や記憶活動時のfMRIやPETによる生理的観察などから今後も急速に詳細な解明が進むものと予測される（→生理的測定）。

　短期記憶のモデルでは保持される情報はそのひとかたまりを1つの「チャンク」とし，7±2くらいの限界値があるとされた（→チャンキング）。この短期記憶と意識が関連づけられて考えられていたが，情報の理解過程や発話の産出などを考えてみると，前意識的にリアルタイムで情報処理をなす機構が想定できる。また，意図や行動目的の保持なども何らかのメカニズムで支えられているはずである。このようなことからその後，「ワーキング・メモリ」（作動記憶）という概念が提唱され，さらに，下位機構として，視空間的記銘メモと音韻ループなどが考えられている（→作動記憶）。

5. 長期記憶の種類

　知識は，人が学習した情報が保持されて利用されるものであるが，長期に保持されている情報という点ですべて長期記憶だと考えられる。しかし，一般の人は「記憶」といえば，過去の想い出などを連想するようである。これをタルヴィング（Tulving）は意味記憶とエピソード記憶として区別した。意味記憶はさまざまな概念の辞書的知識を保存したものであり，そこから定義的情報や属性情報などの特徴が検索される。それに対して，エピソード記憶は，個人的な体験が時系列的な情報を伴って保持されているものであり，時や場所などの具体的情報が結びついている。これまで記憶研究は主として単語などを用いて意味記憶の検討を行ってきていたように見えるが，再生や再認（→再生，再認）などの記憶検査で見ていたものは，「前に実験室に来た時に経験した単語は何であったか」などというエピソード的な記憶であったことをタルヴィングは指摘した。ただし，何度も経験を重ねることによって情報に付随していた時や場所の情報が失われて，意味的な知識だけが残っていくことによって意味記憶に移行していくことがしばしばあるものと想像される。

　また，意味記憶もエピソード記憶も言語的には命題的な解析が可能な情報が多く含まれるが，そのような命題的知識に対して，自転車の乗り方やピアノの弾き方などいわゆる「からだで覚えている」ような知識をわれわれはもっている。このような知識もいったん獲得されたものが保持されて，利用可能となっている限り，それは一種の情報の保持という意味で「記憶」とみなすことができる。このような「方法の記憶」のような知識を手続き的知識と称している。数学の解法などもはじめは一つひとつ公式の適用可能性などを考えて，論理的に正しい選択を重ねていくことで，解答が導かれていたのが，同じような問題を数多く解くと，このタイプの問いにはこの解法を適用して，こういう計算をしていけば答えが出るということが比較的スムーズに機械的処理に近い形で当てはめられて，解答が得られるように変化していくものである。このような変化は宣言的な知識から手続き的な知識へと手続き化されていくものであるとアンダーソン（Anderson, 1983）はとらえた（→ACTモデル，宣言的知識）。

6. カテゴリー学習

　新たな意味記憶の形成ということを考えると，外部から与えられる命題をそのまま受け入れて記憶するような場合と，自分で学習して新たな意味のまとまりを発見するような場合があるだろう。幼児は自己の経験の中で，世界をある種のまとまりの集合体として分節化しつつ，近しいものを1つのカテゴリーに含まれるものとして抽象化していく。このような学習をきわめて効率的かつ自動的に進めていく機構が人には備わっているものと考えられるが，それは多くの場合，環境自体の規則性の内的反映でもある。このように環境の法則性とそれを抽象化する認知機構の規則性との相互作用として，人は生まれてから数年で爆発的にカテゴリー的な学習を遂げる。カテゴリーとして認知することは複雑で曖昧な世界を理解可能な意味のある状態として認知することであり，人間にとってきわめて基本的な能力であろう。このようなカテゴリー学習の問題は，とくに社会的認知研究では集団の認知やステレオタイプの形成などで深くかかわる分野であろう。

　カテゴリーの理解は，1つにはプロトタイプ論があり，カテゴリーを代表するような典型的属性を有する典型の表象が核となり，その変形としてさまざまなカテゴリー事例があるという考え方である。プロトタイプは多くのカテゴリー事例と属性を共有し，他のカテゴリーとは区別がつくような示差的な情報を有している（→示差性）。このようなトップダウン的な見方と異なり，個々の事例がその属性とともに学習されていき，新たな事例の呈示に際しては既存の事例との類似性の算出結果によってカテゴリー判断（ある事例がどのカテゴリーに属すると考えるか）がなされるという事例中心モデルがある（→エグゼンプラーモデルとプロトタイプモデル）。また，プロトタイプ的な抽象的表象と事例表象の両者を想定するようなモデルも見られる。このようにカテゴリーの問題はどのような知識表象を人間が利用しているのかという問題とも密接にかかわり，かつ新たな経験によっていかに知識が形成されていくかというダイナミックな問題にもつながる。知識の変容などの現象も含めて，このような「学習」「獲得」という側面も，興味深い研究分野といえよう。

II 社会的認知の理論と概念

　第II部では，社会的認知研究の主要な領域を，「自己」「対人認知」「集団・ステレオタイプ」「感情」「社会的推論」「社会的判断と意思決定」の6つに分け，各領域の代表的な理論や概念，モデルを紹介する。紹介されている項目は，各領域の初めに一覧で示されている。

　読者の方々の中には，社会的認知研究の文献や著書を読んでいる時に，概念や理論が既知の事項として扱われているために，理解するのが難しいと思われることもあるだろう。そのような時の理解の一助として，また，社会的認知研究の理解のための手引きとして利用しやすいように，この部は構成されている。

　具体的には，各領域に関連する理論や概念の解説を1～4ページの読み切り形式で，1項目ずつ独立させて事典的にまとめている。関連の深い理論や概念は近いページにまとめられているので，それぞれの領域を通読するとより深い理解が可能になるが，関心のある項目だけを拾い出して読むこともできるように工夫されている。

　また，各項目の解説の最後には，その項目に関連する他の項目が示されている。この「関連項目」は，原則として，第II部で解説されている他の項目と，第III部で紹介される「認知的アプローチの基礎用語」から選定，抽出されたものである。社会的認知研究の多くの理論は，基礎の認知研究の理論や概念を多く援用している。したがって，「関連項目」を設けることにより，解説される理論や概念を多面的に理解できるようにし，他の理論や概念との比較を可能にするための便宜をはかった。必要に応じて参考にしていただきたい。

　さらに，主要な理論や概念としては取り上げにくいが，紹介しておきたい項目が，コラムとして半ページ～1ページ程度にまとめられている。

II-1 自 己

- 自己知識，自己表象
- 自己スキーマ
- 抑うつの自己情報処理
- 自己関連づけ効果
- 力動的自己概念
- 可能自己
- 作動自己
- 自己意識
- 自覚状態
- 自己焦点づけ
- 自己査定
- 自己確証
- 自己一貫性
- 自己高揚
- 自尊感情
- 存在脅威管理理論
- 自己評価
- セルフ・ディスクレパンシー
- 自己評価維持モデル
- 自伝的記憶
- セルフ・レギュレーション
- 動機づけられた推論
- ●CEST
- ●自己複雑性
- ●暗黙の自尊感情

　自己の領域において，社会的認知研究は，「自己」に対する伝統的実体主義を根底から揺さぶることに大きく貢献した。自己は，そこにそのようにある自分を意識で照らし，ありのままとらえたものとされてきたのだが，実際は認知や動機づけによって，積極的に構成されたものであることを明らかにしたのである。社会的認知研究の初期には，受動的情報処理マシンとしての自己が注目されたが，自己を文脈から引き離してしまったことに対する反省から，最近は社会的状況の中で他者と相互に照らしあうものとしての自己に焦点が当てられるようになった。そして，社会的環境を理解し他者と関係を結び世界への適応を作り出し維持していく過程で，自分自身をいかにどのような人間だと理解するか，また自己がどのような機能を果たしているか，ということが問題となっている。本節では，自己理解や自己動機づけの研究にかかわる基本的な事項を解説する。

II 社会的認知の理論と概念

▼自己知識，自己表象

■ **自己概念と自己の二重性**　本格的な自己研究が始動した心理学黎明期には，人の自己を見つめる目は自分自身に内在する本質を見抜き，それが自己概念という形に結実する，と考えられていた。ちょうど「哺乳類」や「家具」についての概念をもっているように，「私」がどんな人間でどのような性質を実際に有しているかについて，人は誰しも抽象的なレベルで理解し，概念を形成している。これが自己概念である。自己概念は，自分の特徴を記入したカードを「私」というラベル付きの箱に入れ，心の中に収納しておく，そのようなものと考えられている。

　私という存在は二重性をもつ。「私は太郎を知っている」という時，太郎のことを観察したり考えたりする主体は，「私（I）」である。そして，太郎がお人よしな人間であることを知る。同様に，「私は私を知っている」時，私（I）が関心を払い見つめるその目の先にある対象は，太郎ではなくてこの私自身（Me）であり，その結果，私は，私がせっかちだということを知るのである。私は主体であり，同時に対象である，という二重性を有する。

　ジェームズ（James, 1890）は，この2つの自己をそれぞれ，主我または知る者（I：self as a knower），客我または知られる者（Me：self as a known）と名づけた。後者は「自己」ともよばれる。自己の認知的側面が自己概念であり，評価的側面が自尊感情ないし自己評価である。ジェームズは自己概念をさらに内容領域の点から，物質的自己，社会的自己，精神的自己の3つに分類している。

　「自己概念」は，それ以来，心理学におけるキー・コンセプトとして重要な位置を占めてきた。それらは，典型的には「私は○○である」というような形で表現されるものとされ，その内容を把握するため，これまでさまざまな方法が開発されてきた。カリフォルニアQ分類法や20答法，自己判別法，そして自発的自己概念記述法などは，その代表例である。

■ **自己知識**　1970年代後半，社会認知の領域で，情報処理の枠組みから自己にアプローチする立場が現れ，「自己概念」に代わって「自己知識」というより広い概念が用いられるようになった。自己知識は，自己概念とまったく別物というわけではなく，自分という人間について自分自身で知っていることあるいはもっている知識という点では，むしろ同じ概念の言い換えともいえる。しかし，「自

Ⅱ-1　自　己

己概念」ではなく,「自己知識」というタームを使用するのは, 箱の中身への関心を主とする自己概念研究の時代とは異なった問いを立てるようになったことと関連する。すなわち, 認知革命後情報処理のアプローチが自己研究にも導入され, 自分自身をどう考えているかという自己概念の内容という静的側面から, 自己に対する認知すなわち自分に関する知識をどのように集めているか, どのように貯蔵しているか, そして集められた知識はどのような機能をつかさどっているかなど, 研究者の関心は自己の構造と機能へと広がりを見せた。自己概念＝「ラベル付きの箱」では, これらの疑問にはこたえられないから, 構造や機能をも説明しうるものを考え出す必要があった。そこで, 自己についてのさまざまな知識がある一定のやり方で整理され収納されていることをモデル化した「自己知識」「知識構造としての自己」という概念が登場したのである。連合ネットワーク (Bower & Gilligan, 1979), プロトタイプ (Rogers et al., 1979), スキーマ (Markus, 1977) など, ほぼ同時期にさまざまな自己知識モデルが提唱されたが, これらが認知心理学の影響を色濃く反映し, 一般的な知識構造モデルと類似したものであることは言うまでもない。これらのモデルはいずれも, 自己概念のように自己について把握された内容だけを問題にするのではなく, ちょうどコンピュータのプログラムのように, ある構造をもったものとしてさまざまな内容が蓄えられることによって, 情報処理および行動産出・調整上の諸機能を担うことができるとしており, ダイナミック自己概念ともよばれる。

　「自己概念」と「自己知識」は, 内容の豊潤さにおいても違いを見いだすことができる。人が自分について知っているのは, 抽象的な性質だけにとどまらない。自己知識は出生地などの個人情報, 具体的な過去の経験や出来事, 時間的な変化や成長, 他者との関係のあり方, そして願望や不安など, じつにさまざまな知識から成り立つ。言い換えれば, 自己についての抽象的な特徴 (意味記憶, 例：私は親切だ) とそれを裏づける具体的事例 (エピソード記憶, 例：拾った財布を持ち主に郵送した) をも含む, より複雑で大きなデータセットのようなものである。

　これに対して, 自己概念は「概念」の一種であるから, 抽象性の高い本質的属性から成り立っていることが含意されている。つまり, 自己概念は自己のある側面に関する経験の要約の集合である。自己概念はいわゆる事例を含まない, とは

II　社会的認知の理論と概念

明言されていない。しかし，自己概念の研究において，これまでの人生での個々の経験の表象に関心の光が当てられることはそれまでなかった。

さらに，「自己概念」と「自己知識」の間には，内容の真実性に関する仮定という点からも差異を認めうる。通常，「知っている」という言葉は，確定した真実・事実に対してのみ用いられる。「来年の3月，大雨が降るのを知っている」とは言わない。心理学の初期においては，人間はその高度な知的能力ゆえに，自分に内在する本質，すなわち統合された単一の自己を明確に把握することができると信じられていた。ジェームズが自己を「知られる者」とよんだことには，そうした背景がある。つまり，自己概念は，その人の実際のあり様から本質を抜き出し，凝縮したものという，内容に対する真実性が暗黙裡に仮定されていた。しかし，その後，自己はむしろ構成されるもの（Baumeister, 1998）ととらえられるようになり，自己知識は，真実か否かにかかわらず，自分自身についてもっている信念（belief）がゆるやかに結合したものであると考えられるようになり，内容の真実性についての前提は消え，最近はむしろ疑問を呈せられてきている。

他方，「自己表象」という用語は，自分についてもっている知識がどのような形式で心の中に保持貯蔵されているかを問題にする。自分の姿や顔などに関してはそれはイメージ的なものであり，映像的表象とよばれる。性格や行動傾向などに関して言語による場合は，象徴的表象とよばれる。しかし，概念，知識，心的表象，それにスキーマは一般にはそれほど厳密に区別されず，同じような意味を表すものとして使われることも多い。

自己知識に関する諸構造モデルは，情報処理的アプローチ以前の自己モデルと比較して，いずれも自己関連特徴相互の意味関連性を表しうるという点において優れていた。しかし，モデル間の相違点については不明瞭な点が多く，これまでの実証的検証によって取り出される現象が間接的なものであったため，モデル検証性についてコンセンサスが得られにくいという弱点を抱えている。最近は自己のPDPモデルや「自己の社会」と名づけられたコンピュータ・シミュレーションモデルなども提起され，自己知識の構造特性と自己の情報処理的側面に対する説明力が増してきているが，今のところ自己の動機的側面や社会的調整機能についてはこれらのモデルではほとんど考慮されていない。

II-1　自己

　この十数年，社会認知研究を貫く人間観は大きな転換を見せた。すなわち，一人で座ったまま情報処理にいそしむ『認知的倹約家』としての人間観から，他者と交流し状況に応じて社会の中に自他を適切に位置づけようとする『動機をもつ戦術家』としてのそれへと変化した。それを受けて，自己研究も個としての自己の認知・評価に対する関心に替わり，自己の関係性・社会性に対する関心が増大してきている。集合的自己や自己カテゴリー化の研究なども，広い意味でのこの流れに含めることができる。すなわち，社会や他者とのかかわりの中での自己理解・評価，自他の適切なあり方を探り創り出す適応創出過程などが注目されるようになってきた。他者との相互作用，とくに重要他者との関係性と自己認知のかかわりは，さまざまな角度から検討され，内的作業モデルや関係性スキーマとの対応も議論されている。また，自己認知は社会的確証（social verification）を必要とし，とりわけ重要他者との共有理解（shared reality）成立は自己認知や適応の水準・方向を規定する重要な要因と指摘され（Higgins, 1996b），臨床や発達心理学へも示唆を与えている。

■ 知識を超えて－社会的構築主義，あるいは状況主義の立場から－　近年，認知における状況の重要性を正面からとらえ，自己がまさしく，そのつどそれぞれの状況（here and now）において生成されるものだと考える立場が登場してきている。ブルーナー（Bruner）やガーゲン（Gergen）などこの立場の先鋒をかつぐ研究者は，自己概念や自己知識という言葉をけっして使用しない。社会システムの文化・歴史的あり方が，個人のいる具体的な社会的立場を規定し，さらにそれが人のあり方やとらえ方を方向づける。したがって，それら状況要因を捨象した自己知識という概念自体，意味をなさないというのが彼らの論点である。

　彼らは，自己は語られる物語（self narrative）だと考え，語られるものとしての自伝的記憶分析を主要な研究手法としている。それは，その語りの中に，特定の今ここの状況，その状況を作り出している社会的枠組み，そしてさらにそれを包み込む文化的・歴史的文脈，これら3つの側面の織り成す状況における相対的布置としての「自己」があぶりだされると考えるからである。→自己評価，作動自己，自伝的記憶，自己スキーマ　（遠藤由美）

II 社会的認知の理論と概念

▼自己スキーマ

　マーカス（Markus, 1977）の提出した概念。過去の経験から引き出された自己についての認知的概括で、個人の社会的経験のなかに含まれる自己に関連した情報の処理を組織化したり導くもの。人は、さまざまな経験に基づいて自分に関する多くの知識をもっているが、それらはバラバラに蓄積されているのではない。関連の深いものどうしがまとまり、そのまとまりは相互に連絡網をもって貯蔵されている。この構造化された状態が自己スキーマ（self-schema）である。自己スキーマの中でも、自分にとって重要な部分は、豊富な知識と詳細に構造化された形をもっている。またマーカスは、自己に関する知識の構造は全体的には比較的永続的で安定的だが、その中でどの部分が活性化するかは状況や動機によって変化すると考えている。自己スキーマの考え方は、従来「自己概念」としてとらえられてきたものに情報処理的な知見を導入し、その構造や情報処理に与える影響に注目した知見と位置づけられる。

　この自己スキーマは、自己や他者にかかわる認知に影響を及ぼすことが知られている。マーカス（1977）は、独立的スキーマ・依存的スキーマの存在が、これらに関連した性格特性語が「自分に当てはまるか否か」を判断する情報処理の促進をうながすことを示した。またこの研究では、独立・依存にかかわる偽の性格テスト結果を呈示した後の反応から、自己スキーマが自己に関する情報の一貫性を保ち、それに矛盾する情報について抵抗を示すことを示している。またマーカスら（Markus et al., 1985）は、男性性スキーマをもつ場合は男性性にかかわる他者の行動について、行動をより大きく区分して体制的にとらえたり、逆により細かく区分して詳細な部分に注目することの両方ができることを示した。またカーペンター（Carpenter, 1988）は、キャリア志向スキーマをもつものは、刺激人物の記述の中でキャリア志向に関連する特性をよく再生することを示した。これらの結果は、自己スキーマが、情報のどこに注意を向け、重視し、記憶していくかという他者についての判断全体に影響を与えることを示している。→自己知識、自己表象、スキーマ、社会的スキーマ（上瀬）

Ⅱ-1　自己

▼抑うつの自己情報処理

　精神的な不適応状態を社会的認知の立場から説明する試みが，1980年代以降とくに盛んになってきているが，とりわけ，抑うつ（depression）については研究が進んでいる（たとえば，Twaddle & Scott, 1991）。

　抑うつの自己情報処理に関する研究で代表的なものは，ベック（Beck, 1967）の認知の歪み理論に関するものである。ベックの理論によると，抑うつ発生の根源は，抑うつスキーマである。抑うつスキーマとは，自動的思考（自分の意志とは関係なく意識に上ってくる，ネガティブに歪んだ考え）と，その後の抑うつを生じさせる，より深層にある信念や態度といった認知構造をさしている。抑うつ的な人のスキーマは独特なネガティブなものであり，これをもっている人は，「～すべきである」や「いつも～だ」「～か～かのどちらかしかない」といったネガティブに歪んだ考え方をしやすい。抑うつスキーマは，幼児期のネガティブな体験などによって形成されると考えられている。抑うつスキーマは，ふだん（非抑うつ時）は潜在し，問題が起きることはない。しかし，抑うつスキーマをもつ人がネガティブなライフイベントを体験すると，それによって抑うつスキーマが活性化され，その結果，ネガティブな自動的思考が生じる。抑うつスキーマとライフイベントの関係は，鍵と錠のようなものと仮定されている。つまり，抑うつを起こしやすい体験の領域が人それぞれにあると考えられている。たとえば，幼児期に親の死を体験した人は，喪失をテーマとしたスキーマが組み込まれてしまうので，大人になって，誰かと別れるといった別離の体験がこのスキーマを活性化しやすくする。これは，領域合致（matching of content domain）の仮定とよばれている。

　抑うつスキーマが活性化することで生じる自動的思考は，自己・世界・未来という3つの領域にわたるネガティブな思考内容で占められており，このことをベックは，抑うつ認知の3大徴候（the cognitive triad）とよんでいる。そして自動的思考の後に抑うつ症状が生じるとされている。ベックの考え方では，抑うつの本質は認知の障害であって，感情の障害はそこから二次的に生じるものだと考えている。感情の障害を認知の障害から説明する点で，ベックの理論はそれまでの抑うつ観を一変させたといえる。

　この他にも，抑うつの自己情報処理については自己意識からも研究が行われて

II 社会的認知の理論と概念

いる。自覚状態や私的自己意識特性が高い人に見られる行動と，抑うつの症状に類似の現象が見られることが指摘されてきた（たとえば，ネガティブな感情の経験，自尊心の低下，内的要因への原因帰属，自己への言及の増加など）。ピジンスキーとグリーンバーグ（Pyszczynski & Greenberg, 1987）によると，抑うつ的な人の注意の向け方には特徴があるという。抑うつ的な人は，ネガティブな結果のあとに自己に注意を向け，ポジティブな結果の後では自己から注意を背けやすいという（抑うつ的自己注目スタイル）。そのため，ネガティブな結果の後にネガティブな感情が高まったり，ネガティブな結果の原因を自分に帰属したり，自尊心や動機づけが低下したりする。また，ポジティブな結果の後の自己への注目を避けるので，ポジティブな結果の後に，喜ばしい感情がわかなかったり，ポジティブな結果の原因を自分に帰属しなかったり，自尊心や動機づけが高まらなかったりする。ピジンスキーらとは別に，抑うつ的な人は自己に注意が向きやすく，しかも自己に注意が向くとそれを持続させてしまう（自己没入）という報告（坂本, 1997）や自己から注意をそらすことが抑うつの低減に効果的であったという報告がなされている（Fennell & Teasdale, 1984）。抑うつ時には，注意が自己に向かいやすい（Sedikides, 1992）。そして気分一致効果のため，抑うつ時にはネガティブな自己関連情報が処理されやすいと考えられる。自己への注目は自己情報処理をうながすため，抑うつ時に自己に注目することは，必然的にネガティブな自己情報を処理することになる。そのため，抑うつ時に自己に注目し続けることにより，ネガティブな自己関連情報が処理され続け，結果的に抑うつを維持させてしまうものと考えられる。自己から注意をそらすことによって，抑うつ時の自己関連情報処理が中断するため，抑うつからの回復に効果があると期待される。

その他にも，自己確証，自己複雑性や原因帰属などとの関係でも研究が進められている。→自己スキーマ，自己意識，自己焦点づけ，自己確証，気分一致効果，抑うつの情報処理理論，感情と注意の理論（坂本）

Ⅱ-1　自己

▼自己関連づけ効果

　自分にとって興味や関心のある物事は記憶に残りやすいが、同様に、自分について判断をしたり考えたりした場合も、記憶に残りやすくなる。このように、記銘材料（記憶すべき対象）に対して自分自身に関連づける処理を行うと、物事の意味に関する処理や他者に関連づける処理を行った場合と比較して、その記憶成績がよくなる、という現象を「自己関連づけ効果（self-reference effect）」という。自己関連づけ効果は、記憶方略の観点からも興味深いが、それ以上に、人間の自己の機能や構造を垣間見ることができるという点で、重要な研究素材である。

　自己関連づけ効果を初めに実験的に検討したのはロジャーズら（Rogers et al., 1977）である。ロジャーズらは、クレイクとタルヴィング（Craik & Tulving, 1975）の処理水準の実験パラダイムを踏襲し、クレイクらが設定した意味処理、音韻処理、形態処理の3種類の方向づけ課題に加えて、自己関連づけ処理を新たに設定し、それらの再生成績を比較した。実験は、後で想起させることを被験者に教示しない偶発学習で行われ、48語の形容詞（8語のうちの4語は初頭効果を防ぐためにリストの始めに、別の4語は新近性効果を防ぐためにリストの末尾に、それぞれバッファ項目として挿入された）に対して、4つの方向づけ課題が均等に割り当てられた。方向づけ課題の具体的な内容は、以下の通りであった。自己関連づけ処理では形容詞が被験者に当てはまるか否かについて（あなたに当てはまりますか？）、意味処理では形容詞がある語（○○○）と同義語であるかについて（この形容詞は○○○と同義語ですか？）、音韻処理では形容詞がある語と韻を踏むかについて（この形容詞は○○○と韻を踏みますか）、形態処理では形容詞が大文字か否かについて（この形容詞は大文字ですか）、それぞれ判断が求められた。48語のすべてについて判断が終わった後、判断を行った語を順不同で再生することが求められた。8語のバッファ項目を除く40語の形容詞について、方向づけ課題ごとの再生率を比較した結果、自己関連づけ処理＞意味処理＞音韻処理＞形態処理、という結果が得られた。ここで、重要なことは、自己関連づけ処理が意味処理よりも高い再生率を示したことである。この結果について、ロジャーズらは、自己に関する処理は意味に関する処理よりも深い水準で行われ、その際、自己に関する豊富な知識に関連づけることによって強力な記憶痕跡が形成されたと解釈している。また、初対面の人物について判断させる他者関連づけ処

II 社会的認知の理論と概念

理と自己関連づけ処理の再生成績を比較したクイッパーとロジャーズ（Kuiper & Rogers, 1979）の実験では，他者関連づけ処理は意味処理よりは再生率が高かったが，自己関連づけ処理には及ばないことが見いだされた。この結果は，自己関連づけ効果が人一般に関する判断で生じる現象ではなく，自己に関連づける必要があることを示している。

最近の研究によると，自己関連づけ効果には少なくとも二種類のものが存在することが明らかになっている。クラインら（Klein et al., 1989）は，自己関連づけ効果に関する研究結果を自己関連づけ処理の種類，すなわち，自己記述課題（被験者自身に当てはまるか否かを問う課題）と自伝想起課題（被験者自身の過去経験を想起させる課題）によって分類し，課題の種類によって自己関連づけ効果の生起パターンが異なることを明らかにした。たとえば，自伝想起課題を用いた研究では，記銘材料が名詞でも形容詞でも自己関連づけ効果は生起するが，母親や親友などの親密度の高い他者に関連づける処理と自己関連づけ処理の間には差が認められない。一方，自己記述課題を用いた研究では，自己関連づけ効果は，記銘材料が形容詞の場合には生起するが，名詞では認められない。また，自己関連づけ処理は，親密度の高い他者に関連づける処理よりも高い再生成績を示す，などである。そして，意味的プライミング効果を用いた一連の研究でその分類の妥当性を検証している。さらに，近年では，タルヴィング（Tulving, 1983）の複数記憶システム論の分類に従い，自己記述課題では意味記憶における自己知識（自己概念）を，自伝想起課題ではエピソード記憶における自己知識（自伝的記憶）をそれぞれアクセスする，と述べている。

自己関連づけ効果の生起メカニズムに関しては，今まで多くの解釈が提出されているが，自伝想起課題を用いた自己関連づけ効果に関しては「精緻化」や「項目内処理＋項目間処理」による解釈が，自己記述課題を用いた自己関連づけ効果に関しては「プロトタイプ」や「多次元処理」による解釈が有力であると考えられる。→処理水準，意味記憶，エピソード記憶，プライミング効果　（堀内）

Ⅱ-1　自己

▼力動的自己概念

　自己に対する研究は，その初期には客体としての自己概念の内容を明らかにすることに焦点が当てられていたが，1970年代後半から社会的認知アプローチを取り入れることによって自己のさまざまな情報処理効果が強調されるようになった。このことは，自己概念を単に自己の特徴を受動的に反映する形で形成される1つの安定した実体とする見方から，行動を導く能動的な認知的表象とする見方への移行を意味する。マーカスとウォルフ（Markus & Wurf, 1987）は，この後者の見方に基づく自己概念を力動的自己概念（dynamic self-concept）とよんでいる。

　「力動的自己概念のモデルでは，自己概念は自己表象の集合体であり，作動自己概念はある時点でアクセス可能な表象のサブ・セットである」（Markus & Wurf, 1987, p.314）。自己表象としては構造と機能の異なる多様なもの（自己スキーマ，可能自己，プロトタイプ，スクリプト，自我課題，基準，戦略，プロダクションなど）が提起されている。これらの表象は状況刺激によっても，個人の動機（たとえば自己高揚動機や自己一貫性動機）によっても自動的に活性化される。このように動機と周囲の環境が結びついて，作動自己概念（working self-concept）の内容が決定される。個人の行動は，作動自己概念でたった今活性化している力動的構造のセットによって制御される。同時にその活性化された構造が，その行動を観察し，判断し，評価する際の基礎となる。

　力動的自己概念のモデルは，相互に矛盾する自己概念がどのように保持されるかを説明できる。また，①自己としての統一性を保ちながら状況に応じて行動や自己の記述が変化する（自己の多様性），②状況からの影響にもかかわらず自己概念が比較的安定している（自己の安定性），③自己概念が長期的には変化しうる（自己の変容可能性）といった自己の特徴を，自己の特定の側面へのアクセスビリティの問題として解釈できる。さらに自己が行動を動機づけるプロセスについて，可能自己などの表象の活性化，あるいは宣言的知識と結びついた手続き的知識の適切な状況での自動的な活性化として説明する。→自己知識，自己表象，自己スキーマ，作動自己，可能自己　（伊藤）

可能自己

　マーカスとヌリアス（Markus & Nurius, 1986）によると，可能自己（possible self）とは，どうなるか（期待された自己：expected self），どうなりたいか（望ましい自己：desired or hoped-for self），またはどうなりたくないか（そうあってほしくない自己：feared self）についての考えである。可能自己は，将来の状況や環境における，自己についての特定された鮮明な感覚，イメージや概念であり，ポジティブなイメージだけでなく，望んでいないネガティブなイメージも含まれる。

　可能自己は，最終的な状態を達成した自己についての鮮明なイメージであり，それは，将来の行動の誘因（incentive）や現在の自己，行動や結果を評価するための基準として役立つ。すなわち，全般的な可能自己から，より具体的な課題関連的な可能自己が導かれるのである（Markus & Ruvolo, 1989）。たとえば，「優等生」という可能自己から「このアナグラム課題をうまく解ける自分」という可能自己が形成されるし，「能力のない」という可能自己は「このテストで失敗する」という可能自己の形成を促進する。

　可能自己は行動を動機づける効果をもつ。可能自己は，将来においてある行為を行うのに役立つ自己の特定の表象であるので，自己についてのそのような考えやイメージ（目標や願望，恐怖や脅威の状態を実現した自分の姿）を，達成したいことの最終的な状態やその途中の状態で抱くことによって，それを現実のものにしたり，回避しようと動機づけられるのである。

　可能自己は作動自己となることで機能する。すなわち，ある状況で活性化しているポジティブな可能自己が維持され，それと拮抗するあるいは一致しないポジティブな可能自己が抑圧されている時に，この可能自己のために行動がとられるのである。逆に，そうあってほしくない可能自己が作動自己となっている時には，ポジティブな可能自己が作動自己になってネガティブな自己を押しとどめるまで，行動はうまく行われないことになる。→自己知識，自己表象，自己スキーマ，作動自己（坂本）

Ⅱ-1　自己

▼作動自己

　自己概念やアイデンティティの多様性や多次元性が強調されると，もはや「典型的な自己概念」というものを想定することは難しくなってきた。その代わりに，作動している，アクセス可能な自己概念を想定する必要が生じてきた。つまり，ある時に，自己概念のすべての部分がアクセス可能となっているわけではなく，自己概念のうち，思考や記憶の中で現在活性化し作動している領域を作動自己（working self）という。作動自己，すなわちその時の自己概念（self-concept of the moment）は，連続的に活性化しており，アクセス可能となる自己知識は移り変わっている。つまり，内的状態や社会的環境が変化することで個人の経験が変化すると，自己知識全体のうちアクセス可能となる領域も変化していくのである。

　自己概念についてこのような見方をすることは，いくつかの点で意味がある（Markus & Wurf, 1987）。第一は，人は現在アクセス可能となっている思考，態度や信念によって，判断，記憶や行動にかなりの影響を受けるという知見を説明できること。第二は，このような見方を採ることによって，象徴的相互作用主義者の自己概念の見方（固定的，安定的な自己というものはなく，社会的経験から構築されたその時の自己概念だけが存在するという考え）に近づけることができたということ。第三に，この考え方によって，自己概念が安定的でありかつ融通性もあるということが可能になること。すなわち，自己の核の部分は，社会的な環境の変化に比較的影響されにくいかもしれないが，他の多くの自己概念は，個人の動機づけの状態や社会的な条件によってアクセスのされやすさが異なるであろう。自己については，「自己」が比較的安定した構造をもつものと仮定しその機能が研究されてきた一方で，「自己」が社会的相互作用の場で構成され，変容されうるという立場で研究されてきたものもあった（印象操作や自己呈示など）。作動自己という考えによって，両者の対立点が解消できる可能性がある。→アクセスビリティ，作動記憶，自己知識，自己表象，可能自己　（坂本）

▼自己意識

　自己意識（self-consciousness）の専門用語としての起源は，道徳的行動や態度と一貫した行動の基礎にある変数として，ウォルフ（Wolff）やミード（Mead）によって取り上げられたことにさかのぼる。社会的認知の研究においては，デュバルとウイックランド（Duval & Wicklund, 1972）の客体的自覚理論（objective self-awareness theory）において最初に理論化された。彼らによれば，自己意識とは自らが自らを注目の的としている状態である。彼らによると，自己に注意が向くことで，自己のもつ適切さの基準（standard of correctness）が顕現化し，その基準に沿うように行動がとられる。

　その後，フェニグスタインら（Fenigstein et al., 1975）は，自己へ注意を向けることを，自己意識特性（self-consciousness：自己に注意を向けやすい性格特性）と自覚状態（self-awareness：自己に注意を向けている状態）の2方向で概念化した。彼らは，自己意識特性を測定する質問紙（自己意識尺度）を作成し，因子分析の結果から，自己意識は，公的自己の側面への注目（公的自己意識：public self-consciousness）と私的自己の側面への注目（私的自己意識：private self-consciousness）に分けられるとした（自己意識尺度には他にも社交不安：social anxiety という下位尺度も見いだされている）。公的自己とは自己の容姿やふるまいなど他者から観察されうる側面であり，私的自己とは感情，動機，思考，態度など他者が直接観察できない，その人のみが体験しうる側面のことである。自己を公的側面と私的側面に分ける必要があるかどうかについては意見が分かれており，結論は出ていない。

　その後発展した自己意識理論としては，カーバーとシャイヤー（Carver & Scheier, 1981）の制御理論（control theory）がある。この理論では，デュバルらの理論にサイバネティクスや情報処理理論の考え方を組み入れ，より認知論的な方向へ展開した。カーバーらによると，注意は自己または環境のいずれかに向いている。自己に注意が向き自覚状態が高まった場合，行動の適切さの基準が顕現化する時としない時がある。適切さの基準が顕現化する場合に，その基準と現在の状態とを比較し，現在の状態が基準を上回っていれば自己調整の過程が終了し，自覚状態から脱する。一方，基準に達しない場合，基準に近づくような行動を起こす。このような行動により現在の状態が基準に達した場合，自己調整の過

II-1　自己

程は終了するが，基準に達しない場合は，自己の行動を基準に一致させることができる可能性を推測する。この可能性が高いと判断すれば再び基準に一致するような行動がとられるが，可能性が低いと判断すれば，そうした試みは放棄され，ネガティブな感情を経験し自覚状態を回避する行動がとられる。

近年，自己意識についての理論的に新たな展開はない。しかし，自己意識の理論や知見を応用した研究は盛んに行われてきている。とくに，抑うつ，不安，妄想症，摂食障害などの精神的な不適応状態の説明に用いられている。

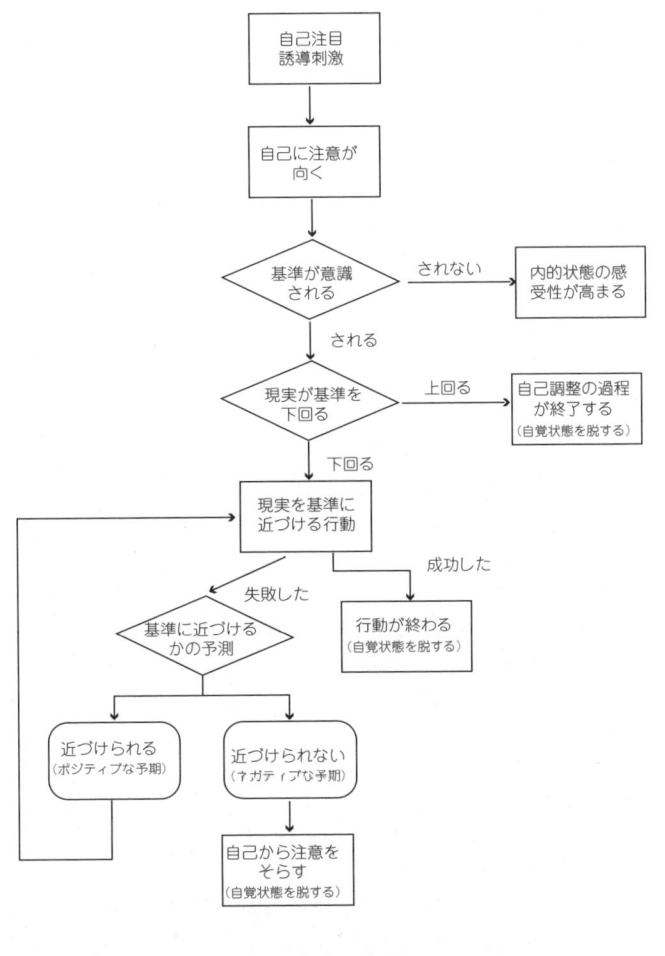

図：Carver & Scheier のモデル概略図（坂本，1997）

なお，自己注目（self-focus）や自己注意（self-attention），自己に向けられた注意（self-directed attention）といった用語も使われているが，これらは自己意識特性と自覚状態の両方を意味する言葉として用いられている。→自覚状態，自己焦点づけ，セルフ・レギュレーション，抑うつの自己情報処理（坂本）

Ⅱ 社会的認知の理論と概念

▼自覚状態

　自覚状態（self-awareness）は，自らが自らに注意を向け注目の的としている状態のことをいう。これに対して，自己への注意の向けやすさ（特性）は，とくに「自己意識特性（self-consciousness）」といって区別される。

　デュバルとウイックランド（Duval & Wicklund, 1972）の客体的自覚理論（objective self-awareness theory）によると，客体的自覚状態におかれると，ある自己の側面が顕著になり，その自己の側面に対して，適切さの基準（standard of correctness）が顕現化する。適切さの基準とは，その状況ではこうふるまうべきであるという行動の指針のことである。これはその人の個人的信念，理想，規範などによって決まってくる。

　適切さの基準が顕現化すると，その基準に従って自己評価するようになる。通常の場合は，現実の自己がこの適切さの基準に達していないので自己への批判が生じ，緊張と不快の状態が生み出され，不快感情を経験する。その結果，不一致を低減させようとする動機づけが働き，現在の状況を基準に合わせることで，不快感を低減しようとする。また，不快感は自己への注意を回避することでも解消できる。なお，ウイックランドによると，基準と現実自己と不一致によって生じた不快な自覚状態に対する最初の反応は，自己に注目させる刺激を避けることである（Wicklund, 1975）。これは，たとえ一時的なことであっても，自己に注意を向けさせる刺激を避けることで，ネガティブな感情をすみやかに解消させることができるからである。

　自覚状態については，その後発展したカーバーとシャイヤー（Carver & Scheier, 1981）の制御理論（control theory）でも述べられている。彼らの理論は，サイバネティックスや情報処理理論の考え方を取り入れ，ウイックランドらの理論をより認知的方向に展開した。→自己意識，自己焦点づけ（坂本）

▼自己焦点づけ

　デュバルとウイックランド（Duval & Wicklund, 1972）によると，認識の対象としての自己に気づかせるもの，とくに外在化され知覚できるようになった自己の表象との接触が自己焦点づけ（self-focusing）をうながすとされている。たとえば，鏡に映った自分の姿を見る，録音（画）していた自分の声（姿）を聞く（見る），テレビカメラで撮影されることにより自己焦点づけがうながされる。また，直接外在化された自己の表象に接しなくても，認識の対象としての自己を意識させることによっても自己焦点づけが起こる。たとえば，自分を見ている観衆の存在，自分のユニークさについてエッセーを書くこと，一人称代名詞を含む用意された単語を使って文章を作らせること，生理的覚醒を高めること，集団内で少数を占めることなどによって自己焦点づけが促進される。

　自己焦点づけはさまざまな行動に影響を与える。まず，自己焦点づけによって適切さの基準が意識される場合は，基準と行動の不一致を低減させるような行動がとられる。たとえば，自己焦点づけによって態度と一貫した行動や規範と一致した行動がとられる。また，現実の自己が基準よりも下回っている場合には，ネガティブな感情を経験する。そして，自己焦点づけの回数が多いほど，自己のさまざまな次元が，適切さの基準に達していないことが意識され，自尊心が低下すると考えられる（Wicklund, 1975）。実際，自己意識尺度と自尊心尺度の間には負の相関が報告されている（Turner et al., 1978）。また，自己焦点づけにより自己のことが意識されやすくなり，自己に関する情報が利用されやすくなる。そのため，ある出来事を経験した時，その原因として他の原因よりもまず自己を思いつきやすくなったり，対人相互作用場面で自己について述べることが多くなったりする。自己についての情報を利用しやすいので，暗示にかかりにくくなったり，自己報告が正確になったりする。また，自分の感情状態を敏感に感じ取ったりする。

　自己焦点づけの影響を受けた行動には，抑うつ（depression）の症状と共通するものも多く，両者の関係についての研究もなされている。→自己意識，自覚状態，自己評価，抑うつの自己情報処理　（坂本）

II 社会的認知の理論と概念

▼自己査定

　自己査定理論は，人は正確な自己概念を形成するように動機づけられているという前提を理論の基礎においている。自己査定理論によれば，人は情報収集行動の際には，自尊感情にどのような意味をもつかということに関係なく，自己の能力に関して正確（診断的）だと予期される情報を収集するよう行動すると予測する（たとえば，Trope, 1986）。環境に効果的に対処するには自己を正確に把握しておく必要があるため，自己概念の不確実性を低減する情報を選好すると予測する。ある遂行の結果が能力の高い者と低い者とを弁別できるほど診断性が高いといえ，能力に関する不確実性の低減量は，ある遂行の結果として与えられる情報の診断性の関数である。成功時の診断性（よい遂行をした時に能力が高いと判明する可能性）と失敗時の診断性（悪い遂行をした時に能力が低いと判明する可能性）を操作した研究では，どちらの診断性であっても，診断性の低い課題に比べ診断性の高い課題に対する選好が認められている。

　自己や自尊感情に肯定的な意味をもつ情報を人は収集しようとする，と予測する自己高揚理論からは，失敗時の診断性に関して，自己査定理論とは異なった予測がなされる。つまり，自己査定理論は失敗時の診断性であっても診断性の高い課題が好まれると予測するのに対して，自己高揚理論は失敗時の診断性では診断性の低い課題が好まれると予測する。これら2つの傾向を調整する要因に関して，多くの議論・研究がなされている（Sedikides & Strube, 1997）。その結果，情報収集する自己概念が修正可能である場合，重要な目標を設定する段階の場合，自己概念が脅威にさらされていない場合，には自己査定傾向が優位になることが示されている。また，自尊感情や不確実性志向（uncertainty-orientation）やセルフ・ハンディキャッピング傾向など，多くの個人差も指摘されている。

　これらの研究をうけて，セデキデスとスチュルーブ（Sedikides & Strube, 1997）は自己査定を将来の広い意味での自己高揚の準備のための戦術であると位置づけているが，トローペ（Trope, 1986b）でも，自己査定は将来において適切な行動をするためにとられる傾向であるとされている。→自己知識，自己表象，自己高揚，自己確証（沼崎）

Ⅱ-1　自己

▼自己確証

　スワンと共同研究者が唱える自己確証（self-verification）理論によれば，人には既存の自己概念を確証・確認する傾向がある（たとえば，Swann, 1990）。人には自分や世界を予測・統制したいという欲求があり，世界が予測可能で統制可能であるという知覚を得るためには，安定的な自己概念を保持する必要があり，そのためにこの自己確証傾向が生じると考えられている。

　自己確証の方略としては，①認知的方略：自己確証的情報を実際に存在するよりも多く認知すること，②行動的方略：自己確証的な社会環境を作り出すこと，が指摘されている。

　認知的方略としては，①自己確証的情報に選択的に注意を向け，②自己確証的に情報を符号化・検索し，③情報を自己確証的にバイアスをかけ解釈する，ことなどが実証的に示されている。

　行動的方略としては，①既存の自己概念を確証してくれる人と選択的に接触する，②自己概念を確証するような手がかりを示す，③他者から自己概念を確証するような情報を引き出すように行動する，ことなどが実証的に示されている。

　この自己確証傾向は，自己概念が望ましい（positive）場合には，自己高揚傾向と矛盾しないが，自己概念が望ましくない（negative）場合には，自己高揚傾向と矛盾するため，多くの議論・研究を生み出している。つまり，自己概念が望ましくない場合には，この望ましくない自己概念を確証しようとするのか，それとも，望ましい自己概念を形成しようとするのかという問題である。自己確証傾向は自己にかかわるフィードバック情報が与えられた直後の感情反応や認知資源がない場合に弱くなり，認知反応や情報が与えられてから時間が経過した感情反応や認知資源が豊富にある場合に強いと主張されている（Swann, 1990）。さらに，問題となる自己概念が，特定的で，顕在性が高く，確信度が高く，重要性が高い時に，自己確証的傾向が生じやすいとされている。

　この自己確証傾向は，抑うつの発生や維持に重要な役割を果たしていると考えられており，この観点から，抑うつ者の行動を明らかにする研究も進められている（たとえば，Giesler & Swann, 1999）。→自己知識，自己表象，自己一貫性，自己高揚，抑うつの自己情報処理（沼崎）

▼自己一貫性

　自己知識や自己表象の機能の1つは，情報処理の仕方や自分の行動の仕方の指針になることである。そのために，自己知識や自己表象が矛盾せず一貫していることが必要となる。そのため，人は認知的な自己一貫性（self-consistency）を求める動機があるとされる（たとえば，Swann, 1990）。

　この自己一貫性の考えは，社会心理学や社会的認知の多くの理論の中で重要な役割を果たしている。社会心理学の代表的な理論である認知的不協和理論では，当初は2つの認知要素が一貫性（整合性）がないと，不協和というネガティブな感情が生じ，このネガティブな感情を取り除くように動機づけられると考えられていた。この認知的不協和理論には修正が加えられ，2つの認知要素のうち少なくとも1つが自己にかかわる信念であるとされるようになっている（Aronson, 1968）。つまり，認知的不協和を生じさせるのは，単なる認知的一貫性や整合性ではなく，自己一貫性が必要であることを示したのである。また，スワンと共同研究者による自己確証理論（self-verification theory）も，この自己一貫性の考えを拡張したものといえよう。

　自己一貫性への動機はしばしば，自己に関するフィードバックの収集やフィードバックに対する反応において，自己高揚動機や自己査定動機との対比の中で研究が行われてきている。人は既存の自己知識と一貫したフィードバックを求めるのか，自己にとり望ましいフィードバックを求めるのか，自己に関する正確なフィードバックを求めるのかという問題である。感情的反応（たとえば，フィードバックを望ましく感じるかどうか）においては自己高揚からの予測が，認知的反応（たとえば，フィードバックに妥当性があると感じるかどうか）においては自己一貫性からの予測が，おおむね成り立つことが実証研究から示されている。最近の研究では，フィードバック探索行動やフィードバックに対する反応はこれら1つの動機により規定されるのではなく，複数の動機が複雑に絡み合って規定されており，そのような観点からの研究が必要であることが指摘されるようになっている（たとえば，Epstein, 1990）。→自己知識，自己表象，自己確証，CEST
（沼崎）

Ⅱ-1　自　己

▼自己高揚

　自己高揚（self-enhancement）とは，自己や自尊感情にとって肯定的な意味をもつように現象を解釈・説明し，そのような意味をもつ情報を収集しようとする個人の傾向をさす。否定的な意味をもたないように解釈・説明し，そのような意味をもつ情報を収集しないようにする傾向を自己防衛傾向として区別する立場もあるが，ここでは，この両者を合わせて自己高揚として扱う。この自己高揚を人の最も基本的で重要な動機として考える研究者もおり，多くの社会的認知にかかわる現象を説明する概念として用いられている。

　自己高揚傾向を示す現象として，自己に関連する情報の記憶や処理では，自分の遂行を高く認知するように記憶や処理にバイアスをかけたり，ポジティブな自己関連属性はネガティブな自己関連属性に比べ，よく記憶され情報処理が速いといった効果が見られる。原因帰属の分野では，遂行の成功はより内的要因に帰属し，失敗はより外的要因に帰属する傾向である，セルフ・サービング・バイアスといった自己高揚傾向が知られている。さらに，セルフ・ハンディキャッピングといった，自己高揚的帰属ができるように課題遂行前に自分の遂行を妨害するようなハンディキャップを自らが作り出すような方略も指摘されている。社会的比較の分野では，自己評価維持モデルで指摘されているように，比較過程と反映過程といったダイナミックな過程を通して，他者との相対的遂行と他者との近さと関与度を操作して，自己や自尊感情にとって肯定的な意味をもつようにする方略が知られている。さらに，ことさら自分より遂行の低い他者と比較する下方比較といった現象も知られている。自己高揚傾向は他者に向けられる自己呈示においても，自分のポジティブな側面のみを呈示することや失敗をした時の言い訳など広く見られる現象である。集団にかかわる社会的認知においても，内集団びいきといった内集団バイアスの背景にある動機と考えられており，社会的アイデンティティ理論の中でもこの自己高揚動機は重要な位置を占めている。

　自己評価にかかわる動機として，自己高揚動機は強力なものであると考えられているものの，他の動機，自己確証動機・自己査定動機・自己改善動機なども指摘されている。自己確証動機とは，既存の自己概念を確証・確認しようとする動機をさす。自己査定動機とは，正確な自己概念を形成しようとする動機をさす。自己改善動機とは，自己の能力や特性を改善しようとする動機をさす。自己確証

II　社会的認知の理論と概念

　動機との関連では，自己高揚傾向は自己にかかわるフィードバック情報が与えられた直後の感情反応や認知資源がない場合に強く，自己確証傾向は認知反応や情報が与えられてから時間が経過した感情反応や認知資源が豊富にある場合に強いと主張されている（Swann, 1990）。過去においてはどの動機が強いのかといった研究が多くなされていたが，これら動機の1つが人のさまざまな行動を規定しているのではなく，状況に応じて柔軟に駆動されることが最近では理論化されるようになってきている（たとえば，Epstein, 1990；Sedikides & Strube, 1997）。

　自己高揚傾向と絡めて多くの研究や議論がなされているのは，自己高揚傾向と精神的健康との関係である。①自己を非現実的なまでに肯定的にとらえること，②統制に関する幻想，③非現実的な楽観主義といったポジティブな幻想（自己高揚傾向）をもつことにより，精神的健康をもって適応的に生きていくことができるという主張をする研究者もいる（Taylor & Brown, 1988）。この主張に対する批判も存在するが，過度ではなく穏やかなポジティブ幻想は適応的であるという主張もあり，現在でも多くの実証研究や議論がなされている問題である。

　自己高揚と絡んでもう1つ大きな議論となっているのは，文化心理学からの自己高揚傾向の文化差の問題である。北米を含む西欧文化においては，自己高揚的方略が実証研究において頑健に見られるのに対して，日本を含む東洋文化においては，自己高揚的方略が実証的に示されづらいことから，日本を含む東洋文化においては自己高揚動機が見られないという主張がなされている（たとえば，北山，1998）。北米を含む西洋文化においては，人は相互独立的自己観をもつ傾向があり，自己の内に誇るに足る属性を見いだし，それを確認していくためには，自分の望ましい属性を発見し実現するようにする必要があり，そのため自己高揚動機が顕著となると指摘されている。それに対して，日本を含む東洋文化においては，人は相互協調的自己観をもつ傾向にあり，自己をその一部と見なしうる意味ある人間関係を見いだすためには，社会的関係における期待や規範を見きわめ，自分の望ましくない属性を発見し修正する必要があり，そのため自己批判動機が顕著となると指摘されている（たとえば，北山，1998）。しかしながら，日本を含む東洋において自己高揚的方略が実証的に見いだしづらい点に関して，評価懸念といった別の説明もあるという指摘もなされており，日本においても自己高揚的方

II-1　自己

略を見いだしている研究もある。また，日本においては，顕在的な測度では自己高揚傾向は見いだしづらいが，潜在的な測度では自己高揚傾向が見いだされるといった指摘もあり，現在においても多くの実証研究や議論がなされている問題である。

　自己高揚が基本的動機であることは多くの研究者が指摘しているが，なぜ基本動機であるかはあまり議論されてこなかった。近年提唱された存在脅威管理理論（terror management theory）やソシオメーター理論はこの問題を扱っている。存在脅威管理理論によれば，人の高度な認知能力が自分の死の不可避性を意識させるという脅威を生み出すこととなり，その脅威にうち勝つために，自分がかかわる世界に意味や秩序や安定性や永続性を与える文化を作り出し，自分がその永続的な世界において価値のある人間であると自分自身を納得させる必要性が生まれたとしている。存在脅威管理理論では，この自分の世界の中で価値のある人間であると確認する過程が自己高揚であるとする（たとえば，Greenberg et al., 1997）。一方，ソシオメーター理論では，自尊感情の基盤として社会的関係を重視し，人が生存するには社会的絆が不可欠であり，自尊感情はその社会的絆が確保されているかどうかの指標であると考える（たとえば，Baumeister & Leary, 1995）。つまり，自尊感情の低下は他者からの拒絶という生存にかかわる危険信号を意味することとなる。そのため，他者との絆が確保されているという指標を維持するために，自尊感情を高めるように自己高揚傾向があると考えるのである。これら2つの理論に共通しているのは，自尊感情を関係性の中でとらえる立場である（遠藤，2000）。

　人間関係や文化といった広い社会との関係性の中で自分が受け入れられているという認知を維持することが自己高揚傾向の基盤であるとする，これらの立場を踏まえると，その人がおかれた環境やもっている資源により利用可能な自己高揚方略が異なることが予測される（伊藤，1998）。自己高揚傾向に関する研究では，今後はこの視点の観点に立った研究が必要であろう。→自己査定，自己確証，自己一貫性，自尊感情，自己評価，自己評価維持モデル，セルフ・サービング・バイアス，CEST，内集団バイアス，社会的アイデンティティ理論，存在脅威管理理論（沼崎）

▼自尊感情

　自尊感情とは，自分自身に対する肯定的な感情，自分自身を価値ある存在ととらえる感覚のことである。自分に対する認知的評価と自分自身に向けられた感情の双方を含んでいる。一般に自尊感情は精神的健康や適応の重要な側面であり，幸福感や人生に対する満足といった肯定的な感情と正の相関，抑うつや不安など否定的な感情や精神的な不健康と負の相関が認められている。このため，自尊感情を高めることが，個人の抱える心理的問題を解決すると考えられているが，因果関係は明らかではない。

　自尊感情の形成には，乳幼児期からの家庭環境，両親の態度，子育ての仕方が影響を及ぼす。両親から無償の愛情ではなく，条件つきの愛情で育てられると，随伴的な自尊感情（contingent self-esteem）が形成される。随伴的な自尊感情は，重要な他者あるいは自らが設定した基準を満たすことによって獲得されるために，状況や他者からの評価に対応して変動する不安定な自尊感情であり，安定した真の自尊感情（true self-esteem）とは異なるとされる。

　自尊感情は加齢とともに変化し，幼児期には比較的高いが，小学校入学と同時に徐々に低下，青年前期（中学校卒業前後）に最低となり，その後徐々に上昇する。

　自尊感情は一般に「個としての自己」に向けられる感情である。しかし自己の発達的な基盤や置かれた状況に応じて，「他者との関係の中の自己」あるいは「集団の一員としての自己」に向けられる別の自尊感情を想定することもできる。

　自尊感情を定義する際に，個別の領域（たとえば学業，外見）の自己評価との関連が問題となる。自尊感情を個別領域の自己評価の合成関数ととらえるボトムアップ的な見方に立てば，いくつかの領域の自己評価に重要性を重みづけして自尊感情の高さを予測するモデルを作ることができる。一方，自尊感情は個別領域の自己評価とは独立しており，あらゆる領域の自己評価にトップダウン的に影響を与えるとする見方もある。

　ボトムアップ的な見方では，個別領域の自己評価や重要性が変化すると自尊感情も変動する。一方，トップダウン的な見方では，個別領域の自己評価が変化しても自尊感情には影響がなく，むしろ自尊感情が個々の自己評価の変化を抑える。つまり自尊感情は，長期的には変化することがあっても短期的には変化しにくいと考えられる。自尊感情の安定性について，状況（課題成績や他者からの評価）

II-1　自己

に対応して変動する状況的な自尊感情と，安定している特性的な自尊感情を概念的に区別する考え方もある。また自尊感情の安定性の個人差に着目し，不安定な自尊感情が心理的不適応と関連していると主張する研究もある。

　自尊感情は一般に自己報告式の質問紙によって測定される。このため，社会的望ましさの影響を受けやすく，とくに欧米では自己を過剰に肯定的に歪めて回答している可能性が指摘される。実際，最も代表的なローゼンバーグ（Rosenberg, 1965）の自尊感情尺度の平均は，尺度の中央値よりもかなり高く，「低自尊感情者」に分類されても得点は低くない（ただし日本での平均は尺度の中央値付近に位置する）。さらに，自尊感情尺度の得点を単なる，自己呈示のスタイル（質問紙に対する回答スタイル）の差異ととらえる研究者もいる。

　尺度の高得点者のなかに防衛的な高自尊感情（defensive high self-esteem）による者が混入しているという指摘もある。防衛的な自尊感情とは，劣等感の補償や脆弱な自己に対する防衛として表面的に保持される高い自尊感情であり，真の自尊感情とは概念的に区別される。またふだん意識できないが行動には反映される自尊感情を，意識され報告される自尊感情と区別して，暗黙の自尊感情（implicit self-esteem）とよび，その個人差を認知心理学的な手法を用いて間接的に測定しようとする試みも始められている。これと関連して，自己に対する（肯定的な）態度が自己と関連する対象に無自覚的に投影される暗黙の自尊感情効果も指摘されている。

　高自尊感情者と低自尊感情者が採用する自己高揚行動の差異について，①高自尊感情者は自己高揚に，低自尊感情者は自己防衛に動機づけられている，②高自尊感情者は認知的方略（利己的帰属など），低自尊感情者は他者との結びつきや所属集団の評価，他者の自分への評価を通して間接的に自己評価を高める方略を採用する傾向がある。さらに，高自尊感情者が時にリスクの高い行動を採用したり，解答不能な課題に固執したりと不適応行動を採用することもある。また低自尊感情者は，自己高揚動機と自己一貫性動機の葛藤状態にあり，自分に対する高い評価に対して感情的には好ましい反応を見せるものの，認知的には受け入れることができず，最終的に低い評価を自己確証してしまうと特徴づけられている。
→自己高揚，セルフ・サービング・バイアス，自己評価，暗黙の自尊感情　（伊藤）

II 社会的認知の理論と概念

▼存在脅威管理理論

　グリーンバーグら（Greenberg et al., 1986）が唱える存在脅威管理理論（terror management theory）は，社会的動物としての人間の行動や感情を説明しようとするグランド・セオリーである。彼らはまず，人間が他の生き物と比較して，どのような特徴が共有されどのような特徴において違いがあるかというところから，議論を始める。そして，ヒトの環境に対する柔軟性・高適応性を作り出している3つの認知能力，すなわち，①物事の因果関係に関してリアリティを構築する能力，②まだ生起していない将来の出来事を思い描く能力，そして③自分自身を反省的にとらえる能力，これらをとくに重要なものと考えた。これらはしかし，人間の生存能力を高めるものであると同時に，存在にまつわる問題，望みもしないのに生まれ，不確かな世界に存在し，死にいたることだけは確実だという問題に，われわれの目を開かせてしまう，という厄介な側面を併せもつ。
　そこで，このような存在脅威に打ち勝とうとして，人間は文化を発展させてきた。自分たちの世界に意味や，秩序，安定性，永遠性を与えるような世界観を作り出し，この世とはそのようなものだと信じることによって，自分がいつか確実に死ぬということ以外に何も確かではない世界に生き長らえてきたのである。
　しかし，ここである一人の人間を考えるならば，その人が存在脅威に対抗し，より不安の少ない生を送るためには，ある文化的世界観を信じているだけでは不十分である。なぜなら，その世界観が安心を保証してくれるのは，描き出した世界の中で自分が価値ある人間である（と感じられる）限り，という条件がつくからである。その世界のよいメンバーでないものは，その世界から追い出されるかもしれないという不安が高まる。
　世界観の内容は文化によって異なる。しかし，いずれの文化も「よく生きる」「価値ある」こととは何かについてのメッセージをそれぞれもっている。その基準が共有される世界において，自分が価値あるメンバーだと思えることが，自尊感情なのである。たとえ無意味だと思える時にさえ，われわれがしばしば世間のしきたりなど多くの人々が維持している社会的規範からはみだすことを恐れ，他者との友好的な関係を望み，自分の行動を認めてもらいたいと欲するのは，いずれも社会の価値あるメンバーであることを確認したいという自尊感情欲求から生じている。つまり，存在脅威を克服するための装置として，文化的世界観と自尊

Ⅱ-1 自己

感情の2つがきわめて有効なのである（下図）。

彼ら（Greenberg et al., 1990）は，死の恐怖を意識した場合には，自分と世界観を共有する他者への魅力が増大し，逆に異なる世界観をもつ他者に対しては魅力を低減させることを，キリスト教徒を用いて実証的に示した。

経済的あるいは政治的な衝突理由がとくになくても，人々の間で対立が起き，時に激しい殺し合いにまでいたってしまうのは，異なる世界観をもつ外集団によって不安が生じ，恐怖によってあおり立てられるからだ，と彼らは主張している。

存在脅威管理過程は非意識レベルでとくに強力な効果を示す（Arndt et al., 1997）。→**自尊感情，自己高揚**（遠藤由美）

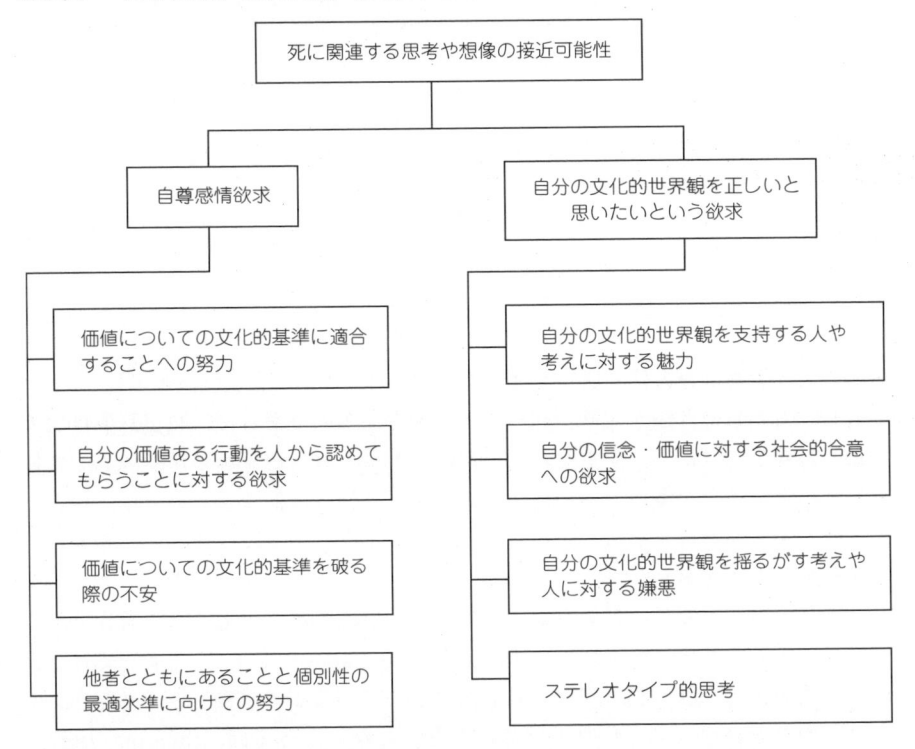

```
                死に関連する思考や想像の接近可能性
                            │
            ┌───────────────┴───────────────┐
      自尊感情欲求                自分の文化的世界観を正しいと
                                       思いたいという欲求
```

- 価値についての文化的基準に適合することへの努力
- 自分の価値ある行動を人から認めてもらうことに対する欲求
- 価値についての文化的基準を破る際の不安
- 他者とともにあることと個別性の最適水準に向けての努力

- 自分の文化的世界観を支持する人や考えに対する魅力
- 自分の信念・価値に対する社会的合意への欲求
- 自分の文化的世界観を揺るがす考えや人に対する嫌悪
- ステレオタイプ的思考

図：存在脅威管理理論における自尊感情欲求の位置づけ（Greenberg et al., 1997）

▼自己評価

　人は周りの環境や人々に対してだけでなく，自分自身についても評価を下すが，この自分自身に対する評価のことを自己評価とよぶ。自己評価とそれ以外の対象に対する評価を区別するのは，後者に関する動機は多くの場合，正確さを求めようとするものと考えられるが，前者については正確さを求めるだけでなくその他にも複数の強力な動機が存在し，そのことが自己が特別な存在であることを示す証拠の1つと考えられるからであろう。

　自己評価をするためには，たとえばテストの成績などの客観的情報，直接的，間接的に受ける他者からのフィードバック，他者と社会的比較をした結果の情報などを収集し，それらを解釈する必要がある。そこで，自己評価の過程とは自分に関する情報を収集する過程とその情報を解釈する過程と考えることができる。

　自己評価の情報収集と解釈にかかわる動機としては，自己査定(self-assessment)，自己高揚（self-enhancement），自己確証（self-verification），自己改善（self-improvement）の4つが代表的なものである。自己査定とは自分の望まないことが明らかになる可能性があっても，正確な自己評価をしようとする動機である。自己高揚とはより望ましく自分を評価しよう，あるいは，望ましい自己評価を維持しようとする動機である。自己確証とは自己の一貫性を維持しようとすでに有している自己概念に一貫した評価をしようとする動機である。自己改善とは，自分を向上するために現在の自分を評価しようとする動機である。ただし，情報の解釈における動機の影響で取り上げられるのは自己高揚と自己確証が多い。

　もし，人の自己評価が客観情報に大きく依存するのであれば，自己評価は対人関係の影響を受けにくいかもしれないが，実際に人は自己評価の情報源として他者を利用することが多い。言い換えれば，自己評価には他者からの評価，他者との比較が大きく影響することになり，自己評価を考える際には他者との相互作用を無視することはできない。

　スワンらは，人の自己評価が他者との相互作用によって規定される過程をアイデンティティ・ネゴシエーション（identity negotiation）とよび，2者間で自己評価と反映的自己評価（相手がどう自分を評価しているかの推測）がその2者間における新たな自己評価を作り上げることを示した（たとえば，Swann，1987）。また，他者からのフィードバックを得た場合，感情的反応は自己高揚的で認知的

II-1　自己

反応は自己確証的になるために，2つの反応が対立する場合があることを示した。彼らのモデルの中では，感情的反応は，相対的に自動的なものだが，認知的反応は認知努力を要するものとされているので，十分にフィードバックを考慮できるだけの認知的余裕があるかどうかも感情的反応と認知的反応の相対的優位性に影響すると考えられる。

　自己評価が対人的文脈によって規定されるということは，自己呈示の内在化の研究によっても示されている。誰かに対してある自己の側面を強調して呈示すると，自己評価もその方向へ変化しやすい。たとえば，ある人の前で明るくふるまうと，自己評価も明るいという方向へ傾く。この現象が生じる原因としては偏った記憶検索とコミットメントの2つが考えられている。偏った記憶検索による説明は対人的文脈に関係がないが，近年では，この説明よりもコミットメント（誰かに対してそういう自分を呈示してしまったこと）による説明の方が優勢であり，対人的文脈の重要性に焦点が当てられている。

　自己評価にかかわる動機の中で最も焦点が当てられているのは高揚動機であろう。自己評価の動機の研究では，いずれか2つを拮抗させる形で研究を実施し，どちらの動機が強く働くのか検討することが多くあった。それらの研究をレビューしたセデキデスとスチュルーブ（Sedikides & Strube, 1997）は，自己高揚動機が最も多く発現するとしている。研究の数を見ても自己高揚動機に基づく自己評価の維持に関するものは非常に多い。

　その中で有名なものにテッサー（Tesser, 1988）の自己評価維持（Self-Evaluation Maintenance）モデルがあり，このモデルは自己評価が他者との対人的文脈の中で維持されていくことを明確に示している。自己評価維持モデルでは，人が自己評価を維持するために，他者について得た情報を歪めて解釈する過程が含まれている。その他にもヒギンズは，人は現実自己，理想自己，可能自己，当為自己などの自己表象について，自分自身にとっての表象だけでなく，重要他者の視点に立った表象（たとえば，母にとっての私の理想自己や現実自己）を有し，それらのズレの調整が自己評価の維持にかかわっていると論じている（Higgins, 1996c）。その他帰属におけるセルフ・サービング・バイアスも，自己評価維持の機能を果たしていると見ることができる。

II　社会的認知の理論と概念

　このように自己評価の維持の仕組みについてのモデルが多数存在するのは，肯定的な自己評価を維持することが精神的健康につながると考えられ，重要視されているからであろう。現実よりも少し自分をよく評価することで，精神的健康が高まるというテイラーとブラウンの議論（Taylor & Brown, 1988）はこの分野において大きな影響力をもっている。逆に言えば，自己評価の維持機能は人が身につけた適応的な認知・動機の仕組みであるとも考えられる。さらにレアリーらは（Leary et al., 1995）は，全般的自己評価としての自尊心は，ソシオメーターという，周囲の人に受け入れられているかどうかを示す指標として機能していると論じ，その適応的価値を強調している。人は周囲の他者に受け入れられていないと生きていくことが困難なので，自尊心は他者に受け入れられなくなる可能性が高まったかどうかを知らせるシグナルであるというのである。自尊心が低下するということは，他者に受け入れられない可能性が高まったことを知らせ，維持高揚させようとする意味をもつとされる。

　人にとって自己評価の維持がいかに重要であるかということは，時に人が現実には失敗する可能性を高めてでも自己評価を維持しようとするセルフ・ハンディキャッピングという現象に端的に現れている（たとえば, Berglas & Jones, 1978）。人はすでに得ている自己評価よりも自分の遂行レベルが低くなり，そのことによって自己評価が下がりそうな場合，失敗する可能性を高めてでも事前にハンディキャップとなる行為をすることもある。たとえば，数学が得意な学生が，数学の定期試験で悪い点を取りそうな時に，わざとその前に長時間のアルバイトをして試験勉強をする時間を減らしてしまうような行為のことである。このようなハンディキャップを作り出すことにより，試験で悪い成績を取っても，その原因としてアルバイトをあげることが可能になり，自分の内的要因（数学の能力）が原因であると見なされにくくなる。つまり，現実に悪い成績をとってでも，自分の数学の能力の評価を維持しようとするのであり，自己評価維持の重要性を示唆するものである。

　さて，自己評価の維持という場合に意味される自己評価とは多岐にわたる自己の側面の個別の評価をさすのではなく，全般的な自己に対する評価をさしていることも多い。たとえば，自己確認理論（self-affiramation）（たとえば, Steele,

II-1　自　己

1988)，象徴的自己完結（symbolic self completion）（たとえば，Wicklund & Gollwitzer, 1982）などは，明確に全般的な自己評価の維持を主眼としたモデルである。一方で，自己に対する評価については，個別の評価の集積が全体的な自己評価を形成するという議論と，全体的な自己評価が先行し，それにあわせて個別の自己評価がなされるという議論があり，決着はついていない。しかし，個々の評価の集積ではない全体的自己評価というものが自己にとって意味をもっているということはいえるであろう。

　では，人はどのような時に自己評価をするのだろうか。テイラー（Taylor, 1991）によれば，嫌な出来事を経験したあとは，さまざまな心理的，感情的，認知的，社会的資源が発動されるので自己評価の必要性が高められる。テイラーら（Taylor et al., 1995）は実際に先述の4つの動機が生じたのはどんな場合だったのかを自由記述で調べ，分類した。その結果，脅威があった時や失敗のあとにそれぞれの動機が生じていることが多いことが明らかになり，さらに，複数の動機が同時に喚起する場合があり，複数の動機が拮抗した時に，いずれかが優勢になるとは限らないことが示された。また，人は自己評価を求める時に単一の情報源にのみ頼るとは限らない。複数の動機が喚起した場合は複数の情報源から情報を得ることも考えられる。たとえば，過去の自分との継時的比較は自己確証動機を満たし，客観情報や側方比較は自己査定動機を満たし，下方比較は自己高揚動機を満たし，上方比較は自己改善動機を満たすと考えられるだろう。また，テイラーらの結果では，情報源として最も多くあげられたのは社会的比較や継時的比較ではなく，他者からのフィードバックであった。他者からのフィードバックについてもどのような他者を選ぶかによって，それぞれの動機を満たすような情報を得る可能性を高めることができると考えられる。このように人はかなり柔軟に情報源を替えて喚起した動機を満たしている可能性が高い。

　現段階では，多数の自己評価のモデルをまとめる強力な理論的視点はないが，適応的視点からの整理を試みる例もある（たとえば，Leary et al., 1995）。→可能自己，自己査定，自己確証，自己高揚，セルフ・サービング・バイアス，自尊感情，自己評価維持モデル，動機づけられた推論（工藤）

▼セルフ・ディスクレパンシー

　人は自分についてさまざまな知識や表象をもつ。この知識や表象は互いに一致しているとは限らない。たとえば，ダイエットをしたいと思いつつ，外食するとつい食べ過ぎてしまう自分に気づくこともあるだろう。一貫しない自己は，時に不快な感情を引き起こす。とくに，なりたい自分と現実の自分とのズレが慢性的だと，深刻な不適応につながることもある。こうしたズレと不快感情の関連は，自尊感情の研究をはじめ，多くの研究によって検討されてきた。ヒギンズ（Higgins, 1987, 1989）の提唱したセルフ・ディスクレパンシー理論は，この研究の流れに個人差の観点を導入するものであった。

　セルフ・ディスクレパンシー（self-discrepancy）という言葉は，広く自己表象どうしのズレをさす。セルフ・ディスクレパンシー理論は，同じ出来事を経験しても，人によってその表象の仕方が異なること，また，異なる表象とのズレは異なる反応を生むことを説明しようとした。この理論は，対照的な個人差につながる自己表象として，理想自己，当為自己という2つの自己指針をあげている。理想自己とは，自分がもちたいと思う諸属性の表象，すなわち，希望，望み，熱望の表象である。当為自己とは，自分がもつべきだと思う諸属性の表象，すなわち，義務，責務，責任の表象である。たとえば，よい成績をとるという自己指針は，人によって理想自己ととらえられたり，当為自己ととらえられたりする。

　これら2つの自己指針と現実の自分に慢性的なズレがある時，2つのズレは異なる不快感情と関連する。まず，理想自己と現実自己のズレは「肯定的な結果がない」という心理状態を反映し，悲しみ，失望，不満足など，落胆（dejection）に関する感情を引き起こしやすい。一方，当為自己と現実自己のズレは「否定的な結果がある」という心理状態を反映し，恐れ，心配，緊張など，動揺（agitation）に関する感情を引き起こしやすい。

　このズレと不快感情の関連は，ズレの大きさ（magnitude）が大きいほど，ズレへのアクセシビリティが高いほど，ズレがその状況に適用される可能性が高いほど，ズレの重要性が大きいほど見いだしやすくなる。また，この関連は他の自己表象とのかかわりによっても調整される。理想自己が「なりうる自分」，すなわち可能自己に近い時，理想自己と現実自己の慢性的なズレは，より強い苦痛を引き起こす。これは，理想達成の可能性が大きいと思い続けているにもかかわら

II-1　自己

ず，慢性的に理想が達成されてこなかったというジレンマによって説明される。

2つのズレと関連するのは感情だけではない（Brendl & Higgins, 1996；Higgins, 1998）。2つのズレは，それぞれ異なる認知とも関連する。まず，理想自己と現実自己に慢性的なズレがある人は，肯定的な出来事の有無に関して感受性が高い。たとえば，宝くじに当たる，あるいは外れるという出来事を記憶しやすい。一方，当為自己と現実自己に慢性的なズレがある人は，否定的な出来事の有無に関して感受性が高い。たとえば，渋滞にはまる，あるいは，連休なのに渋滞にはまらなかったという出来事を記憶しやすい。

また，これらのズレは，異なる行動傾向とも関連している。まず，理想自己と現実自己に慢性的なズレがある人は，肯定的な結果と一致するものに近づく自己制御方略を好む傾向がある。たとえば，試験勉強の方略として，いつもよりも勉強するという方略を選びやすい。一方，当為自己と現実自己に慢性的なズレがある人は，否定的な結果と一致しないものを避ける自己制御方略を好む傾向がある。たとえば，試験勉強の方略として，友だちと遊びに行かないという方略を選びやすい。

このように，2つのズレはさまざまな水準で個人差とかかわっている。ただし，このような個人差は必ずしもズレを前提としない。むしろ，自己指針を理想自己，当為自己のどちらとして表象するかが個人差のより直接的な原因と考えられる。ヒギンズ（Higgins, 1998）が近年新たに提唱した自己制御理論では，この問題が直接検討されている。これによると，理想自己指針をもちやすい人は，進歩や達成に焦点を当てる促進フォーカス（promotion focus）が優勢である。また，当為自己指針をもちやすい人は，防止や安全に焦点を当てる抑止フォーカス（prevention focus）が優勢である。この理論，および2つの理論の関連についての詳細は，ヒギンズ（Higgins, 1998）を参照されたい。→自己知識，自己表象，自己一貫性，自尊感情，アクセスビリティ，可能自己，セルフ・レギュレーション（山上）

▼自己評価維持モデル

　自己評価維持（SEM：Self-Evaluation Maintenance）モデルは，テッサーによって提唱されたモデルであり，「他者との関係性は自己評価に重要な影響を与える（第一の前提）」と「人は自己評価を維持・増大するよう行動する（第二の前提）」という2つの前提をおいている（たとえば，Tesser, 1988）。

　自己評価維持モデルは，第一の前提にかかわる過程として，①反映過程と②比較過程という2つのダイナミックな過程を想定している。反映過程とは，親密な他者の優れた遂行により自己評価が向上したり，親密な他者の劣った遂行により自己評価が低下する過程である。たとえば，親友が有名なサッカー選手となると，誇らしい気分になり，自己評価が高まることが考えられる。一方，比較過程とは，親密な他者の優れた遂行により自己評価が低下したり，親密な他者の劣った遂行により自己評価が上昇する過程である。たとえば，親友が有名大学に合格したが自分は落ちると自己にとって脅威となり，自己評価が低下することが考えられる。

　この2つの過程とも，相対的遂行（relative performance）と心理的近さ（closeness）が重要である。反映過程も比較過程も，心理的近さが高い時のみに働く。親密な他者の遂行が高い場合には，反映過程では自己評価にポジティブな効果が，比較過程ではネガティブな効果をもつのに対して，親密な他者の遂行が低い場合には逆の効果が生じる。自己評価維持モデルによれば，反映過程と比較過程のどちらが優勢になるのかを決める要因は，関与度（relevance）である。ある遂行領域が自己定義（self-definition）にとって中心的で重要である場合には，関与度が高いとされる。関与度が高い場合には比較過程が，関与度が低い場合には反映過程が働きやすい。つまり，自己評価維持モデルでは，相対的遂行・近さ・関与度の3つの要因が絡み合い，他者との関係性の中で，自己評価が影響されることを予測する。

　先に述べたように，自己評価維持モデルでは，「人は自己評価を維持・増大するよう行動する」という第二の前提をおいている。この第二の前提と先の2つの過程に関する予測からいくつもの検証可能な仮説が提出され，多くの実証研究でそれら仮説が検証されている。多くの実証研究では，自己評価は維持されるものとして直接測定するのではなく仮説構成概念として扱い，相対的遂行・近さ・関与度の3つの要因のうち2つを固定し（独立変数にし），もう1つの要因（従属変

II-1　自己

数）への影響を検討している。つまり，①近さと関与度が相対的遂行に及ぼす効果，②相対的遂行と関与度が近さに及ぼす効果，③相対的遂行と近さが関与度へ及ぼす効果，が検討されている。①では，相手との関係が近い場合，関与度が高い時には自分の遂行を高め相手の遂行を低めるようにするが，関与度が低い時には自分の遂行を低め相手の遂行を高めるようにするという効果が予測される。②では，相対的遂行が相手の方が高い場合，関与度が高い時には近さを低下させるが，関与度が低い時には近さを増大させる。一方，相対的遂行が相手の方が低い場合，関与度が高い時には近さを増大させるが，関与度が低い時には近さを低下させるという効果が予測される。③では，親しい他者に比べ相対的遂行が優れている場合には関与度を上げ，相対的遂行が劣っている場合には関与度を下げるという効果が予測される。これら予測は，実験室や学校といったフィールドにおいて実証的に検討されており，おおむね自己評価維持モデルを支持する結果が得られている。これら研究に加えて，3つの要因を操作して自己評価に関連する感情や感情関連行動に及ぼす効果についても実証研究がなされ，自己評価維持モデルを支持する結果が得られている。

　日本においては第二の前提が成り立たないという文化心理学からの議論もあるが（北山，1998），日本においても自己評価維持モデルを支持する結果を示す研究もある（たとえば，磯崎・高橋，1988）。

　最近では，自己評価維持モデルを現実的なより親密な2者関係（たとえば夫婦関係）に適用する場合には，もっと複雑な過程を考える必要が指摘されるようになってきている（たとえば，Beach & Tesser, 1995）。親密な2者関係においては，両者にとり関与度が高い領域において，相対的遂行に差がある場合には比較過程が生じ，一方の自己評価を必然的に下げることになる。親密な2者関係の親密さを維持しようとすれば，相手の自己評価維持過程にも関心を払う必要がある。つまり，親密な2者関係においては，反映過程と比較過程を用いた他者評価維持過程も考慮する必要があることが指摘されており，配偶者関係において実証的研究がなされ，この指摘を支持する結果が得られている（Beach & Tesser, 1995）。親友関係といった親密な2者関係においてもこの指摘を考慮した研究が必要であろう。→自己評価，自己高揚（沼崎）

▼自伝的記憶

　人の生涯は，さまざまな出来事が次々と起きては過ぎ去る流れのようなものである。しかし，その中のいくつかは，記憶という形で脳のどこかにその存在を印し残す。われわれは時々それを引き出し，現在の行動に役立て，将来の予測に利用し，そして過去を振り返って思い出を懐かしむ。

　一般に，人生における経験の記憶を自伝的記憶（autobiographical memory）という。現代のように，さまざまな情報がリアル・タイムで飛び交う時代には，このような定義はほとんどすべての物事についての記憶というに等しい。たとえば，ルワンダ紛争の様子やアメリカ大リーグでの記録達成の興奮の様子など「テレビを通じて経験した」ことも含まれてしまう。そこで，自らの直接的体験の中でとくに人生の重要な側面についての記憶に限定して自伝的記憶とよび，伝聞による間接的経験の記憶を除外する研究者もいる。自伝的記憶は，時間や場所の情報が付随している点においてエピソード記憶の一種だとする説がある。他方，「散歩するといつも，頭の中で音楽が湧いてきた」というような時間や場所が特定されない一般化された記憶もあるから，エピソード記憶とは異なる別カテゴリーだという説もある。いずれにせよ，自伝的記憶は，人生の目標や個人的に重要な意味・感情を含んでおり，自己やアイデンティティと密接な関係がある。

　人は，自分の過去についてさまざまなことを記憶している。それは，「思い出」あるいは「記憶」として引き出された時，自己語り（self narratives），人生語り（life narratives）となる。自己語りは，アイデンティティ，自己理解，自分はどのような人間であるかの理解を構成する重要な一部である。これらの現象は，ちょうど，IとMeになぞらえることができる。自分の過去について憶えているのはI（remembering self）であり，記憶にとどめられている自分（remembered self）が自己語りを通して表出され，自分はこのような人間だという自分自身によるとらえがなされるのである。

　これまで，ジェームズ（James）からセルフ・スキーマ理論提唱者のマーカス（Markus, 1977）にいたる多くの自己研究者は，自己に関連する記憶は基本的にはその人自身の過去経験のレプリカであると考えてきた。しかし，近年，この記憶主（I）の信頼性は高いとは言い難いことが次々と指摘されるようになってきている。大切なことを忘れたり話を歪めたりするだけでなく，時にはありもしない

II-1　自　己

ことを作り出してしまう可能性があるというのである。日常記憶の研究によれば，本人が確かにそうだったと信じ，鮮明に詳細に「思い出す」ことであっても，客観的にはそのような事実がどうしても確認されない（偽りの記憶）ということがあるらしい（たとえば，Belli & Loftus, 1996）。元来，経験した本人しか知りえないことについては，「事実」か否かの判断が困難であり，いくつかの事件においては，本人の語る記憶が真実か創作か，あるいはどの程度真実かをめぐって，裁判上も問題になっている。

　最近は，自伝的記憶を過去のレプリカではなく，構成や再構成であるとしたうえで，その過程に密接にかかわっているはず自己の動機やアイデンティティの働きをそこに積極的に探っていこうとする動きが出てきている。

　自伝的記憶研究は量的に増大しつつあるものの，組織的な研究はまだ十分に行われていない。これまでのところ，自伝的記憶研究のおもな関心は，次のような問題に向けられている：自伝的記憶内容の正確性，感情と自伝的記憶の関係，自伝的記憶の発達と障害，生涯における分布時期，自伝的記憶とアイデンティティ，自伝的記憶と自己動機，自伝的記憶と時間。これらは，現実の社会生活においては，訴訟での記憶の信憑性の問題，心理臨床の治療場面で語られることの意味の問題など他領域へ重要な示唆を与えている。

　自伝的記憶の研究法のおもなものとしては，自由想起法，手がかり想起法（例：「花」「窓」などから思い出される過去の体験），日誌日記法（日常の出来事を記録し，後にそれらを想起し，突き合わせる方法）などがあげられる。

　なお，自伝的記憶をもとに語られるものが自己語りとされているが，中にはブルーナーのように，自己語りを重視しながら，「記憶」という概念自体をもはや認めない研究者もいる。語るつど，自己語りが変化するものである以上，それは貯蔵庫に何かが保存されているような「記憶」というよりも，むしろ，まさに自己について語りながら自分という者への理解を推し進める「思考」とみなすべきものであるというのが，彼の主張である（Bruner, 1994）。→日常記憶，偽りの記憶，自己知識，自己表象，自己スキーマ　（遠藤由美）

▼セルフ・レギュレーション

　自己を目的をもった行為を実行する主体としてとらえた場合，自分の目標や理想に対して自己の行為・状態を評価し，目標に達しようとするセルフ・レギュレーション（self-regulation）は，自己がもっている非常に優れた特性と考えられる。なぜならセルフ・レギュレーションを通じて人は目的を達することができるし，自分自身をも変革することができるからである。子どもの頃に満足遅延のセルフ・レギュレーションの能力の高かった者が，10年後に高い学業成績，社会的能力を示したという結果もある（Mischel et al., 1988）。しかし，社会心理学においてこのような形でセルフ・レギュレーションの重要性が認識されだしたのは，1980年代になってからのことである。

　カーバーとシャイヤー（Carver & Scheier, 1981）は，パワーズ（Powers, 1973）のサイバネティックス理論に基づくモデルとデュバルとウイックランド（Duval & Wicklund, 1972）の自己意識理論（self awareness theory）を組み合わせて，セルフ・レギュレーションのモデルを提出した。このモデルは，階層的なフィードバック・ループによって構成されており，下位のレベルでの目標の達成が，上位目標の達成には不可欠であり，あるレベルで目標が達成できない時はより下位のレベルに注目が移行することを想定している。このモデルは人がどのように目標を達成するかを説明し，セルフ・レギュレーションの研究に大きな影響を与えた。しかし，このモデルでは目標は常に接近するものとして想定されている点については批判があり，セルフ・レギュレーションの過程には接近すべき目標と避けたい目標（こうはなりたくないという自己像）が含まれるべきで，目標への接近と回避は異なった過程であるという指摘もある（Higgins, 1996c）。

　また，人が行っているセルフ・レギュレーションは行動だけでなく，もっと広い範囲，思考，感情などに及んでいるし，行動の制御がすなわち思考の制御を意味することもある。たとえば，食事制限により減量することを目標としている人は，食べるという行動を制御することになるが，それは同時に食べものについての思考を抑えるということを意味するであろう。この思考の制御に関しては，行動の制御を中心に据えたカーバーとシャイヤーらの階層的フィードバック・ループのモデルでは想定されなかった新たな問題が指摘されることになった。

　意図して何かを考えないようにすることの認知過程について実験的検討をした

II-1　自　己

　ウェグナーは，考えないようにすることがかえってそのことを考えてしまう結果に結びつくという皮肉な現象を見いだした。この現象をウェグナーはモニタリング過程とオペレーティング過程からなるという2重過程モデルによって以下のように説明した（Wegner, 1994）。モニタリング過程は自動的な過程で，制御すべき思考が生じていないかを監視し，制御すべき思考が生じていた場合は，オペレーティング過程によって，その思考が抑圧される。しかし，オペレーティング過程の作動にはモニタリング過程の作動に比べ多大な認知資源を必要とするので，モニタリング過程が働き，抑制すべき思考が発見される一方でオペレーティング過程が十分に機能せずその抑圧に失敗し，皮肉にも逆に抑制しようとした思考が活性化しやすくなる（リバウンド効果）。

　ところで，セルフ・レギュレーションの過程は努力を要するものと考えられる。そこで，バウマイスターら（Baumeister et al., 1998）は，セルフ・レギュレーションに費やされる資源は有限であるから，あることに対してセルフ・レギュレーションを行えば，同時に，あるいは直後に行うセルフ・レギュレーションに費やすことのできる資源は減少する（そしてその結果，後者の遂行レベルが低下する）ことをさまざまなタイプのセルフ・レギュレーションを用いて示した。

　ウェグナーらの研究もバウマイスターらの研究もセルフ・レギュレーションがしばしば失敗することを前提としている。カーバーとシャイヤーのモデルがセルフ・レギュレーションのシステムを描いたとすれば，これらの研究は，セルフ・レギュレーションの実践的問題とその解決に焦点をあてているとも見ることができる。セルフ・レギュレーションがいつでもうまくいくわけではないことは明白であるので，セルフ・レギュレーションが成功する条件を明らかにすることは，理論的にだけではなく，実践的な価値がある。すでに思考制御の研究では，単純な思考抑制方略以外の方略を用いることにより，思考抑制に成功する方法が検討されており，社会的に望ましくない思考の抑制（たとえばステレオタイプ的に他者を判断しないようにする）における効果が期待されている。→**自覚状態，自己意識**（工藤）

II 社会的認知の理論と概念

▼動機づけられた推論

　推論の結論に対する動機づけの存在によって，推論過程が影響される現象をさして動機づけられた推論とよぶ。クンダ（Kunda, 1990）はこの用語の下に多くの研究をレビューし，推論に影響する動機づけを「正確さへの動機づけ」と「ある結論へ向かう動機づけ」の2つに分けて整理をした（しかしながら，動機づけられた推論という用語は後者のみをさして使用されている場合が多く，その場合，動機づけの存在によって推論が歪むという現象を意味していることが多い）。

　正確に判断しようという動機づけが高められた場合，人々はそうでない場合よりも多くのコストをかけて情報を精査し，判断に際しよく考えるようになり，その結果さまざまな認知的バイアスが見られにくくなることが報告されている（たとえば，印象形成において新近効果が低減したり，ステレオタイプの使用が抑制される）。しかしながら，このような現象は単に判断が慎重になるために見かけ上バイアスが減少したことによるとも考えられる。また，正確さへ動機づけられた場合でも，逆にバイアスが生じやすくなる（たとえば，診断性の低い情報を考慮するようになり希釈効果（dilution effect）が生じやすくなる（Tetlock & Boettger, 1989）。また，バイアスを修正しようとすると過度の修正が生じて逆のバイアスが生じる（Martin et al., 1990）。）という結果もあり，必ずしも常にバイアスが低減するとは言い切れない。これは，正確な判断をしようとして人が採用する推論過程やルールが適切ではないことがあり，その時には，多くのコストをかけても判断が正確になるとは限らないからである。

　一方，人は正確さではなく，ある結論へ動機づけられている場合がある。たとえば，喫煙の害について論じた記事があった時，非喫煙者はその記事の内容を簡単に受け入れやすいが，喫煙者は，そこで述べられている証拠が本当に適切であるかを検討するなどして，その記事の内容を否定しようとするかもしれない。非喫煙者は喫煙が害であるという結論を受け入れることに抵抗がないが，喫煙者は喫煙が害であるという結論を反駁したいと動機づけられ，その結果両者がとる認知方略は異なる可能性がある。そしてその結果，至る結論も異なってくると考えられる。

　しかし，ある結論へ向かう動機づけが高められたといっても，人は何の制約もなしに自分の信じる結論が正しいと判断するわけではなく，"客観的"に判断し

II-1 自己

て自分の信じる結論に到達しようとするのである。つまり結論の正当性に自分が納得できるような形で推論をすることになる。しかし，"客観的"かどうかという判断は主観的に行われるので，動機づけによって生じるバイアスを排除することは難しい。しかも人がある結論へ動機づけられている時に行うさまざまな推論はバイアスがかかっているにもかかわらず，そのことは認識されにくい。というよりも，むしろ，バイアスがかかっているという意識がないからこそバイアスが維持されると考えられる。記憶の探索，証拠の集め方およびその重みづけ，証拠を採用する際に適用するルール，そしてどの程度判断に際して認知的コストを費やすかということも動機によって大きく左右される。

認知的不協和の低減過程，セルフ・サービング・バイアス，自己評価におけるポジティビティ・バイアスなどは，この動機づけられた推論の例である。不協和の低減，自己評価の高揚，維持などの動機によって推論過程にバイアスが生じることはよく知られている。

ここで注意しておかなくてはならないのは，人がある結論へ動機づけられている場合，推論過程にはバイアスがかかるが，現実を大きく歪めてでも必ずその結論にたどり着くというわけではないということである。たとえば，成功に結びつく性格は内向性であると告げられた場合，自分の性格の中の内向的な部分に注目し，自分の内向性を強調して認識しやすくなると考えられるが，もともと非常に外向的な人が，非常に内向的な人と同じくらい自分自身を内向的だと認識するようになるわけではない。

動機によって推論過程にバイアスがかかるというと，動機によって推論の誤りが生じるという意味にもとれる。確かに動機の存在によって推論が影響されたり，判断が歪曲することもあるが，この過程によってポジティブ幻想が生起，維持され，困難な課題を前にした時に（成功したいという動機づけによって成功確率を高く見積もるという過程を通じて）やる気が出たり，（自分を現実よりも好ましく評価することによって）人の精神的健康を支えているとも考えられており（Taylor & Brown, 1988），単純に誤りと見なすことはできない。→自己高揚，セルフ・サービング・バイアス，自己評価，希釈効果（工藤）

CEST

CEST（Cognitive-Experiential Self-Theory）とは，人が個々に構築する現実に対する"理論"に関するエプスタインによる理論である（たとえば，Epstein, 1990, 1994）。CESTでは，人の情報処理システムは2つの異なったシステム—合理的システムと経験的システム—からなると考える。そして人はこの2つのシステムによって，自己と世界についての現実の"理論"を構築するとされている。

さらにCESTは4つの基本的欲求を仮定している。CESTの4つの基本的欲求とは，①喜びを最大にし，痛みを最小にする，②安定的で整合的で現実的な世界観を維持する，③他の人との関係を維持する，④自尊心を高める，である。

CESTはいくつかの点で異彩を放つ理論である。まず，2つの異なった情報処理システムを仮定するいわゆる二重処理モデルは数多くあるが，CESTは，この両者が相互に影響しあうことを強調する点で他のモデルと異なっている。また，パーソナリティ理論は一般に単一の欲求を想定するので，4つの基本的欲求を仮定する点でCESTは異色である。さらに，これらの4つの欲求は同等に重要で，同時に働き，互いに妥協しあうと仮定し，行動は複数の動機の妥協の結果だとする仮定はCEST特有のものである。

合理的システムは実行に努力を要する抽象的なシステムで，言語によって機能するとされる。経験的システムは，感情に導かれて作動することが多く，最も下位のレベルでは自動的に即座に働き，上位のレベルでは，合理的システムと相互作用し，直感的知恵や創造性として機能する。また，経験的システムは進化的に見て古く，環境に適応する進化の過程の中で備わってきたシステムであるが，合理的システムは，進化的に新しく，その適応度についてはまだ検証されていないと考えられている。

経験的システムは，自動的に作動し，意識の統制外にあるが，自動的処理とは異なる。経験的システムでの情報処理は感情によって働くものとされるが，この仮定は，人の非合理的で，葛藤を含んだ精神力学的な側面をもCESTに統合するためのものである。つまりCESTが仮定している無意識は，認知心理学で扱われる閾下（subliminal）の影響に比べてもっと感情的で非合理的な要素を含んだものである（たとえば，子どもの頃に犬に噛まれたことがあると，犬を見ると噛まれないとわかっていても怖く感じる）。しかし，精神分析でいう無意識に比べれば，もっと適応的で現実的なものである。CESTを検証する実証研究については，エプスタインとパチーニ（Epstein & Pacini, 1999）にまとめられているので参照されたい。→二重処理モデル，自動的処理　（工藤）

自己複雑性

　リンヴィル（Linville, 1985, 1987）によって提唱されたストレスに対する耐性の個人差の1つで，自己表象の複雑さを意味する。ここでの複雑さとは，自己を多くの側面でとらえ，それらの側面に違いがあるという認識を維持しているかどうかということをさす。リンヴィルは自己複雑性が高ければ，ストレスフルな出来事があっても身体的，精神的健康が冒されにくいとした。なぜなら，自分のある側面が否定されるようなストレスフルな出来事が起こっても，自己複雑性が高く，他にそれとは別のさまざまな自己の側面があれば，それらはそのストレスの脅威にさらされず認知的な緩衝体として働き，自己全体に対するストレスによる脅威の影響が小さくなるが，自己複雑性が低い場合はその緩衝体が小さいので自己全体に影響するからである。たとえば，教師であり，テニスを楽しみ，多くの友人をもつ女性が離婚した場合，「妻」として自分をとらえるだけでなく，「教師」「テニス選手」「友人」などの側面をそれぞれ別のものとして認知していた場合は，すべてをまとめて「妻」としか認知していなかった場合に比べ，離婚したことの脅威にさらされない自己の側面を多くもつので，身体的，精神的健康に悪影響を及ぼしにくいと考えられる。→**自己知識，自己表象，自己スキーマ**（工藤）

暗黙の自尊感情

　態度や自尊感情などは主として直接的自己報告によって測定されてきた。しかし，最近，グリーンワルドとバナジ（Greenwald & Banaji, 1995）を中心とする研究者たちは，それらの測度は自己呈示の思惑の影響を受けやすいこと，暗黙認知はしばしば自己報告される意識的な認知とは異なることを指摘し，態度，自尊感情，ステレオタイプなどに関する意識できないレベルでの認知を解明しようとする試みを開始した。

　暗黙の自尊感情(implicit self-esteem)は，人は自分自身に関連した物事に対して好意をもち肯定的な評価をくだし，それらが本人の意識しないうちにさまざまな認知・判断に影響するというものである。近年，より広く対象と結びついた潜在的な態度を測定するため，IAT（Implicit Association Test）が開発されている。IATで測定されたものは，その定義通り，自己報告による意識的態度としばしば異なる。子どもの発達において，暗黙の信念システムは意識的なそれよりも早くに現れることから，重要他者と自分を特徴づける内的作業モデルとの対応も指摘されている。（遠藤由美）

II-2 対人認知

- 対人記憶
- 人物表象
- ネットワークモデル
- 連合ネットワークモデル
- ワイヤーとスラルの人物記憶モデル
- カールストンの対人表象モデル
- ●ACTモデル
- 個人的構成体理論
- 社会的スキーマ
- スキーマ引き金感情
- 認知的複雑性
- カテゴリー依存型処理とピースミール処理
- 連続体モデルと二重処理モデル
- 観察目標と対人情報の処理
- 自発的特性推論
- 暗黙の性格推論
- 文脈効果
- 印象形成の手続き的知識
- ネガティビティ・バイアス
- 結果依存性と対人情報処理
- 相互作用目標と対人情報処理
- 社会的判断可能性理論
- ●行動の区切り

　対人認知は，社会的認知研究の中で主要で中心的な領域である。社会的認知研究の中で行われている対人認知研究は，さらに，対人表象・対人スキーマなど，他者や人間について蓄積された知識の構造や機能の問題（前半の10項目とコラム）と，対人情報の処理過程にかかわる理論やモデル（後半の11項目とコラム）の2つの下位領域に分けられる。前者は，社会的認知研究の初期の頃から多くの研究が行われ，認知心理学のモデルや概念を活用しながら，多数の知見が積み重ねられてきている領域である。それに対して，後者は，対人情報が収集，処理されるプロセスを扱っており，対人認知を社会的認知研究の立場から整理しようとしている領域である。ここでは，代表的なプロセスモデルや対人情報処理にかかわる要因が取り上げられている。

Ⅱ 社会的認知の理論と概念

▼対人記憶

　われわれは，他者について得たさまざまな情報からその人物の印象を形成する。従来の対人認知研究では，各情報の評価的意味がいかに集約され全体印象が形成されるかがもっぱら問題にされていた。認知的アプローチ導入後は，印象の基礎となった情報を人はどのように記憶しているのか，それは形成された印象とどのような関係にあるのかが主要な関心事となり，「対人記憶（person memory）」と称される研究分野が登場した（Hastie et al., 1980）。対人記憶の理論は，人物に関する情報がどのように体制化され心内に表象されるかを問題にする。

　人物に関する記憶も基本的には記憶一般の法則に従うと考えられている（Carlston & Smith, 1996）。情報はバラバラに貯蔵されるのではなく，相互に関連づけられ，ある種の連合ネットワークを構成して貯蔵される。連合の形成が入念に行われた情報ほど保持がよく想起率も高くなる。また，事実をあるがままに記憶するのではなく，既存の知識に合うように情報を取捨選択し構成的に解釈したうえで記憶する。新たな情報を自ら推論し，それを付加して記憶することもある。記銘時と想起時の状況や文脈，処理目標の影響を強く受けることも共通している。ただ，対人記憶は事物の記憶と異なる点もある。それは，一般に人は自分以外の人間のことを知ることに強い関心があるため，他者に関する情報には注意深くなることである。また，事物に比べ人物に対しては一貫性の高い記憶表象を形成しようとする傾向が強く情報の体制化が促進されやすいことも重要な点である。また，他者に関する情報は記述的意味より評価的意味の方が重視されやすく，情報の体制化においては評価的次元が顕現化しやすいという指摘もある（Wyer & Gordon, 1984）。さらに，対人記憶に固有の問題として，他者に関する記憶に基づき判断を求めた場合に，判断結果と想起された情報が必ずしも対応せず記憶と判断が乖離する現象がある。これは，われわれが他者を見る時，往々にして観察した事実から直ちに評価的判断を行い，その結果だけを記憶し根拠となった事実情報の方を忘れてしまうことを示唆している。このように，対人記憶は，記憶一般に見られる性質と人物の記憶に特有の性質を併せもっているといえる。人物表象の構造的特性に関しては多くの理論モデルが提起されているが，その主要なものについて簡単に触れておく（Smith, 1998参照）。

　まず，あげられるのがプロトタイプ理論である。この理論では，特定の性格類

型に結びつく特性のセットをプロトタイプ（prototype）と称し，印象を形成する時，人はこれを参照しながら人物情報を体制化し記憶に貯蔵すると考える。つまり，与えられた情報から基準となる性格概念を抽出し，それを核に情報を関連づける。その際，内的一貫性を高めるため，所与の情報以外に自発的に推論した特性も記憶に付加することもある。

プロトタイプ理論によれば，印象に一致する情報はよく記憶されるが，そうでない情報はあまり記憶されないことになる。しかし，印象と矛盾する情報の方がよく記憶されることもある。これを説明するために提起されたのがネットワークモデルである。このモデルでも，人物情報は全体印象を基軸に相互に関連づけられて記憶に貯蔵されると考えるが，その際，印象に矛盾する情報は，全体の枠組みと整合させるために入念に処理される。その結果，矛盾情報は他の認知ユニットとの間に多くの連合が形成され想起率が高くなる。

ところで，印象には記述的側面と評価的側面がある。上記のモデルは，これらは一体となって表象されると考えている。これに対し，それぞれが別個に表象されると主張しているのが二重表象モデルである。このモデルによると，他者に関する情報は特性概念を中心に体制化される場合と評価概念を中心に体制化される場合があり，これら2種類の表象が独立に記憶内に形成され利用されることになる。

さらに最近では，相手を単に観察しただけか，行動をともにしたのかといったように，相手との相互作用の様相が形成される記憶表象の質を規定することを論じた連合システム理論（associated systems theory）が提唱されている。このように，現在は，他者について形成される表象は単一ではなく，その人物の多様な側面について，それぞれ固有の様態をもった表象が形成され，人はそれらを有機的に連関させながら利用しているとする議論が優勢である。→人物表象，ネットワークモデル，カールストンの対人表象モデル，プロトタイプ，体制化，表象

（池上）

Ⅱ 社会的認知の理論と概念

▼人物表象

　人々が，他者や自分の印象を判断する時，その人物に関する情報そのものに基づいて直接的に判断をするのではない。人々はまず，他者に関する情報を符号化・体制化して自分の中に保持し，その保持された情報を検索・利用して，人物の印象を判断するのである。人物表象とは，その符号化され，保持された情報の総体のことであり，人物の印象判断において重要な役割を果たすものである。

　人物記憶研究の領域では，人物表象の構造や機能を解明しようとする研究が進められ，いくつかの代表的なモデルが提案されてきた（Wyer & Carlston, 1994）。たとえば，ワイヤー（Wyer）とスラル（Srull）の人物記憶モデルや貯蔵庫モデル，カールストン（Carlston）の対人表象モデル（連合システム理論ともよばれる），対人スキーマ・モデル，スミス（Smith）のエグゼンプラーモデルなどがある。

　また，個人の連続行動の区切りと表象の特徴に関するモデルとして，ニュートソン（Newtson）のブレークポイント・モデルと，ワイヤーとゴードン（Gordon）のスクリプト・モデルが出されている。

　こうした人物表象の研究は，社会的認知研究の初期には盛んであったが，1980年代の中頃からは，あまり成果を上げないまま，やや停滞しているように見える。また，これらの研究に対して，実験に用いられている他者の情報が，特性や行動の断片的なリストであることが多く，その人工性や非現実性がしばしば問題とされる。会話場面など，より現実的な状況における人物の表象や，言語的な情報だけでなく，表情，身振り，口調などの非言語的な情報によって形成される表象について研究を拡大していく重要性が指摘されている。なお，最近では，ニューラルネットワーク・モデルを人物表象研究に導入しようとする研究が見られている。→対人記憶，連合ネットワークモデル，ワイヤーとスラルの人物記憶モデル，カールストンの対人表象モデル，社会的スキーマ，行動の区切り，エグゼンプラーモデルとプロトタイプモデル　（坂元章）

Ⅱ-2 対人認知

▼ネットワークモデル

　われわれ人間は，ある特定の他者について，その相手が日頃どのような行動をとっているか，どんな性格の人間なのかに関する情報を体制化して記憶している。この時，記憶されている人物情報の表象形態を表現したモデルの1つにネットワークモデルがある。ネットワークモデルは対人記憶研究のなかで，人物情報の記憶検索のメカニズムを説明する概念モデルとして発展したものである。対人表象に関する代表的なネットワークモデルは図に示されているように人物Xの特性情報と行動情報が階層的にリンクしたもの，また連合ネットワークモデルのように矛盾する対人情報が検索されやすいメカニズムを説明したモデルなどがある。

　たとえば，下図に示されたモデルの特徴をよく表した実験結果にハミルトンら(Hamilton et al., 1980a)の実験がある。ハミルトンらは被験者にある一人の人物の行動情報を15文呈示し，一方の群ではその行動文を記憶するように（記憶群），もう一方の群では行動から読み取れる人物の印象を形成するように（印象群）教示した。行動文の再生テストを行った結果，印象群の方が記憶群よりも行動情報の再生成績がよいことが示されている。記憶群は個々の行動情報を直接ターゲット人物と結びつけて記憶していたのに対して，印象群では個々の行動情報から何らかの特性を推測していたと考えられている。結果的に印象群では図のようなネットリーク表象を形成していたため，情報検索の際，特性情報が検索手がかりとして利用され，個々の行動情報を一つひとつ検索しなくてはならない記憶群よりも，再生成績が高くなる。→
人物表象，対人記憶，連合ネットワークモデル，再生（宮本）

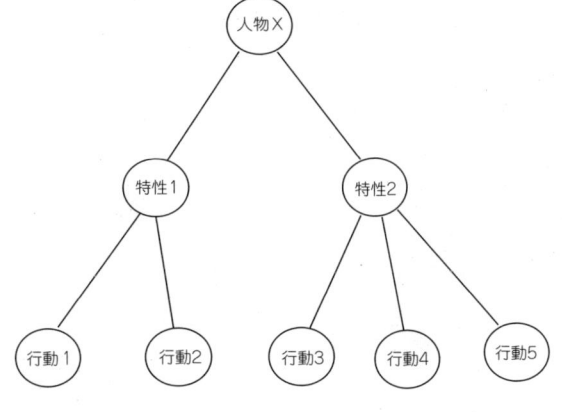

図：人物表象のネットワークモデル

II　社会的認知の理論と概念

▼連合ネットワークモデル

　対人表象に関するネットワークモデルの中で，特性情報に一致する情報と一致しない情報とがどのように表象されているかをモデル化したものである。

　ヘイスティとクーマー（Hastie & Kumer, 1979）は架空の人物に関する情報としていくつかの特性情報とその特性に一致する行動情報，矛盾する行動情報，無関連な行動情報の3種類を呈示し，その後再生テストを実施した。その結果矛盾する行動情報の再生率が最も高く，以下一致する行動情報，無関連な行動情報の順であった。この結果を説明するモデルとして提出されたのが連合ネットワークモデル（associative network model）である。連合ネットワークモデルによると他者の情報は人物Xに関する全体印象ノードを軸として，個々の行動情報が相互に関連づけられ記憶される。この時，全体印象に一致する行動情報は全体印象とのリンクが形成されやすいが，矛盾する行動情報は全体印象と整合しないため直接のリンクが形成されづらい。そこで全体印象との整合性をもたせようとして，他の行動情報との照合を行うなどの入念な処理が行われる。その結果，矛盾する情報は他の情報とより多くのリンクが形成されるために，再生率が高くなるのだと説明される。

　ただし矛盾する情報の処理が入念に行われるのは，その処理に費やされるのに十分な処理資源がある場合に限られる。入力情報の量が多くなったり，処理時間に制約があったりすると，矛盾情報の再生率は低下し一致情報の再生率が高まるとされている。またこのモデルは印象形成や特性推測など，他者理解に特有の処理目標が働いた時に限定される。→観察目標と対人情報の処理，ネットワークモデル（宮本）

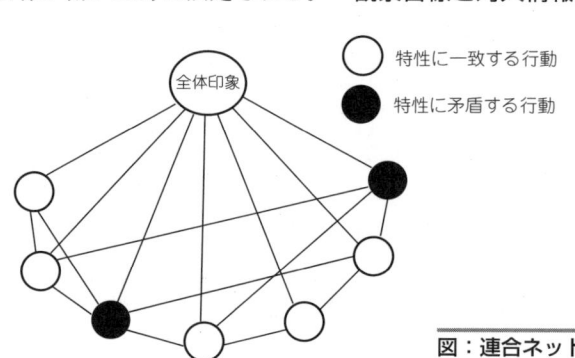

図：連合ネットワークモデル

▼ワイヤーとスラルの人物記憶モデル

　1989年，ワイヤーとスラルは，それまでの人物記憶研究の知見を統合して，人物表象に関するモデル（とくに人々が他者の特性・行動をどのように体制化しているかに着目している）を提出している（坂元，1998）。この「ワイヤーとスラルの人物記憶モデル」は，それまでの人物表象モデルの中で最も完成されたものであり，現在でも，代表的な人物表象モデルであるといえる（Wyer & Srull, 1989）。

　このモデルの最大の特徴は，他者の情報（特性と行動）の体制化が，その情報の記述的な側面と評価的な側面に関して別々に行われ，それぞれの表象（特性・行動クラスターと評価的人物表象）が独立した連合ネットワークとして形成されるとしている点である。

　人物記憶モデルでは，他者行動の知覚者は，他者の複数の行動を知覚した時，それらを，それが意味する特性と結びつけて表象するとされている。たとえば，「電車の中でお年寄りに席を譲った」と「お金に困っている友人にお金を貸した」という他者の行動の両方を「親切な」という特性に結びつける。こうして形成された表象を特性・行動クラスターとよんでいる。同じ特性を意味する行動は特性に結びつくが，その特性はそれより上位の概念に結びつかず，そのため，このクラスターは，その他者の特性の数だけ生まれることになる。

　他者行動の知覚者は，こうした仕方でその行動の記述的な側面について体制化するが，それと同時に，それを評価的側面によっても体制化する。具体的にいえば，知覚者は他者の行動（あるいは特性）に遭遇した時，まず，その評価的成分（正－負）を抽出し（これを中心的概念という），この中心的概念に，その行動それ自体，あるいは，その後に遭遇する行動を結びつける。その時，①中心的概念と行動の評価的成分が斉合する場合には，その行動は，中心的概念だけと強く結びつくが，②中心的概念と行動の評価的成分が斉合しない場合には，その行動は，中心的概念だけでなく，他の行動とも結びつく。こうして形成される表象は評価的人物表象とよばれている。→対人記憶，人物表象，連合ネットワークモデル

（坂元章）

Ⅱ 社会的認知の理論と概念

▼カールストンの対人表象モデル

　社会的な刺激の入力から，記憶，判断，行動反応までの経路に媒介する心的表象システムを包括的に説明するモデルとしてカールストン（Carlston, 1994）の連合システム理論（associated systems theory）の中で述べている対人表象モデルである。ネットワークモデルは他者情報が認知者の内部でどのように表象されているかという観点からモデル化が行われているが，カールストンのモデルでは相手の情報だけではなく，自分の相手に対する行動・感情反応も表象に組み込まれていると仮定すること，また相手と自分の関与の方向によって表象に組みこまれやすい情報が異なると仮定している点など対人認知の特徴を包括的に取り扱った概念モデルである。

　下図のように，カールストンのモデルは対人認知の初期段階では視覚システムを中心とした他者の認知が行われ，おもに相手の外見を中心とした処理が行われると仮定する。その後，たとえば相手に対する印象の形成のような認知的な関与が高まると，言語システムをもとにした他者のカテゴリー情報，特性情報の処理へと移行していく。感情的な関与が高まると感情システムを通した処理へ，また行動的な関与が高まると行動システムを通した処理が優位になる。最終的には表象に組み込まれた情報をもとに，各システムの働きによって言語・感情・行動表出へと導かれる。包括的なモデルであるがゆえ，実証的な検討が不足している点もあるが，対人認知のプロセスも表象の中で説明できるなどの特徴がある。→ネットワークモデル（宮本）

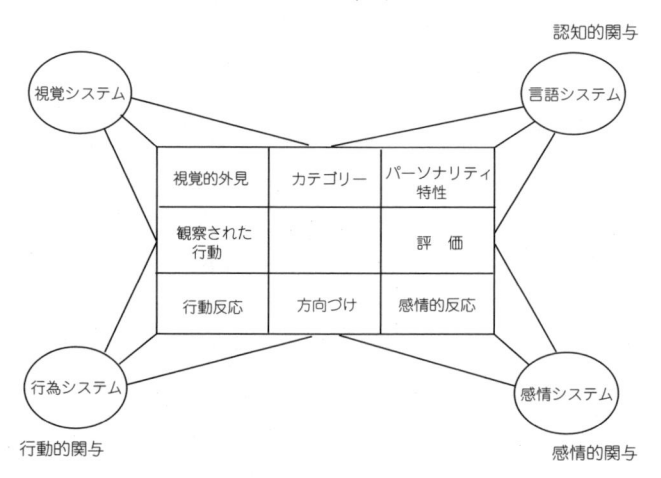

図：連合システム理論（Carlston,1994,p.7）

ACTモデル

　ネットワークモデルでは他者の行動やその行動から推測された性格特性などが当該人物の情報として表象に組み込まれることを仮定している。しかしこうしたモデルでは，ある特定の行動を観察した時に，なぜそこから特定の性格特性が導かれるのかについて詳細な理論化はなされていない。これに対してACTモデル（Anderson, 1983）は，"もし（IF）…ならば（THEN）"で導かれる条件（condition）と行為（act）についてのルールが手続き的知識として表象されていると仮定することによって，この問題を解決する手がかりを与えている。

　たとえば"もし（IF）Aさんが人をたたいた（THEN）"とすると，"Aさんは攻撃的な人である"のようにわれわれは「人をたたく」ことから「攻撃的」な人という推論を導きやすい。これは「人をたたく」ということと「攻撃的」であるということを結びつける手続き的知識を有しているからだと考えられる。このように人はIF…THENで表される手続き的知識によってさまざまな推論が可能になっているというのである。本来ACTモデルは記憶，文章理解，問題解決などの問題に端を発したモデルであったが，スミス（Smith, 1984）はこれを印象形成における手続き的知識に応用した理論として展開している。（宮本）

Ⅱ 社会的認知の理論と概念

▼個人的構成体理論

　個人的構成体理論（personal constructs theory）は，ケリー（Kelly, 1955）により提唱されたパーソナリティ理論である。現象学的理論として位置づけられることもあるが，近年は認知論の先駆をなす立場として高い評価を得ている。
　ケリーは，われわれの生活する世界を，実在するもの，完全なものと仮定した。そのうえで，人間は皆科学者であり，科学の究極の目的が事象の予測と統制にあるのと同様に，個々の人間も，自分をとりまく環境に生じる事象を解釈し，予見し，統制しようと試みていると論じた。こうした解釈等の基本となる要素を，ケリーはコンストラクトと名づけている。コンストラクトとは，人々が世界を知るために作り上げた「透過パターンあるいは眼鏡のようなもの」（Kelly, 1955）である。コンストラクトは，一つひとつが個人に固有な性質をもち，それらが体系化されたコンストラクト・システムも個人に独自なものとされる。現実に生じるさまざまな事象の解釈等は，こうしたシステムを通じて行われ，個人ごとに異なる内容になる。このような考え方を，ケリーは個人的構成体理論の中核をなす前提として，コンストラクティブ・オールターナティヴィズム（constructive alternativism）と名づけている。
　個人的構成体理論の体系は，表に示したように，基本公準と11の規定系から構成されている。この内容からも明らかなように，ケリーはパーソナリティの個人差を，コンストラクト・システムの独自性，言い換えれば自他の行為の解釈・予測・統制の仕方の特質に求めている。それとともに，コンストラクト間の関係性や，社会・文化による解釈の共通性なども重視されている。こうした考え方は今日の社会的認知研究にも大きな影響を与えている。たとえば，認知的複雑性や暗黙の性格観などの概念は，いずれも個人的構成体理論の体系を基盤として発展してきた。また，ミシェル（Mischel）やキャンター（Cantor）らの提唱する社会的認知理論あるいはプロトタイプ論，ヒギンズ（Higgins）らのアクセスビリティの概念などにも，この理論の影響が色濃く反映されている。
　ケリーは，理論的立場を背景に，「役割構成レパートリーテスト」とよばれるコンストラクト・システムの測定技法も開発している。この技法は，①「自分」「兄弟」「道徳的な人」など22の役割人物を想定させ，②「権威」「親しさ」など，あらかじめ定められた意味をもつ3人の組み合わせ（計22組）について，2人は

II-2 対人認知

表：個人的構成体理論の体系（Kelly, 1955より作成：C=construct, CS=constructs system）

基本公準	人間の処理過程は事象を予測するやり方によって心理学的に規定される
解釈規定系	人は反復される事象を解釈することにより事象の予測を行う
個人規定系	事象の解釈は人によって異なる
組織規定系	人は事象の予測に役立つようにCの秩序関係を選びながらCSを発展させていく
両極性規定系	人のCSは有限個のCから構成される
選択規定系	人は自分のCSを拡張し明瞭化する可能性を増すように予測を行いながらCの両極の一方を選択する
範囲規定系	個々のCはある一定の範囲の事象の予測にのみ用いられる
経験規定系	人のCSは事象の反復を相次いで解釈するにつれ変化する
調節規定系	人のCSの変化はCの包摂度によって，すなわち適用範囲内に別のCが存在する程度によって規定される
分節規定系	人は見たところ互いに矛盾するさまざまなCのサブシステムを同時に用いる
共通性規定系	経験の解釈に際し他人が行う解釈に似た解釈をする程度に応じて，人の心理学的な処理過程は他者のそれと類似したものになる
社会規定系	他の人の解釈過程を解釈することにより，人は他者を含む社会過程の中である役割を演じていく

共通するが 1 人は異なる点を回答させ，さらに③それぞれの共通点と反対の意味をもつ言葉をあげさせたうえで，④出来上がった22対のコンストラクトが，22人の役割人物に当てはまるかどうか判断させることにより，コンストラクトの内容や相互関係を把握しようとする手法である。このテストは，後にバニスター (Bannister) らにより改変され，「グリッド・テスト」として臨床研究などを中心に用いられている。社会的認知研究の領域では，これらのテストは，認知的複雑性の測定に用いられる技法としてよく知られている。

個人的構成体理論は，ケリー自身も強調しているように，人生の心理学的再構築を主眼とする臨床的な応用性を強く意識している。先の「グリッド・テスト」やケリーの提唱による「役割固定セラピー」は，高い評価を確立しており，多くの実践的な研究を生み出している。また，イギリス始め各国に個人的構成体心理学 (PCP) の学会組織があり，これまでに13回の国際学会が開催されるとともに，"Journal of Constructivist Psychology"（1994に"International Journal of Personal Construct Psychology"より改変）が第12巻まで発行され（いずれも1999年現在），理論や方法論的な検討も含めた活発な論議が行われている。→認知的複雑性，暗黙の性格推論（堀毛）

▼社会的スキーマ

■ **スキーマとは**　何らかの対象に関する人の知識を表象する認知構造のことを，一般にスキーマ（schema）とよぶ。スキーマは，対象のラベル，対象のもつ属性と属性間の関係を含む抽象的で一般的な体制化された知識である。他方，特定の刺激をその対象の1つの事例として意味づける，認知の枠組みとしてスキーマは働く。対象が人にかかわる社会的なものである場合には，社会的スキーマとよばれ，社会的認知の重要な研究対象となっている（Fiske & Taylor, 1991）。

■ **社会的スキーマの種類**　テイラーとクロッカー（Taylor & Crocker, 1981）の分類によれば，社会的スキーマには，対人（person）スキーマ，自己スキーマ，役割スキーマ，出来事（event）スキーマの4種類がある。

対人スキーマは，性格特性や目標の点で独特の特徴を伴った個人についてのスキーマである。たとえば，外向的な人のスキーマが考えられる。あるいは音楽を専攻している（音楽を学ぶという目標をもっている）大学生に関するスキーマといった例を指摘できる。前者の例は暗黙の性格観といった，より一般的な知識を前提にしている。

自己スキーマは，特定の領域での自分自身についてのスキーマのことである。これは自己概念や一般的な自己知識の下位の一領域で，自己に関する対人スキーマとも考えられる。マーカス（Markus, 1977）の研究によって，たとえば独立的な自己スキーマが，自己や他者に関する情報処理過程に影響を及ぼすことが実証されて，想定されるようになった概念である。

役割スキーマは，何らかの社会的役割を担う人に関するスキーマで，その担当者の外見や行動，性格特性を表象している。社会心理学で長い間研究が行われてきた社会的ステレオタイプは，この役割スキーマとほぼ同義とされる。たとえば，男女の役割が異なる社会には，男性役割スキーマと女性役割スキーマの2種類のジェンダー・スキーマが考えられる。役割には担当者の努力や意思によって獲得された役割と，生得的，自動的に割り当てられる役割とがある。たとえば医者スキーマなど職業にかかわるスキーマは，たいてい前者の例である。年齢，人種，性別にかかわるスキーマは，後者の例である。

以上の3種類の人に関するスキーマの分類は，必ずしも明確なものではない。対人スキーマは，狭い意味では特定の個人に関するスキーマだと考えられるが，

Ⅱ-2　対人認知

具体的な例としては上述のようなものがあげられ，外向的というカテゴリーに属す人のスキーマ，音楽大生スキーマとよんでもさしつかえないものである。また，役割スキーマに位置づけられている人種スキーマなどは，ある人種が他の人種に対して特定の役割を担う状況が必ずしもあるとはいえず，人種という社会的カテゴリーに属す人のスキーマだと考えられる。これらはいずれも，何らかの社会的カテゴリーに属す人のスキーマであり，社会的情報処理過程における機能にも，原則として違いは認められていない。

そこで村田（1991）は，社会的カテゴリーに属す人に関するスキーマをまとめて，「人カテゴリースキーマ」とよんでいる。このスキーマは，われわれの祖先が狩猟採集民として小さな集団で暮らしていた人類の進化史上の長い年月の間に，外集団成員を認知するために獲得してきた可能性が指摘されている。なお，人カテゴリースキーマは社会的カテゴリーに所属する人に関するスキーマであって，社会的カテゴリー（集団）そのものについては別に集団スキーマを想定した方がよい。たとえば，自民党の政治家スキーマと自民党という政党スキーマとは，重複している内容があることは確かだが，概念上は別だろう。

人カテゴリースキーマは，（社会的）ステレオタイプとして多くの研究が積み重ねられてきた。ステレオタイプの中にも多くの種類があるが，人種，性別，年齢という基本的な3次元上で区分されるカテゴリーに関するものが重要であり，研究の焦点となってきた。この3次元に基づくカテゴリーは人の外見から判断可能なことが多く，ステレオタイプが適用されやすいと考えられる。

4番目の区分の出来事スキーマは，何らかの状況で一般に見られる行動や出来事の連鎖から構成されているスキーマである。エイベルソン（Abelson, 1981）はこれをスクリプトとよんでいる。たとえば，レストラン・スクリプトは，一般的なレストランで起こる出来事の連鎖を表象している。

以上の他にも，村田（1991）は，狭い意味での対人スキーマである特定の個人スキーマや，多くの個人を抽象化した人間一般スキーマといったものを指摘している。また，人カテゴリースキーマとは別に，内集団成員の役割分化から生じる，狭い意味での役割スキーマの存在を指摘している。しかし，これらの特殊なスキーマを概念上区分したとしても，社会的認知研究の研究対象としての意義は多く

II 社会的認知の理論と概念

ないだろう。また，テイラーとクロッカー（1981）は以上の4種類に加えて，内容の特定されないスキーマの存在も指摘しているが，上述の内容の特定された社会的スキーマと同列に扱うことは難しい。

■ **社会的スキーマの機能**　社会的スキーマは，情報処理過程のさまざまな段階で働いている。情報の入力（認知）段階，記憶の段階，推論の段階，そして判断や行為遂行など出力の段階でも，処理過程に影響を及ぼす。

まず認知の段階では，特定の人物の印象がその時点で利用可能な社会的スキーマによって影響を受けることが認められている。たとえば，ケリー（Kelley, 1950）の古典的な実験研究では，受講生にゲスト講演者の略歴と人物評を与えたうえで，その講演者の講義を聴かせた。人物評には2通りがあって，A群では「非常に温かい」，B群では「やや冷たい」という言葉が含まれた。講義後の調査では，A群の方がB群の学生よりも，同じ講義を聴いていたにもかかわらず，講演者の印象を好ましく評定する傾向があった。学生たちは人物評に応じて，「温かい人」スキーマ，あるいは「冷たい人」スキーマが利用可能となり，そのスキーマに即して講演者の印象を得ていたと考えられる。

スキーマに即して印象を得る時にわれわれが行っていることは，スキーマに基づく期待や仮説を確証するような情報処理である。これには，曖昧な情報をスキーマ（期待）に同化すること，スキーマに一致する情報を重視し，一致しない情報を軽視して印象を形成することなどが含まれる。

特定の人物をステレオタイプ的に判断する条件を探るステレオタイプ化に関する多くの研究は，以上と同様のスキーマの働きを例証している。同じ人物の行動でも，その時どういったスキーマが利用可能なのかに応じて，印象や認知された内容にバイアスがかかることが示されているのである。この場合，すでに経験を通じて獲得されているスキーマが，何らかの手がかりによって活性化され，利用可能となると考えられる。

認知された内容は，さらに記憶され保持されやすいと考えられる。たとえば職業スキーマを操作した実験では（Cohen, 1981），一定期間の後の再認テストでも，スキーマに一致する項目の正答率が，一致しない項目の正答率より高いことが認められた。また，記憶を想起する段階でもスキーマが影響を及ぼす。たとえば，

同一の情報を与えて1週間たった後に，性的指向（同性愛者であるか否か）を操作した実験でも，多肢選択の再認テストにおける同性愛的反応の誤再認率は，異性愛条件よりも同性愛条件の方が高い傾向が認められた（Snyder & Uranowitz, 1978）。記憶内容を検索し，想起する段階でもこのように社会的スキーマが働き，そのスキーマに沿って過去を再構成する可能性がわれわれにはあるのだろう。

与えられた情報を越えて，社会的推論や判断を行う場合にも，社会的スキーマの影響が認められる。加えて，スキーマが社会的対象の認知，記憶，判断に影響を及ぼす結果，その対象に対する行動にも影響が及ぶことがある。また，ある社会的状況でスクリプトが利用可能な場合には，直接行動が左右されることが知られている。社会的スキーマは，以上のように幅広い機能をわれわれの生活の中で果たすのである。

■ **社会的スキーマの発達，維持，変化**　　われわれは関連する事例を直接的に経験することを通じて，あるいは他者から間接的に情報を得ることを通じて，ある社会的スキーマを発達させる。直接経験による場合は，個別事例の特徴を抽象化し，一般化することが必要である。

いったん発達したスキーマは例外となる事例に遭遇した場合でも，変化するよりは維持されやすいことが知られている。例外事例を無視したり，例外事例を同化したりすることが多いのである。さらに，例外事例をサブタイプ化して新たな下位水準のスキーマを発達させ，元の水準のスキーマはそのまま維持することもある。たとえば，伝統的な「女性スキーマ」を発達させている人が，男性同様に仕事をこなす女性を知った場合には，「キャリアウーマンスキーマ」を別に発達させて，女性スキーマはそのままということがある。

もちろん，多数の例外事例と接触するような場合には，スキーマが変化したり，解消したりすることもある。カテゴリーの中心的成員がスキーマに反する行動をとるような場合にも，スキーマが変化する可能性が高まる。現実の不当な関係を維持する役割を果たすようなスキーマは，変化させることが望ましいが，そういったスキーマを使用しないようにすることもまた大切である。→スキーマ，スクリプト，自己スキーマ，人物表象，対人記憶，ステレオタイプ，ステレオタイプの利用，サブタイピング，集団の知覚と表象　（村田）

▼スキーマ引き金感情

　一般に，人物に対する好悪の感情は，その人物の有しているさまざまな属性の望ましさの程度が評価され，それらを合算した結果，決定されると考えられる。これに対し，フィスク（Fiske）らは，そのようなデータに即したボトムアップ型の感情反応はかなり限定された状況でしか起こらないのではないかと述べている。人間の情報処理容量には限界があるため，そうした負荷の高い複雑な評価計算を日常的に行っているとは考えにくいからである。特別な事情がない限り，人はもっと効率のよい別の方略を採っているはずだというのである。彼女らは，印象形成場面では，人物の属している社会的カテゴリーがまず注目され，そのカテゴリーに付着している感情価によってその人物への好悪の感情が決定されると論じている。われわれは個々の社会的カテゴリーについて一定のまとまりをもった知識，スキーマを有しているが，相手のカテゴリカルな属性が認識されると，このスキーマが即座に自動的に発動し，それに基づいた感情反応が起こるというのである。このようなトップダウン型の感情反応をスキーマ引き金感情（schema-triggered affect）あるいはカテゴリー依存型感情（category-based affect）という（Fiske, 1982；Fiske & Pavelchak, 1986）。

　たとえば，「大学教授」に憧れている場合に，相手が「大学教授」の肩書きをもっているだけで好意をもったり，「政治家」に対し強い偏見をもっている場合に，相手が「政治家」であるとわかるや否や嫌悪感を抱くといったことが例としてあげられる。この場合，その人物が当該カテゴリーに典型的な人物であると知覚されるほど，その感情は強くなる。しかも，当該カテゴリーに関する知識が豊富な者ほどそれは顕著である。なお，この時は，その人物の個人的特性は無視され，カテゴリカルな知識表象（ステレオタイプ）がもっぱら対人感情を規定する。ただし，もしその人物が当該カテゴリーに合わない非典型的な人物であると認識されると，個々の個人的特性に注意が向けられ，相手に対する感情もそれらに基づいたものになる。フィスクらは，これをピースミール依存型感情（piecemeal-based affect）とよんだ。→カテゴリー依存型処理とピースミール処理，スキーマ，ステレオタイプ（池上）

▼認知的複雑性

認知的複雑性とは，社会的知覚を規定する個人差変数の1つであり，個人が環境（とくに他者）を複雑に知覚できるかどうかという性質あるいは能力である（坂元, 1993）。ただし，その「複雑に」のとらえ方として，環境を多次元的に知覚することを重視する立場と，そうした知覚をしたうえで，さらに，それぞれの知覚を相互に統合できることを重視する立場とがある。

認知的複雑性は，測定方法についても複数のものがある。第一に，個人的構成体理論の提唱者であるケリー（Kelly）が提案した役割構成体領域検査がある。これは，複数の役割人物が，複数の概念に当てはまるかどうかを判断させる検査であり，その回答パターンの複雑さから，認知的複雑性の得点を得ようとする。第二に，クロケット（Crockett, 1965）の自由記述法がある。これは，回答者に対して，複数の役割人物に関する説明を自由にさせ，その記述の中で使われた概念の数を，認知的複雑性の得点とする。この他にも，複数の形容詞を分類させ，その分類パターンを分析するスコット（Scott et al., 1979）らの方法，文章完成課題に対する回答を分析するシュローダー（Schroder, 1967）らの方法などがある。

こうした方法によって認知的複雑性を測定し，他の社会的知覚変数との関連を調べた研究は多くある。その結果，たとえば，認知的複雑性が低い人物は，独断主義的であり，権威主義的であり，偏見が強いことが示されている。また，認知的複雑性が高い人物は，曖昧さへの耐性が強いこと，特定の情報にとらわれることなく，さまざまな情報をよく統合して，対象に関する統一的な印象を形成できること，他者に対する評価が極端でないこと，他者の行動を正確に予測すること，他者の視点を容易にとれること，他者との相互作用を巧妙に行うことが示されている。

認知的複雑性は，権威主義，独断主義，曖昧さへの耐性など，他者に対する知覚の複雑性を問題としていながら，さまざまな系譜で研究されてきた変数を包括する概念として重要と見られるが，上記のように，概念や方法に多くの混乱があり，その点に問題を残している。→個人的構成体理論　（坂元章）

Ⅱ 社会的認知の理論と概念

▼カテゴリー依存型処理とピースミール処理

社会的判断における情報処理過程を2分類する試みが多く見られる（Chaiken & Trope, 1999）。その代表的なものの1つが「カテゴリー依存型処理（category-based processing）」と「ピースミール処理（piecemeal processing）」である。

カテゴリー依存型処理では，認知者は認知対象に関して特定の社会的カテゴリーのみに基づいた判断を行うとされている。社会的カテゴリーとは，人に関する既有知識であり，認知対象の特徴についてその他の特徴を組織化し理解する時に用いられる中心となる特徴をさす。したがって，ここでいうカテゴリーには特定の集団に関する既有知識であるステレオタイプや特定の集団をさす社会的カテゴリーが含まれるが，それ以外にも特定の性格特性などが含まれるとされている（Fiske & Neuberg, 1990）。別な研究の文脈でスキーマとよばれるものもここでいうカテゴリーに含まれる。フィスクとデュプレ（Fiske & Deprét, 1996）は，スキーマはカテゴリーの最良の事例（exemplar）の抽象的形態を表象しており，カテゴリーの中心的傾向を示す働きをしていると，両者を関係づけている。

対人認知過程をはじめとして社会的情報の処理過程では，われわれ認知者は必要がない限り認知的負担の少ないカテゴリー依存型処理を行いやすいとされている。そこには，われわれはさまざまな対象について非常に多くの判断をする必要に迫られている立場におり，入力情報の多さや必要とする判断の多さに比べて，われわれが一度に処理できる情報や判断の量がきわめて制限されており，われわれは認知的倹約をせざるを得ない立場にいる者，つまり，認知的倹約家（cognitive miser）とらえている。そして，認知的倹約をしようとする時用いられるのが，カテゴリー依存型処理であるとされている。

それに対して，ピースミール処理とは細かな情報を一つひとつ処理することを意味している。人がピースミール処理を行う時には，認知者は特定のカテゴリーに依存するのではなく，認知対象の属性を一つひとつ吟味しながら詳細に判断しようとするきわめて認知的負荷の高い処理を行っているのである。

カテゴリー依存型処理とピースミール処理というよび方はフィスクとニューバーグの「印象形成の連続体モデル（continuum model of impression formation）」（Fiske & Neuberg, 1990）が用いている分類であるが，その他の研究者によっても同様の分類がなされている。たとえばブルーワーの「二重処理モデル

(dualprocess model)」(Brewer, 1988)では，カテゴリー依存型処理と個人依存型処理（person-based processing）という分類がなされている。個人依存型処理は刺激人物固有の特徴を詳細に判断するという点で上記のピースミール処理と大きな違いはないが，二重処理モデルでカテゴリー依存型処理とされているのは，刺激人物を特定の社会的カテゴリーの一員として認識することをさしているので，連続体モデルでカテゴリーとしているものの内容が多少異なる。

　特定の他者に関してカテゴリー依存型処理がなされるというのは，活性化されたカテゴリーに合わせたトップダウン的処理が起きることをさしている。この時，当該の人物の特徴がカテゴリーの内容と突き合わされることになるので，カテゴリーに一致した情報に目が向きやすくなり，カテゴリーに一致しない情報には，注意が払われにくくなる。それに対して，ピースミール処理では認知対象に関する属性が一つひとつ詳細に吟味されるので，特定のカテゴリーが呈示されていても，カテゴリーに一致した情報だけに目が向くのではなく，カテゴリーに一致しない情報にも均等に注意が向けられる処理がなされることになる。そこで，ある事態でカテゴリー依存型処理が起きているのかピースミール処理が起きているのかを明らかにするために，カテゴリーに一致した情報（ステレオタイプ一致情報）とカテゴリーに一致しない情報（ステレオタイプ不一致情報）の処理のされ方を問題にすることが多い。

　また，どちらの処理が起きるかを決定する要因として，刺激人物の関連性（relevance）や刺激人物への自己関与（self-involvement）があげられている。いずれも刺激人物への注意を上昇させ，ピースミール処理をさせる働きをする。そして，この注意量を増加させる要因として，情報の形態（configuration）と知覚者の正確に認知したいという動機（motivation）が関係する。情報の形態の要因は刺激人物の特徴の中にカテゴリーの内容と一致しないものがあり容易にカテゴリー化できない時に，注意量を増加させピースミール処理に向かわせる。また，正確さへの動機が高い時にもやはり刺激人物への注意量が増加し，ピースミール処理が起きる。→連続体モデルと二重処理モデル，社会的スキーマ，認知的倹約家（山本）

Ⅱ 社会的認知の理論と概念

▼連続体モデルと二重処理モデル

　人物の印象形成についての古典的研究では，複数の個別情報をどのように統合して全体印象が形成されるのかが検討されてきた。他方で，ゲシュタルト心理学の立場の研究や，社会的スキーマに関する研究では，全体印象を決める既有の知識のもとで個別情報が解釈される過程が強調されている。前者は印象形成のボトムアップ過程に，後者はトップダウン過程に焦点を当てている。

　近年，この両過程を統合的に扱う印象形成のモデル化が行われるようになった（山本，1999）。その代表的なものが，フィスクとニューバーグによる連続体モデル（Fiske & Neuberg, 1990）と，ブルーワーによる二重処理モデル（Brewer, 1988）である。いずれのモデルも，特定人物の印象形成過程においては，その人物独特の情報から印象が形成される場合と，その人物が位置づけられる社会的カテゴリーに即して印象が形成される場合とがあって，どのような条件下でどちらの方向に形成過程が進むのかが検討されている。

　まず，フィスクらの連続体モデルでは，刺激人物に遭遇したあとに，必ず初期カテゴリー化が起こり，何らかのカテゴリー依存型処理が行われると仮定している。とくにその人物に関心があったり，何らかの関連性を感じた場合には，刺激人物の特徴に注意が向けられ，確証的カテゴリー化の段階に進む。この処理過程では，刺激人物の特徴とカテゴリーの特徴との対応が検討され，両者に一致が認められればそのカテゴリーに依存した評価や判断が行われる。もし一致が認められないのならば，再カテゴリー化の段階に進み，別のカテゴリーとの照合が試みられる。それでも一致が認められない場合には，ピースミール処理の段階に進む。この処理過程では，刺激人物の一つひとつの属性を順次考慮して，ボトムアップ的に統合していく。

　フィスクらの連続体モデルでは，以上のようにカテゴリー依存型処理とピースミール処理とを通じて人物の印象を形成するが，どちらかの処理だけで最終的な印象が決定されると想定するものではない。刺激人物についてさらに評価が必要であれば，上述の段階がまたくり返されて，最終的な印象に近づいていく。この印象は，2つの純粋な処理を両端とする連続体上のどこか途中に位置づけられると考えているのである。

　次に，ブルーワーの二重処理モデルでは，最初に刺激人物の同定という処理段

階が生じ，対象人物が性別，年齢等の次元上で位置づけられると考えている。そして，刺激人物が自分と関連をもつ場合に次の段階に進み，自己関与が高いと個人依存型の情報処理が行われ，低いとカテゴリー依存型の処理が行われると仮定している。個人依存型の情報処理では，ピースミール処理の場合と同様に，特定人物の情報がボトムアップ的に統合され，個人化（personalization）した印象が形成される。個人化した個々の人物表象は，特定人物のラベルのもとに多くの属性が結びついていると考えられるが，その人物の所属している社会的カテゴリーも属性の1つとみなすことができる。

カテゴリー依存型処理では，連続体モデルと同様に，その人物を位置づけている社会的カテゴリーの内容（社会的スキーマ）との照合が行われ，カテゴリーとの一致が認められれば社会的カテゴリーの一例としてその人物が表象され，カテゴリーの内容に沿って評価される。もし一致が認められない場合には個別化（individuation）という段階に進み，当該のカテゴリーの下位タイプとしてその人物を位置づけることが行われる。その人物をカテゴリーの特殊な一例とみなしたり，他の同様な不一致をもつ人物をまとめてサブタイプを形成したりするのである。個別化が生じた場合でも，その人物はあくまでも当該カテゴリーの一員として表象されると考えている。

以上の2つのモデルは，対人印象形成過程の全体像をかなりうまく説明し，カテゴリー依存型の処理（社会的スキーマに基づく判断）とピースミール型の処理（個人属性に基づく判断）との相互関係を特定している。しかし以上のモデルでは，近年のステレオタイプ化研究が明らかにしている自動的処理過程の役割が必ずしも明確ではない。いずれのモデルでも初期カテゴリー化や同定が自動化された過程であると考えられるが，カテゴリー依存型の処理の段階における自動化された処理の役割が明らかでないだろう。カテゴリー依存型の処理がどこまで自動的過程でどれだけ意識的にコントロール可能なのかは重要な研究課題であるが，その成果を取り入れてさらに統合的なモデルを発展させることが望まれる。→社会的スキーマ，ステレオタイプ，自動的処理と統制的処理，カテゴリー依存型処理とピースミール処理（村田）

Ⅱ 社会的認知の理論と概念

▼観察目標と対人情報の処理

　観察目標 (observational goals) とは，他者認知の際，知覚者がもっている処理の構えをさす。他者認知事態では，多種多様な情報が相手から発せられる。これに対し認知者は何らかの観察目標をもって相手に接している。観察目標には印象形成，記憶，評価，共感，正確さ，将来の行動予測，相互作用予期，自己参照などさまざまなものが指摘されており，観察目標の違いによって，対人情報の処理が異なってくるのである。

　観察目標が対人情報処理に及ぼす影響として最も頻繁に検証されているのは，対人情報に関する記憶の体制化の問題である。たとえば相手の印象を形成しようとする「印象形成目標」をもった場合では，相手の個々の情報を詳細に記憶しようとする「記憶目標」をもった場合よりも情報の体制化が行われやすい。そしてよく情報の体制化が行われた印象形成目標下では記憶目標下よりも対人情報の再生量が多いことがわかっている (Hamilton et al., 1980a；Lichtenstein & Srull, 1987；Wyer & Gordon, 1982)。体制化の問題についてはこの他に相手を理解しようとする「共感目標」，自分自身と相手とを比較する「自己関連づけ目標」，将来相手と自分が対面し何らかの相互作用を求められる場合にもつ「相互作用予期目標」などが検討されている。いずれの場合も記憶目標に比べて情報の体制化が行われやすく，とくに自己関連づけ目標や相互作用予期目標での対人情報処理（体制化や記憶）は優れている (Fiske & Taylor, 1994)。

　観察目標が対人情報処理に及ぼすもう1つの特徴は，他者の行動の知覚に見られる。たとえばコーエンとエブスン (Cohen & Ebbesen, 1979) は印象形成目標と記憶目標のもとで他者の行動を観察させながらボタン押し課題という課題によって行動の区切り方を調べている。ボタン押し課題とは印象形成（記憶）の手がかりとなる1つの情報が終わり，次の新しい情報が出現する行動の区切れ（ブレークポイント）で手元のボタンを押させるという課題である。実験の結果，記憶目標下の方が印象形成目標下よりも行動を頻繁に区切ったことが報告されている（宮本・山本，1994も参照）。また宮本 (1996) は同じ印象形成・記憶目標下でターゲット人物の行動を観察させながら，観察中認知者がどのようなことを考えているかを発話させ，その発話内容を分析している。すると記憶目標下ではターゲットの行動を逐一発話するのに対し，印象形成目標では行動の発話はほとんど見

Ⅱ-2 対人認知

られず，その代わり行動から読み取れるその人物の性格特性を発話していた。このように印象形成・行動記憶という観察目標下での対人情報の処理を比較すると，他者のまったく同一の行動を観察していても，そこから認知者が知覚したり解釈したりする情報の質が変わってしまうと考えられている。

さらにコーエンとエブスンは，印象形成目標下では，記憶目標下よりもターゲット人物に対する印象評定のパターンが暗黙の性格観を反映していることから，観察目標は対人判断にも影響を及ぼすことを指摘している。宮本（1996）の知見ともあわせて考えるならば，印象形成目標下で暗黙の性格観の影響が見られたことは，印象形成という観察目標が暗黙の性格観スキーマとよべるような他者認知で利用されるスキーマを活性化させて他者の特性情報の推測を中心とした処理をしていたのに対して，記憶という観察目標では出来事スキーマ（スクリプト）を活性化させて他者の行動情報を中心に処理をしていたといえる。

対人情報の処理に及ぼす影響としてこれまで取り上げてきた観察目標は，おもに記憶の体制化の問題と深くかかわっていた。その一方で観察目標が対人情報の処理過程に及ぼす影響を見たものとして「正確さ目標」がある。正確さ目標とは，相手に対して何らかの（ネガティブな）予期（expectancy）をもって接する場合などに，その予期の影響を取り除く効果があると考えられている。ニューバーグ（Neuberg, 1989）は実験者からネガティブな予期を与えられたクライアントとの面接場面で，面接者の役割を演じた半数の被験者群には，クライアントを正確に理解するように，もう一方の被験者群には正確さの教示を与えずに面接を行わせた。すると正確さの教示のなかった被験者は面接中クライアントのネガティブな側面を確認するような質問が多くなされ，最終的にクライアントに対してネガティブな印象を形成していたのに対して，正確さ教示を与えられた被験者は面接中クライアントを励まし，またクライアントのポジティブな側面を引き出すような質問も見られたのである。このように正確さ目標がある場合とない場合では対人情報の処理過程が大きく異なり，正確さ目標がある場合には予期に合致しない情報への注意量を増大させ，結果的にピースミール処理へと向かわせたと解釈することができる。→ネットワークモデル，自己関連づけ効果，カテゴリー依存型処理とピースミール処理，体制化，行動の区切り（宮本）

Ⅱ 社会的認知の理論と概念

▼自発的特性推論

　他者の行動を観察したり，行動に関する記述を読んだりした時，とくにその他者に関心があったり，印象を形成しようという動機づけをもっていなくても，人は行動に対応した特性の推論を自然に行うものだということを示唆する実験結果がある。これは，初期の帰属理論が仮定したような意図的な推論過程ではなく，無意図的・無意識的なプロセスであるが，ユルマンらは，さまざまな認知心理学的手法を用いて，この種の自発的特性推論（spontaneous trait inference）に関する実験的検討を行った（Uleman et al., 1996）。

　自発的特性推論が生起することを示す研究で用いられた実験手法は，手がかり再生，再認プローブ，語彙決定，単語完成，遅延再認，再学習など多岐にわたっているが，その中で最も多く行われている「手がかり再生（cued-recall）」の実験を紹介する。

　ウィンターとユルマン（Winter & Uleman, 1984）は，まず正確に記憶するようにという教示のもとで，18個の短文を被験者に呈示し，注意拡散のためのアナグラム課題を2分間行わせた後に再生を求めた。刺激文は，予備調査の結果に基づき，「ピアニストは財布を地下鉄のシートに置き忘れる」というような，何らかの特性を含意した行動記述文になっている。再生に際して，ある条件では文の主語と意味的な関連がある語を再生手がかりとして与え，他の条件では，文が含意する特性語を手がかりとして与えて，ともに再生手がかりのない場合と比較した。前述の例では，意味手がかりとしては，主語の「ピアニスト」と意味的関連の強い「音楽」が使われ，特性手がかりとしては，「ぼんやりした」が使われている。

　この実験の結果を見ると，特性手がかりを与えられた場合には，手がかりなしの場合に比べて再生成績がよいだけでなく，意味手がかりが与えられた場合と比較しても，同程度か，またはそれ以上に高い再生率が得られることがわかった。この結果は，単なる記憶課題として行われた時でも，他者の行動から自然に特性が推論され，その特性語がもとの刺激文とともに記憶内に貯蔵されることを示すものだとユルマンらは考えている。

　このような実験結果については，それが符号化に際して起こる推論の結果ではなく，検索時に，手がかり特性語から連想する典型的な行動を被験者が思い浮か

べ，それを助けにして呈示された特定の行動記述を再生したのではないかという別の解釈がある（Wyer & Srull, 1989）。ユルマンらは，このような解釈を否定するような手続きを工夫しているが，手がかり再生の方法を使う限り，検索時における作用を完全に除去することは困難かもしれない。

　また，印象形成等の目標がなくても特性推論が自然に起こるという仮説に対する疑問も，何人かの研究者から提出されている。たとえばバッシリとスミス（Bassili & Smith, 1986）は，刺激文を単に記憶するようにという教示を与える条件（記憶群）と，文の主語である人物がどんな人かを考えさせる条件（印象群）とを比較し，特性手がかりを与えた場合には，記憶群よりも印象群において再生成績が有意に高いことを示した。

　これに対してユルマンらは，たとえ印象形成などの目標が特性推論を増加させるとしても，その種の目標の存在が特性推論に不可欠だという証拠にはならないと反論し，他の実験方法による研究結果も総合すれば，自発的な特性推論の生起を示す証拠は十分あると論じている。たとえば語彙決定課題では，多くの文字列を呈示して，それが単語であるかどうかをできるだけ早く判断させるが，この課題の前に，人の行動に関する文を読ませると，そこから推測される特性語に関しては判定に要する時間が短く，かつ正確であることが見いだされている。

　なお，「自発的特性推論」の中で使われている「自発的（spontaneous）」とは，本人の意識や意図なしに自然に生じるという意味で，認知的な資源をまったく必要としないという意味ではない。その意味で，「自動的（automatic）」とはやや異なる。認知資源と特性推論との関係についての実験結果はまちまちで，必ずしも明確な結論は得られていないが，数字を記憶することを主課題とし，その際の注意拡散刺激（distractor）として，特性を含意する行動記述文を読んで復唱させるという方法を用いた研究では，主課題が難しくなるほど，特性手がかりによる行動記述文の再生促進効果が減少するという結果が得られており，文を読んで理解する際に，少なくともある程度の認知資源が残っていないと，特性推論が生じないことが示されている（Uleman et al., 1992）。→自動的処理，観察目標と対人情報の処理，帰属過程，語彙決定課題　（外山）

II 社会的認知の理論と概念

▼暗黙の性格推論

　人は他者のパーソナリティや，パーソナリティに関連する属性間の相互関連について，ある種の見方や信念をもっている。たとえば，「誠実な人は勤勉である」などといった見方である。このような属性間の関連づけや推論は，人によってさまざまに異なり，個人に特有な認知システムを構成する。ブルーナーとタジウリ（Bruner & Tagiuri, 1954）は，これを個々人の「暗黙の性格観（implicit personality theory）」とよんだ。「暗黙」とされるのは，認知者のそうした考え方が明確に表現されるのはまれで，多くの場合，他者に対して行う特徴づけから推論されるという性質をもつことによる。

　暗黙の性格観に関する研究は，1960年代から70年代を中心に行われてきた。シュナイダー（Schneider, 1973）は，これらの研究を展望し，研究の焦点が特性間の知覚的な関連性に置かれていること，また分析法としては認知次元を明らかにしようとする次元的アプローチが主流であると指摘している。すなわち，さまざまな手法を用いて特性間の類似性を求め，多変量解析法を用いて，背景にある認知次元を検討しようとする手法である。代表的な研究としては，ビッグファイブ研究につながる一連の対人認知次元の研究や，文章内に見られる特性の共生起性を測度に，作家の暗黙の認知次元を分析したローゼンバーグとジョーンズ（Rosenberg & Jones, 1972）の研究などがある。

　また，ウェグナーとヴァレカー（Wegner & Vallacher, 1977）も，個人的構成体理論の考え方を援用し，「人はそれぞれ暗黙の心理論者である」と論じ，帰属，印象形成，ステレオタイプ，自己観など，社会心理学の主要なテーマの多くに人々の「暗黙の理論」がかかわりをもつことを明らかにしている。そこでは，「人は暗黙の科学者として最大量の予測とコントロールを与えてくれる情報をもとに確信をもった推測を行う」という考え方が展開されている。ウェグナーら自身も指摘するように，こうした暗黙の理論の原理の探求は，今日では社会的認知の構造やプロセスの探求へと形を変えて存続されている。

　一方，最近また新たな視点から「暗黙の理論」を検討課題とする動きがある。代表的な研究としては，ドゥエックらによる一連の業績があげられる。ドゥエックら（Dweck, 1988；Dweck et al., 1995）は，人々の推論に影響を与える信念（理論）を2つのタイプに分類している。一方は本質論（entity theory）とよばれ，

II-2　対人認知

表：本質論と錬成論の観点の相違（Dweck，1990）

本質論（entity beliefs）	錬成論（incremental beliefs）
1. 知能は固定されたもので統制不可能なものである	1. 知能は鍛えることが可能である
2. 以前に成功した問題が再び解けるかどうかは定かではない	2. 以前に成功した問題の解決を予測することはさほど困難ではない
3. 遂行は能力を反映する。 一生懸命勉強してもうまくいかないことがある 偉大な発見は真の天才によってもたらされる	3. 遂行は努力と課題解決のストラテジーの用い方による 天才ですら発見のためには努力する必要がある
4. 才能があれば，課題の困難さや努力に関係なく成功するだろう	4. 難しいことを理解したり，新しいことを理解するなら才能があるといえる
5. 物事がうまくいかないのは能力が足りないからである	5. 障害や困難は物事を習得するための挑戦や機会を意味する
6. 批判は自分自身の不名誉である	6. 批判は遂行の改善に有用な情報である

人の性質や知能は固定され容易に変化しないとする信念をさす。もう一方は錬成論（incremental theory）と名づけられており，性質や知能は鍛えれば変化するものだという考え方をさす（表参照）。ドゥエックやチュウらは，人がどちらの信念をもつかは領域特定的で，対象となる属性によって異なるが，属性ごとにみれば安定していると論じている。こうした理論は，「科学的な理論と異なりはっきりと表現されることはめったにないが，情報処理に際し，解釈のフレームとして働いている」（Chiu et al., 1997）という意味で暗黙の理論とよばれている。

ドゥエックら（1995）は，知能や道徳性に関する信念の相違を測定する尺度を考案し，本質論者は錬成論者に比べ，安定した情報を好み，少数の情報から一般化を行いやすいことなど社会的情報処理の方略に違いがあることを明らかにしている。また，チュウら（1997）は，性格推論においても信念の相違が見られると論じ，本質論者は，①ある状況での行動に特性を結びつけ，②ある状況での行動から新たな状況での行動が予測できると考え，③特性の存在に結びつく推論を行いやすい傾向をもつことを示している。こうした特徴は，ロスとニスベット（Ross & Nisbett, 1991）が，社会的認知に日常的に見られる特質という意味で，素朴気質論（lay dispositionism）と名づけた傾向と合致しているが，チュウらの研究は，このような推論の仕方にも個人差や文化差がありうることを示している。
→個人的構成体理論，自動的特性推論，認知的複雑性，帰属過程　（堀毛）

Ⅱ 社会的認知の理論と概念

▼文脈効果

　文脈効果（context effect）とは，広義には，特定の事象を取り巻く全体的状況（時間的・空間的文脈）が，その事象に対する認知の枠組みや判断基準に影響することをいう。印象形成の古典的研究では，他者の性格に関する情報を特性語を用いて示す時，どのような特性語と組み合わせるかでその意味合いが違ってくる現象をさすことが多かった。認知的アプローチが導入されてからは，もう少し多様な文脈の効果が問題にされるようになってきた（Higgins & Stangor, 1988参照）。ここでは，その中で比較的よく知られているものについて解説する。

　文脈効果の中で最もよく知られ論議が盛んなのがプライミング効果（priming effect）もしくはアクセスビリティ効果（accessibility effect）である（Higgins, 1996a）。これは，他者についてある情報が示された時，当該事象とは一見無関係と思われる先行事象によって情報の解釈や判断にバイアスがかかる現象をいう。先行刺激を処理することにより，記憶内にある特定の特性概念（カテゴリー，スキーマ）が自動的に活性化されアクセスビリティが高まり，後続の行動事象の認知にそれが無意識に適用されてしまうのだと考えられている。たとえば，「勇敢」とも「むこうみず」ともいえる刺激人物の行動から印象を形成する際，事前にこれらのうち一方に関係する特性語を偶然見聞きしていただけで印象の内容がその方向に偏向するといったようにである。いわば，先行事象に同化させるような認知が起こるのであるが，この効果は，先行事象と後続事象が時間的に接近しているほど，先行事象の生起頻度が高いほど顕著となる。また，先行事象を閾下で処理していても影響は現れる。

　ただし，先行事象の影響は，常にこのような同化効果（assimilation effect）として現れるとは限らない。先行事象とは反対の方向に後続事象の評価や解釈が偏る対比効果（contrast effect）が生起することも知られている。対比効果がなぜ起こるのか，どのような場合に起こりやすいのかについてはさまざまな議論がある（Wegener & Petty, 1997参照）。1つの要因として，先行事象の影響に対する意識化の水準があげられる。正確な印象を形成したいという欲求がある時，印象とは無関係な事象の影響に気づけば，人は当然それを排除，修正しようとするであろう。ところが，この時過剰に修正してしまうと結果的に対比効果が生じることになる。また，先行事象と後続事象の隔たりの大きさも重要な要因と考えられ

II-2　対人認知

ている。たとえば，先行刺激が非常に極端な特性値を有し，後続刺激がそれほど極端でない特性値をもつ時，先行刺激との比較で後続刺激が過小に評価されることがある。「人に向かって暴言を吐く」という行為も「大量殺戮を実行する」ことに比べれば，それほど「攻撃性」を感じなくなるようにである。要するに，先行事象によって活性化された特性概念の適用範囲内に後続の行動事象が含まれうるなら同化効果が起こるが，そこから大きくかけ離れている場合は，先行事象は係留点として機能し対比効果が生じやすくなるのである。

　また，いったんある文脈において評価した人物について，時間をおいて別の文脈で再度評価するような状況において，2回目の評価をさせた後，1回目の評価内容を想起させると，2度の評価を通じて確立された評価基準に適合させるように最初の評価内容が再構成されることが知られている。たとえば，1回目の時，他の人と比べて相対的に寛大に見えた人物が，2回目の時は比較対象が変わり逆に厳しく見えたとする。すると，2回の判断基準の中間にあたる基準が形成され，1回目の評価内容の記憶が新たな基準の影響を受けてそれほど寛大なものではなかったように思い出されるのである。これは，基準変化効果（change-of-standard effect）と称されている。

　やや特殊な文脈効果として聴衆効果（audience effect）がある。これは，ある人物について得た情報を第三者に伝えるという状況のもとで起こる現象である。このような場合には，伝達相手の特性に応じて伝える内容が調整されるが，それが伝達者自身のその人物に関する評価や記憶に影響するというものである。たとえば，伝達相手がその人物に好意をもっているとわかっていれば，伝達内容も好意的になり，結果，伝えた本人もその人物に好意をもつようになるようにである。伝達行為を通じ情報の符号化過程が影響を受けるからである。なお，この効果は「"Saying is believing" effect」ともよばれ，伝達相手とのあいだで情報が共有されることにより，情報自体のリアリティが増し，結果として伝達者がそれを内面化しやすくなるのではないかとも考えられている（Higgins, 1999）→ 社会的判断と文脈，プライミング効果，アクセスビリティ（池上）

Ⅱ 社会的認知の理論と概念

▼印象形成の手続き的知識

　印象形成におけるプライミング研究では，事前に活性化した特性概念を用いた印象形成がなされやすいとされた（Higgins et al., 1977）。しかし，これを概念ネットワークモデルなどで説明しようとすると，活性化の効果が24時間後も見られるなど疑問点が指摘される。そこで，スミス（Smith, 1990）は，ある行動事例に対して特定の特性概念を当てはめて理解するという手続き的知識，一種のプロダクション・システムが働いているのではないかと考えた。

　たとえば，以下のようなシステムが想定できる。

A：IF　　目標が，行動が友好的なものであるかどうか判断することであり，その行動が友好的である特徴をもっている
　THEN　YESと反応せよ。
B：IF　　目標が，行動がある特性に当てはまるかどうか判断することであり，その行動がその特性に当てはまる特徴をもっている
　THEN　YESと反応せよ。

　スミスはさまざまな行動事例が友好性を意味するかどうかの判断を200回被験者に行わせて，その後，行動が知的であるかどうかの判断にスイッチしてさらに50回を行わせ，その反応時間の推移を検討した。その結果，試行数とともに反応時間は徐々に速まるが，判断を友好性から理知性に代えた段階で少し反応時間は遅くなった。それでも，最初の反応時間のレベルよりは素早い反応が保たれていた。これは，ある程度一般的なBのようなプロダクション・システムが働いていて，なおかつ，Aのような具体的な特性に限られた特定的なプロダクション・システムも存在することを示唆する結果と解釈できる。このような手続き的知識は反復経験によって反応がスムースになっていくものであり，また，その起動は自動的であり，いったん活性化したシステムは長期間起動しやすくなるものと考えられる。印象形成や社会的な判断において，概念的なスキーマやネットワークを考えるだけでなく，思考を導く手続き的な知識に着目することも印象形成のメカニズムを深く理解する手がかりになる。→宣言的知識，手続き的知識　（北村）

▼ネガティビティ・バイアス

　一般に，ポジティブな刺激とネガティブな刺激とでは，与えるインパクトが対称的ではなく後者の方が影響力が強いことが多い。これをネガティビティ・バイアス（negativity bias）という。印象形成において望ましい情報より望ましくない情報の方が手がかりとして重視されるというのもその一例である（Kanouse & Hanson, 1972）。すなわち，他者について望ましい情報と望ましくない情報が与えられた時，それぞれの極端さが同等であっても，人は望ましくない情報に注目し，そちらに重みのかかった印象を形成する。

　ネガティビティ・バイアスをめぐっては，さまざまな解釈が存在する（Skowronski & Carlston, 1989；Peeters & Czapinski, 1990参照）。人間は基本的に自分のいる世界は悪いことより良いことの方が多く，世の中には悪人より善人の方が多いと信じているところがある。これはポリアンナ仮説（Pollyanna hypothesis）として知られているが，そのため，この信念に反するネガティブな事象は目立ちやすいというのがその1つである。また，望ましくない行動は診断手がかりとしての情報的価値が高いからだともいわれている。望ましい行動は単に社会的規範にしたがっているにすぎない場合が多いが，望ましくない行動は，非難を受けやすいという点でコストの大きい行動であり，それをあえて行った行為者本来の性格の表れである可能性が高い。それゆえ，望ましくない行動は印象形成の手がかりとして重視される。

　近年では，これを適応論の観点からより広い枠組みでとらえる論者もいる（Taylor, 1991）。それによるとネガティビティ・バイアスは次のように説明される。人間にとって生存のための最優先課題は個体防御であるから，個体に損失や危害をもたらす恐れのあるネガティブな刺激に素早く注意を向けることは適応的である。同時に，人間には精神的健康を保つためにネガティブな事象のインパクトを最小化しようとする傾向もある。したがって，人がネガティブな刺激に多くの注意資源を動員するのは，ネガティブな事象をポジティブな方向に再解釈するためであり，そうすることによって楽観的な世界観を維持していると考えるのである。→帰属過程，自己高揚　（池上）

▼結果依存性と対人情報処理

フィスクとデュプレ（Fiske & Deprét, 1996）は，対人認知における相互作用性は結果依存性（outcome-dependency）という概念で置き換えることができるとしている。この結果依存性というのは，認知者が何らかの形で認知対象者の行為に影響を受ける状態にあることをさす。つまり，相手に何らかの形でコントロールされている時，コントロールされている側が結果依存状態にあることになる。そして，結果依存性には，一方は他者から影響を受けるだけであり，もう一方は相手に影響を与えるだけの状態である非対称的（asymmetric）結果依存状態と両者が互いに影響を与え合う対称的（symmetric）結果依存状態の2種類があるとしている。たとえば，共同作業の成果によって自分たちの報酬額が決定される時，共同作業の相手に自分は結果依存（対称的結果依存）していることになる。また，就職面接の面接者に対して志願者は結果依存（非対称的結果依存）していることになる。

非対称的結果依存状態では，結果依存状態におかれた人々を非勢力者（the powerless）とよび，逆に相手をコントロールできる立場にいるものを勢力者（the powerful）とよんでいる。企業などの社会的組織の上位にいる者は勢力者であり，下位にいる者が非勢力者であることが多い。

そして，人が相手に対して結果依存状態にあると，自分の統制力を少しでも回復するために，相手について詳細に観察し，正確に次の行動を予測しようとする動機が高まり，ピースミール処理を促進させるのだとしている。

それに対して，相手に対して勢力をもつ上位の者は次の2種類の理由で，カテゴリー処理で相手を認知しようとするとしている。

第一の理由は，認知的省力化である。フィスク（Fiske, 1993）はこれを怠慢によるステレオタイプ化（stereotyping by default）とよんだ。このタイプのステレオタイプ化・カテゴリー処理が起きる理由として，

① 勢力者は勢力をもたない者に対して注意を向ける必要がない。
② 上位にいることで処理しなければならない情報量が非常に多いので，下位の者に対して注意を向けることができない。
③ 注意を向ける動機をもっていない。

という3つを指摘している。

II-2 対人認知

　そして，勢力者がカテゴリー処理をするもう1つの理由として，故意に行うステレオタイプ化（stereotyping by design）をあげている（Goodwin et al., 2000）。社会的勢力をもつ者が相手への統制力を維持，強化するため，そして自分の統制力を誇示するために，意図してカテゴリー処理を行うとすることをさしている。このようなことを行う理由として次の4つをあげている。

① ステレオタイプは相手をコントロールするのに役立つし，地位手がかりを強化させる。

② 人は自己の社会的アイデンティティを維持するような情報を求めるが，勢力をもつ者にとっては自分が勢力をもっているとするアイデンティティを維持できるような情報を求めることになる。

③ ステレオタイプ的信念を変容させるには認知的コストがかかるが，人はそのようなコストのかかる変化を好まない。

④ 社会的勢力をもつ者は，自分の予期に合わせて他者を判断することを正当だと感じ，かつそうする権利を有していると感じているかもしれない。

　このように，勢力者はいずれにしてもいろいろな理由で，勢力をもたない者に対してステレオタイプに一致した判断を行うのだとしているのである。

　また，このような非対称的な結果依存状態については，人事採用の面接場面（Goodwin et al., 2000），課題遂行場面（Stevens & Fiske, 2000）などにおける勢力者と非勢力者の情報処理が検討されたが，いずれの場合も，非勢力者は勢力者に比べて相手に関してピースミール処理を行う傾向が認められた。

　一方，対称的結果依存状態では，上記のような勢力者にあたる立場のものは存在しなくなるので，共通してピースミール処理を行う傾向が認められた。たとえば，共同作業の相手に対して結果依存状態にあるものは相手に関してピースミール処理を行うが，結果依存状態にない時にはカテゴリー処理をしやすいこと（Erber & Fiske, 1984），競争状態にある対称的結果依存状態でも結果依存状態の者はそうでない者に比べてピースミール処理を行うことが示された（Ruscher & Fiske, 1990）。→カテゴリー依存型処理とピースミール処理（山本）

II　社会的認知の理論と概念

▼相互作用目標と対人情報処理

　従来の対人認知研究では，認知者は与えられた情報をもとに，刺激人物がどのような人物かを判断している状況を常に扱ってきたが，このように他者がどのような人物であるか，その人の性格などを詳細に判断するような事態は，われわれの日常経験の中でそう頻繁に起きることではなく，特定の条件下におかれた時だけ起きる特別な認知的処理であると，ヒルトンとダーリー（Hilton & Darley, 1991）は指摘した。

　観察目標によって処理される情報の内容と作り上げられる対人表象が異なってくるように（Hamilton et al., 1980b他），彼らは，対人相互作用の目標によって，相互作用をしている相手に関する情報処理が異なってくると述べている。

　この相互作用目標（interaction goal）は，相互作用の相手がどのような人物であるかを評定したいと思っている程度に応じて分類され，相互作用目標が相手の印象形成に焦点化される状態に自分自身がいると認知者が考えている状態を評価的構え（assessment set）とよんだ。これは，従来の対人認知研究が問題にしていた事態と類似した事態である。それに対して，相互作用目標がその時の状況によって規定される一時的な場合には，認知者は相互作用相手の一時的な印象にしか関心をもっておらず，このような状態にある時，認知者は行為的構え（action set）をもつとした。行為的構えにある個人は，自分の目標達成に必要な情報だけにしか目を向けないので，その時点で本人のもつ目標を達成できる範囲でしか相互作用相手の印象の形成に関心をもたない。空港で時間つぶしをしようとしている人は優しそうに見える人に声をかけようとするであろうし，レストランで注文をする時には，相手が給仕だということさえわかれば相手がどのような人物であるかについて判断することはほとんどないであろう。

　このように，行為的構えをもつ人は，相互作用目標の達成を求めて相手に働きかけをするので，相手の印象はその結果として起きてくる付随的なものである。この時，認知者は自分の期待や予期に基づいて相互作用を行おうとするので，結果的には，期待の自己実現の作用に沿う形で，あらかじめもっていた期待や予期に合致するような印象を相手に対して抱くことが多くなる。

　一方，人事担当者が新しい配置を決める時などのように，その人物の全体的特徴を十分に検討しなければならない時には，認知者は評価的構えをもつ。そのよ

Ⅱ-2　対人認知

うな時には，相手について，空港でのひまつぶし相手を捜している時のような声のかけやすさだけを重視することはないであろう。このように，人が評価的構えをもっている時は，相手を正確に認知しようとする動機が高まる。評価的構えは正確に相手を認知したいという動機により直接的に引き起こされるだけでなく，その他，相手の運命が自分の運命に影響を与えうるような結果依存状態にある時，相手が自分の期待と一致しない行動をした時，相手の印象や評価に関して説明責任がある時，優秀な学生がひどい成績を取るなどのような予期せぬ事態の発覚，また金持ちの老人に突然関心をもった若い女性の出現などのように相手の動機に疑念をもった時などのケースのように，間接的にも起きるとしている。評価的構えは，自分の期待や予測に不一致な情報が出現した時に起きやすく，相手に関する慎重で詳細な吟味を経て，相手に関する正確な評価をしようとするために多くの労力が費やされる。そのため，評価的構えでは，期待や予期に一致しない情報に多くの注意が向けられる。

　評価的構えは，さらに，相手の全般的性格特徴に関心が向く総合評価的構え（global assessment set）と，特定の関連した側面についてだけ評価しようとする限定評価的構え（circumscribed assessment set）とに分けられる。総合評価的構えでは，相互作用の相手に関して多くの次元で評価しようとするが，限定評価的構えでは，特定の次元に対してだけ関心が向けられ，評価が行われる。共同作業では相手の作業能力に評価の関心が集中するし，球団のスカウトはピッチャー候補の投球力に関心を払い，相手の性格などには関心をもたない。これらはいずれも，認知者が限定評価的構えをもっていることを意味する。しかし，これらの2つを明確に区分することは難しい。たとえば，総合評価的構えをもっていても，相互作用の状況によっては特定の側面に関心が向けられることがあるからである。評価的構えをもつ人の認知の正確性は，多次元に関心を払っている総合評価的構えより，限定評価的構えの方が，関心が向けられている側面に関しては高い。しかし，限定評価的構えでも関心が向いていない側面については，関心が向けられている側面からの類推が起きることが多く，正確性はかえって低くなる。→観察目標と対人情報の処理，結果依存性，仮説検証バイアス　（山本）

▼社会的判断可能性理論

　これまでの対人情報処理研究では，対人情報の処理がされている時に焦点をあてて研究が行われてきた。しかし，フィスク（Fiske, 1993）が指摘する通り，いつわれわれが対人情報の処理を停止するのかについては，あまり関心を払ってこなかった。

　情報処理を停止させる要因として，これまでに取り上げられてきたものの1つは，認知対象との関連性である。前述の二重処理モデルでも，連続体モデルでも，認知対象が自分と関連がないと判断を停止してまうことが，きわめて初期の段階で起きるとされてきた。しかし，イゼルビットら（Yzerbyt et al., 1994）は，われわれが対人情報の処理を停止する時にかかわる理由について，上記のモデルとは別な視点から説明を加えようとしている。彼らは，社会的判断可能性理論（social judgeability theory）を提唱し，われわれが自分は判断するのに十分な情報を手に入れたと考えられる時には対人情報処理を停止することを決定すると指摘している。そして，何らかの理由で自分はもう十分な情報を手に入れている思わせられてしまっていると，実際には少ない情報しか手にしていなくても，これで十分であると判断をしてしまうことがあると指摘している。そして，実際に実験によってそのような傾向が存在することを示している。

　イゼルビットら（Yzerbyt et al., 1994）は，被験者に刺激人物に関する情報を閾下刺激として十分に受け取っていると信じ込ませる実験を行った。被験者たちはこう教示されただけで刺激人物について判断を行ってもよいと考えた。実際に示された情報はステレオタイプ一致情報だけであり，判断結果もステレオタイプに一致したものであったにもかかわらず，自分たちの判断はステレオタイプ的ではなく，個人属性に基づく判断であったと回答した。

　デュプレとフィスク（Deprét & Fiske, 1994）は，勢力者が部下に対してカテゴリー処理をしがちであるのも，ステレオタイプに合致した少ない情報をもとに相手に関する判断を行っても，自分の判断は正当であると感じられ，判断可能であると思いやすいことが関係していると指摘している。→連続体モデルと二重処理モデル，結果依存性と対人情報処理（山本）

行動の区切り（連続行動の知覚）

　われわれが他者の行動をどのように知覚しているのかという問題についてニュートソン（Newtson, 1976）は，「人は他者の連続行動を一つひとつの意味ある行動単位に分割しながら行動を知覚している」という行動知覚理論を展開している。この理論によるとわれわれは相手の行動を見る時にもっている観察の構えによって知覚のしかたが異なってくるのである。

　たとえばテニスの試合時，ある観衆は選手の動きを「ラリーをしている」のようにかなり大雑把に見ているのに対し，テニスに精通したコーチは身体をどのくらい傾けながらサーブを打ったのか，ボレーを打つ時の軸足がどちらだったのかなどを詳細に観察しているだろう。この場合，コーチは選手の行動を非常に細かい単位に分割し，そこからさまざまな情報を引き出しているのに対して，一般的な観衆は選手の動きを大きな情報単位に分割して解釈していると考えられる。また観察の構えは，観察者自身が行動を詳細に観察するか大雑把に観察するかによってある程度意識的にコントロールすることはできるが，テニスのコーチのように行動に対するエキスパートになるほど観察の詳細さの幅が広くなることがマーカスら（Markus et al., 1985）によって指摘されている。（宮本）

II-3 集団・ステレオタイプ

ステレオタイプ
ステレオタイプの利用
ブックキーピングモデル，
　コンバージョンモデル，
　サブタイピング
集団の知覚と表象
社会的アイデンティティ理論
自己カテゴリー化
最小条件集団パラダイム
内集団バイアス
黒い羊効果
集団同質性認知
錯誤相関
エグゼンプラーモデルと
　プロトタイプモデル
リバウンド効果
分離モデル
スティグマ

　集団に関するさまざまな問題は，社会心理学の代表的な研究テーマの1つである。古くは集団間葛藤や，集団内成員の人間関係など，グループダイナミックスにかかわるマクロな問題として盛んに検証されていた。一方，近年は社会的認知の視点から，個人が集団を理解する過程で生じる記憶や判断のバイアスなどに関する，ミクロな現象が明らかにされ，また多くの理論が提出されている。集団を対象にした社会的認知研究で最も問題にされるのは，なぜ人がある特定の集団に対して偏見をもったり，差別的な行動をとったりするのかということである。本節では人が集団を理解する過程，偏見・差別が起こるメカニズムにかかわる社会的認知の代表的な現象や理論を取り上げ解説する。こうした現象や理論を正しく理解することは，われわれの身近で起こっている偏見だけでなく，人種差別，地域・国家間の紛争にいたるまでの，多くの社会問題を解決する糸口となるはずである。

II 社会的認知の理論と概念

▼ステレオタイプ

　社会集団や社会的カテゴリー（性別・年齢・人種・職業など）に対して，その成員がもつ属性について誇張された信念を抱くことがある。これをステレオタイプとよぶ。「女性は感情的」「文学部生は本好き」「あのチームには荒っぽい選手が多い」などはその例である。いわゆる「偏見」との関連から，通常はネガティブな内容をもつものが話題になることが多いが，本来は「弁護士は裕福」などの例に見られるポジティブな内容のものをも包含する概念である。

　ステレオタイプという語を社会心理的な概念として初めて用いたのは，ジャーナリストのリップマン（Lippmann, 1922）であるといわれる。著書『世論』の中で彼は，ステレオタイプを集団に関するイメージとしてとらえ，「心に描いた画像（pictures in mind）」と表現している。

　社会心理学におけるステレオタイプ研究の潮流は，大別して2つあげることができる（唐沢，2001）。その第一は「古典的アプローチ」で，多くの人によって想い描かれた「画像」の内容を記述することがおもな目的であった。キャッツとブレーリー（Katz & Braly, 1933）の調査はその代表的な例である。彼らが用いたのは「チェック・リスト法」とよばれる課題で，多数の人種・民族・国民名などをあげて，同時に示した多数の特性形容詞のリストから各集団に当てはまると思われるものに，数の制限なく印をつけさせるというものであった。その結果，たとえば黒人であれば「迷信的」「怠惰」，イタリア人であれば「芸術的」「衝動的」といった特性が上位にあがることが示された。

　チェック・リスト法による研究は，古典的アプローチが，ステレオタイプのもつ「合意性」を念頭においていたことを示している。回答者集団のうち何％の人が，ある特性が対象集団に当てはまると答えるかを数えるという方法は，ステレオタイプが単に個人レベルの認知であるだけでなく，集合レベルで共有された信念であるという特徴を，よくとらえていたといえる。ただし，なぜ，どのような心理的プロセスを経てステレオタイプが形成されるのかという問題になると，個人レベルでの吟味が必要となる。集合レベルでの分析にとどまる限り，「集合的知覚」や「集合的信念」といった，実証的吟味が必ずしも容易でない概念を用いざるを得なくなる。対象集団と知覚者集団を取り巻く，社会的，経済的，政治的，歴史的要因などの構造的要因に基づく説明は，一見説得力をもつようであるが，

II-3 集団・ステレオタイプ

心理的要因に関する理解をかえって困難にする。

この問題に対する1つの解決をもたらしたのが，1970年代末頃に始まるステレオタイプ研究の第二の潮流，「認知的アプローチ」である。すなわち，知覚や記憶，判断などの情報処理過程において人間が一般に示す誤り（エラー）や偏り（バイアス）に関する知見を社会的な事象に適用し，ステレオタイプを認知的バイアスの一種と位置づけた研究が行われるようになったのである。そして，集団間の社会構造的要因や，葛藤にまつわる歴史的背景といった個別的特殊要因，そしてそこに働くと考えられる動機的要因による説明を動員しなくても，人間が情報処理を行うかぎり当然のように生まれる一般的な傾向の産物として，ステレオタイプの形成過程が理解されるようになった。

社会的認知研究の他の分野においてもそうであるように，ステレオタイプ研究における認知的アプローチの主要な関心は，ステレオタイプの形成や変容，維持にかかわる認知的な過程の性質と，その結果産出される表象の実態を明らかにすることである。このうち，まず過程に関する研究では，「カテゴリー化」の効果に関する研究が多くの成果をあげた。ものごとをカテゴリーに分類すると，同一カテゴリー内の成員については互いの類似性を，また異なるカテゴリーの成員間には相異性を，それぞれ過大視する一般的な傾向があることが知られている。前者を「同化（assimilation）効果」，後者を「対比（contrast）効果」とよぶ。同化効果は類似したものどうしの関連づけをうながし，対比効果は異なるカテゴリー間の弁別を容易にするという意味で，情報処理に要するコスト（認知的負荷）を軽減するという効能をもつと考えられる。反面，同一カテゴリー内の成員どうしを混同した記憶や判断を生みやすいという欠点ももつ。こうしたカテゴリー内混同は，成員どうしが均質な属性をもっているかのような，過度に一般化された知覚や判断を生じさせると考えられる。冒頭にあげた定義も示すように「誇張された信念」としてのステレオタイプの特徴は，このようにカテゴリー化過程の結果として説明することができる。

ステレオタイプの発生過程に寄与すると考えられる，もう1つの重要な要因が，集団特性の「顕現性（salience）」である。一般に，知覚者の注意を引きやすい事象や想起されやすいものは，その生起頻度や確率が過大視される。そこで，注意

II 社会的認知の理論と概念

を引きやすい集団成員の中でも、とくに目立った特徴をもつ事例はその出現頻度が過大視されやすいと考えることができる。こうして、「錯誤相関（illusory correlation）」といった現象について、情報処理論的な観点から説明を行うことができるのである。

　一方、ステレオタイプを認知表象としてとらえることによって、かつて古典的アプローチが明らかにしようとしたステレオタイプの「内容」について、新しい枠組みのもとで検討が行われるようになった。その1つは、やはりステレオタイプを「カテゴリー表象」と見なすことから始まった。近年の認知心理学的研究は、カテゴリーに関する表象に成員の属性の「分布」に関する情報が含まれているという可能性を示している（Fried & Holyoak, 1984）。この考え方を援用すると、社会的カテゴリーの表象にも、成員間に分布する「典型的」あるいは「代表的」特徴というパラメーターだけでなく、「変動性」の認知に関する情報も含まれていると考えることができる。こうして、ステレオタイプ的判断には「○○集団の人たちは××という特徴をもっている」という、「代表値」に関する判断だけでなく、「みんな××である」とか「××な人が多い」といった判断も含まれている点に着目した研究が行われるようになった。このようなステレオタイプ概念の変化を象徴するのが、外集団同質性効果（out-group homogeneity effect）に関する一連の研究である。「集団同質性認知」の項に詳しいように、自己の所属する内集団と比べて、他者集団である外集団の成員は類似して知覚されやすいのである。

　集団変動性の研究がきっかけとなって、社会的カテゴリーに関する表象の形成に関する議論は格段に進歩した。たとえば、概念形成などに関する認知心理学的研究の成果を導入することにより、集団やカテゴリーの成員がもつ特徴の分布に関する中心傾向と変動性に関する表象が、エグゼンプラーをもとに形成されるのか、それともプロトタイプ的な抽象的表象として保持されるのかについてさまざまな理論モデルが立てられ、それぞれについて実験的検討が行われている（Park et al., 1991）。これと関連して、オンライン処理と記憶に基づいた処理のうちどちらが、どのような状況でより用いられやすいのかについても考察されている。

　さらに、ステレオタイプ以外の認知的過程や表象との関連についての検討もさ

II-3 集団・ステレオタイプ

かんに行われている。ステレオタイプと言語との関係を調べた研究などはその代表的な例である。なかでもマース（Maass, 1999）らによる一連の研究は，対象集団に関する予期に反した事象が，記述動詞や解釈動詞などの具体的な用語で記述されがちであるのに対し，予期に一致する事象は状態動詞や形容詞といった抽象度の高い語を用いて記述されやすいことを明らかにした。具体的表現は，その場かぎり，あるいはその時かぎりの記述ですますことによって，観察された事象から対象集団全体への一般化を防ぐことができるのに対し，抽象的表現は時間や状況を越えた集団の傾性に関する表象を維持するのを助けると考えられる。このように，ステレオタイプ的予期の維持や変化の過程と，言語行動の間には密接な関係があることがうかがえる。

　ステレオタイプを一般的な認知過程の結果生まれる表象と見なすことによって，なぜステレオタイプにはネガティブな内容のものだけでなく，ポジティブなものもあるのかという点についても説明をつけることができる。さらに，ステレオタイプという概念そのものについても，まったく新しい観点が生まれるようになった。それは，社会的「態度」の概念が，かつては態度尺度に見られるような連続体上の「一点」で表せるものととらえられていたのに対し，コンストラクト・アクセスビリティや，並列分散処理型のネットワーク的構造といった，新しい概念を適用することによって新たな理解が可能になったのと同様の変化である。「集団間態度の一要素」としてのステレオタイプも，単純な「集団成員性と特性との連合」といった伝統的概念規定を離れ，より幅広い観点からの接近が可能になりつつある。→集団同質性認知，利用可能性ヒューリスティック，顕現性，錯誤相関，オンライン処理と記憶に基づいた処理　（唐沢穣）

Ⅱ 社会的認知の理論と概念

▼ステレオタイプの利用

　ある人物の性格特性や能力などについて判断を行う際に，その個人に関する情報だけをもとに判断することはきわめて難しい。性別や年齢，職業，勤務先など，その人物が所属する社会集団やカテゴリー全般に関する先入観，すなわちステレオタイプの影響を，多かれ少なかれ受けてしまうのである。

　ステレオタイプの項で述べたように，認知的アプローチの導入によって，これを認知的表象として理解する考え方が一般的になった。それに伴って，対人判断におけるステレオタイプの適用過程（stereotyping, stereotype application）についての研究においても，認知的過程に関する検討がさかんに行われるようになった。こうした動向に大きな影響を与えたのが，ステレオタイプを「社会的スキーマ」の一種として位置づけるという観点であった（Fiske & Taylor, 1991）。それによると，われわれは他者や自己，そして社会的事象の起こり方に見られる筋書きなどについて，構造化された知識構造をもっていると考えることができる。ならば同様に，社会的なカテゴリーや集団，そして特定の役割をもつ人々に対しても既有知識を当てはめて情報処理をしているであろう。こうした知識構造，すなわちスキーマは，一般に情報処理における注意，情報の符号化や記憶の保持・検索の過程，そして推論や判断などの過程に影響を与える。そこでステレオタイプの利用についても，情報処理におけるこれらの諸段階に関する検討が行われてきた。

　ステレオタイプが記憶に影響を及ぼすことは，オールポートとポストマン（Allport & Postman, 1947）による古典的研究などにおいてすでに指摘されている。その過程について情報処理理論的観点から実験を行った例として，コーエン（Cohen, 1981）の研究をあげることができる。実験の結果は，ビデオ映像で呈示したある人物のエピソードのうち，その人物の職業に関するステレオタイプと整合する出来事は矛盾する出来事よりもより正確に再認されることを示していた。しかもこの効果は，個人に関するエピソードを呈示する前に職業を告げた時はもちろん，個人エピソードの後に追加的に告げた条件でも同様に起こった。つまりステレオタイプは，個人情報の符号化時においてだけでなく，ステレオタイプとは無関係にいったん取り込まれた情報を検索する際にも，影響を与えることが明らかにされたのである。これはたとえば，目撃証言における記憶の再構成にステ

II-3 集団・ステレオタイプ

レオタイプ的予期が影響を与える可能性を示唆しているなど，実際的な場面にとっても重要な意味をもっている。

またステレオタイプは，曖昧な情報の解釈や未知の事がらに関する推論をも方向づける。たとえばダンカン（Duncan, 1976）は，白人大学生に，黒人が白人を肩で突く場面を含むビデオを呈示した条件では後にその場面を「乱暴にふるまった」と分類する者が多かったのに対し，白人が黒人を突く場面を与えられると「悪ふざけしていた」とか「芝居じみた派手な演技をしていた」などと解釈する者が多くなることを示した。まったく同じ動作が，人種の違いによって異なった意味づけと解釈をもって記憶されていたのである。同様に，ステレオタイプが適用されることによって，個人の行動の原因に関する推論，すなわち原因帰属過程にも影響が現れる。

もっとも，ステレオタイプ的予期があるからといって，判断対象人物のあらゆる面について知覚や推論が影響を受けるわけではない。実際，刺激人物の特性に関する判断は，その人物が示した具体的な行動が示唆する特性情報から大きな影響を受け，その人物の所属するカテゴリーに関するステレオタイプ情報は思いのほか影響が小さいという結果を報告した実験研究もかなりの数にのぼる。ただしこれは，行動がそれの示唆する個人特性について高い診断性（diagnosticity）をもっている場合に限られる（Krueger & Rothbart, 1988）。診断性とは，ある行動が特定の性格特性をもった人には高い確率で観察されるが，もたない人ではその確率が低いという，弁別可能性をさす。言い換えると，観察された行動からの特性推論が容易に行いにくい状況では，ステレオタイプを用いた判断がなされやすくなる。

ステレオタイプの利用にとって，個別的な行動情報のもつ意味的な曖昧さが重要な要因となることは，ダーリーとグロス（Darley & Gross, 1983）の実験結果に如実に現れている。彼らは，刺激人物である児童の社会・経済的階層（親の所得層）に関する情報を操作したうえで，この次元と関連が深いと知覚されることがわかっている属性，すなわち「学業成績」を予想させた。すると，刺激人物の具体的行動事例を呈示しない条件では，貧富の差が学業成績の予想に影響することはほとんどなかった。ところが，ステレオタイプと一致する情報と一致しない

II 社会的認知の理論と概念

情報の両方を含む,かなり複雑で具体的な行動事例を与えると,裕福な家庭の児童の成績は高く,また貧しい家庭の児童の成績は低くなると評定された。これは,具体的な行動情報を与えた条件では,ステレオタイプと一致する事例に対する選択的な情報処理が行われたためと考えられる。

以上の議論は,対人判断における個人情報とカテゴリー的情報のもつ影響の相対的軽重をめぐる問題とも深いかかわりをもっている。

さて現在の,少なくとも西欧型社会においては,他者の判断にステレオタイプを用いることは,どちらかというと望ましくないことと見なされる。したがって,これらの社会で教育を受けた人々はステレオタイプ的な言明をなるべく避ける努力をする傾向が強い。そのためステレオタイプ化は,知覚者自身も意識できない,つまり情報処理の様式を自分自身の意思によって統制できないような状況でとくに顕著化する。

ステレオタイプの無意識的な利用の過程については,情報処理における自動的過程と統制的過程の区別に着目した近年の研究において,さらに詳細な吟味が行われている。とくにプライミング課題を用いた研究の成果はめざましい。たとえばディヴァイン(Devine, 1989)は,閾下で呈示された刺激によって人種ステレオタイプが活性化されることを実験で示し,ステレオタイプにかかわる自動的な情報処理過程の影響を明らかにしている。しかもその効果は,質問紙尺度を用いて測定された人種偏見の強弱における個人差とは無関係に起こることが示された。つまり,ある特定の集団成員性と特性との間の連合は,偏見の強い人・弱い人を問わず成立しており,その活性化は多くの人に一様に起こりうることが明らかにされたのである。同様の効果は,単に「われわれ」「彼ら」といった内・外集団間の境界意識を活性化させることによっても生じる。さらに,活性化されたステレオタイプは,知覚や判断などの認知的活動を規定するだけでなく,動作などの運動系に影響する場合もある。「高齢者」に関する認知表象を活性化させると,大学生被験者の歩く速度までが遅くなった,といった実験例はこれを端的に表している(Bargh & Barndollar, 1996)。

「集団成員性と特性との連想」という意味でのステレオタイプが,きわめて容易に自動的活性化を受けるという事実は,ステレオタイプの内容やその利用過程

II-3 集団・ステレオタイプ

を変容させるための働きかけを、どのレベルで行えばよいのかという問題と関連する。ステレオタイプを根源的に解消するためには無意識的な領域にまで立ち入らなければならないとするなら、それはきわめて困難であるばかりでなく、個人の「自由意志」を侵害する可能性をも考慮しなければならない。このような議論にたって、ステレオタイプの利用を低減させるための働きかけは、統制可能な過程に焦点を絞って行うべきであるという主張も、当然なされるようになる。

もっとも、ステレオタイプの活性化はかなり自動的な過程であるが、その適用過程には多くの認知的資源が動員されている可能性を示唆する研究結果もある。ギルバートとヒクソン (Gilbert & Hixon, 1991) は、実験課題の遂行に与える人種ステレオタイプの影響が、妨害課題によって減少することを示し、ステレオタイプ適用の過程は必ずしも自動的過程のみに支配されているとは言いきれないことを明らかにした。ただし、これまでに述べてきた実験研究は、それぞれに異なった実験課題や刺激を用いたもので、単純に結果を比較することの危険性も認識しておくべきである。今後は、さまざまな領域のステレオタイプについて比較が可能な実験状況を構築し、系統だった検討を重ねていくことが重要である。

将来の研究においては、ステレオタイプの対象となる集団の成員が、他者からステレオタイプ的に扱われることに対してどのような心理的な反応を示すかについて吟味することも必要である。従来の研究は、その多くが偏見やステレオタイプをもつ知覚者の側に関する検討に集中していた。しかし、ステレオタイプ的期待は、いわゆる「予言の自己成就」を通して、これと一致する行動を対象集団の成員の側に実際に招来しかねない。また、日頃、差別や偏見の対象となっている集団成員は、他者から低い評価を受けた際に、それが実際の能力不足によるのか、それとも評価者の偏見の結果なのかについて評価が下せないため、不適応的反応を示してしまうおそれがある。今後は、ステレオタイプを用いて判断を行う側と受ける側の双方について、総合的な観点から研究を進めていく必要がある。→ステレオタイプ，連続体モデルと二重処理モデル，自動的処理と統制的処理（唐沢穣）

II 社会的認知の理論と概念

▼ブックキーピングモデル，コンバージョンモデル，サブタイピング

　ステレオタイプの変容の過程として提出された3つのモデル。形成されたステレオタイプは，それに反する情報に接して変容していくが，これらのモデルはこの反ステレオタイプ情報のあり方について，それぞれ異なって想定している。ブックキーピングモデル（book keeping model：簿記モデル）は，反ステレオタイプ事例が積み重なることにより，少しずつステレオタイプが変化していくと考える。ここで重視されるのは反証事例の数で，ある集団の成員に抱かれるステレオタイプがあった場合，反ステレオタイプ的成員に接するほどステレオタイプが変容していくと考える。コンバージョンモデル（conversion model：転向モデルあるいは回心モデル）は，ステレオタイプの典型から極端にはずれた事例に接することにより，ステレオタイプが劇的に変化すると考える。ここで重視されるのは，反証事例の極端さである。サブタイピング（subtyping：サブタイプ化モデル）は，反ステレオタイプ的事例に接した時に，集団内の反ステレオタイプ的事例を差異化し，下位の構造を新たに発達させると考えている。集団全体を判断する際に，このサブタイプが考慮されればステレオタイプが変容するが，例外として処理されれば変容しないと想定される。

　これらのモデルを，「日本人は背が低い」とのステレオタイプをもつ人が，その考えを変容させる場合に当てはめて考えてみる。まずブックキーピングモデルは，背の高い日本人に会うたびに，少しずつ「背が低い」というステレオタイプが変容していく過程を想定している。ここで重要なのは，反ステレオタイプ的な集団成員に，どれだけ多く接するかである。強力な反証でなくても数多くの反証事例に接すれば，それが積み重なってステレオタイプが少しずつ変化していくと考えられる。それに対しコンバージョンモデルでは，大きくはずれた事例のみが問題となる。ここで想定しているのは，非常に背の高い一人の日本人に接することで「背が低い」というステレオタイプが一気に変化するような過程である。このモデルではステレオタイプ変容が起こるのは極端にはずれた事例に接した時だけであって，極端でない反証（ちょっと大きいと感じられるような日本人）に接しても変化は生じないと考える。一方，サブタイピングが想定するのは，極端に背の高い日本人に接して，「日本人にも背の高い人たちがいる」と集団内に下位グループ（サブタイプ）を認知的に形成する過程である。集団全体を判断する時

II-3 集団・ステレオタイプ

に，そのサブタイプが考慮されれば（背の低い日本人ばかりではないと考える）ステレオタイプは変容するが，サブタイプが例外として処理されれば（背が高い日本人もいるが特殊な人と考える）ステレオタイプは維持されることになる。ここではコンバージョンモデルと同様に事例の極端さが問題となるが，想定されるその後の過程が異なっている。

　これらのモデルにかかわる既存研究の多くは，どのモデルが変容を予測しやすいのかを検討しており，そのための操作として集団内の反ステレオタイプ事例の呈示を分散させるか集中させるかで比較検討を行っている。たとえばガーウィッツとダッジ（Gurwitz & Dodge, 1977）は，反ステレオタイプ的事例が分散して（些細な反ステレオタイプ的事例が数例）呈示されるか，集中して（極端な反ステレオタイプ的事例が1つ）呈示されるかで，ステレオタイプ的判断に差が見られるかを検討した。その結果，集中条件の方が，事例として示された人物を反ステレオタイプ的に判断することが示された。これはコンバージョンモデルを支持するものである。また，ジョンストンとヒューストン（Johnston & Hewstone, 1992）では，反ステレオタイプ情報を分散・中間・集中の3つに変化させて呈示し，その集団に対するステレオタイプ的判断に差が見られるか検討した。その結果，集中条件では反ステレオタイプ事例が「非典型」として処理されサブタイプが形成された結果，ステレオタイプが変容しないことが示された。これはサブタイピングを支持する結果といえる。一方，ウェーバーとクロッカー（Weber & Crocker, 1983）は，反ステレオタイプ事例の分布の形に成員情報数の条件を加えて呈示を行った。ここではブックキーピングモデルが支持されるとともに，極端な反ステレオタイプ的事例は例外として処理されやすいのでステレオタイプは変化しないというサブタイピングも支持されている。近年の研究は，各変容型を生じさせる条件の検討に関心が移ってきている。たとえばヒューストンら（Hewstone et al., 1992）は，集団の変動性（集団成員のばらつき）が大きい集団では反ステレオタイプ的事例の分布パターンは影響を及ぼさないが，変動性が小さな集団では極端な反ステレオタイプ的事例がステレオタイプを集団全体に般化されることを示唆する結果を示している。→ステレオタイプ　（上瀬）

Ⅱ 社会的認知の理論と概念

▼集団の知覚と表象

　集団の知覚と表象に関する研究は多い。まず，①集団には知覚すべき実体があるのか，という集団の実体性をめぐる議論がある（集団心論争）。そして，②偏見や集団間葛藤の文脈からは，おもに外集団知覚の問題が扱われてきた。最後に③ネットワーク理論の観点からは，集団や成員を1つのノード（節：概念一つひとつの表象部分）とする集団表象のモデル化について研究されてきた。

■ **集団の実体性と集団心**　人々の集合が物理的に実在する集団と知覚されるためには，実体性（entitativity）を備えていなければならない。たとえば，信号待ちの人々のように，同じ空間をただ共有するだけでは集団としての実体性はないといえる。反対に，たとえば軍隊が一糸乱れぬ行進をしている場合，集団実体性は高いといえる。近年はハミルトンとシェアマン（Hamilton & Sherman, 1996）が，集団の実体性という変数を考慮すると，集団知覚の諸現象が説明可能なことを示した。集団の実体性は，各成員がわれわれ感情（we-feeling）を共有し，共通の目標達成に動機づけられ，集団独自の役割関係・規範意識が発達しているほど，強く知覚される。

　集団の実体性の存在を支持する考え方に「集団には個人を越えた独自の心性，つまり集団心（group mind）が存在する」という立場がある。この集団心の理論をマクドゥーガル（McDougall, 1920）が発表したあと，集団心の科学的妥当性をめぐり行動主義者から批判が加えられた。その結果「集団心は錯覚に過ぎず，あるのは個人だけである」という行動主義者の立場が科学的に妥当だという結論で論争が終わった（集団心の是非にかかわらず，個人を分析単位とする方法をとる立場を方法論的個人主義という）。しかし集団心を否定する考え方は，科学的というよりもむしろ文化依存的だとも考えられる。つまり個人の一貫性が重視される文化では，相対的に集団の存在が希薄化するので，集団の実体性も低くなる（集団心を否定する）が，個人よりも集団が重視される文化では，集団としての意識（集団心）や集団実体性も強くなると考えられる。

■ **偏見や葛藤に基づく外集団の知覚・表象**　外集団が内集団に対して利益をもたらすと知覚されると，外集団と成員についての表象（ここではイメージと同義）は美化される。一方，外集団が内集団に対して有害と知覚されると，外集団と成員に関する表象は醜悪化される。こうして醜悪化した表象が偏見である。日本の

II-3 集団・ステレオタイプ

ように周囲を海で守られ，移民も少ない国に比べ，ヨーロッパのように多民族・多国家が隣接する地域は，限られた資源をめぐる相互侵略などの実に深刻な集団間葛藤の歴史をもつ。こうした集団間葛藤に起因する，外集団イメージの醜悪化を説明する理論の代表的なものは，社会的アイデンティティ理論である。この理論の実証的土台となる最小条件集団パラダイムなどに基づく研究によると，欧米人は無意味な基準で内集団と外集団に分けられた時すら，外集団の表象を悪化させるのに対し，日本人は外集団への好意と内集団の謙遜を示す。適応論的な観点からは，歴史的に外集団からの侵略の危機に直面してきた人々は，自己防衛のために外集団の表象を自動的に悪化させ，戦闘可能な態勢を作る方が適応的だったとも考えられる。逆に，外部から侵略される危機の少ない島国に人々が共存してきた日本では，「外集団から嫌われない」ことの方が適応的だったので，外集団に好意を示し内集団を謙遜する構えができたとも考えられる。

■ **集団のネットワーク的表象**　ネットワーク理論では，集団を表すノード（節）から，集団のイメージや各成員を表象するノードがリンク（連結）しており，さらに，各成員ノードからも，成員イメージを表すノードがリンクしているとモデル化する。集団のイメージや印象は，集団ノードにリンクする各成員のイメージをボトムアップ的に集約してできるとともに，集団の既存イメージがトップダウン的に成員イメージに影響する。ただし興味深いのは，個人の印象が，個人のノードにリンクする諸情報を平均，加算，重みづけなどの原理により統合してできる（たとえば，Aさんについて悪いイメージが増えるほど，Aさんの印象は悪くなる）のに対し，集団の場合，個々人のイメージが良くても，集団への偏見が低減しないなど，成員イメージが純粋に加算，平均されない点である。この傾向は，集団実体性が低いほど強いと考えられる。→ステレオタイプ，ノード，社会的アイデンティティ理論，最小条件集団パラダイム，集団同質性認知，黒い羊効果，命題ネットワーク，人物表象，ネットワークモデル，連続体モデル，ボトム・アップ，トップ・ダウン，錯誤相関（杉森）

Ⅱ 社会的認知の理論と概念

▼社会的アイデンティティ理論

　社会的アイデンティティ理論は集団間の葛藤関係に関する統合的理論として，英国ブリストル大学のタジフェルとターナー（Tajfel & Turner, 1979）によって提出された。その中心概念である社会的アイデンティティは，自分がそこに属すると知覚する社会集団ないし社会的カテゴリーの成員性に基づいた自己概念の諸側面で，感情・評価その他の心理学的関連物を伴うものと概念化される。この概念を中心として人の集団間行動が説明されることになり，関連する諸命題とともに社会的アイデンティティ理論が構成される。

　社会的アイデンティティ理論および関連する実験結果の解釈に関してはこれまでさまざまに検討がなされ，その結果，多くの新たな研究が生み出されてきたが，ここではそのもととなった理論を原典に比較的忠実に紹介してみたい。

　この理論ではまず集団間行動が生じる大きな背景として，個人間相互作用と集団間相互作用の区別，および社会移動と社会変動に関する信念体系の区別が強調される。ここで個人間相互作用とは複数個人間の相互作用が個人的特質と個人間の関係によって規定されるようなものをさし，集団間相互作用とは，それが各自の社会集団ないし社会的カテゴリーにおける成員性によって決定されるものをさす。あらゆる社会的行動はこの2種類の純粋な形式を両端とする連続帯のどこかに位置づけられると仮定される。実際の社会的行動がこのうちのどのような様式をとることになるかには集団間葛藤の強さが影響するとされ，この点はシェリフ（Sherif, 1962）の現実的葛藤理論と同様であるが，社会的アイデンティティ理論ではそれが十分条件であって必要条件でないことが強調される点で異なっている。次に社会移動と社会変動の信念体系であるが，前者は人が自分の属する社会集団の成員性に何らかの事情で満足できない時，個人的に別の社会集団に移動することが可能な柔軟さを当該の社会がもつという信念体系であり，後者はそれが不可能ないし非常に困難であるとみる信念体系をさす。これも同様に連続帯をなすと想定され，さらに先の社会的行動にかかわる性質を因果的に規定すると考えられる。また社会的行動の性質が連続帯上を集団間相互作用の極に近づくにつれ，その帰結として，外集団成員に対する行動はより均質なものになり，また外集団成員はより均質なものの集まりと見なされるようになると想定される。

　以上は，集団間行動が生じる背景としての社会的文脈に関する前提部分の説明

II-3 集団・ステレオタイプ

である。次に社会的アイデンティティ理論で想定される集団間関係の心理過程について概説する。この心理過程に関する理論化をうながしたのは，内集団ひいきや外集団差別を通常引き起こすような諸要因を最大限排除して構成された最小条件集団（Tajfel et al., 1971）とよばれる実験状況であった。そこではささいで一時的な基準による集団分け操作のみによっても，内集団バイアス（評価・行動において内集団を外集団よりも好む傾向）が引き起こされるという信頼できる知見が得られている。このことから最小条件集団状況，すなわち被験者たちが単に2つの異なる集団に属しているだけの状況が，集団間差別を引き起こす必要条件であることが推論される。ここで社会的カテゴリー化という概念が導入される。社会的カテゴリー化とは，一般に社会環境を分割し類別し，秩序づける認知作用であって，これによって人は多様な社会的行為を実行することができる。またそれは自己をそこに含めることで自己に社会の中での位置づけを与えるものでもある。最小条件集団状況で操作されているのは，この社会的カテゴリー化とよばれる事態であると仮定される。他に手がかりのない状況では実験操作上の2つの対立的カテゴリーが状況を秩序づけ，その中に自分が位置づけられることで行動を行う枠組みが与えられると考えられるからである。

　この社会的カテゴリー化の作用の次に仮定されるのは社会的アイデンティティ概念のもつ特質と，その集団間関係における現れとしての集団間の社会的比較過程である。ここで前提にされるのは，一般に人は自尊感情を維持し高めようと努力するということと，先述の意味での社会的アイデンティティの評価はそのもととなる社会集団ないしカテゴリーに対する評価の影響を受けるということ，さらにその集団の評価は他の集団との社会的比較を通して決定されるということである。これらの心理過程に関する前提から次のような3つの原理が導かれる。①人は肯定的な社会的アイデンティティを達成し，維持しようと努める，②肯定的な社会的アイデンティティの大部分は内集団と外集団との間で行われる有利な比較に基づく，③社会的アイデンティティが不満足なものである場合には，人は現在所属する集団を去り，より肯定的な別の集団に入ろうとするか，あるいは現在所属する集団をより肯定的なものに変えようと努める，という3つである。以上の前提および原理から次のような基本仮説が導かれる。すなわち「社会集団は，内

II　社会的認知の理論と概念

集団と外集団の比較を通して自集団を肯定的に評価しようという圧力のために，互いに他の集団との区別を試みるにいたる」という仮説である。なお具体的な社会状況で，この集団間分化に対して影響を与えると思われる要因には次の3つがあげられる。すなわち，集団成員性の内面化の度合い，関連する次元での比較を可能にするような社会状況，そして最後に比較可能な外集団の存在である。

以上が社会的アイデンティティ理論の集団間関係における心理過程に関する分析である。人は一定の条件下では，社会的カテゴリー化の結果として得られる社会的アイデンティティを肯定的なものとするため集団間の社会的比較に従事することになり，それが集団間分化の生じる原因となるという系列が読みとれる。それでは最後にこの理論のもつ3つ目の側面として，これらの分析がもう少し具体的な集団間関係に適用される際に展開される議論を紹介しよう。この部分については他の文献（Tajfel, 1978b）も参考にした。

この集団間関係の分析枠組みとしては，すでに説明した社会移動と社会変動に関する信念体系に加えて，新たに社会集団間の地位差，およびその正統性と安定度が取り上げられる。この場合の地位とは集団間比較の結果としてのものであって，そこには集団の何らかの比較次元上での相対的位置が反映されている。

そこで展開される議論は次のようなものである。すなわち社会的アイデンティティが脅かされた時，人は，たとえば個人的な社会移動が可能だと判断される場合には，前の集団から離脱し別のより上位の集団に入ろうと試みると予想される。これに対してそれが不可能と判断される場合には，劣位集団では集団成員としての行動として，実行を伴わない観念的な「社会的創造性」の反応が生じると予測される。その反応の一類型として，集団間比較の結果，自集団が優越性を獲得できるように，比較の対象をより劣位の集団に変えるという反応が予測される。また別の類型として，自集団が有利になるような異なる比較次元を強調することによって，あるいは当該の比較次元の評価自体を主観的に変えてしまうことによって地位の優劣を再解釈することが予測される。一方，自集団が不当に劣位におかれ，しかもその地位差が不安定であると意識される場合には，優位集団に対して実行をともなった「社会的競争」が生じることが予測される。優位集団の場合，地位差が正当であってかつ不安定であると知覚されるとより差別的になることが

II-3 集団・ステレオタイプ

予想される。

以上，集団間葛藤の理論という本来の意味での社会的アイデンティティ理論の諸命題をほぼ原典に沿って述べてきた。最後になるが，以下ではやや広い意味での，アプローチとしての社会的アイデンティティ研究について触れておく。

本来の意味での社会的アイデンティティ理論が生み出された背景にはヨーロッパ社会心理学における社会的次元の強調がある。すなわち研究対象となる現象を個人内の心理過程のみに還元して説明するのではなく，それを現実の社会全体の権力関係や構造的要因，その具体的あり方といった，現実の文脈のなかで理解しようとする研究志向である。この伝統の中で育まれた社会的アイデンティティ・アプローチには研究の前提となるメタ理論の水準で，次のような共通の認識が認められる（Hogg & Abrams, 1988）。すなわち，①社会は歴史的・経済的に規定された，地位と権力の点で相対的に異なる複数の社会的カテゴリーによって階層的に構成され，その内容や関係は緩急の違いはあれ絶えず変化している，②また人は自分のアイデンティティの大部分を自分が属するこれらの社会的カテゴリーから引き出している，③自己の概念化と集団行動に関して作用する個人レベルでの重要な心理過程は単純化と評価づけの過程であり，それによって人は知覚と経験を秩序づけ，行動の指針を得ることができる，というものである。この研究アプローチの中に位置づけられる理論的展開としては，認知論的色合いを強めて集団過程一般を扱うべく拡張された自己カテゴリー化理論（Turner et al., 1987）が含まれる。また研究の対象および領域としては，すでに触れたものの他に，たとえば群衆行動，同調性と社会的影響，集団凝集性，ステレオタイプ化，偏見，少年非行，自己概念，集団同質性認知，錯誤相関，黒い羊効果現象などが幅広く含まれる。これらには，社会心理学におけるもう1つの大きな研究アプローチともいうべき社会的認知研究の対象領域と重なるものも多く，近年，両アプローチ間の学問的交流と対話が進みつつある（Abrams & Hogg, 1999）。→最小条件集団パラダイム，内集団バイアス，自己カテゴリー化，ステレオタイプ，集団同質性認知，錯誤相関，黒い羊効果　（柿本）

II 社会的認知の理論と概念

▼自己カテゴリー化

　集団間関係，なかでもとくに集団間の葛藤関係を理解するために英国ブリストル大学のタジフェルらによって推進された社会的アイデンティティ研究では，あらゆる社会的行動が，個人の特性や個人間の関係によって決まる個人間相互作用と，互いに異なる社会的カテゴリーの成員であることによって決まる集団間相互作用の2種類の，程度の違う組合せであるととらえられる（Tajfel, 1978a）。この伝統を受け継ぎ，個人間と集団間の相互作用のうち，集団間の相互作用がどのような場合にいかに強く現れるのかについて理論的考察を展開したのがターナーらによる自己カテゴリー化理論（Turner et al., 1987）であり，そのキーワードが自己カテゴリー化（self-categorization）である。

　上述のような文脈のもとで自己カテゴリー化とは，人が自分自身を何らかの部類に同じであるとして，認知的に一括りにする作用をさす。これは個人レベルでも生じうるが，社会集団ないし社会的カテゴリーの一員としての範疇化が生じる場合をとくに社会的カテゴリー化と呼ぶ。この社会的カテゴリー化の作用によって個性的で独自の特徴をもった個人としての自己意識が弱まると同時に当該のカテゴリーの一員としての意識が強まり（この過程は，脱個人化：depersonalizationとよばれる），その結果，自己イメージや他者に対する認知・判断・行動などさまざまな面で集団成員としての変化が生じるとされる。この概念によって集団間関係のみならず集団内現象もがその視野に入れられることになった。

　その際，一定の社会的カテゴリーがいかにして認識され，またそのカテゴリーによって自己がどのように規定されることになるかを決めるものとして，「メタ対比の原理」と「顕現性（salience）」の作用が想定されている。メタ対比の原理とは一般に，一定の重要な比較次元上で，ある刺激のまとまり内の相互の間の差異が，そのまとまりと別のまとまりとの間の差異と比べて小さければ小さいほど，そのまとまりが実体として認識されるというものである。たとえばリンゴとサクランボと洋ナシは，スイカやトマト，カボチャと対比された時にはそれほどはっきりしたまとまりとして認識されないが，ゴボウやレンコン，大根との対比においては同じ1つの（果物としての）カテゴリーとしてより認識されやすくなる。

　ターナーらによれば，この原理に基づいて認識された社会的カテゴリーが，自己をその一員として範疇化するカテゴリーの候補となるわけである。またこうし

II-3 集団・ステレオタイプ

て認識された社会的カテゴリーの成員としての自己意識が実際に活性化するためには，当該状況におけるそのカテゴリーが当人にとって顕著なものでなければならないというのが顕現性の考え方である。顕現性の大きさは，当人にとって当該のカテゴリーが他のカテゴリーと比べてどれだけ用いられやすい状態にあるか（相対的接近可能性：relative accessibility）と，そのカテゴリーが実際の心理的環境にどれだけ合致するものであるか（適合性：fit）の組合せによって決まるとされる。特定のカテゴリーのもつ相対的接近可能性はそもそも個人的な経験や期待，目標などによって左右されるものであり，このことは個人の心理的環境についても同様なので，このような形での顕現性の概念化は社会的認知研究で一般的に用いられるものよりも主観的色合いの強いものになっている。

さて，上に略述されたメカニズムに従い，自己カテゴリー化の結果として生じてくる集団成員としての変化に関しては，これまでに，同調性や集団分極化現象を含む社会的影響，集団凝集性と対人魅力，自己や他者のステレオタイプ化などの領域で研究がなされ成果があげられている。たとえば，これまで別の現象とみなされてきた同調性と集団分極化現象は実は集団内の意見分布という主観的準拠枠のなかで，最もその集団を体現する位置にいる成員（メタ対比の原理に基づいて決定され，「プロトタイプ」とよばれる）の意見・立場に他の成員が引き寄せられる現象として統一的に説明できることが示されている。また，多くの社会的認知研究で主として人の認知処理メカニズムの制約の現れという観点からとらえられるステレオタイプは，本質的には人々が具体的な集団間関係のなかで社会的リアリティを構成するためのものであり，またそれは外集団のみならず自集団に対しても適用されるものとしてとらえ直される。

これらの研究はそれぞれ，従来の当該領域での諸研究の成果を独自の観点から，より統合的に説明し・再構築し，あるいは根源的に批判したものであり，この新たな枠組みの意義を示すものといえる。自己カテゴリー化はこうした枠組みを支える基礎的概念のうち最も重要なものの1つといえよう。→社会的アイデンティティ理論，顕現性，アクセスビリティ，ステレオタイプ，最小条件集団パラダイム（柿本）

Ⅱ 社会的認知の理論と概念

▼最小条件集団パラダイム

　集団間差別の原因として従来より指摘されている要因には，権威主義的パーソナリティ，欲求不満，信念の不一致，目標の葛藤などがある。これらの要因は，集団間差別の生起にとって重要ではあるが，必要十分条件の要件を満たしているとは言いがたいものである。そこで，タジフェルら（Tajfel et al., 1971）は，集団間差別の必要条件と十分条件を明らかにするために，最小条件集団パラダイム（minimal group paradigm）とよばれる実験研究を行った。その目的は，集団間差別と関係すると見られる要因をすべて排除し，必要最小限の集団状況を設定することであった。

　最小条件集団パラダイムでは，最初に，集団分割のための課題が実施される。具体的には，スクリーンに映し出された点の数をごく短時間のうちに判断する知覚課題や2人の画家が描いた抽象絵画の嗜好を尋ねる課題などが用いられる。集団分割課題の終了後，その結果について，いくつかの教示が与えられる。第一に，課題の結果をもとに，被験者全体をいくつかの集団（「過大推定者集団」と「過少推定者集団」など）に分けることができると告げられる。第二に，被験者自身の集団成員性とコード番号が知らされ，自分がどの集団に割り当てられるのかを教えられる（ただしこの集団分割は，被験者の実際の回答とは無関係に行われる）。

　そして，被験者は集団間差別にかかわる意思決定を行う。たとえば，タジフェルらは，特殊な報酬分配マトリックス（reward distribution matrices）を用いて，2人の他者に実験報酬を配分する課題を被験者に行わせている（図参照。より詳しくは久保田，2001参照）。

　さて，意思決定を行う際，被験者は，自らが所属する内集団（ingroup），および，所属していない外集団（outgroup）のいずれの成員とも，相互作用することはできない。そのため，自分や他者がどのような決定をしたのか（しようとするのか）を互いに伝え合うことはできない。また，分配の相手は集団成員性とコード番号によって知らされるので，具体的に相手が誰であるのかはわからない。さらに，カテゴリー化の基準および集団のラベルが（差別にしろ公正にしろ）被験者に特定の反応を引き出す，といった手段的・合理的関連性も見られない。したがって，実験を行うにあたり，このような状況では集団間差別は起こらないだろうと考えられていた。しかし，タジフェルらが明らかにしたのは，被験者が内集

Ⅱ-3 集団・ステレオタイプ

団をひいきし外集団を差別する決定を行うという結果だった。たとえば，被験者は，外集団ではなく内集団成員に対して，より多くの金銭を与えた。加えて，内集団成員の報酬をできるだけ多くしようとするよりも，内集団と外集団との金額の差を大きくしようとする方略を優先して用いたようだった。

最小条件集団実験の結果に従うと，何らかの基準で「われわれ」と「彼ら」，すなわち内集団と外集団に単にカテゴリー化するだけでも，（常に必要な条件とはいえないが）集団間差別が生じるのに十分であると結論づけられる。「ある集団にカテゴリー化される」とは，言い換えれば，集団の一員として自己を認識し直すことにほかならない。したがって，最小条件集団で集団間差別が見られたという事実は，集団の一員としての意識，すなわち，社会的アイデンティティの意識が，集団間差別の生起にとって重要な意味をもつことを示している。このように，自身の集団所属（社会的アイデンティティ）の意識化が集団間差別の十分条件である，という社会的アイデンティティ理論の主張は，最小条件集団実験の成果を基礎としているのである。→社会的アイデンティティ理論，内集団バイアス（久保田）

(a) 外集団びいきの方略 ←――――――――――→ 内集団びいきの方略

内集団の受取人	1	2	3	4	5	6	7	8	9	10	11	12	13	14
外集団の受取人	14	13	12	11	10	9	8	7	6	5	4	3	2	1

プル得点＝内集団びいきの指標

(b) ――――――――――――――→ 最大差異，最大内集団利益，最大共同利益方略

内集団の受取人	7	8	9	10	11	12	13	14	15	16	17	18	19
外集団の受取人	1	2	5	7	9	11	13	15	17	19	21	23	25

プル得点＝内集団びいきの指標

内集団の受取人	7	8	9	10	11	12	13	14	15	16	17	18	19
外集団の受取人	1	2	5	7	9	11	13	15	17	19	21	23	25

最大差異方略 ←――――――――――→ 最大内集団利益，最大共同利益方略

（注）被験者は分配マトリックスの中から1組のセルを選択する。(a)のケースでは，選択したセルのランクと中央値の差を内集団びいきの指標（プル得点）とする。(b)のケースでは受取人の配置を上下逆転させた2回の選択の差を内集団びいきの指標とする。(b)では内集団が得る利益を最大化しようとする選好よりも，外集団よりも内集団の利益を多くしようとする選好が上回っているといえる。

図：分配マトリックスを用いた内集団びいきの測定 (Tajfel et al., 1971)

▼内集団バイアス

　われわれは，他の人々とは無関係の個別な存在として，常に他者や自己を知覚するわけではない。むしろ，性や民族性などの社会的カテゴリー（social category）や所属集団の観点から，同じカテゴリーの仲間あるいは異なるカテゴリーの他者としてとらえることがある。この時，自他の関係は，単なる対人関係（interpersonal relation）であるだけでなく集団間関係（intergroup relation）の色彩を帯びる。

　対人関係から集団間関係へと相互作用の文脈が移行することによって，われわれの認知・態度・行動は，内集団にとって好意的あるいは有利なものに，外集団にとって非好意的あるいは不利なものになりやすい。このような集団所属に基づく認知・態度・行動の歪みを総称して内集団バイアス（ingroup bias）という。同意語として，集団間バイアス（intergroup bias）の語が使われることもある。研究者によっては（Gaertner et al., 1993），内集団バイアスは，内集団の価値の高揚をさし，集団間バイアスは，外集団の卑下によって生じる歪みを表す，というように，両者の概念を区別していることが推測される。しかし，外集団の卑下は内集団高揚の裏返しであるから，両方の語を同じ意味として扱ってもかまわないと思われる。いずれにせよ，内集団バイアスは，差別や自民族中心主義（ethnocentrism）的態度や外集団に対する偏見・否定的なステレオタイプの基礎をなすと考えられている。

　集団所属性の一致・不一致が，集団間行動に影響を及ぼすことは，タジフェルら（Tajfel et al., 1971）の最小条件集団実験で端的に表されている。また，ハワードとロスバート（Howard & Rothbart, 1980）は，実験のために作られた集団でさえ，外集団よりも内集団の成員の方が，望ましい行動をより多く，望ましくない行動をより少なく示すと期待していることを明らかにした。さらに，内集団あるいは外集団の成員のものとされた行動記述を記憶するよう求められた時，外集団の望ましくない行動はよく再生できたが，内集団の望ましくない行動は正しく再生できなかった。この実験結果は，内集団成員による望ましくない行動には注意が向きにくく，無視されて記憶に残りにくいことを示唆している。

　さらに，社会的な事象に対するわれわれの原因帰属もまた，対象の集団成員性によって異なることが，いくつかの研究より示されている。すなわち，望ましい

行動は，外集団ではなく内集団の成員によってなされた時，素因的要因に帰属されやすい。反対に，望ましくない行動は，外集団成員には内的に，内集団成員には外的に帰属されやすい（Pettigrew, 1979）。このような集団所属に基づく帰属の様式の差異は，内集団バイアスを無批判に受け入れるように作用し，バイアスをより強固なものにしてしまう。

内集団バイアスが生じる原因について，リンヴィル（Linville, 1982）は，集団表象の複雑性が内集団と外集団で異なることをあげている。この考えによると，われわれは，外集団よりも内集団の成員と相互作用する機会を多くもち，よく知っているために，内集団の表象はより複雑で精緻であるが，外集団の表象は単純でステレオタイプ的なものになりやすい。そして，このような集団表象の反映の産物として，内集団バイアスが生じるとする。また，神と山岸（1997）は，「内集団の成員に対し好意的にふるまうことが，自己利益にもかなうし，相手もそう望んでいる」と認知することが，内集団バイアスの源泉であると論じている。相互作用の頻度や性質の違いは，集団間の態度・行動における差異を生み出す重要な要因であると思われるが，どちらの仮説も，特定の集団を内集団あるいは外集団として知覚する過程が前提になっていると考えられる。すなわち，われわれは，同時に多種多様な社会的カテゴリー（集団）の一員であるため，同一の他者が内集団成員にも外集団成員にも知覚される，という事態が頻繁に起こりうるからである。自己および他者を内集団および外集団成員として再定義するとは，「社会的アイデンティティ」の概念にほかならない。われわれの自己概念および自己評価の一部は内集団のそれに依存し，自己概念をポジティブな形で明確化するために，内集団バイアスが生じるとされる。内集団バイアスの成立には，社会的アイデンティティ理論が主張するような，集団所属にかかわる認知過程が，重要な役割を果たしていると考えられる（吉田・久保田，1994）。→ステレオタイプ，社会的アイデンティティ理論，最小条件集団パラダイム（久保田）

▼黒い羊効果

　黒い羊効果（black sheep effect）とは，内集団（自分が所属している集団）と外集団（自分が所属していない，よその集団）の成員を比較する際に，好ましい成員どうしの比較では内集団成員の方が高く評価され，好ましくない成員どうしの比較では逆に内集団成員の方が低く評価される現象である。この現象は，家族や組織のやっかい者，あぶれ者を black sheep とよぶ英語の慣用句にちなんで，マルケスら（Marques et al., 1988）によって命名された。

　マルケスとパエズ（Marques & Paez, 1994）によれば，黒い羊効果が発生するメカニズムは，タジフェル（Tajfel, 1978c）の社会的アイデンティティ理論（social identity theory）や，その発展形であるターナー（Turner, 1982）の自己カテゴリー化理論（self-categorization theory）によって説明される。社会的アイデンティティ理論によると，人は自分の所属集団から，自己概念の一部である社会的アイデンティティを得ているという。そして人は，この社会的アイデンティティをより好ましい状態に保つことで，自己概念の肯定性を保とうとするという。内集団に非常に好ましくない成員や劣った成員，集団の規範から逸脱した成員がいると，内集団から得る社会的アイデンティティの価値や評価が脅かされることになり，自己概念を肯定的に保つのが難しくなる。そのため，このような成員はきわめて低く評価され，内集団から心理的に切り離される。一方，優れた成員や規範に忠実な成員は，内集団全体の誇りであるとして高く評価される。黒い羊効果は，所属集団から得る社会的アイデンティティを維持し，高揚する方略の一種といえる。

　自分の仲間であっても，あるいは仲間だからこそ，蔑視し排除する場合があることを示す黒い羊効果は，異質な者を集団から排除するという意味で，組織における差別等の根底に存在する現象といえる。また先述のように，この現象が家族や組織のやっかい者を示す英語の慣用句に基づいて命名された点からも，この種の現象が日常生活においてけっして珍しくないことがわかる。→内集団バイアス，社会的アイデンティティ理論，自己カテゴリー化，集団同質性認知　（大石）

Ⅱ-3 集団・ステレオタイプ

▼集団同質性認知

　集団同質性認知に関しては，外集団同質性効果（outgroup homogeneity effect）と，内集団同質性効果（ingroup homogeneity effect）という現象が知られている。前者は，よその集団（外集団）の成員を皆同質な人々であると認知する現象であり，後者は自分の所属集団（内集団）の成員を皆同質であると認知する現象である。外集団同質性効果は，人が自分とは違う民族，人種，性別，職業などの集団に属する人々に対して，なぜ一様にステレオタイプ的な特徴を当てはめてしまいがちなのかという，ステレオタイプ研究の流れの中で研究されてきた。リンヴィルら（Linville et al., 1989）によれば，外集団の成員については，内集団の成員よりも接触する機会が少なく，成員の行動や特徴などに関して入手できる情報の量が少ない。そのため，限られた情報を外集団の成員すべてに当てはめようとしがちになり，外集団は内集団よりも同質に認知されることになるという。ただし，この見解と一致しない結果を報告している研究もある。たとえばワイルダー（Wilder, 1984）は，最小条件集団状況でも外集団同質性効果が発生することを示している。最小条件集団（minimal group）とは，くじ引き等のささいで無意味な基準に従って，一時的に分けられた集団のことである。集団成員どうしはお互いに面識はなく，対面的相互作用もない。このような集団では，内集団と外集団の成員に関する事例情報の量には差が見られないはずであるが，それでも外集団同質性効果が生じたのである。

　また，リンヴィルらとは別の立場としてパークとロスバート（Park & Rothbart, 1982）は，認知者が集団成員に関する情報を取り入れる際，カテゴリー化のレベルが内集団と外集団では違うために，外集団同質性効果が起きるとしている。内集団成員については，細分化されたカテゴリーに基づいて情報が取り入れられ，多様に認知される。一方，外集団成員は相対的に同質に認知される。たとえば，A大学の学生が別のA大生に出会った時には，相手の所属学部・学科・サークルなど，より細かな情報が重要になる。A大生どうしの中では，それぞれが皆A大生なので，A大生であるというだけでは，相手がどんな人か判断できないのである。しかしT大学の学生と出会った時は，T大学の学生であるという情報は，その相手の特徴を表す重要な情報と認識される。このように，外集団同質性効果に関しては，内外集団の成員に関する事例情報の量に基づく説明や，

II 社会的認知の理論と概念

事例情報のカテゴリー化の基準に基づく説明がなされている。これらの説明に対してサイモンとブラウン（Simon & Brown, 1987）は，集団同質性の問題に関してタジフェル（Tajfel, 1978c）の社会的アイデンティティ理論を導入して，異なった視点からの研究を行っている。

サイモンとブラウンは，内集団の社会的アイデンティティ（social identity）（Tajfel, 1978）に脅威が生じた場合は，内集団成員が同質に認知されると主張している。社会的アイデンティティとは，自分が所属している集団の特徴から形成されるアイデンティティである。サイモンとブラウンの研究では，最小条件集団を用いて内集団と外集団がそれぞれ多数派である状況と少数派である状況を設定したところ，内集団が少数派である場合には，内集団の方が外集団よりも同質に認知された。サイモンらは，少数派集団においては，目立ちやすいことや数的劣位に置かれていることにより，内集団の社会的アイデンティティが顕在化されやすいという。このような状況では，外集団との比較において内集団が劣位にならないよう，集団成員を同質に認知し集団凝集性を高め，内集団の評価を高く保とうとするのである。

内集団同質性効果に関しては，ターナー（Turner, 1982）の自己カテゴリー化理論（self-categorization theory）における脱個人化（depersonalization）（Turner et al., 1987）という概念の導入により，さらに詳細な説明が可能になる。自己カテゴリー化理論は社会的アイデンティティ理論の発展形である。脱個人化とは，社会的アイデンティティが顕在化される状況で，内集団成員が個人としての特徴を問われず，集団の一員であるということだけを重視され，相互に入れ替え可能な存在として認知されることである。この結果，内集団成員は皆同質に認知されることになる。認知者が社会的アイデンティティの源泉としている内集団についてのみ，脱個人化やそれに伴う内集団同質性認知が発生する。このようにして，社会的アイデンティティが顕在化された状況では，内集団が同質に認知されることになるのである。→ステレオタイプ，内集団バイアス，社会的アイデンティティ理論，自己カテゴリー化，最小条件集団パラダイム（大石）

▼幻相関（錯誤相関）（illusory correlation）

　illusory correlationには，幻相関，誤った関連づけ，錯誤関連づけ，錯誤相関などの訳語がある。「相関がないか，わずかしかない2つの変数間に相関があるとみること」というチャプマン（Chapman, 1967）による定義に最も近い訳語は，幻相関であろう。「相関がないのにあると思うこと」の事例は，迷信，ことわざ，心理診断，ステレオタイプなどにおいてよく見られる。心理診断に関しては，人物描画（DAP）テストの専門家による診断にさえ，初心者の大学生と同じようなバイアス（人物の目を大きく描く患者は対人恐怖症である，筋骨たくましい男性の絵を描く男性患者は同性愛者である）があることを明らかにした研究がある。この研究は，2つの変数間に，もっともらしい結びつきがあると，その事例の頻度は過大視されやすいことを示している（Chapman & Chapman, 1967）。

　また，チャプマン（1967）は3つの単語（tiger, eggs, notebook）から1語選び，4つの単語（boat, lion, bacon, blossoms）から選んだ1語と対にしてできる12の単語対すべてを，一つずつ順にランダムに呈示する試行を3回くり返した。つまり，12の各単語対を，すべて3回ずつ呈示した。その後，各単語対を見せながら，何回それを見たと思うかを尋ねたところ，興味深い結果が得られた。意味的に関連が深い対（lion-tiger）や，一緒に見かけることが多い近接性の高い対（bacon-egg），そして単語が長いので目立つ対（notebook-blossoms）に関しては，実際に見た3回よりも，多く見たと判断されたのである。

　こうした結果を受けて，トバースキーとカーネマン（Tversky & Kahneman, 1973）は，何らかの理由で想起されやすくなった単語対は，そうでない対よりも多く生起したと判断されるのは，回答者が利用可能性ヒューリスティック（多く生じたことは想起しやすいのだから，想起しやすいことは高頻度で起きたのであろう，と判断して想起しやすいことの生起頻度を高く回答すること）を用いたからだと主張した。

　上述のところまでは，基本的な認知過程の研究であったが，研究の流れをステレオタイプ的認知の形成原理に向けていったのが，ハミルトンとギフォード（Hamilton & Gifford, 1976）である。彼らは，「目立つから頻度を高く判断されるのであれば，『○○の集団には××な人が多い』というステレオタイプ的命題も，利用可能性ヒューリスティックによる認知的バイアスの結果にすぎないのか

II 社会的認知の理論と概念

もしれない」と着想した。彼らの住む北米では、アフリカ系やヒスパニック系の住民が少数者集団として偏見の対象となりやすいという深刻な社会問題を抱えている。こうした背景から彼らは着想をさらに発展させ、「『少数者集団には、多数者である白人集団に比べ、悪い人の割合が高い』というステレオタイプがあるが、彼ら少数者集団の中にも良い人はたくさんいる。多数者の白人の中にも悪い人はたくさんいる。たいていの集団は良い人が多数派で悪い人が少数派だが、その比率が少数者集団も白人集団も同じだったとしても、少数者集団に対する偏見は生じるだろうか。一般に、数が少ないものはかえって目立つので、頻度を過大視されやすい。すると、少数者集団内の悪い人は、二重の意味での少数派であるから最も目立ち、最も人数を過大視されやすいのかもしれない。それが、少数者集団には実際よりもたくさん悪い人がいる印象を人々に与えているだけかもしれない」と考えた。こうした推論を検証するために、大集団（26名）とその半分の小集団（13名）を設定し、それぞれに「集団A」、「集団B」と名づけた。集団を「設定」するといっても、実際に人を集めて良い人や悪い人に見えるように演技指導したわけではない。こうした方法は条件統制が難しく、被験者に同じ刺激を見せることは困難である。より条件統制を洗練させ、「集団AのJohnは、入院中の友人を見舞った」などの文による成員呈示を行った。そして、各集団に良い人と悪い人を9：4で割り当てた、実験1では悪い人が少数派、実験2では良い人が少数派だった。結果は、両実験とも小集団（集団B）の少数者が人数を過大視され、小集団の印象も少数者の印象に影響されていた。良い人が少数派の実験2に関しては日本では欧米と反対の結果（小集団の多数者である悪い人が人数を過大視されやすい）が得られやすい。日本と欧米での結果の相違については、集団知覚の文化差がある可能性も存在する（杉森，1999）。この分野は、社会的カテゴリー化理論とも関連づけられ、さまざまな研究を生み出している（より詳しくは、杉森，1999参照）。→ステレオタイプ，集団の知覚と表象，顕現性，利用可能性ヒューリスティック（杉森）

Ⅱ-3 集団・ステレオタイプ

▼エグゼンプラーモデルとプロトタイプモデル

　集団および集団成員に関する知識が記憶の中でどのように貯蔵（表象）されているか，カテゴリー化の時にこれらの知識がどのように用いられるかという疑問に対して，おもに2つのモデルが提出されている。エグゼンプラーモデル（exemplar model）とプロトタイプモデル（prototype model）である（Hamilton & Sherman, 1994）。

　これらの2つのモデルは，第一に集団および集団成員に関する知識の貯蔵についての考え方が異なる。エグゼンプラーモデルは，記憶の中に集団の成員（事例）が貯蔵されていると考える。たとえばアフリカ系アメリカ人の集団を考えた場合，「マイケル・ジョーダン」や「マイケル・ジョンソン」という事例が貯蔵されているという。われわれは，集団の事例を直接観察したり，周囲の人から聞いたりして，記憶の中に事例を貯蔵する。集団レベルの判断をする時には，記憶の中から検索した事例に基づいて判断する。一方のプロトタイプモデルは，エグゼンプラーモデルとは異なり，集団のいくつかの事例を抽象化した知識，すなわちプロトタイプが記憶の中に貯蔵されていると考える。たとえばアフリカ系アメリカ人という集団を考えた場合，「運動神経が良くてリズム感がある」というプロトタイプが貯蔵されているという。われわれは，ある集団のいくつかの事例を抽象化することによってプロトタイプを形成する。または，周囲の人やマス・メディアを通して，プロトタイプを直接学習する。集団レベルの判断をする時には，プロトタイプを用いて判断する。

　第二にこれらの2つのモデルは，カテゴリー化のプロセスに関する考え方が異なる。エグゼンプラーモデルは，ターゲット人物と記憶の中から検索される事例との比較を通してカテゴリー化が行われると考える。この時にターゲット人物と類似した事例が検索される。ただし，ターゲット人物のどういった特徴に注意が向けられるかによって，検索される事例は異なる。一方のプロトタイプモデルは，ターゲット人物とプロトタイプとの比較を通してカテゴリー化が行われると考える。ターゲット人物は，さまざまな集団のプロトタイプ（たとえば，女性，若者，日本人）によってカテゴリー化される可能性があるが，通常は，ターゲット人物の特徴と最も合致する集団のプロトタイプによってカテゴリー化される。

　以上の通り，エグゼンプラーモデルとプロトタイプモデルは，集団および集団

II 社会的認知の理論と概念

成員に関する知識の貯蔵やカテゴリー化のプロセスについての考え方が異なる。そのために，一方のモデルはある現象を説明できるのに対して，もう一方のモデルがその現象を説明できないということがしばしば生じる。たとえば，われわれは，ある集団について「似たような人ばかりだ」とか「いろいろな人がいる」とかいうような判断ができる。こうした集団レベルの判断を集団同質性の判断という。エグゼンプラーモデルは，記憶のなかにある個々の事例をもとに集団同質性を判断すると説明することができる。一方のプロトタイプモデルは，抽象化した知識であるプロトタイプをもとに，どのようにして集団同質性を判断するかを説明することができない。また別の例をあげると，われわれはいくつかの事例を抽象化してプロトタイプを形成するだけではなく，周囲の人やマス・メディアを通してプロトタイプを直接学習することがある。プロトタイプモデルは，こうした現象を説明することができる。一方のエグゼンプラーモデルは，事例ではないプロトタイプを直接学習した時に，そうした知識をどのように貯蔵するかを説明することができない。2つのモデルはこうした現象を含めて，先行研究の結果を説明するためには問題があるといえる（Hamilton & Sherman, 1994；Smith & Zárate, 1992を参照）。

　こうした問題を克服するために，最近では2つのモデルを合わせた混合モデル（mixed model）が提出されている（Hamilton & Sherman, 1994）。混合モデルは，プロトタイプと事例の両方の知識が記憶のなかに貯蔵されていると考える。このモデルは，カテゴリー化や集団レベルの判断の時には，プロトタイプまたは事例のどちらかの知識が用いられるという。カテゴリー化や集団レベルの判断にどちらの情報が用いられるかについては，それらを行う人の認知的要因，動機的要因，さらにはその人のおかれた社会的文脈によって決定される。→ステレオタイプ，集団の知覚と表象，集団同質性認知，プロトタイプ（佐久間）

▼リバウンド効果（rebound effect）

われわれは，ある人をステレオタイプに当てはめて判断しないようにしたり，ある人に対してステレオタイプに基づく行動をとらないようにすることがある。このようにステレオタイプに基づく反応を避けることは，ステレオタイプ抑制（stereotype suppression）とよばれる。ステレオタイプを抑制することは，その意図に反し，ステレオタイプに基づく反応を生じさせやすくする。これがステレオタイプ抑制によるリバウンド効果である。たとえば，女性の前で「女性はやさしい」「女性はうるさい」などのステレオタイプに当てはまる判断をしないように心がけていると，逆に，ある女性を「やさしい」「うるさい」と判断しやすくなってしまうのである。

ウェグナーら（Wegner, 1994 ; Wegner & Erber, 1992）は，リバウンド効果が生じるメカニズムを「抑制対象をさがす過程（automatic target search）」と「注意を散逸させるための対象をさがす過程（controlled distracter search）」という2つの過程からうまく説明している。前者は，抑制対象について考えていないことを確認するために，意識せずに自動的に抑制対象を活性化する過程であり，認知資源をほとんど必要としない。たとえば，「女性はうるさい」を抑制しながら，自分の考えていることが「女性はうるさい」に関係していないことを確認している。後者は，抑制対象から注意をそらすために，意識して抑制対象とは関係のないことをさがす過程であり，十分な認知資源を必要とする。たとえば，「女性はうるさい」と考えないようにして，「どのテレビ番組を見ようか」などと考え，注意をそらす。

これら2つの過程が同時に機能していると，一見，抑制は成功しているようにみえる。しかし，抑制対象をさがす過程は，抑制時に絶えず抑制対象へのアクセスビリティを高め，抑制対象が使われる可能性を高めている。そのため，認知資源が不足する時や，抑制することへの注意が弱まった時には，注意散逸のための過程が作用せず，リバウンド効果が生じることになる。→ ステレオタイプ，アクセスビリティ，自動性，活性化拡散理論　（大江）

▼分離モデル

　分離モデルは，情報処理の自動的過程（automatic process）と統制された過程（controlled process）から，偏見やステレオタイプ化を説明するモデルである。人種や性別などの社会的カテゴリーの情報を受け取ると，まず第一段階で自動的過程が作用し，過去に学習されたステレオタイプが非意図的に活性化される。この過程は，ステレオタイプに自動的に接触し，それを適用する可能性を高める。第二段階では，より柔軟な統制された過程が働き，ここで，ステレオタイプを適用するかどうかを意図的に決めることができる。ディヴァイン（Devine, 1989）は，ステレオタイプの知識をもっていれば，対象集団の情報に接触するだけで第一段階の過程が自動的に働くが，非偏見的または平等主義的な個人的信念（「この偏見は間違っている」「人間は平等である」など）をもっていれば，その信念を第二段階で活性化させ，第一段階のステレオタイプの影響を回避できることを示した。

　自動的過程と統制された過程のそれぞれが機能するためには，認知資源が問題となる。自動的過程は認知資源をほとんど必要としないが，統制された過程は十分な認知資源を必要とする。そのため，非偏見的または平等主義的な個人的信念をもっていても，統制された過程で認知資源が不足すれば，ステレオタイプの影響を回避できない。ただし，自動的過程も認知資源をまったく必要としないわけではない。ギルバートとヒクソン（Gilbert & Hixon, 1991）は，第一段階で認知資源が不足しているとステレオタイプの活性化自体が起こらないこと，したがって，その時には第二段階でステレオタイプが適用されないことを報告している。

　ステレオタイプの適用を一時的に抑えることも可能だが，ディヴァインの分離モデルからは，偏見の要素を構造的に低減あるいは解消できる可能性も示唆される。非偏見的あるいは平等主義的な個人的信念をくり返し活性化させれば，その信念へのアクセスビリティは徐々に高まる。それによって，非偏見的な認知構造が新たに形成されるかもしれないのである。→ステレオタイプ，アクセスビリティ，自動的処理，自動性，活性化拡散理論　（大江）

II-3 集団・ステレオタイプ

▼スティグマ

　否定的な社会的アイデンティティをもたらす属性。古代ギリシャでは，奴隷・犯罪者・反逆者などを示すための身体を切られたり焼かれたりしたサインやマークを示していたが，現代のスティグマの概念は社会学者のゴッフマンによって再び提出されたものである（Goffman, 1963）。スティグマをもつ人は，否定的ステレオタイプ・偏見・差別のターゲットとなる可能性を常に抱く。ゴッフマンはさまざまなスティグマをあげ，それを，①宗教や人種などの集団的なもの，②身体的ハンディキャップなどの身体的特徴，③犯罪などの個人的特徴，の3つに分類している。しかし実際には，何がスティグマとなるのかは，時代・文化・状況などによって異なり，当該の属性が否定的アイデンティティをもたらすか否かは文脈による。また最近では，統制可能性（controllability）や可視性（visibility）といった個別の次元からスティグマに伴う経験が検討されている。たとえば，スティグマが統制可能と判断される場合には，統制不可能と判断される場合と比べて否定的に扱われやすい。肥満についての研究では，体重がコントロールできると考える人は，遺伝や体質が原因と考える人よりも，太った人を否定的に見なしやすいことが示されている。統制可能性の知覚は，スティグマをもつ人自身の意識や行動にも影響を与える。

　スティグマはそれをもつ人に差別・偏見の経験を直接もたらす他，心理的にもさまざまな影響を与える。その1つに，ステレオタイプ脅威（stereotype threat）がある。ステレオタイプ脅威とは，自分たちがステレオタイプに関連づけて判断され，扱われるかもしれない，自分の行動がそのステレオタイプを確証してしまうかもしれないという恐れである。スティールとアロンソン（Steele & Aronson, 1995）は，知的能力を診断すると説明してテストを実施した時，アフリカ系アメリカ人の成績はヨーロッパ系アメリカ人よりも悪いが，知的能力を判断するものではないと説明した時には，成績は同じかアフリカ系アメリカ人の方が良かったという実験結果を示している。同様の傾向は，女性が数学のテストを受ける別の研究でも見られている。ステレオタイプ脅威状況は，関連する課題の遂行を邪魔するため，結果としてそのステレオタイプを確証させる恐れがある。

　またスティグマをもつ場合，他者から否定的な結果を受けても，肯定的な結果をうけても，それがスティグマのせいか否か曖昧になるという帰属の曖昧性

Ⅱ 社会的認知の理論と概念

(attribution ambiguity)の問題も指摘されている。クロッカーら(Crocker et al., 1991)は，アフリカ系アメリカ人が肯定的評価を受け取った際，評価した他者が自分の人種を知らないと説明された時には自己評価を高めるが，人種を知っていてかつ判断の原因が曖昧な時には自己評価が低下することを示した。この結果は，肯定的評価を受けても，その原因がスティグマに帰属されたために結果の割引きが行われたためと解釈されている。

このようにスティグマはそれをもつ人の自尊心や，自分の所属する集団に対する評価を低下させる可能性がある。ただしスティグマが自尊心の低さに直接結びつくのではない。これは，スティグマをもつ人が否定的結果を偏見に帰属させる，内集団の中で社会的比較を行う，結果について価値低下するなど，さまざまな方略で自尊心を維持しようとするためである(Crocker et al., 1998)。この中で価値低下にかかわる方略として取り上げられているものに離脱(disenge-ment)と脱同一視(disidentification)がある。離脱とは，特定の領域における外からのフィードバックや結果から自尊心を切り離すことである。否定的評価を受け取った場合，評価の重要性を低く見積もったり，評価が正確ではないと考えることで，自尊心低下を回避しようとする。これは一時的で状況的に限定された反応である。しかし，当該領域で脅威が継続して示されると，そこから慢性的に自己を切り離そうとする脱同一視が生じる。特定の領域における差別，機会の剥奪から自尊心を守るため，その領域で成功することの価値を低下させるのである。これらの方略はスティグマをもつ人の自尊心を維持することにつながるが，学校場面などで，学校に対する脱同一視が導かれると学業で達成しようという動機が低減するので，能力の低下を招いてしまうとの問題も指摘されている。

スティグマの研究は，ステレオタイプの研究知見をふまえて展開しているが，差別や偏見にかかわる否定的な意味あいに注目したものといえる。→ステレオタイプ，社会的アイデンティティ理論(上瀬)

II-4 感情

気分一致効果
気分状態依存効果
気分操作法
感情ネットワーク理論
PNA
感情と処理方略
感情混入モデル
感情と注意の理論
抑うつの情報処理理論
感情情報機能説
アクションレディネス理論
認知的評価理論
感情の帰属理論
ストレスの認知的評価理論
●アダルトアタッチメント
基本情動理論
顔面フィードバック仮説
感情血流理論
感情アージ理論
認知感情独立仮説
単純反復呈示効果

　社会的認知研究の1つの大きな特徴として，感情と認知の関係について，これまでにない新たな視点を提供した点をあげることができる。伝統的な心理学においては，感情と認知は相反する異質なものであるとする考え方が支配的であった。これに対し，社会的認知研究では，感情と認知を個別の独立した精神機能として見るのではなく，両者は一方が他方の成立にとって欠かすことができない相互依存的関係にあるととらえ，双方の相互影響過程，つまり，「感情が認知に及ぼす影響」と「認知が感情に及ぼす影響」が，多角的に検討されている。前者は，感情状態によって情報処理の内容や処理様式がいかに変化するかを問題にし，後者は，感情の生起において認知過程がどのように関与しているかを問題にしている。それぞれ膨大な知見が得られているが，最大の成果は，人間の外界への適応が認知と感情の連係により実現されていることが明らかにされ，感情のもつ合理性が新たに認識されるようになったことであろう。本節では，これらの研究にかかわる重要事項を解説するとともに，厳密な意味での社会的認知研究には含まれないかもしれないが，しかし，これらと密接に関係し，感情の適応的意義に関する理解を深めるのに有用と思われる事項についても解説する。

Ⅱ 社会的認知の理論と概念

▼気分一致効果

　気分一致効果（mood congruent effect）とは，被験者の気分と課題に用いられる材料の感情価の同質性に注目したものである。ここではおもに記憶の気分一致効果について紹介するが，記憶以外にも対人評価や反応時間などさまざまな認知的側面について検討が行われている。たとえば，記憶の気分一致効果は，悲しい時にはネガティブな感情価をもつ内容を記銘しやすく，楽しい時にはポジティブな感情価をもつ内容を記銘しやすいといった現象である。また，対人評価の気分一致効果は，怒っている時には相手を否定的に評価し，うれしい時には相手を肯定的に評価しやすいといった現象である。

　気分一致効果と気分状態依存効果（mood state dependent effect）は，認知に対する感情の影響としてしばしば取り上げられるが，これらは気分と材料の感情価の同質性に注目するか，気分状態の変化に注目するかの違いである。と同時に，認知活動そのものの促進・抑制に注目するか，材料の性質に応じた処理方法に注目するかの違いであるともいえる。たとえば抑うつが記憶活動全体を低下させるといった考え方はすでに否定されており，感情状態によって特定の認知的活動が促進あるいは抑制されるとか，さらには処理すべき材料の性質によって活動内容が切り替わるといった，多重構造的な認知と感情の関係モデルが模索されている。

　気分一致効果の実験的検討は，初期にはバウアーのグループによって精力的に進められた。たとえば，バウアーら（Bower et al., 1981）は，催眠を使って被験者を幸せな気分か悲しい気分のいずれかに誘導し，不幸せなジャックと幸せなアンドレという2人が描かれている物語を読ませた。被験者は翌日，気分を誘導されない自然な状態で物語を再生させられた。実験の結果，悲しい気分で物語を読んだ被験者はジャックのエピソードを多く再生し，幸せな気分で読んだ被験者はアンドレのエピソードを多く再生した（全体の再生量はどちらの気分を誘導された被験者群でも違いがなかった）。

　この実験以降，気分操作法や記銘材料は異なるものの，バウアーらとほぼ同様の手続きで，気分一致効果を確認する実験が数多く行われた。基本的な手続きは以下の通りである。まず，快と不快（時には中立的気分）といった気分条件を設定し，気分操作によって記銘時の被験者の気分を統制する。想起時には気分誘導を行わない自然な状態で想起させる。そして，記銘項目として，ポジティブ，ネ

Ⅱ-4　感　情

ガティブなどの感情価をもった材料を用い，偶発再生を行わせる。想起時の気分一致効果について検討する場合には，自然な状態で記銘させて，気分操作の後に再生させることもある。記銘時のみ，もしくは，想起時のみに気分操作が行われても気分一致効果が生じることは，重要である。記銘と想起とのそれぞれに対して，独立して気分が歪みをもたらすことを示唆しているからである。ただし，日常的記憶研究などでは，報告された出来事や言葉を被験者がどのような気分の時に記憶したかについては不明な場合が多い。したがって，厳密にいえば，想起時の気分と想起された材料の感情価が一致したことによる気分一致効果なのか，記銘時の気分と想起時の気分が一致したことによる気分状態依存効果なのか，さらにはそのいずれでもないのかを明確に分離することは困難であることに留意する必要がある。

　さて，気分一致効果を説明する理論としては，認知的努力仮説，ベック（Beck）の認知療法における抑うつスキーマ理論を拡張したもの，それにバウアーの感情ネットワーク仮説（Bower, 1981, 1991）などがある。認知的努力仮説は，抑うつによって認知的資源の配分が偏り，認知的努力を必要とする認知プロセスが抑制されるというものである。そのために，抑うつ気分の被験者は容易な課題には多くの資源を注ぐが，困難な課題にはあまり資源を注がないことが示されている。スキーマ仮説は，情報の記銘および検索の仕方を決定する認知構造であるスキーマが複数あり，気分によってスキーマの働きが異なるために，記憶内容が異なるというものである。感情ネットワーク仮説は，従来の意味記憶のネットワークモデルに，感情を記述するノードを組み込んだものである。感情ノードが活性化するとそれに近い概念ノードも活性化して記銘が促進され，逆に反対概念のノードは抑制されることで，気分一致効果が生じるとするものである。

　現在ではさらに，使用する処理方略によって感情の働きが異なるというフォーガス（Forgas, 1995）の感情混入モデル（AIM：Affect Infusion Model）や，臨床的な視点を取り入れたティースデールとバーナード（Teasdale & Barnard, 1993）の統合的な認知サブシステム（ICS：Interacting Cognitive Subsystems）といった，より多面的で複合的な説明理論が提唱されている。このように，バウアーらの研究は，認知研究の世界に，感情という要素を1つの独立変数として導

II 社会的認知の理論と概念

入することで，長く排斥されてきた感情の働きを実験的に検証することを可能にした。それと同時に，記憶，社会的判断，対人認知，うつの臨床など，いくつかの領域にまたがった研究や理論構築を促進することにもつながっていったといえるだろう。

　最後に，気分一致効果に関していくつか留意点を述べたい。まず，考えてみれば当然のことではあるが，研究対象とする感情の種類と記銘材料の感情価との組合せによっては，記憶成績が対称的にならない場合がある。むしろ，非対称であることの方が多いだろう。原因の1つは，被験者の感情強度が異なることである。これは，実験で用いる快感情と不快感情が必ずしも一次元的な対極にあるわけではないために，強度的に対称に統制するのが困難なことから生じる。もう1つは，快感情と不快感情の性質の違いに起因するものである。よく見られるのは，高揚気分の場合にはポジティブな内容の記銘がネガティブな材料の記銘に優るのに，抑うつ気分の場合には必ずしもそれが逆転しないというものである。つまり，抑うつ気分でも，ポジティブな内容の記憶がそれほど低下しない。このような現象は，PNA（Positive-Negative Asymmetry）現象とよばれ，解明が試みられている。また，感情価の低い材料では気分と一致しないものの想起成績の方が良いという，気分不一致効果も報告されている。不快な気分の時にポジティブな感情価をもつ材料をより多く再生する形の気分不一致効果は，気分の補償効果によって説明することが可能である。しかし，楽しい気分のもとでもネガティブな感情価の自伝的記憶が多く再生されたという現象など，補償効果だけでは説明できないものもある。これらの矛盾については，そのメカニズムは完全には明らかになっていないが，少なくとも単純に従来型の記憶理論に感情を加えただけでは不十分である。記憶のネットワーク，記憶や処理の方略，感情の生起過程，感情スキーマ，情報の処理スキーマなど，さまざまな要因が複雑に絡み合っているからである。→気分状態依存効果，感情混入モデル，PNA（谷口）

▼気分状態依存効果

気分状態依存効果（mood state dependent effect）は，ある気分の時には過去に同じ気分のもとで記銘した内容が想起されやすいという現象である。気分一致効果（mood congruent effect）とは異なり，記銘材料の感情価とは関係ない。この効果は，広い意味での記憶の環境的文脈依存効果，つまり，記銘文脈と想起文脈が一致する時，それが手がかりになって記銘材料の想起が向上するという現象の1つであると考えられる。初期の研究は，躁うつ病患者で病相が一致する時に再生率が高いことを説明する理論の1つとして注目された。たとえば，うつ病相期に記銘した内容は，回復期には想起されず，再びうつ病相期に入ると想起されるといった現象である。これは，うつが記憶そのものを損ねてしまうのではなく，記憶活動自体が感情状態を1つの手がかりにしているために起こると考えられたのである。

気分状態依存効果の実験的検討の方法としては，リストあるいはストーリーの学習と再生を行わせて，再生率を測度としたものが多い。たとえばバウアーら（Bower et al., 1978）の第3実験では，催眠を使って被験者を悲しい気分と楽しい気分に誘導して，それぞれの状態のもとで異なる中性語のリストを学習させ，さまざまな条件の組合せで再生させた。この結果，学習時と再生時の気分が異なるリストよりも，学習時と同じ気分で再生したリストの再生成績の方が良かったのである。ところが，リストを1つしか用いていない他の多くの研究では（バウアー自身の研究も含めて），気分状態依存効果は得られていない。この原因はいくつか考えられるが，おもなものとしては，気分状態を手がかりとする効果は非常に弱いために，記憶課題が簡単だと他の手がかりが優位になって気分の効果は得られないということがあげられる。したがって，気分状態依存効果は，実験的な信頼性や再現性はかなり低い現象であるといえる。しかし，だからといって気分状態依存効果が偶発的なものだというわけではなく，主要な検索手がかりが利用され尽くした後には，気分状態に関する情報が用いられるであろうことが示唆されている。→気分一致効果，気分操作法（谷口）

▼気分操作法

　気分一致効果や気分状態依存効果の研究を行う際に感情を独立変数とするが，それには大きく分けて3つの方法がある。気分操作を行う方法，スクリーニングのみ行う方法，そして臨床的診断や人格・性格特性に基づくものである。ここではそのうちの気分操作について，さまざまな技法と問題点を述べる。

　まず，気分操作は大別すると言語的操作によるものと非言語的操作によるものとに分けることができる。実際に研究で用いられるものでは，言語的操作がかなり多い。なかでも，ヴェルテン（Velten, 1968）によるヴェルテン法（VIP：Velten mood Induction Procedure）は，オリジナル，バリエーションを合わせると，かなりの研究で用いられている。VIPは，気分を高揚する記述文（"This is great - I really do feel good - I am elated about things."など），抑うつにする記述文（"I have too many bad things in my life."など），あるいは中立的な記述文（"This book or any part thereof must not be reproduced in any form."など）が1枚につき1文印刷されたカードが，各内容につき60枚ずつセットになっている。実験では，いずれかのセットを被験者に読ませて，記述された感情内容の気分にさせるのである。

　VIP以外の言語的な誘導法としては，バウアー（Bower）のグループがおもに用いている催眠法や，イメージ教示法などがある。どちらも明確な教示によって特定の気分に導くものである。催眠法は被験者を催眠状態に置くことで特定の気分を誘導しやすくするものであるが，催眠感受性が低い者には利用しにくいという欠点をもち，また，催眠の技術が必要であり，一部の研究者にしか利用できないという制限がある。イメージ教示法には，被験者が特定の気分になるような自己の過去経験をイメージするよう求める方法と，単に特定の感情を連想させるような架空の出来事をイメージするよう教示する方法，そして言語連想を用いて気分を誘導する方法などがある。

　一方，音楽，香り，表情，姿勢，フィードバック法などを利用したものは非言語的あるいは間接的な気分操作法である。その目的は，被験者に実験意図を悟られないため，あるいは，できるだけ自然な形で気分を誘導することにある。音楽を用いる気分操作法には，音楽だけを用いるものと，VIPなどの補助として音楽を用いるものとがある（後者は基本的には言語的操作である）。香りによる気分

II-4　感　情

操作は，とくに被験者に対して実験の意図を悟られることなく，気分と認知の相互作用が観察可能である。音楽や香りを用いる方法は，被験者に自覚させることなく気分を誘導できる可能性がある。表情を利用した気分操作とは，被験者を幸せや悲しみなどの表情にさせることで，その表情が表す気分を誘導しようとするものである。また，姿勢を利用した気分操作では，恐れ，悲しみ，怒りなどを表す姿勢をとらせることで，その気分を誘導しようとするものである。フィードバック法による気分操作には2種類あり，1つはゲームや知的課題の難易度を操作したり遂行成績を虚偽フィードバックすることで被験者の気分を操作しようとするものである。これは，社会心理学的な認知−感情研究や動機づけの研究などで多く用いられている。もう1つは性格検査などの結果を虚偽フィードバックするものである。フィードバック法は音楽や香りに比べると，より大きな気分変化が得られるが，倫理的な問題にはとくに留意する必要がある。

　さて，これらの気分操作法には，いくつかの問題点も指摘されている。まず，VIPなどの言語的気分操作では，被験者は本当に気分を誘導されているのかという問題である。また，実験課題の多くは言語材料であるため，要求特性（demand characteristics）や，言語的干渉の可能性も示唆されている。次に，いずれの操作法にも共通する問題として，手続きの非日常性，生態学的妥当性への疑問があげられる。実験室内で一定の気分誘導効果が確認されたとしても，それが実際に日常的に経験している気分と同じものであるとは保証されない。さらに，気分操作の効果をチェックすることが，被験者を方向づけしてしまう可能性がある。

　どのような気分操作法を用いるにしても，それは程度の差はあれ，不自然なものであることに留意すべきである。そして，そのような方法を用いて得られた結果が，本当に現実的なものなのかどうか，よく検討する必要がある。→気分一致効果，気分状態依存効果（谷口）

Ⅱ 社会的認知の理論と概念

▼感情ネットワーク理論

　感情はそれと対応した認知的処理を促進する働きがある。悲しいと悲しいことを思い出したり，他者や身の周りの事象を否定的に評価したりする。楽しいと楽しいことを思い出したり，他者や身の周りの事象を肯定的に評価したりする。このような効果を気分一致効果という。

　感情ネットワーク理論はこのような効果を説明する理論の1つである。人間の記憶は概念やスキーマの連合的ネットワークとしてモデル化できる（意味記憶の連合ネットワークモデル；Collins & Loftus, 1975）が，バウアー（Bower, 1981, 1991）はこの理論を拡大解釈し，感情も記憶ネットワークの中に組み込まれていると仮定した。

　バウアー（1981）は感情が記憶過程に及ぼす効果を気分状態依存効果によって説明した。すなわち，特定の感情状態である情報を記憶すると，ネットワークの中のその感情のユニットとその情報を含む概念が連合する。また，すでにそのような連合が形成されている場合には，感情の喚起はその感情と連合した概念を活性化する。このような感情と情報との連合の結果として，感情は記憶に影響を及ぼす。感情は情報の符号化・検索の状況的手がかりを提供するのである。

　たとえば，「メアリーが私にキスした」という事象は，“メアリー”と“私自身”と“キス”という概念の間の連結によって，記憶に蓄えられている。そして，このような事象は感情的な反応（喜び）とも結びついているのである。

　記憶のネットワークには喜びや抑うつ，恐れなどの個別の感情が含まれているが，感情は記憶ネットワークの中で固有のノード（結節点）をもっており，1つの感情ノードの周りにはその感情と結びついた経験の記憶やその感情によって生起する反応，役割・表現行動などが結合している（図1）。このような結合は，特定の感情状態で経験した事態を表す概念のノードとその感情ノードとの連合によって形成される。

　感情の喚起は特定の感情ノードを活性化させ，それはその感情ノードと結びついた概念のノードを活性化させる。このようにして，特定の感情が喚起されている時には特定の記憶が思い出される。また，感情ノードの活性化は生理的反応や役割・表現行動の概念も活性化させるので，その感情に関連した言葉や表情を作り出す。記憶の再生や事象の判断において気分一致的なバイアスが引き起こされ

II-4　感　情

るのはこのためである。

　さらに，バウアー（Bower, 1991）は，記憶ネットワークの中に肯定的な評価ノードと否定的な評価ノードが組み込まれていると仮定している。バウアーは，記憶ネットワークの中のノードはすべて肯定的評価ノードか否定的評価ノードに結合しており，感情ノードと概念ノードは評価ノードを介して連結されていると仮定している（図2）。

　特定の感情は肯定的，あるいは否定的な評価ノードを活性化するので，それに結合しているさまざまな概念のノードも活性化する。たとえば，「東京」という都市の好ましさについて，人々は肯定的，否定的，あるいはニュートラルな評価を行うことができる。「東京はゴミゴミしている」と感じた時，その感情は否定的な評価ノードを活性化させ，それに結びついた否定的な概念のノードも活性化させる。一方，「東京は魅力的な都市である」と感じた時には，肯定的な評価ノードが活性化され，それに結びついた肯定的な概念のノードに活性化が広がる。さらに，「東京は魅力的な都市である」という命題が個人にとって重要であり，そのことを頻繁に考えれば，その命題と肯定的な評価ノード，その評価ノードと結合する概念のノードとの結びつきが強くなり，より大きな連合が形成されることになる。

　感情は特定の対象がどのように評価され，解釈されるかに影響を与える。対象がポジティブに解釈されるか，ネガティブに解釈されるかはその対象が符号化される時の感情に依存している。すなわち，ポジティブな感情状態で符号化された対象はポジティブな評価ノードと結びつくので，ポジティブに解釈される。このように，感情は対象と評価ノードとのあいだの連合を作り出し，対象の評価や判断の際の気分一致的なバイアスを引き起こす。

　感情ネットワーク理論は直感的に把握しやすいため，長い間影響力を保ってきたが，いくつかの問題点も指摘されるようになった。

　第一に，感情ネットワーク理論はPNA（Positive-Negative Asymmetry）や「自己関連づけ効果」を説明できない。気分一致効果の研究では，ポジティブ感情とネガティブ感情の効果が必ずしも対称的ではないことが知られている。ポジティブ感情状態では感情に一致した認知が促進されるが，ネガティブな感情の時

II 社会的認知の理論と概念

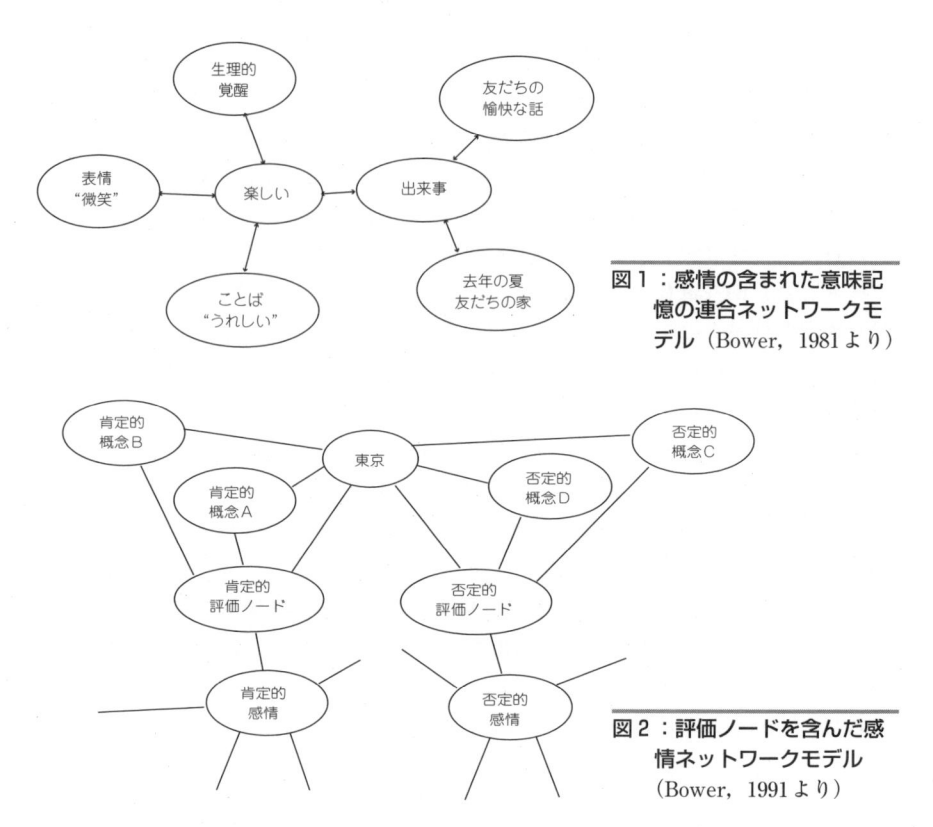

図1：感情の含まれた意味記憶の連合ネットワークモデル（Bower, 1981より）

図2：評価ノードを含んだ感情ネットワークモデル（Bower, 1991より）

には必ずしも感情に一致した認知が促進されるとは限らない。ところが，認知課題に「自己」がかかわっている時には，ネガティブ感情でも気分一致効果が認められる。PNAや自己関連づけ効果は感情が記憶や判断に直接的に影響するわけではないことを示しているが，感情ネットワーク理論は，感情と評価ノードや概念との間の連合を仮定しているので，これらの現象を説明できない。

第二に，記憶検索や判断・評価の手がかりとしての感情の効果は必ずしも強いものではないことである。感情ネットワーク理論は感情ノードが概念ノードや評価ノードを活性化させることで，その感情と一致した概念が思い出されたり，感情と一致した方向に判断が歪められたりすると仮定している。しかし，このようなことが生じるのは，曖昧な対象についての記憶検索や曖昧な対象に関する判断の場合に限られるようである。→気分一致効果，気分状態依存効果，自己関連づけ効果，ノード，PNA，連合ネットワークモデル（川瀬）

▼PNA

　感情はそれと対応した認知的処理を促進する働きがある。これを気分一致効果というが，気分一致効果を考える際の難しい問題の1つに，ポジティブ感情とネガティブ感情の効果が必ずしも対称的ではないこと（PNA：Positive-Negative Asymmetry）がある。たとえば，楽しいと楽しいことを思い出すが，悲しい時に必ずしも悲しいことを思い出すとは限らない。また，楽しい時には他者を肯定的に評価するが，不快な時に，他者を否定的に評価するとは限らない。

　PNAの原因については諸説があるが，1つの考え方は人々がポジティブな感情を維持し，ネガティブな感情を低減しようとするためであるという動機づけ的なものである。アイゼン（Isen, 1984）はPNAの原因の1つはネガティブな感情を低減しようとする努力であるとし，フォーガスとバウアー（Forgas & Bower, 1987）は，ネガティブ感情を表出することは社会的規範にあわないので抑制されると述べている。また，フィスクとテイラー（Fiske & Taylor, 1984）は，感情が認知に及ぼす影響には自動的プロセスとコントロールプロセスがあり，ネガティブ感情ではコントロールプロセスが生じるとしている。

　また，自己関連的な認知処理（自己への注目や自己記述性の判断など）を行っている時には，ネガティブ感情状態でも気分一致効果が認められるという報告もある。ピジンスキーら（Pyszczynski et al., 1989）によれば，抑うつ的な人々（慢性的にネガティブ感情状態にある）でも自己に注目している時には，気分一致効果が認められる。抑うつ的な人々は抑うつ的な自己スキーマをもっているといわれるが，自己関連的な認知処理がそのような自己スキーマを活性化するために，ネガティブな感情と一致した認知が促進されると考えられる。それに対し，健常者は自己をポジティブな方向に偏って認知するポジティブな自己スキーマをもっているため，ネガティブな感情に一致した認知が促進されない。ポジティブ感情とネガティブ感情の非対称性が生じるのはこのためである。→気分一致効果，自己スキーマ　（川瀬）

▼感情と処理方略

　感情が認知に与える影響の研究としては気分一致効果に関する研究がよく知られているが，いくつかの問題があった。その中で，評価，判断に対する影響を取り上げると，気分一致効果仮説からはポジティブな感情状態にあった場合に評価がより好意的になるものと予測された。しかし，いくつかの実験結果から必ずしもそうでないことが見いだされてきており，それを説明するために情報処理方略に関する研究が進められてきた。すなわち，ポジティブな感情状態とネガティブな感情状態とでは情報を処理する仕方が異なっているのではないかという考えを検証していくものである。

　シュワルツ（Schwarz, 1990）は，フライダ（Frijda, 1988）の考えに基づき，感情状態を人にとってのシグナルととらえた。ポジティブな感情状態は，環境に危険がなく安全な状態であることのシグナルであり，それゆえ情報処理方略としては思い切った冒険的な方略や簡便なヒューリスティック方略を取ることができる。ネガティブな感情状態は環境が危険をはらんでいることのシグナルであり，それゆえ問題の理解と解決のために分析的，体系的な情報処理方略が取られるという。ポジティブな感情状態の時に独特の連想が現れやすい，また，創造的問題解決に優れるというアイゼン（Isen, 1987）が提出している知見も冒険的で拡散的な思考スタイルが取られるからだと考える。また，ネガティブな感情状態時に「抑うつのリアリズム」が見られる，あるいは，論理的な推移律についての課題成績に優れるなども体系的処理方略が働きやすいからだと解釈する。

　シュワルツら（Schwarz et al., 1991）は実証の試みとして，説得過程での影響の現れを検証した。説得力のある強い議論と説得力に欠ける弱い議論を被験者に呈示して，その態度変化への影響を検討することによって，メッセージに対する精緻な処理がなされたかどうかがわかる。結果として，ネガティブな感情状態にあった被験者では精緻な処理すなわち体系的処理がとられ，ポジティブな感情状態にあった被験者はそのような体系的処理を行っていないことが示された。

　ポジティブ感情下において議論の質が効果をもたない，すなわちあまり体系的な情報処理が行われないことは，これ以前のワースとマッキー（Worth & Mackie, 1987；Mackie & Worth, 1989）の研究においても示されていたが，その説明原理は異なっていた。彼女らはアイゼン（Isen, 1987）の仮説に従って実

II-4 感 情

験を行ったが、アイゼンの説明によれば、ポジティブ感情の方がネガティブ感情よりも過去経験など記憶内で結びついている情報量が多いと思われるので、ポジティブ感情下の方が脳内での情報の活性化がより広範になるという。ワースとマッキー（1987）はポジティブ感情下ではそのために処理容量が削られて体系的処理を十分行う態勢がとれないので精緻化処理が生じにくいと予測を立て、感情的にニュートラルな統制群と比べてポジティブ感情群が体系的処理に欠けるという実験結果を示した。このような処理容量に基づく考え方を進めて、ニュートラルな状態に比べればポジティブでもネガティブでも感情が喚起された状態では体系的処理が阻害されるという観点から、マッキーらは集団の多様性認知、錯誤相関現象において感情を喚起された被験者が集団の多様性情報に対する詳細な情報処理を行わないことや感情喚起によって錯誤相関現象の生起が左右されることを示している。

　一方、フォーガス（Forgas, 1995）は感情混入モデル（AIM）を提出しているが、ポジティブ感情下においてステレオタイプ的処理が促進されるとか、ポジティブ感情状態において、基本的な帰属のエラーが増大し、ネガティブ感情下ではそのような対応バイアスが抑制されるなど感情によって処理のスタイルが異なり、おおむねポジティブ感情下においては体系的な緻密な処理が阻害されることを示す証拠がかなり提出されてきている。ただし、ワイヤーら（Wyer et al., 1999）の感情の遂行フィードバックモデルなどでは、課題遂行の目標しだいでポジティブ感情時にも努力的な処理を行う場合があることを主張している。

　わが国では、北村ら（1995）などによってネガティブ感情下でイメージ広告よりも文章による説得的な広告の方が効果が強く、ポジティブ感情にある者よりもよく説得されることから、ネガティブ感情下での体系的処理の優勢が認められている他、知能テスト課題でもネガティブ感情時に分析的処理が促進されることが示されている（沼崎ら、1994）。このようにさまざまな証拠は集まりつつあるが、いかにしてこのような感情状態の情報処理方略への影響が成立するかの説明はいまだ不明確であり、その詳細なプロセスの検討は今後の課題となっている。→気分一致効果、感情混入モデル、精緻化見込みモデル（北村）

II 社会的認知の理論と概念

▼感情混入モデル

　人間の行う判断は感情によってしばしば左右される。フォーガスは，感情が社会的判断に及ぼすさまざまな影響を包括的に理解するための枠組みを呈示した(Forgas, 1992, 1995)。それが感情混入モデル（AIM：Affect Infusion Model）である。なお，ここでいう「感情」とは，判断対象とは無関係な事象によって生じた判断者の気分（mood）のことをさしている。このモデルでは，人が社会的判断において用いる方略を，直接アクセス型，動機充足型，ヒューリスティック型，実質型の4種類に分類し，それらのうちどの方略が採られるかによって，感情の影響の現れ方が異なってくると考える。どの方略が選択されるかは，対象に関する知識，個人的関心，特殊な動機，対象の非典型性，処理容量のそれぞれについて，その有無が判定され，さらに正確な判断を求められているかどうかの状況判断も加わって，決定されることになる。判断者の感情状態の良し悪し（正負）も方略の選択に影響を及ぼす。すなわち，課題や状況の特性により，どの方略が選択されるかが決まり，それに応じて，感情が情報処理過程を規定していくメカニズムも変化すると考えるのである。

　直接アクセス型は，対象について判断を求められた時，すでに記憶に貯蔵されている対象に関する確立された評価（「〇〇社のカメラは性能がよい」）に直接アクセスして答える方式をいう。対象をよく知っており，個人的関心や重要度が低い場合に選択される。この場合は，感情が判断に影響する余地はほとんどなくなる。

　動機充足型は，判断者が何か特別な目的もしくは動機をもっている時に，それを満たすような結論を導くやり方をさす。この場合にも，その目的達成への動機が判断結果を強く規定するため，感情の影響を受けにくくなる。ただし，判断者の感情が，気分維持調整動機といった特殊な動機を生み出し，判断にバイアスがかかることもある。たとえば，不快な気分を払拭するために意図的に好ましい情報に注意を向けるようにしたり，快い気分をそこなわないように好ましくない情報から注意をそらすことがあるようにである。

　ヒューリスティック型は，利用可能な情報の中から一部の情報だけに注目し，それを手がかりに判断を下してしまう場合をいう。対象が単純で典型的である場合，個人的な関心や動機もなく，そして，処理容量が制約されている場合に，こ

II-4　感　情

れが選択されやすい。なお，感情状態もこの方略の選択に関係する。一般にポジティブな感情状態にある時は，人は楽天的になるため即断傾向が強まり，この方略が用いられやすい。また，強い感情が生起している時は処理容量が制約されるため，やはりこの方略がとられやすい。この方略がとられた場合，何が判断の手がかりにされるかは状況に依存するが，判断者自身の感情状態が手がかりとして参照されることがしばしばある。人生の幸福度を答える時に，今現在の気分の良し悪しに基づいて答えてしまうことがあるようにである。すなわち，ヒューリスティック型の処理方略がとられた場合には，感情状態が判断の情報源として機能することによって，感情の影響が現れるといえる。

　実質型は，既存の知識と照合しながら，関連する情報を構成的に解釈し統合するなど，判断のための実質的な情報処理を行うことをさしている。対象の典型性が低く複雑である時，判断者の側に特別な動機が存在せず，正確な判断が求められている時，この方略が用いられやすい。そして，どちらかというとネガティブな感情状態にある時，人は熟慮的になるため，この方略が選択されやすくなる。なお，この方略が選択された場合は，感情は記憶内情報のアクセスビリティの変化をもたらすことによって利用可能な情報を規定し判断結果に影響を及ぼす。なぜなら，感情が生起すると，記憶内にある情報のうち，その感情と同じ評価的方向性をもった情報が自動的に活性化されアクセスが容易になるからである。したがって，気分の良い時は好ましい情報が，気分の悪い時は好ましくない情報が選択的に処理されることになり，それが判断結果に反映される。

　以上から，直接アクセス型と動機充足型は，比較的感情の影響を受けにくいが，ヒューリスティック型と実質型は，感情の影響が判断過程に混入しやすいことがわかる。ただし，ヒューリスティック型と実質型では，感情が判断に影響を及ぼすメカニズムが異なり，前者は感情情報機能説の，後者は感情ネットワーク理論の想定するプロセスにしたがって感情の影響が現れることになる。→感情と処理方略，感情情報機能説，感情ネットワーク理論　（池上）

Ⅱ 社会的認知の理論と概念

▼感情と注意の理論

　感情と注意の関係は，大きく2つの側面から検討されている。1つは注意容量との関係であり，もう1つは注意の方向性との関係である。

　感情が生起すると，それが好ましい感情であれ，好ましくない感情であれ，一定の強度に達していれば注意資源が奪われるという議論がある。感情は生理的覚醒を伴うのが常であり，生理的覚醒はそれ自体注意要求特性をもっているからである。ただし，それだけでなく，感情の生起は，感情に関連する認知ユニットの活性化を引き起こすからだともいわれている。

　エリスとアッシュブルック（Ellis & Ashbrook, 1988）は，抑うつ感情が記憶成績を低下させること，とくに記銘材料の体制化や精緻化を阻害することから，抑うつのようなネガティブな感情は課題に割り当てる処理資源を減少させると考えた。これは資源割り当てモデル（resource allocation model）と称されている。抑うつ気分にある人は，気分に一致する否定的考えが意識に侵入しやすく，それを抑制しようとしてもなかなかできない。また，自分の感情状態の原因を探ろうとして自己の心身の状態に注意が向いてしまう。その結果，課題の遂行に必要な処理資源が不足し，情報処理が簡略化される。ただし，抑うつ感情が記憶の遂行を阻害するのは，記銘材料が感情価（affective valence）をもたないニュートラルな材料である場合もしくは正の感情価をもつポジティブな材料である場合に限られる。負の感情価をもつネガティブな材料の記憶はむしろ促進される場合すらある。

　一方，アイゼンは，ポジティブな感情が生起しても関連する認知ユニットが活性化され処理資源が消費されること，その度合はネガティブな感情を上回ると主張している。なぜなら，われわれはネガティブな事象よりポジティブな事象の方を多く記憶しており，他の情報と関連づけている程度も高いと考えられるからである（Isen, 1987）。事実，対人認知場面や説得場面において，気分の高揚している人は簡便で負荷の少ないヒューリスティック型の処理方略に依存しやすいことを示した研究報告も存在する。

　しかし，感情の影響を単純に処理容量や処理資源の低減に還元できないことも確かである。抑うつ感情と記憶の関係を検討している研究において，抑うつ気分の人は，その感情に関連する情報には多くの注意資源を投入していることが示さ

II-4　感　情

れているからである。また，対人認知や説得の場面を扱っている研究でも，ネガティブな感情（抑うつ気分，悲しい気分）が，処理資源を多く必要とする分析的でシステマティックな処理を行う傾向を強めることが示されている。さらに，抑うつ気分にある人でも記銘時に体制化や精緻化をうながすような操作を行うと記憶成績が向上すること，説得場面において気分の高揚している人でも教示を与えられると分析的な処理方略に切り替えることを明らかにした研究もある。感情が生起したからといって，注意資源が絶対的に欠損するのではなく，むしろ，何にどれくらい配分するか割り当て方針が変わるだけなのかもしれない。これは，換言すれば，注意の方向性の問題でもある。

サロヴェイとローディン（Salovey & Rodin, 1985）は，感情（気分）は，それが正の感情であっても負の感情であっても，注意を自己の内面に向けさせる働きがあると主張した。感情の生起は，それ自体通常とは異なる心理的経験であることから，人はその原因をつきとめようと自己の内的状態を探るようになるからである。これに対し，同じ感情でも喜びのような好ましい感情と悲しみのような好ましくない感情とでは，異なる動機づけを伴うであろうから，注意の方向性に与える影響も違ってくるはずであるという議論もある。すなわち，悲しみの感情は人を消極的にさせ自己の内側に注意を向けさせるが，喜びの感情は積極性を高め外的世界に注意を向けさせるという議論である。

セデキデス（Sedikides, 1992）は，その理由を自己評価が感情と一致する方向に変化するからだと説明している。悲しみの感情が起こると自己の否定的側面に関する情報が選択的に処理されやすくなるため，自己評価が低下し自己への確信がもてなくなる。その結果，内省的に自己を知覚しようとする過程が引き起こされ注意は自己の内面にひたすら向けられるようになる。一方，喜びの感情は，自己の肯定的側面の顕現性を高め，自己評価と自己確信の高揚をもたらすことから，積極的に他者や外界とかかわろうとする志向を強める。よって，注意は自己の外側にある環境世界に向けられることになる。→抑うつの情報処理理論，気分一致効果，処理容量，感情と処理方略（池上）

Ⅱ 社会的認知の理論と概念

▼抑うつの情報処理理論

　心理療法の一種である認知療法では，うつ病患者は自己や環境のとらえ方がきわめて悲観的であることに着目し，そうした偏った認知が抑うつ症状の原因であると考える。そして悲観的・否定的な認知の歪みを修正することが抑うつ治療の焦点であると主張されている。一方，認知心理学の影響を受けて発達した感情の情報処理的研究においても，抑うつ（depression）をある種の認知機構，すなわち情報を符号化・貯蔵・検索する過程の歪みや障害としてとらえ，そのメカニズムを認知心理学的な枠組みと実験パラダイムにより実証的に明らかにしようとする立場が生まれてきた。

　感情には，それと対応した認知処理を促進する働きがあることが知られており，気分一致効果とよばれている。抑うつ患者や抑うつ傾向者にもこれは当てはまり，慢性的な不快感情によって，彼らの記憶・思考・判断などの認知過程はネガティブな方向に偏っていると考えられている。たとえば，抑うつ傾向者は，そうでない人に比べて過去の記憶を再生する課題でネガティブな内容を多く報告する（Llord & Lishman, 1975），同じ人でも抑うつ的な気分に陥っている時にはそうでない時に比べて不幸な出来事を再生しやすい（Clark & Teasdale, 1982），などの現象が報告されている。ただし，こうした抑うつにおける気分一致効果は，自己に関する認知過程に限って見られるという主張がある。抑うつ傾向者がネガティブな自伝的記憶を再生するのは，自己に注意を向けるような実験操作を行った場合だけであることが示されている（Pyszczynski et al., 1989）。

　こうした自己関係的な抑うつ感情と認知過程の関連を説明するために，バージとトータ（Bargh & Tota, 1988）は，自己をノードとして組み込んだ一種のネットワーク・モデルを提唱した。彼らは，抑うつ者では抑うつに関連したネガティブな意味をもつ特性と自己の間のリンクが強く，健常者では逆にポジティブな特性と自己のリンクが強いと仮定した。ネットワークの自動的な活性化拡散により，自己に関する情報処理によって自己のノードが活性化した時には，リンクの強いノードのアクセスビリティが高まるはずである。一方，一般的な他者のノードと特性の間にはリンクはないと考えられるので，他者に関する情報処理時には特性のアクセスビリティは変化しないはずである。彼らはこの仮説を，二重課題により処理資源を奪う照合課題での反応潜時を指標にして検討した。自己照合課題で

II-4 　感　情

は仮説通り，抑うつ者では負荷をかけても抑うつに関連した特性形容詞に対する反応潜時は遅延しなかった。他者を照合する課題では抑うつ者といえどもネガティブな偏りは見られなかった。この結果は，抑うつにおけるネガティブな情報へのアクセシビリティの高まりが自己に局限されるとともに，それがかなりの程度自動的であることを示唆している。

　抑うつにおいて情報処理に歪みがあることが実証できても，その因果関係は長い間不明であった。すなわち，抑うつに陥ったから情報処理特性が変化したのか，もともと情報処理特性に歪みがある個人が抑うつに陥りやすいのか，という問題である。これを検討するために，5378人の大学生から抽出された349人を被験者にする大規模な実験が行われた（Alloy et al., 1997）。抑うつに特異的な帰属の歪みや不適応的思考態度を測定する尺度によって抽出された，抑うつへのリスクが高い群と低い群（いずれも実験時点では抑うつではない）に，特性形容詞への自己照合判断，自己の行動事例の想起，再生などを課した。すると，高リスク群では抑うつ者に典型的な認知特性がすべて観測され，数年間のフォロー・アップにより実際にうつ病の発症率も高いことが示された。これにより，先有されている認知特性が抑うつの原因であることが示唆された。

　抑うつの研究で問題となるのは，臨床的なうつ病患者が被験者である場合，スクリーニング・テストにより抽出された抑うつ傾向者が被験者である場合，さらにさまざまな気分操作法により一時的に抑うつ気分を喚起された被験者を対象にする場合などが混在していることである。これらの研究における抑うつは，質的に異なっている可能性を棄却しきれない。また，うつ病には多くのサブ・タイプが存在するし，患者の多くは薬物を服用していることも実験上の統制や結果の解釈を難しくする。こうした制約はあるが，抑うつの情報処理的研究は，ますます患者数を増しているうつ病に対する新たな診断法や治療法を開発するための基礎研究として期待されている。→気分一致効果，感情ネットワーク理論，気分操作法，抑うつの自己情報処理，感情と注意の理論，反応潜時，アクセシビリティ，ノード（大平）

▼感情情報機能説

　シュワルツ（Schwarz, 1990）によると，人は，自分の感情状態を判断対象や自分が置かれた状況を評価する際の手がかりとして用いることがあるという。たとえば，人は，判断対象に対する感情的な反応を情報基盤として用いることにより，複雑な判断課題をより容易にしているという。これを"How do I feel about it?"ヒューリスティックとよぶ。しかし，判断前に個人内に生じていた感情を判断対象への感情として取り違えることもある。したがって，何らかの原因でもともとネガティブな気分にあり，その感情状態を判断対象に起因するものであると誤帰属した時には，結果として判断対象に否定的な評価を下す傾向が高くなる。対して，ポジティブな気分にあり，誤帰属のプロセスが生じた時には，判断対象に対して好意的に評価する傾向が高くなる。このように，シュワルツ（1990）は，感情を判断の手がかりとして利用するプロセスと誤帰属のプロセスから，判断課題における気分一致効果を説明した。また，クロアら（Clore et al., 1994）は，"How do I feel about it?"ヒューリスティックが用いられる条件として，①判断内容が感情的性質をもつ時（他者の好感度など），②他に利用できる情報が少ない時，③判断課題が複雑で難解な時，④時間や注意資源が制限されている時という4つの条件をあげている。

　ところでシュワルツ（1990）は，感情はその個人が置かれている状況についても情報を提供すると仮定している。つまり，ネガティブな感情は当面の状況に問題が多いことを，ポジティブな感情は安全な環境にいることを，個人に知らせる役割をもっている。こうして，ネガティブな感情状態にある人は，問題の多い状況に効果的に対処するために，慎重かつシステマティックな情報処理方略を採用するよう動機づけられるという。対して，ポジティブな感情状態にある人は，安全な状況に対してさらなる注意資源を投資する必要がなく，また多少のリスクも許される状況にあるために，ヒューリスティック型の情報処理を採用する可能性が高くなるという。→気分一致効果，感情と処理方略，感情混入モデル，誤帰属
（原）

Ⅱ-4 感情

▼アクションレディネス理論

　感情経験（情動）は特定の行動を動機づける機能をもっている。フライダら（Frijda et al., 1989）は、このことに注目し、感情経験を構成している要素として、状況の認知評価と「行動傾向」がともに重要であり、両者の間にシステマティックな関係が存在することを主張するアクションレディネス理論を提唱した。アクションレディネスとは、「環境との相互作用を行う準備状態（readiness）または非準備状態（unreadiness）」と定義される。感情により思考や行動がある特定の方向に統制された状態一般をさすが、具体的には、「近づく、離れる」など、ある目的をもって対象にかかわる行動の準備状態である「行動傾向」、喜びのあまり飛び上がるなどの感情のあまりついとってしまう行動への準備状態や、落ち着きのなさ、興味がもてない状態などの「活性状態」、無力感から身動きが取れない状態のような「行動統制状態」からなり、顔筋の動き、生理的喚起状態の変化から、目に見える大きな動作の表出まで、幅広い身体的な変化を含む概念である。

　主要な感情とアクションレディネスの連合としては、「悲しみと無力状態・泣くこと」「恐れや不安と統制の低さ」「怒りと反発」「嫌悪と離れること」「恥と視界から消えること」「喜びやプライドなど快感情一般と活気に満ちた状態」という関係が、これまでの研究から示唆されている。また、さまざまなアクションレディネスを統合する次元としては、「統制する－無力である」「近づく」「離れる」「反発する」「活発になる」が同定されている。

　アクションレディネス理論では、状況の認知評価により感情が生起し、アクションレディネスの変化がもたらされるが、その変化の知覚こそが、「感情を経験している」という認識をもたらすと主張されている。また、アクションレディネスは感情生起の「結果」ではなく、感情経験の一部であることを強調する。すなわち、感情経験が、状況の認知、動機づけ、生理的・身体的変化などのさまざまな相の統合からなると議論しており、各相の関連の点から感情を理解する試みとしてアクションレディネスが位置づけられている。→認知的評価理論　（唐沢かおり）

Ⅱ 社会的認知の理論と概念

▼認知的評価理論

　同じ状況におかれても，そこでの見方や考え方によって，生じる感情がまったく異なることがある。認知的評価理論は，ある状況で生じる感情の質が，その状況の「認知的評価」によって決まるという主張のもとに，感情の生起や質の決定に認知が果たす役割について議論している。認知的評価理論の立場に立つ研究は，①感情の生起にかかわる認知的評価次元の性質を明らかにする，②主要な感情がどのような認知的評価次元と連合しているかを検討する，の2点をおもな目的としてきた。代表的な認知的評価理論としては，シャーラーのコンポーネントプロセスモデル（Scherer, 1984），ローズマンらのモデル（Roseman et al., 1996），スミスとエルスワースの理論（Smith & Ellsworth, 1985），オートニーらのOCC理論（Ortony et al., 1988）があげられる。

　シャーラーのコンポーネントプロセスモデルは，感情を生起させる出来事に対する認知評価が特定の順序で生起することにより，感情経験の質が決まると考えている点に特徴がある。評価の過程は，「刺激評価チェック」とよばれる情報処理過程から構成されており，新奇性（出来事の新奇さ，予期と反する程度の評価），快適性（出来事の快－不快の評価），目標重要性（状況内に存在する要因が目標達成に関連したり促進・妨害する程度の評価），適応可能性（状況変化に対する適応可能性や統制力・力量の評価），規範・自己両立性（自分の行動が規範や理想に一致する程度の評価）の5つが主要な刺激評価チェックとしてあげられている。生起する感情の質は，刺激評価が進み，状況認知が精密になってくるに従い，初期のチェックで生起した感情が分化したり，後のチェックで生じた感情に取って代わられることで決定する。たとえば，予期しない出来事に直面した時，新奇性チェックにより驚きが生起するが，それが不快で（快適性チェック）かつ目標達成を妨げ（目標重要性チェック），望ましくない結果を避ける力量が自分にない（適応可能性チェック）という認知評価が続けて生起すれば，「いらだち」「絶望」といった感情が生起してくるのである。

　ローズマンは，個人がその状況にどのような動機をもって臨んでいるかが評価にとって重要であるという立場に立ち，驚き，怒り，希望など，17の代表的な感情を区別するために必要な次元として，動機の状態（何かを望んだり欲求する状態－いやがったり避けたりする状態），状況の状態（状況と動機・目標との一貫

II-4 感 情

性の評価），確実性（生起した結果の確実性評価），統制可能性（状況を統制する力の評価），問題の所在（当事者の本質に由来する程度の評価），主体（出来事を生起させた主体の評価）を提唱している。各感情は，これらの状況評価次元の特定の組み合わせによって生起すると考えられている。たとえば，怒りは，動機との一貫性が低く，統制可能性の知覚が高く，主体が他者であると認知評価される状況で生起するのである。

また，スミスとエルスワースも，主要な感情に連合している状況の認知評価が，どのような次元に集約できるかを実証的に検討し，状況の望ましさ（状況がもたらした結果の望ましさの評価），主体（出来事を生起させた主体の評価），注意活動（注意が状況に向けられている程度の評価），努力の予期（その状況で必要とされる努力の程度の評価），障害の度合い（障害が目標達成を妨げている程度の評価），確実性（生起した結果の確実性評価），正当性（結果の公正さや正当性の評価），重要性（生起した結果の重要性の評価）の8次元を，主要な次元として同定している。

オートニーらのOCC理論では，出来事の結果，行為の主体，対象の属性のどれに認知的評価の焦点があたるかで生起する感情の基礎が決まり，さらなる評価でそれが分化すると考えられている。結果に焦点があたると，「うれしい－うれしくない」という感情的反応が生じるが，それらはさらに，「その望ましさ」と「結果の対象（他者に対する結果か自分に対する結果か）」の評価により分化する。行為の主体への焦点は「賛同－非賛同」という反応を生じさせ，「賞賛の程度」と「主体（自分か他者か）」の評価により分化する。また，対象の属性に焦点があたると，「魅力の程度」により生起する感情が決まる。この理論では，評価次元の間に階層的構造が想定されているが，シャーラーのモデルのように時系列的な過程の記述というよりも，感情を定義するために必要とする認知の分化の程度に対応している。

また，以上にあげたような，幅広い感情の生起にかかわる状況認知次元一般を扱った研究に加えて，特定の認知に焦点をあてて認知と感情との関係を議論しているものも，認知的評価理論に含むことができる。とりわけ，ワイナー（Weiner）の感情の帰属理論，ラザルス（Lazarus）のストレスの認知評価理論，ヒギンス

II 社会的認知の理論と概念

(Higgins) のセルフディスクレパンシー理論は，特定の認知と感情との関係を扱っているものの，感情生起の前提となる認知の性質について重要な知見を提供している。

主要な理論やモデルが提唱している次元は，名称こそさまざまであるが，その内容には共通性が見られる。主要な次元とそれらに連合しているとされている感情をまとめると以下のようになる。

まず，最も主要な次元としてあげられるのは「状況の望ましさ」である。この次元は，状況の快・不快や，結果の望ましさの程度を評価する次元で，ほとんどの研究で最も基本的な認知的評価次元としてあげられ，感情の基本的な分化である，快感情と不快感情の区別に寄与すると考えられる。

次いで，「原因や責任の所在」である。この次元は，原因帰属や責任の主体・結果に対する統制力の程度の評価にかかわる。怒り，哀れみ，罪悪感，プライドなどの道徳的感情の生起と分化に寄与すると考えられる。

「重要性」は，生起した結果がどれだけ重要かを評価する次元である。感情が生起するためには，出来事が多少なりとも重要なこととして環境から際立つことが必要であり，感情の強さを決定することに寄与していると考えられる。

「期待との不一致」は，生起した結果が期待と反する程度を評価する次元である。この次元は，直接には驚きと強く連合しているが，期待に反する結果は一般に不愉快であることが多いことから，驚き以外の不快な感情一般ともかかわっている。

「確実性」は生起した出来事が確実・確定的である程度を評価する次元である。この次元は，不安，恐怖など不測の事態や危険に対して準備づけをする感情の生起にかかわっている。

「適応可能性」は，状況に適応できる可能性の評価にかかわる次元であり，下位次元として，「自己の能力評価」と「適応に影響する状況の特徴評価」の2つが提唱されている。怒り，フラストレーション，挑戦意欲，希望など，いわゆる「やる気」と関連する感情と連合していることが示唆されている。

「規範・理想との一致」は生起した結果が社会規範や自己の理想と一致する程度を評価する次元で，怒り，恥，罪悪感，落ち込みなどとの連合が指摘されている。

Ⅱ-4　感　情

　ところで，感情生起にかかわる主要な次元や，それらと連合している感情の性質が明らかになるに伴い，その文化普遍性が議論の対象となっている。シャーラー（Scherer, 1997）は37か国を対象に，喜び・怒り・恐怖・罪悪感などの主要な感情経験時の認知的評価を検討しているが，そこでは，快-不快のような比較的単純な評価次元においては文化差が見られないこと，しかし，原因や責任の評価など，より複雑な状況評価では差が見られたことが報告されている。したがって，状況の客観的性質が同じであっても文化により生起する感情が異なるという現象も，状況に対する認知評価の違いという観点から説明が可能である。また，各文化に固有な価値観や社会構造と状況の認知的評価との関係から，感情の文化差研究を進めていく可能性が示唆される。

　また，認知的評価理論があげている次元のすべてが感情の生起に直接関与しているわけではないという議論も存在する。感情が状況に対する適応システムであるという立場からは，感情を生起させるのは適応にかかわる認知のみであり，感情の生起に直接かかわる「評価（appraisal）」と，その前提となる「知識（knowledge）」とを区別するべきであるというのである。すなわち，知識は，われわれが自己や社会に対してもつ理解であって，評価に影響することを通して感情生起にかかわると考えられている。

　認知的評価理論は，感情経験に必要とされる認知的評価の特性を明らかにすることで，認知が感情に与える影響を解明してきた。しかし，認知が具体的に感情生起のプロセスにどのようにかかわるかについて，明確な議論が行われているわけではない。認知と感情の関係については，そもそも感情生起に認知が必要ではないという議論も存在する。また，その一方で，感情経験は，連続的な認知，感情の調節過程として概念化されるべきだという主張もある。すなわち，認知的評価理論が暗黙に仮定しているような「認知の線形結合」が感情を生起させるという過程ではなく，認知と感情との相互フィードバックが特定の感情経験へと収斂する過程が想定されている。感情生起や維持の過程に踏み込んだ議論が，今後の研究には要求されるだろう。→感情の帰属理論，セルフ・ディスクレパンシー，ストレスの認知的評価理論，アクションレディネス理論，認知感情独立仮説　（唐沢かおり）

Ⅱ 社会的認知の理論と概念

▼感情の帰属理論

　ワイナーにより提起された感情の帰属理論は，ある結果が生起した時に，その原因の帰属によって，感情や行動意図が決定することを主張している（Weiner, 1986）。したがって，認知的評価により生起する感情の質が決まると主張する点では「感情の認知的評価理論」に含まれるが，認知的評価の中でも原因帰属に注目し，原因帰属が感情だけではなく，行動意図も決めると論じている点が特徴的である。

　原因帰属が感情に及ぼす影響は，その原因が，「原因の所在（locus）」「安定性（stability）」「統制可能性（controllability）」の3次元上でどのように位置づけられるかにより決まる。「原因の所在」とは，原因が当事者の内的なものか環境内にある外的なものかを評価する次元で，プライドや自尊心の生起にかかわっている。たとえば，試験で良い成績を取り，その原因を能力の高さに帰属した場合のように，望ましい結果が内的な原因に帰属されると，プライドや自尊心が高まる。しかしその一方，失敗などの望ましくない結果が，能力不足などの内的な原因に帰属されると，自尊心の低下につながる。「安定性」は原因が時間の経過に対して安定したものかどうかに関する次元で，期待に関連する感情である，希望や絶望，恐怖，不安と関連する。望ましくない結果が，能力不足のような安定性の高い原因に帰属されれば，引き続き望ましくない結果が生起すると予測され，恐怖や絶望を感じるのに対して，運の悪さなど，安定性の低い原因に帰属されれば，希望を感じることができる。また，望ましい結果が運の良さなどの安定性の低い原因に帰属されれば，次も望ましい結果がもたらされる保証がなく，不安が生じる。「統制可能性」の次元は原因が当事者の意思でコントロールが可能かどうかの評価にかかわり，いわゆる道徳的感情である，怒り・哀れみ・罪悪感・恥と連合している。怒りと哀れみは，他者に生起した望ましくない結果に向けられる感情であり，努力不足のような統制可能性の高い原因への帰属は怒りを，運の悪さのような統制可能性が低い原因への帰属は哀れみを生じさせる。また，自分自身に生起した望ましくない結果に対しては，統制可能性の高い原因への帰属が罪悪感を生じさせるのに対し，低い原因への帰属が恥ずかしさを生起させる。

　これらの原因帰属に依存する感情は，行動を動機づけることで原因帰属と行動との間を媒介する役割をもつと考えられ，「原因帰属→感情→行動」という一連

II-4　感　情

の流れがモデル化されている。ワイナーのモデルが提唱している原因帰属と感情，行動との関係は，もともと達成動機の研究から出発していたが，このような原因帰属と感情との関係を用いてさまざまな行動の動機づけを分析することが可能であり，原因帰属が援助行動，攻撃行動，適応行動，消費者行動など，さまざまな社会的行動に与える影響について，統一的に説明する枠組みを提供している。援助行動については，援助を必要とする事態が生起した原因帰属によって，他者に対する援助意図が決まることが論じられている。問題を起こした原因が，当事者に統制可能な場合，怒りが生じ非難が向けられ援助意図は抑制される一方，統制可能性が低い原因に帰属されれば，同情が生じ，援助意図が高まることが示されている。他者に対する怒りや攻撃については，他者が自分に対して行った行動を，敵意的な意図という統制可能性の高い原因に帰属することで促進されることが示されている。不幸な出来事への適応行動については，その原因が「自分の性格」などの内的で安定性が高い原因に帰属されると，自尊心の低下や絶望感につながり，それらの感情が適応行動を妨げることが示唆されている。また，消費者行動については，欠陥商品に対する反応について検討されているが，統制可能性が高い原因で欠陥がもたらされたと認知されると，怒りや抗議が促進されるという結果が得られている。

　さらに，われわれが原因帰属と感情，行動意図との関連を「知識」として保有しており，他者の感情を操作するために，「言い訳」などのコミュニケーションにおいて，原因帰属を操作することも主張している。たとえば，約束の時間に遅れた時には，「テレビを見ていたから」というような統制可能性の高い原因よりは，「電車が遅れた」というような統制可能性の低い原因を用いるし，デートの誘いを断る時には，「ルックスが気に入らないから」という相手の内的な理由ではなく，「先約があるから」などの外的な理由を伝える。これは，統制可能性の高い原因は怒りを生起させ，内的な原因は相手の自尊心を傷つけるという原因帰属と感情の関係についての知識を暗黙に適用しているからなのである。→認知的評価理論，達成の帰属　（唐沢かおり）

II 社会的認知の理論と概念

▼ストレスの認知評価理論

　情動が行動の原因になるというそれまでの理論に対し、ラザルスとフォルクマン（Lazarus & Folkman, 1984）は人と環境の出合い－出来事や状況－を評価した結果として情動が生起するとし、情動は反応であると主張した（右図）。

　ラザルスとフォルクマン（1984）は、各個人がさまざまな出来事や状況に直面した時、その情動反応とのあいだに介在する認知的プロセスに注目すべきであるとし、「評価（appraisal）」の概念を取り入れた。同じ条件のもとで情動反応に個人間で変動が見られるのは、直面する出来事や状況をどのように解釈・評価するかによるもので、適応を決定づけたり幸福感を得られるかどうかは、この評価的知覚によるものであると説明している。

　ここでいう評価は、単に即時的な認知－情動反応をはるかに超えたものであり、一次評価（primary appraisal）と二次評価（secondary appraisal）の2つに分けることができる。一次評価は、①無関係、②無害－肯定、③ストレスフルの3種類のいずれかの形をとり、直面する状況がどれにあたるかが判断される。無関係とは、環境とのかかわりが人の幸福にとって何の意味ももたないものである。無害－肯定とは、ものごととの出合いの結果が肯定的であると解釈される時、すなわち、良好な状態を維持し、強化するものと思われれば生じる評価である。ストレスフル（ストレス評価）とは、状況を脅威または挑戦と評価することである。脅威は、害の可能性が中心で、恐怖、不快、怒りのような否定的な情動を伴う。それに対し、挑戦は、出合った事態に特有の利得や成長の可能性などに焦点をあてたものであり、熱意、興奮、陽気といった快の情動によって特徴づけられる。これら2つは同時に起こる場合もある（1つの出来事や状況が脅威であると同時に挑戦ともなりうる）。

　一次評価で状況がストレスフルである、すなわち生体にとって危険であると判断された場合、その状況をいかにして切り抜けるかの判断をする必要が生じる。「何が危うくなっているのか」「いったい何ができるだろうか」などの判断が二次評価であり、それに応じて対処（coping）の方法を講じることになる。

　対処は「問題中心対処」と「情動中心対処」の2つに分けることができる。問題中心対処は個人が問題解決そのもののために努力するもので、問題の所在を明らかにしたり、問題の解決策を練ったりといったものがこれにあたる。別の言い

II-4　感　情

方をすると，人と環境の関係を変化させるのが問題中心対処であるといえる。それに対し，情動中心対処は情動的な苦痛を低減させるためになされるものである。問題に直面しないで回避したり，問題をたいしたことではないと考えたり，直面する事がらから注意をそらすといったやり方がこれにあたる。これは注意や意味の変化であると言い換えることもできる。問題中心対処と情動中心対処は互いに促進したり抑制したりするもので，促進する場合には精神的苦痛は低減され，抑制する場合には増加する。

　このように対処を行ったあとは「再評価」という段階に続く。再評価では，状況についてのさまざまな新しい情報や自分自身の反応から得た情報に基づいて改めて自分自身のおかれている状況を評価し直す，という認知的活動がなされる。このことにより，負の情動を低減させることが試みられる。さらに，ここで再評価し直したことに対して，もう一度対処を行う場合もある。→認知的評価理論
（友田）

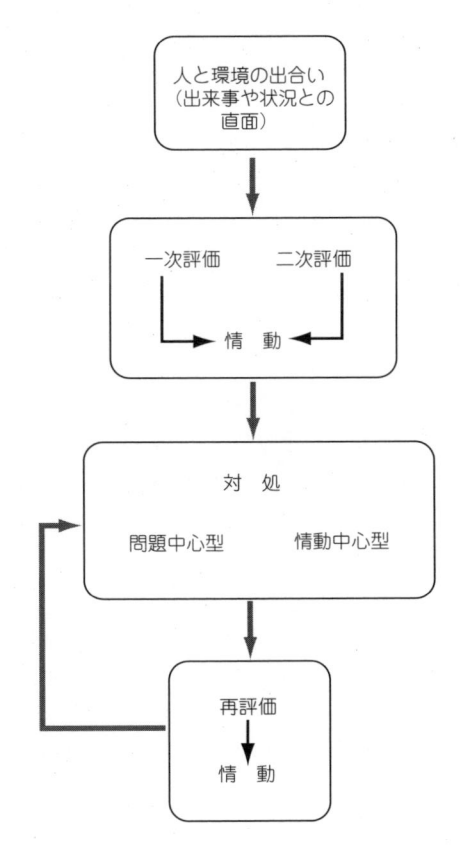

図：ストレスの認知的評価のプロセス
　（Folkman & Lazarus, 1991を改変）

アダルトアタッチメント（adult attachment）

　ある個人が特定の他者に対して形成する親密な情緒的絆をアタッチメント（attachment）という。この絆は危機的状況や潜在的危機に備えて特定対象との近接を求めこれを維持しようとする生物学的な必要性から結ばれるもので，その目的は自分の生命を守るためにアタッチメント対象を安全基地として使用すること，すなわちアタッチメント対象を活用することで危機に際して喚起されるネガティブな情動（不安，怯え，動揺など）を低減し，安全感を確保することにある。アタッチメントは生涯にわたって存続しその個人の精神衛生の基盤になるものであるが，1980年代まではおもに乳幼児とその親との関係の中で検討されてきた。これは研究の発端がホスピタリズムの原因解明から始まっていることや，その後エインズワースら（Ainsworth et al., 1978）によって開発された測定方法（strange situation法）が満1歳児のアタッチメント行動を基準にしていたことなどによる。しかし，80年代も後半になると青年期以降のアタッチメントを測定するための方法が開発され，急激に大人のアタッチメントに関する研究が増えてきた。これらの方法はいずれも乳幼児の研究と異なり，大人のもつアタッチメント表象に焦点を当てて測定しており，乳幼児のアタッチメントとは測定する現象が異なっている。この意味でアタッチメントをもつ主体が青年期以降の大人である場合，乳幼児のアタッチメントと区別するために，これをアダルトアタッチメントとよぶのであろう。したがってアダルトアタッチメント研究の主たる目的は大人のもつアタッチメント表象を評価し，その機能を解明することにある。この表象を内的作業モデル（IWM：Internal Working Models）という。IWMはアタッチメント対象との相互作用の中で漸次的に構成されアタッチメントに関連した情報処理のルールとなる。このIWMの個人差がアタッチメント対象とのかかわり方（アタッチメントスタイル：attachment style）を規定すると考えられている。

　アダルトアタッチメントの測定法には，大別すると面接法によるものと質問紙法によるものがある。成人愛着面接法（adult attachment interview）はメイン（Main）らによって開発された幼少期の両親との関係やアタッチメントに関連した思いなどに関する20個の質問からなる半構造化面接法で，現在も改訂が続いている（Hesse, 1999）。話の内容ではなくアタッチメントにかかわる記憶へのアクセシビリティや語りの一貫性に注目し，抑圧型（dismissing），自律型（autonomous），とらわれ型（preoccupied），未解決型（unresolved）に分類する。それぞれは乳幼児研究における4分類（回避型：avoidant，安定型：secure，アンビバレント型：ambivalent，無秩序型：disorganized）に対応する。

Ⅱ-4　感　情

　一方，質問紙法による測定法は，ヘイザンとシェイバー（Hazan & Shaver, 1987）に始まる。当初はエインズワースらによる乳幼児の3タイプに基づいた典型的な記述文の中から強制選択させるものであったが，やがて多項目化され評定法形式で回避型，安定型，アンビバレント型の3つの特性を測定するための尺度が構成されるようになってきた。さらに，乳幼児のアタッチメント分類にこだわらずにボウルビィ（Bowlby）のアタッチメント理論に依拠した尺度も作成されているが，近年これらの尺度の潜在的次元が乳幼児のアタッチメントと同様に「回避傾向（avoidance）」と「見捨てられることへの不安（anxiety about abandonment）」の2次元に収束することが明らかになりつつある（Brennan et al., 1998）。

　ところで，質問紙法を用いたアダルトアタッチメント研究では恋愛関係や夫婦関係におけるアタッチメントを問題とすることが多い。アタッチメントとは危機的な状況下において発動し，アタッチメント行動を通して安全感を回復・維持することにその機能がある。よって，アタッチメントが脅かされた時には身の危険に対する反応から，不安や動揺，恐れ，怯えなどを感じ，回復した時には安堵感や安心感を体験することになる。一方，恋愛関係にはこのような安全基地としての意義以外に，相手を保護することや魅力を感じ性的快感を共有しあうといった機能が含まれている。すなわち恋愛自体が喜びや満足をもたらすことで報酬になっており，これが二者関係を結びつけるための強化子となっている。このことからも恋愛はアタッチメントを含む複合体ととらえるべきであろう。シェイバーらは恋愛をアタッチメントプロセスからとらえようとしていたのであって，恋愛イコールアタッチメントと考えていたわけではない。現在，この点での誤解がかなりあるように思われる。その意味で，両者は明確に区別されるべきである。そのうえで強化理論や認知的整合性理論では説明できない現象（たとえば，憎みながらも離れられない恋愛）をアタッチメント理論の観点から説明するならば，恋愛研究においても有効な理論となるだろう。→人物表象，表象，アクセスビリティ
（戸田）

▼基本情動理論

　基本情動理論（basic emotions theory）とは，ある意味において，われわれの情動に関する素朴な直感に最も合致する考え方といえるかもしれない。それは，われわれが日常経験する，喜び，悲しみ，怒り，恐れなどの情動カテゴリーの実在性を前提視するものだからである。すなわち，こうした情動カテゴリーは単に人間の認知機能によって恣意的に生み出された「概念（idea）」ではなく，それぞれが個別の生物学的（神経学的）基盤を伴って「実体（reality）」として存在するものであるというのである（Parkinson, 1995）。こうした発想の源流は，ヒトと他生物種における表情（情動表出）の近似性を論じ，情動の進化論的起源を説いたダーウィン（Darwin）にまでさかのぼることができる。基本情動理論は，ダーウィンの言説を最も正統的に継承するものとして今なお多方向に発展を続け，エクマン（Ekman）あるいはイザード（Izard）らを理論的先導者として，現今の種々の情動研究において最も支配的な役割を果たしているといえる。

　基本情動理論の骨子としては，まず第一に，喜び，悲しみ，怒り，恐れなどのいわゆる基本情動とよばれるいくつかの情動については，それらがそれぞれ，相互に分離独立した機能単位であるという仮定をあげることができる（分離独立性：discreteness，あるいはモジュール性：modularityの仮定）（Ackerman et al., 1998；Ekman, 1999）。これは，各種情動が，元来，生体内外からのある特定入力に対して発動するようあらかじめ仕組まれた，主観的経験，神経生理，行動表出などの諸側面からなる特異的な出力（反応）セットとしてあるということを意味する。この仮定は，たとえばシャクターとシンガー（Schachter & Singer, 1962）の情動2要因理論などとは著しい対照をなすことになる。シャクターらの見方では，主観的情動経験の差異は身体レベルでは特定されず，もっぱら「非特異的な」生理的覚醒状態（arousal）に対する認知的解釈の違いとして説明されるわけであるが，基本情動理論においては，個々の情動は本質的にそのあらゆる側面において特異性を有するのであり，身体状態が等質でありながら，その主観的情動経験が異なるという事態は通常，想定され得ない。いわば，基本情動とは，それぞれ特異的な主観的経験，生理，表情などの複数要素を束ねて詰め込んだ「カプセル」のようなものであり，そのカプセル化された複数要素の間には一貫した対応・連関関係がほぼ常時，存在すると仮定されるのである。

II-4　感　情

　理論的骨子の第二は，こうした機能単位としての各種情動が，それぞれ別個の適応上の難題に対して迅速で合理的な対処を可能にすべく，一種のデフォルト処理機構として進化してきたということであり，またそれゆえに，明確な遺伝的基盤をもってヒトという種に普遍的に組み込まれているということである（進化論的起源および生得普遍性の仮定）(Ekman, 1999；Johnson-Laird & Oatley, 1992)。この仮定に従えば，基本情動とは，遭遇した危急の事態の種類（外敵との遭遇，修復不可能な喪失など）に応じて，「生物学的適応度（fitness：生存や繁殖の可能性）」の維持・向上という点からして確率論的に最も適切な心的状態（ある行為へと駆り立てる動機づけ）および身体状態（ある行為を可能にする神経生理システムの賦活）を瞬時に整える役割を果たすものということになる。また，それは，ヒトのみならずその近縁種においても広く存在するものであり（種間近似性），さらに，社会文化の別にかかわらずヒトという種一般に認められるということになる（種内相同性）。この仮定は，当然ながら，とくに，情動の文化的差異を強調し，社会化を通じた情動の漸次的学習を仮定する「社会的構成主義」（たとえば Harré, 1986）の主張と真っ向から対立することになる。

　基本情動理論の中核的仮定は以上2つということになるが，論者によってはこれらに加えてもう1つ，第三の理論的骨子として，基本情動の最小単位性および融合的性質を仮定する向きがある。これは，基本情動がそれ以上解体不可能な，いわば最小のビルディング・ブロックであり，それらを基礎にして，他のあらゆる情動現象が構成されるという考え方である。たとえば，プルチック（Plutchik, 1980）は，3原色が混合することで他のあらゆる色が生成される色の性質になぞらえて，基本情動も複数融合する性質を有しており，その結果，他のより複雑な情動が生起してくると仮定している。もっとも，このプルチックの仮定については，エクマン（Ekman, 1999）もイザード（Izard, 1991）も基本的に懐疑的なスタンスをとっている。ただし，イザードに関していえば，生得的なものとしてある基本情動に発達過程の中で獲得された種々の認知的要素が結びつくことによって，さまざまな「感情−認知構造（affective-cognitive structures）」が派生的に生み出され，徐々に情動現象が複雑多様化する可能性を認めている。

　次に，具体的にどのような要件を満たした時に，それを基本情動とよびうるの

II 社会的認知の理論と概念

かについて見てみることにしよう。エクマン（Ekman, 1999）は，以下11の特質を，基本情動を他の感情現象（気分，感情障害，情動的特性，情動的態度など）と区別する基準として，またとくにそのうちの①〜⑥を各種基本情動を相互に区別する基準として提示している。①顔の表情や発声など，明らかに他と区別できる独特の表出シグナルを備えていること。しかもそれに通文化的普遍性が認められること。②他と明確に区別できる特異的な神経生理的反応パターンを備えていること。③ある特定の先行事象に結びついて発動されること。またその事象に文化によらない共通性が認められること。④出生時点からすでに存在しているわけでは必ずしもないが，発達過程においてそれぞれの現出時期やその順序性に規則性が認められること。⑤思考や記憶あるいはイメージなどに特異的なバイアスをかけうること。⑥独特の主観的経験を伴うこと。⑦自動化された無意識的な評価（appraisal）に結びついて発動されること。⑧高等霊長類を始めとする他の生物種にも類似の表出が観察されること。⑨事象との遭遇後きわめて迅速に（数ミリ秒以内），大概は個体が意識する前に生じること。⑩通常はきわめて短時間内（せいぜい数秒以内）に終結すること。⑪個体が意図して引き起こすのではなく，あくまでも自然に生じる（ふりかかってくる）ものであること。

このうち，基本情動派の論者が最も強い関心を払い，実証的証左を多く積み上げてきたのは①の情動表出の通文化的普遍性についてである。これに関する研究は，おもに各種表情写真に対する認識が，社会文化の違いによらず同様にかつ正確になされうることを検証するという形で進められてきている。これまでに，洋の東西を問わずさまざまな社会文化で実験が行われているが，その中でもとくに大きなインパクトを与えた研究は，エクマンとフリーセン（Ekman & Friesen, 1971）によるものであろう。エクマンらは，文化交流あるいは各種メディアを通じた表情「学習」の可能性を排除するために，あえて長く現代文明から隔絶され，異文化との接触をほとんどもち得ないできたニューギニアのフォア（Fore）族を対象に実験を行い，彼らの西欧人の表情写真に関する認識が総じて高い正答率を示すことを見いだしている。そしてまた，エクマンらは，逆にフォア族が示した各種情動表出の写真を，米国人大学生が（驚きと恐れを除き）かなり正確に識別し得たことをも併せて報告し，少なくともいくつかの表情およびそれらに対応し

II-4　感　情

た情動については，生得普遍である可能性がきわめて高いと結論している。

エクマン（1992）は，こうした表情認識実験の結果および各種情動間の生理的差異にかかわる諸知見（上述した②の基準）をとくに重視したうえで，喜び，悲しみ，怒り，恐れ，嫌悪，驚きの6つについては，それらをほぼ確実に基本情動とよびうるとしている。もっとも，最近のエクマン（1999）は，厳密に情動と言いうるものは，その「すべて」が基本的（basic）であるという立場をとり，先述した11の基準を満たす情動を15種類にまで広げて考えている。

イザード（Izard, 1991）も表情の通文化的普遍性を重視する論者であるが，彼は各種情動の個体発生のプロセス（上述した④の基準）を重く見，発達の早期段階から各種情動が明確な表情を伴って現出するという証左を自ら示したうえで，喜び，悲しみ（苦痛），怒り，恐れ，嫌悪，驚き，興味，軽蔑，罪，恥の10種類を基本情動（個別情動）としてリストアップしている。なお，最近では，この10種類の情動を，生後1年以内に神経回路の成熟にのみ規定され認知発達とは無関係に出揃う「認知独立的情動（independent emotions：喜び以下7つ）」と生後2年目以降にしかるべき認知発達（自己意識など）に依存して初めて現出してくる「認知依存的情動（dependent emotions：軽蔑，恥，罪）」に峻別し，前者をより基本的なものととらえるにいたっているようである（Ackerman et al., 1998）。

以上，比較的多くの論者に通底する諸仮定をピックアップする形で基本情動理論の概要を示してきたわけであるが，同じ基本情動派の論者間に無視しがたい理論的不整合が存在することも事実である。たとえば，エクマンは基本情動の発動に不可避的に最小限の認知的評価が絡む（上述した基準の⑦）ことを仮定しているが，イザード（Izard, 1993）は情動と認知の本質的独立性を前提視し，基本情動が状況に対する評価なく生起するプロセスを複数提示している。また，近年とみに，基本情動派が依拠するデータの信憑性をいぶかる向きが生じてきている（遠藤，1996；Ortony & Turner, 1990）。たとえば，ラッセル（Russell, 1994）は表情認識実験の方法論的不備を指摘したうえで，情動表出の通文化的普遍性はけっして確定された事実ではないと言明しており，今後の動向が大いに注目されるところである。→認知的評価理論，感情アージ理論，認知感情独立仮説，顔面フィードバック仮説 （遠藤利彦）

▼顔面フィードバック仮説

　古典的な感情の末梢起源説（James, 1884）では，感覚器官で受容された刺激事象が大脳皮質で処理された結果，骨格筋や内臓で特定の反応が生じ，それらの変化が再び感覚器官で感知されて中枢へフィードバックされ，意識の中で統合されて感情経験が生み出されると主張されている。この説をもとに，トムキンス（Tomkins, 1962）は顔面フィードバック仮説（facial feedback hypothesis）を提唱した。彼は，怒りや驚きなどのいわゆる基本情動は遺伝により生得的にプログラムされたものであると考え，表情反応もその一部であると主張している。そして，表情の重要な機能の1つは，自分自身が経験している感情を中枢に知らせ，生き生きとした感情経験を形成することであると論じている。

　マンステッド（Manstead, 1989）はこの仮説に関する29の実験を要約し，顔の反応がなければ情動は生起しないという必要条件的仮説を支持する知見はほとんどないが，顔の反応があればそれに対応した情動が生起するという十分条件的仮説は一部で支持されており，顔の反応と情動の体験は同方向で正の相関関係があるという単調関係的仮説はかなりの実験で支持されていると述べている。また，他者の行動記述文を呈示する際に被験者の表情を操作すると，表情の快・不快に対応して，形成される印象が好意的，あるいは非好意的な方向にシフトしたという報告もある（Ohira & Kurono, 1993）。この知見は，顔面フィードバックは，主観的な感情体験だけではなく，社会的な情報処理過程にも影響する可能性を示唆している。

　顔面フィードバック仮説の研究で常に問題になるのは，表情を操作する必要上，被験者に容易に実験意図を推測される危険があり，いわゆる要求特性を排除することが難しいことである。そのために，被験者に歯でペンをくわえさせることで笑いの表情を作る，眉の両内端に貼ったゴルフ・ティーを接するよう求めることで嫌悪の表情を作る，また，顔面筋のバイオ・フィードバック手法により望む筋だけを収縮あるいは弛緩させる，などの言語教示によらない表情操作の方法が考案されている。→基本情動理論，感情血流理論　（大平）

感情血流理論

　20世紀初頭，ワインバウム（Waynbaum, 1907）は表情表出に伴う顔面筋の運動が脳の血流量を調節する機能を果たしているという仮説を発表した。彼は，各々の表情における特定の顔面筋の収縮パターンにより，動脈や静脈が圧迫されて，脳に血流が必要な場合は顔面血流を抑制し，脳血流が過剰な場合は顔面血流の比重を増すというように，制御的に働くと考えた。しかし，この時代には主として技術的な制約により，この仮説を実証的に検討するにはいたらなかった。

　近年になって，ザイアンス（Zajonc, 1985）はこの仮説を再評価して精緻化し，感情血流理論（vascular theory of emotional efference）を提唱した。彼によれば，顔面筋の運動が呼吸と顔面の静脈血流量を変化させ，視床下部直上の海綿静脈洞内血液の温度を変化させる。これにより，海綿静脈洞を通過して脳内に流入する動脈血の温度が調節され，脳全体あるいは局所の各神経伝達物質の合成や分泌を促進したり抑制したりして，結果として快・不快の感情経験が形成されると考えられている。ザイアンスら（Zajonc et al., 1989）は，ドイツ語の音素を発音させることで顔面筋の動きを操作し，その際の前額部皮膚温度の変化を測定することで，この理論を検証しようとした。たとえば"Ü"の発音は嫌悪に似た，"ah"や"e"は笑いに似た顔面筋収縮パターンをもたらす。その結果，"Ü"の発音時には皮膚温の上昇と不快感情の増加が，"ah"の発音時には皮膚温低下と快感情の増加が見られた。

　この理論は，心理学において古くから考えられてきた表情と主観的な感情の関係に，生物学的な基礎を与えたという点でユニークである。上記の研究結果から，表情が脳血流温度に一定の影響を及ぼすことは事実であろうと思われる。ただし，この理論に関する研究の数は少なく，理論の妥当性の評価は現時点では難しい。本当に脳血流温度の変化が直接的に感情形成に影響するのか，そうだとしても影響の大きさはどの程度なのか，についてはいまだ明らかになっていない。

→顔面フィードバック仮説，認知感情独立仮説（大平）

II 社会的認知の理論と概念

▼感情アージ理論

　感情アージ理論は，戸田（1992）によって提案された感情の行動選択機能を説明する理論である。彼は，人類の進化の過程で遺伝的に獲得した，野生環境を背景にした，行動選択・実行用の心的ソフトウェアのことを，「アージ・システム（urge system）」とよび，外部状況に応じて適応的な行動を選択して実行するというアージ・システムの状況別の働きを「アージ」とよんだ。感情アージ理論によると，「怒り」「恐れ」「恋愛」などの感情はアージ（感情アージ）であり，「好奇心」や「問題解決欲求」もアージ（認知アージ）であり，「痛み」「食欲」「性欲」などもアージ（生理的アージ）である。このように，アージの概念は，通常の感情の概念を包含する広範なものになる。戸田（1992）の感情アージ理論が，他の多くの感情理論と異なっている点は，感情が行動選択を導く高度に複雑なシステムであると仮定している点にある。快を与える対象には接近し，不快を与える対象からは回避するという「接近・回避」型原理に基づく感情の機能的説明がこれまでにあったが，戸田（1992）によると，このような単一の心理学的原理では，高度に複雑な行動選択機能を説明することができない。他方で，彼は，感情の多様性に重点を置いて，感情の分類やその次元を明らかにしようという分類学的研究も感情の複雑な構造や行動選択機能を説明していないと指摘している。

　感情アージ理論は，以下のような仮定をその理論的基礎に置いている。第一に，この理論は，感情が野生環境の特徴に適合した適応行動選択システムであり，野生環境では合理性をもつということを仮定している。たとえば，怒りは，野生環境において，縄張りを迅速に効率的に防衛するうえで合理性をもつと想定される。

　第二に，この理論は，感情が合理的な思索から得られた「自覚された」活動の結果から生起するものでなく，進化によって獲得された「自覚されていない」合理性のもとでの行動選択機能をもつということを仮定している。たとえば，先の怒りの縄張り防衛機能は，一般には意識されず，自覚されていないと想定される。

　第三に，この理論は，野生環境の各種条件と人類のもつ基本的能力から，感情の機能を導出できるということを仮定している。たとえば，怒りの機能は，野生環境が文明環境に比べて生起する事象の及ぶ範囲が時空間的に小さいという点などの野生環境の性質と，有限な処理資源しかもたない注意などの基本的能力から，注意を「今ここ」の時空間に集中させ（「今ここ」原理），迅速に環境適応的に縄

Ⅱ-4 感情

張り防衛行動を実行させる機能があると推論することができることになる。このような仮定は，近年の進化心理学の基本的仮定ときわめて近い。

　第四に，この理論は，文明環境において感情がしばしば非合理性をもつようになっていることを，野生環境と文明環境の違いに起因させることができることを仮定している。すなわち，野生環境では合理性をもつ感情の行動選択機能が，文明環境での諸条件とは適合しないために，結果的には文明環境では非適合的で非合理的な行動を導くことになることがあると説明するのである。たとえば，怒りの感情は，野生環境では縄張りの防衛機能という点で合理性をもつが，逆に文明環境では，その迅速性や非自覚性のゆえにむしろ非合理的な結果に導くことがあると説明することになる。

　感情アージ理論は，感情理論というだけでなく，広義の意思決定理論になっている。というのは，アージ・システムは，行動選択機能をもつ適応的システムであると仮定されているからである。また，このことは，この理論の提唱者が，感情の機能を意思決定理論の観点から検討していたことからもうかがい知ることができる（たとえば，Toda, 1982）。通常の意思決定理論の観点から，感情アージ理論に仮定されている意思決定者を想定すると，強い感情アージ下での決定は，野生環境では合理性をもつが文明環境では合理性をもたないことになる。というのは，強い感情アージ下では，「今ここ」原理が働くので，文明環境においては結果の確率推定に大きな歪みを生じさせることになるからである（戸田，1992）。通常の意思決定理論では時空間が定常性をもつと暗黙に仮定することが多いが，感情アージ理論によると，この定常性の仮定が満たされないような状況が野生環境であり，人間がその時空間の統計的性質に応じた意思決定の合理性を進化させてきたということになる。このように，戸田（1992）の感情アージ理論は，感情理論と意思決定理論の統合化を行う可能性をもつ理論であると結論づけることができる。→意思決定，基本情動理論（竹村）

Ⅱ 社会的認知の理論と概念

▼認知感情独立仮説

　認知感情独立仮説とは，感情先行仮説とともに，ザイアンス（Zajonc, 1980b）が唱えた仮説である。これらの仮説は，感情（affect）は認知に先立って生じること，これにより感情は認知に付随するものではなく独立のものであるということを主張している。これらの仮説は，閾下でくり返し呈示された刺激は覚えていないにもかかわらず好きになってしまうことを示した，閾下単純反復呈示効果（subliminal mere exposure effect）がその論拠となっている。つまり，呈示された刺激を「覚えている」という認知過程が存在しなくても，「好き」という感情が生じるということは，刺激の意識的認知がなくても，それとは独立に感情が生じることを示唆しているということになる。

　この認知感情独立仮説と感情先行仮説は，ラザルス（Lazarus）やマンドラー（Mandler）などといった認知的評価理論の研究者によってたびたび批判されてきた。彼らは，情動（emotion）は刺激の評価の結果生じるものであるとし，認知に付随して情動反応が生じる，つまり，認知が先行することを主張している。たとえば，マンドラーらは，閾下単純反復呈示効果を検討している実験と同じ手続きで，対にされた反復呈示刺激と非呈示刺激のうち，どちらが好きかだけでなく，どちらが大きいかと聞き，同様に反復呈示された刺激の方が大きいと答えられることを示した。こうした結果から，彼らは，刺激の意識的認知がない時に，好きという感情反応だけでなく，大きいという認知反応も生じているため，感情が認知に先立つとは言い切れないと主張している。

　一方，こうした批判をうけ，ザイアンスは，①神経解剖学的知見，②感情・認知プライミング効果の知見，③感情血流理論の知見，を用いて，再度自説の妥当性を主張している。

　神経解剖学的知見として引用されているものは，おもにルドゥー（LeDoux）のものであるが，そこでは，意識的な認知処理にかかわる神経系と，情動処理にかかわる神経系は別のものであるため，認知と情動は別と仮定するほうが理にかなっていること，また，刺激の入力後，通常は，海馬において刺激の意識的な認知を行った後，刺激の感情的意味を判断する扁桃核にいたるが，海馬を通らず直接扁桃核にいたるパスがあることが指摘されている。

　ザイアンスによる，感情・認知プライミング効果についての研究（Murphy &

II-4　感情

Zajonc, 1993) では，悲しそうな，あるいは，幸せそうな表情をしている人の顔写真が閾下で呈示される。その後，写真とは無関係な刺激が呈示され，その刺激がポジティブな意味をもつかどうかについて質問されると，被験者は，幸せそうな顔写真を呈示された方が，悲しそうな顔写真を呈示された場合より，無関係な刺激をポジティブな意味のものであると判断した（これを，感情プライミング効果という）。一方，男性あるいは女性の顔写真を閾下で呈示し，同様に，写真とは無関係な刺激が男性的な意味をもつか，女性的な意味をもつかを判断させると，男性の顔写真が呈示されたからといって無関係な刺激を男性的であると判断することはなかったのである（もし，男性的であると判断したなら，認知プライミング効果という）。これらの結果は，同じ閾下という呈示条件下で，感情刺激と認知刺激を呈示した場合，感情刺激のみ後続の無関連刺激に影響を及ぼしたことを意味しており，感情は認知に先立つことの根拠と考えられた。

感情血流理論（Zajonc, 1985）では，刺激に対する表情の表意により，快・不快の感情が生じるとされている。刺激によって生じた表情筋運動により，呼吸と顔面の静脈血流量が変化し，海面静脈洞内に流れる静脈血液の温度が変わることで，海面静脈洞を通過する内頚動脈の血液温度が変化する。これにより，視床下部の温度が変化し，情動関連の神経伝達物質やホルモンの合成や放出を導き，主観的な快または不快感情が生起するのである。たとえば，皺眉筋が緊張し，鼻腔が狭められた表情は，嫌悪の表情と似ているが，これにより，視床下部の温度は温められ，不快感情が生起することになる。こうした知見は，情動反応が刺激に対する認知的評価なしに生じ，認知に付随するものではないことを示唆している。

現在のところ，認知感情独立仮説および感情先行仮説と，それに対する認知的評価理論は，いずれが妥当であるか解決していない。ただし，これらの仮説や理論で定義されている，感情と認知は必ずしも同質ではない。認知感情独立仮説における感情は選好（preference）であり，認知は刺激の意識的な認知であるが，認知的評価理論における感情は情動（emotion）であり，認知は評価のことである。こうした違いが，両者の主張の違いを生んでいる可能性も考えられるだろう。
→認知的評価理論，感情血流理論，単純反復呈示効果　（坂元桂）

II 社会的認知の理論と概念

▼単純反復呈示効果

　単純反復呈示効果とは，ザイアンス（Zajonc, 1968）が提唱した効果で，強化を与えられずに，ある新奇刺激をただ単に反復呈示されると，その刺激のことが好きになるという効果のことである。この効果は，単純接触効果と訳されることも多い。典型的なパラダイムとしては，新奇刺激が数回ある一定時間呈示される。その後，呈示された刺激と呈示されたことのない刺激が対になって呈示され，どちらが好きかを答えるように求められる。この効果は，呈示頻度が増加するにつれ，好意度も単調増加するが，呈示頻度がある一定水準を超えると，むしろ好意度が低下しはじめるという逆U字曲線を描くことも示唆されている。単純反復呈示効果の存在は，多角形，顔写真，文字などのさまざまな刺激で確認されている。

　また，刺激が閾下で反復呈示される場合には，閾下単純反復呈示効果とよばれているが，この効果についてもクンスト・ウィルソンとザイアンス（Kunst-Wilson & Zajonc, 1980）が示して以来，多くの研究で確認されている。閾下単純反復呈示効果は，刺激の意識的な認知がないにもかかわらず好意という感情が生じるため，感情先行仮説や認知感情独立仮説の傍証として取り上げられてきた。

　1990年代に入ると，反復呈示によってポジティブ感情が生じていることを示す生理的反応が得られるかどうかについて研究がなされている。そこでは，ポジティブ感情と関係の深い，左脳や頬骨筋が活性化することが示されている。

　また，単純反復呈示効果の中でも閾下単純反復呈示効果が生じるプロセスを扱った研究も行われている。プロセスの説明として，よく知られている「知覚的流暢性の誤帰属説」では，次のような説明になる。刺激の反復呈示により知覚的流暢性が生じ，その刺激に対しファミリアリティを感じるようになる。閾下呈示の場合，このファミリアリティの原因が刺激の反復呈示にあると気づかないため，その原因を刺激の客観的性質である好ましさに誤って帰属してしまうことにより，効果が生じるというものである。なお，この説では，好意感情が生じる前に，誤帰属という認知過程を想定しているため，感情先行仮説や認知感情独立仮説を否定するものとされている。→認知感情独立仮説，閾下知覚，知覚的流暢性，誤帰属（坂元桂）

II-5 社会的推論

- 帰属過程
- トローペの2段階モデル
- ギルバートの3段階モデル
- リーダーとブルーワーのスキーマ・モデル
- 達成の帰属
- 基本的な帰属のエラー
- セルフ・サービング・バイアス
- 誤帰属
- 行為者と観察者の帰属の差
- コンセンサス情報の軽視
- フォールス・コンセンサス効果
- 利用可能性ヒューリスティック
- 代表性ヒューリスティック
- 係留と調節
- シミュレーション・ヒューリスティック
- 顕現性（salience）の効果
- 情報収集・サンプリングのエラー
- 共変性・随伴性の錯覚
- ベースレート・事前確率の軽視
- ●希釈効果
- ●連言錯誤
- ●後知恵バイアス
- ●反実仮想

　社会的推論の研究は，いわゆる「帰属理論」とそれに関連した実証的研究から出発している。行動や事象の原因に関する推論とそれに引き続く認知過程を対象とした帰属の研究は，社会心理学の中で初めて認知プロセス自体を正面から取り上げたもので，社会的認知研究の先駆けといえる。初期の帰属理論では，比較的合理的な推論プロセスが仮定されていたが，現実の帰属過程に関する研究は，人間の推論におけるさまざまな偏りや歪みを明らかにし，またヒューリスティックとよばれるような単純で直観的な推論の方式が存在することをも示した。これらは社会的推論研究のみならず，社会的認知研究全体を大きく前進させるきっかけとなった。近年は，認知研究の新しい動向を反映して，複数の処理段階を仮定したプロセスモデル構築の試みや，自動的な認知過程を考慮に入れたモデルなど，新しい理論化への動きが盛んである。本章の中でも，そのいくつかが紹介される。

II 社会的認知の理論と概念

▼帰属過程

　帰属過程とは，行動や特定の結果が生起した原因を推論する過程であり，原因帰属の法則や帰属バイアス，また，原因帰属時の情報処理過程について研究が重ねられてきた。帰属過程について最初に理論的な考察を行ったハイダーは，行動から行為者の内的で安定した傾性（disposition）を素朴に知覚する過程を分析し，行動が能力，環境要因，動機づけ，努力という要因の組み合わせにより生起すると理解されていることや，分析には「できる（can）」とか「しようとした（try）」という日常概念が用いられることを主張した（Heider, 1958）。ハイダーのこのような主張は，ジョーンズとデーヴィスの対応推論理論（theory of correspondent inference）（Jones & Davis, 1965）とケリーの分散分析モデル（ANOVA model）（Kelley, 1967）へと引き継がれることで，研究領域としての原因帰属が確立し実証的な研究成果が見られるようになった。対応推論理論や分散分析モデルなどの，古典的な原因帰属モデルは，実際に行われている原因帰属過程を明らかにしたというよりは，論理的に妥当と考えられることを根拠として，原因帰属はこうあるべきという規範を示したものとみなすことができよう。このような規範を示した理論ゆえに，これらの古典的モデルにつづく研究では，実際に行われる原因帰属が，理論やモデルが述べている規範的な法則に従っているか否かが検討され，エラーやバイアスの存在が示されてきた。その生起メカニズムを明らかにしようとする試みが，具体的な情報処理過程の検討へとつながっていった。

　対応推論理論は，他者を理解する過程の本質が行動からの傾性の推論にあるというハイダーの考察を引き継ぎ，傾性推論が行われる論理を記述したものである。この理論は，行動の原因帰属を，行動意図の同定と，意図された行動に対応する傾性の推論からなる過程であるとしたうえで，それに影響を与える要因について議論している。対応推論の主要な法則としてまずあげられているのが，非共通効果（noncommon effect）の分析である。非共通効果とは，行為者にとって行うことが可能な行動のオプションの中で，選択された行動では得られるが他の行動では得られない効果をさし，行動の意図はこの「非共通」な効果に帰属される。また，行動間の非共通効果が明確でない場合には，対応推論を行うための基盤として，「状況の拘束」「社会的望ましさ」「役割に一致する程度」などが用いられる。状況の拘束とは，行為者がその行動をその状況のもとで選択しえたかどうかをさ

II-5　社会的推論

す。たとえば，映画館で静かに映画を見ていても「内気な人だ」という対応推論は成立しない。映画館という状況は，「静かにする」ように人を拘束するからである。その一方，状況拘束の一種である「規範」からはずれた行動は傾性に帰属される。立食パーティの席上で誰とも話をしなければ，「パーティでは人と会話する」という規範からはずれており，内気であるという対応推論が行われる。また，社会的に望ましい行動や役割に一致した行動は，必ずしも行為者の傾性を反映しているとは推論されず，「その場で望まれているから」とか「役割に従っただけ」と考えられ，対応推論の程度を弱める。逆にいうと，社会的に望ましくない行動や，役割に一致しない行動は，行為者の傾性に帰属される度合いが高まるのである。

　しかし，実際に行われる対応推論は，このような規範的な法則に必ずしも従わない。行動を制約する状況要因についての情報が十分に考慮されることなく，行動が対応する傾性に帰属される「基本的な帰属のエラー（fundamental attribution error）」や，行為者は自己の行動を状況に帰属しがちなのに対して，観察者は行為者の特性に帰属しがちであるという「行為者と観察者の帰属の差（actor-observer bias）」が見られるのである。これらのバイアスが生起する過程を記述しようとする試みは，原因帰属時の情報処理過程に焦点を当てた研究を推進し，初期の研究では，「人」が「状況」より刺激として際立つため，人に行動の理由が帰属されやすいことや，この効果が，自分の行動を見ることのできない行為者よりも，観察者により顕著に表れること，また，目立つ刺激は出来事の生起原因としての貢献度が過大評価されがちであることが示されてきた。また，近年の対応推論研究は，社会的認知研究の知見を取り入れ，対応推論過程をより詳細に記述したモデルを提起するという方向に進んできた。その中でも，最も重要な研究成果としてあげられるのが，行動や状況に関する情報の段階的な処理過程に焦点を当てたギルバート（Gilbert）やトローペ（Trope）らのモデルであろう。彼らのモデルは，自動的－統制的処理，自発的特性推論などに関する知見を取り入れて，対応推論が複数の情報処理段階を経ることを明らかにし，各段階の特性について分析している。

　また，既存の知識が対応推論に与える影響を検討したモデルとしては，行動と

II 社会的認知の理論と概念

傾性の関係についての信念や知識に焦点を当てた「スキーマ・モデル」をあげることができる。このモデルは，行動と傾性の関連についての知識が，傾性次元により異なったり個人差が存在することを議論している。

対応推論理論が「行為者の意図」の推論に焦点を当てて，行動が内的特性に帰属される時の法則を考察したのに対して，ケリーは，より一般的な原因帰属の法則として，原因と結果の共変関係に基づいた原因の推論過程を導入した「分散分析モデル」を提起した。共変関係に基づく推論とは，原因と結果が共変するという認識に基づき，ともに変化する事象間に因果関係があると判断することである。たとえば，「A君がBさんに食事をおごった」ことについて原因を考えるとしよう。原因の候補としては，「A君が気前の良い人だから」「Bさんが魅力的だから」などがあげられるが，候補のうちどれが原因と判断されるかは，情報が示唆する原因と結果の共変関係に依存する。原因帰属に影響を与える情報の種類としては，弁別性，一貫性，合意性の3つがあげられている。弁別性とは，他の対象に対してどのような結果が生起するかについての情報で，上の例では，「A君がBさん以外の人にも食事をおごるかどうか」にあたる。一貫性とは，常に当該の現象や行動が起こるのかどうかに関する情報で，「A君がいつでもBさんに食事をおごるかどうか」をさす。また，合意性情報とは，同じ状況のもとで他の人がどう反応するかに関するもので，「他の人もBさんに食事をおごるかどうか」がこれにあたる。

原因帰属は，これらの情報の組合せから，原因の候補と結果との共変関係を吟味することで行われる。たとえば，A君は他の人には食事をおごらないが，Bさんにはいつも食事をおごり，他の人もBさんには食事をおごるとしよう。このように，弁別性，一貫性，合意性ともに高い場合には，対象の属性への帰属，たとえば「Bさんが魅力的だから」という原因帰属がなされる。また，A君は他の人にも食事をおごり，Bさんにもいつもおごるが，他の人はBさんに食事をおごらないとしよう。このように，弁別性が低く，一貫性が高く，合意性が低い場合には，行為者の特性への帰属，たとえば「A君が気前の良い人だから」という原因帰属がなされるのである。

ケリーが提起した分散分析モデルは，人間が論理的な因果推論を行っていると仮定したうえで，推論を導く規範的な法則を記述したものだが，分散分析モデル

Ⅱ-5 社会的推論

にそったその後の研究では，モデルが記述する規範的法則とは異なり，弁別性，一貫性，合意性の3種類の情報が，必ずしも等しく因果推論に影響するわけではないことが示されている。一貫性情報よりも弁別性情報の方が用いられにくいし，合意性情報はそれらよりもさらに用いられにくいのである。

分散分析モデルは，社会的な行動の原因のみならず一般的な事象の原因帰属過程も扱えるモデルとして，因果推論研究のプロトタイプを提供し，その後の「共変関係に基づく因果推論」を議論した研究の基盤を提供した。その後提出された，ヒルトンとスラゴスキーの異常条件焦点モデル（abnormal conditions focus model）（Hilton & Slugoski, 1986）や，チェンとノビックの確率対比モデル（probabilistic contrast model）（Cheng & Novick, 1990）などの代表的な因果推論に関するモデルは，共変関係の認知を因果推論や因果関係の学習における基本であるとしたうえで，実際の推論過程で既存の知識が共変関係に基づく推論を制約する過程を議論している。

帰属過程に関する研究は，対応推論モデルと分散分析モデルから発展しており，対応推論や共変関係の認知の観点から帰属を概念化することが主流であった。しかし近年の研究では，原因帰属を，既存の知識を用いて因果ストーリーを作成する過程と考える知識構造モデルやPDPモデルを用いて帰属過程をシミュレートする試みも提出されてきている。また，情報処理過程に焦点を当て，他の社会的認知研究の成果をとり入れるとともに，帰属以外の一般的な情報処理過程との共通性を考慮した議論を行っている。さらに，帰属過程は，他の認知や感情の生起，社会行動とも密接にかかわる認知過程であり，その影響過程は，成功や失敗の原因帰属と達成行動，問題が発生した原因の帰属と援助行動，望ましくない出来事の原因帰属と適応，感情の誤帰属の効果など，さまざまな領域で検討されている。因果関係の把握による社会理解としての帰属過程の研究に対して，今後より多様なアプローチが求められるといえよう。→トローペの2段階モデル，ギルバートの3段階モデル，リーダーとブルーワーのスキーマ・モデル，基本的な帰属のエラー，行為者と観察者の帰属の差，コンセンサス情報の軽視　〈唐沢かおり〉

▼トローペの2段階モデル

　初期の帰属理論では，行動が観察された時点から帰属の推論プロセスが始まると想定しているが，行動の意味自体は自明なものとして扱っている。たとえば，「Aさんは老人が道路を横断するのを助けた」とか「Bさんはその言葉を聞いて怒った」というように，すでに意味づけられた行動から，帰属過程がスタートすると仮定していたのである。しかし現実に人の行動を観察した場合には，その表情が何を表出しているのか，その動作がどんな意味をもつのかなどをまず推定しなければならない場合が多い。トローペ（Trope, 1986a）は，帰属の過程を，このように行動の意味を同定する段階（identification stage）と，それに基づいて行為者の内的な特性・傾性を推論する段階（inference stage）とに分解する2段階モデルを提出した。

　トローペが実験に用いた表情写真を例にとると，知覚者はまず最初に，その表情がどんな感情を表したものかを判定しなければならない。この判定に際しては，①行動自体の手がかり，②状況的な手がかり，③過去の情報に基づく手がかり，という3種類の手がかりが作用する。たとえば具体的には，①その表情はどの程度，明瞭または曖昧か，②状況は怒りを誘発するような性質のものであったか，③その人が過去によく怒る人であったか，というような情報が，それぞれ行動の同定に影響を与える。状況が怒りを誘発しがちなものだったと見なされれば，表情が「怒り」であると同定されやすくなる，というように，行動を誘発するような状況は，行動の同定に際して同化効果をもつ。また，その人が過去にもよく怒る傾向があったという情報，つまり同じ種類の行動を過去にもよく行ったという情報も，行動の同定を促進する。この際，行動が曖昧であれば，状況的な手がかりや過去の情報に基づく手がかりが働く余地が大きく，行動が明瞭であれば，他の情報の影響力は小さくなる。

　ある表情が「怒り」や「喜び」などのカテゴリーのいずれかに分類される例のように，ある行動の意味が同定されると，次に第二の段階，特性推論の段階へ進む。この段階では，性格や態度などのような，その人物の内的な特性を推論するのであるが，その際にも同定の段階と同じように，①行動，②状況要因，③過去情報という3種類の手がかりが働く。ただしここでは，状況的な誘因は前の段階とは逆方向に作用し，内的特性の推論を抑制する方向に働く。つまり，状況が怒

Ⅱ-5 社会的推論

りを誘発するようなものであったという情報は，その人が性格的に怒りっぽいという推論を困難にする。特別に怒りっぽい性格の人でなくても，あからさまに侮辱されれば，怒りを表すと予想されるからである。これは「行動に対して促進的な方向の状況的要因が存在する時には，性格や態度などの内的特性の推論が困難になる」という，ケリー（Kelley, 1972）の割引原理に対応している。

状況的な誘因が，行動の同定と特性推論の段階とで，判断に対して逆方向の影響力をもつという予測は注目すべきものであるが，最終的には2つの段階が総合されるので，状況的な誘因の存在が最終判断に対してどのように作用するかは，どちらの段階における効果が相対的に強いかによる。最近の論文の中で，トローペとガント（Trope & Gaunt, 1999）は，同定の段階と推論の段階を比較すると，推論段階の方が，より多くの認知資源を要する統制的な過程であることを仮定したうえで，2つの段階における状況要因の効果がどのように合算されるかを，以下のようなA～Dの4つのケースに分けて説明している。

まず，状況的誘因が同定段階で同化作用を生じないで，推論段階で抑制的に作用する場合には，割引原理で予測されるような結果となる（A）が，これが起こるためには，第一に行動自体が十分に明確であり，第二に知覚者が十分な認知的・動機的な資源をもっていなければならない。この2つの条件が満たされない場合として，まず同定段階で同化作用が起こり，推論段階では抑制作用が起これば，結果は差し引きゼロになる（C）。どちらの段階での作用も生じなければ，同じく結果はゼロとなる（B）が，同定段階では同化が働いたのに，推論段階では抑制作用が起こらなければ，結果は割引原理の逆，つまり状況的誘因が強いほど，内的特性が強く推論されるだろう（D），というのである。

一方，対象人物の過去の行動傾向に関する情報は，特性推論に際しても，行動の同定の場合と同様の方向に作用する。つまり，「その人物は過去にもよく怒った」という情報は，ある表情が怒りの表出だと同定することをうながしたと同様に，その人が怒りっぽい性格だという特性推論も促進すると予測される。→帰属過程，自動的処理（外山）

Ⅱ 社会的認知の理論と概念

▼ギルバートの3段階モデル

　古典的な帰属理論においては、他者の行動からその人の態度や性格などの内的特性を推論する場合、まず、「なぜそのような行動が起こったのか」という原因の推論を行うと仮定し、特性推論はその因果推論に媒介されると想定していた。つまり、その行動が、社会的規範や他人からの強制、物理的環境の影響などによって起こったのではなく、本人の意志に基づき、本人の内的特性を反映したものだと考えられる場合にのみ、特性推論が起こると仮定されていた。しかし、態度帰属の研究をはじめとする多数の実証的研究の結果では、本人に選択の自由がなく（no-choice)、もっぱら外的条件によって規定された行動からも、それと対応した態度や性格の推論が行われることが示され、基本的な帰属のエラー、対応バイアスなどとよばれて注目を集めている。このような事実は、行動の原因に関する因果推論が特性推論より時間的に先行し、前者の結果によって後者が左右されるという仮定に疑問を投げかけるものであった。

　ギルバート（Gilbert, 1989）の提唱した3段階モデルは、社会的認知研究の成果を帰属の推論の領域に導入して、この種の研究結果を巧みに説明するものである。彼のモデルによれば、他者の行動を観察した場合には、以下のような順序で推論が進むとされている。

　まず、その行動がどのような性質のものであるかを同定し、カテゴリー化（categorization）する第一の段階がある。たとえば、ある文章を読んで、「これは原子力発電に反対する文章だ」と判断するような段階である。

　それに続く第二の段階は、特性記述（characterization）とよばれ、行動に対応する特性を推論する段階である。上の例では、この段階で、「書き手は原子力発電に反対の態度をもっている」と推論することになる。

　そして最後の第三段階で初めて、状況要因を含めた行動の原因が吟味され、行動を誘発したと考えられるような外的要因が存在する時には、第二段階での推論が見直され、修正（correction）が行われる。すなわち、「原発反対の文章を書くように要請されたのだから、書き手の本当の態度は反対ではないかもしれない」というように、前段階での推論が修正され、割り引かれるのである。

　このようにギルバートの3段階モデルでは、まず行動に対応した態度や性格をその人物がもっていると推論し、その後、状況要因を考慮に入れた推論の修正が

II-5　社会的推論

行われる，つまり因果的な吟味が最後に行われると想定しているところが，従来の理論と対照的である。ちなみにギルバートは，古典的な帰属理論の仮定をデカルト的思考にたとえ，自らのモデルをスピノザ的思考になぞらえている。

　推論の最後の段階である修正は，常に行われるとは限らない。この修正が十分に行われなかったケースが，態度帰属の実験などで見られる対応バイアスや基本的な帰属のエラーである。ギルバートによれば，カテゴリー化と特性記述（特性推論）の段階は，認知的な労力をあまり必要としない自動的なプロセスであるのに対して，最後の修正は，認知資源を要する意識的な段階である。そのため，同時に複数の作業を並行して行わなければならない時や，別の事がらに注意を向けている場合などのように，認知的に多忙（cognitively busy）な状態の時には，とくに状況要因を考慮に入れた推論の修正が困難で，対応バイアスが生じやすいことが知られている。

　たとえばギルバートら（Gilbert et al., 1988）は，刺激人物のスピーチからその人の態度を推論するという課題の後で，被験者自身にも，刺激人物と同様の状況でスピーチしてもらうとあらかじめ予告する条件を設定した。ここで刺激人物と被験者に課される作業は，実験者から指定された立場に立ってスピーチする（no-choice 状況）というもので，その際には与えられた新聞記事を材料に使って作文すればよかった。このような場合には，スピーチの内容から話し手の態度を読み取ることは不可能であり，自分が類似の経験をする予定ならば，とくにそれをよく理解できるはずである。しかし，自分自身がこれから行うスピーチの準備に注意を奪われて認知資源が不足していた被験者は，単なる観察者である被験者に比べて，他者の態度推論に際して，状況の拘束力を十分に考慮に入れることなく，スピーチにそった態度を推論し，より強い対応バイアスを示すことが明らかになった。

　この3段階モデルは，態度等の特性帰属における対応バイアスを説明するのに有効であるが，後の論文でギルバートとマローン（Gilbert & Malone, 1995）は，事前の信念から特性推論にいたるまでのプロセス全体を視野に入れた拡大モデルを提出し，対応バイアスを生じる要因をより広範に検討している。→帰属過程，基本的な帰属のエラー，自動的処理，処理の負荷（外山）

Ⅱ 社会的認知の理論と概念

▼リーダーとブルーワーのスキーマ・モデル

　人間はどのような心理的過程を経て，観察された他者の行為からその人のもつ性格特性や意図，能力，態度などの「傾性（disposition）」を推論するのか？　これは「対応推論過程」に関する一連の原因帰属研究における中心問題である。リーダーとブルーワー（Reeder & Brewer, 1979）は，行為と，その原因になりうる特性との対応関係について，人は一般的な知識構造，すなわち「スキーマ」をもっていると考えた。しかもその対応関係は特性の種類によって異なり，けっして一様ではないという認識も，スキーマの一部として保持されているという。リーダーらはこうした対応推論スキーマが，①部分制約的（partially restrictive），②階層制約的（hierarchically restrictive），③完全制約的（fully restrictive）の3種類に分類できることを指摘した。

　まず「部分制約的スキーマ」は，「外向的−内向的」のように対称的で一次元的連続体が想定される多くの特性が当てはまる。これは，片方の極に近い特性ほど対照的な行動を引き起こしにくいという知識に基づいている。上の例でいえば，極端に外向的な特性をもつ人が引きこもった行動を示すことは，「やや外向的」な人がそうするよりも稀であろうし，逆にきわめて内向的な人が愛想よく話しかけてくることはまずないと，われわれは暗黙のうちに知っていることをさす。こうした特性と行動の間の対応関係に関する知識があるからこそ，たとえば愛想のよい行動から「外向的な人だ」といった行為者の傾性に関する推論を，自動的に行うことができるといえる。ただし，部分制約的スキーマが適用される特性は，状況のもつ影響を強く受けやすい。たとえば，懇親の席では誰もが一様に外向的にならざるを得ないので，外向的な行動から直ちに確信をもって「外向的」という対応推論を行うことは難しくなる。

　これに対して「階層制約的スキーマ」に従う特性とは，「特性−行動関係」の非対称性が認識されている場合をさす。たとえば，「不正直な」人でも24時間常に嘘をついているわけではなく，むしろ日常生活の中で多くの場合は真実を口にしているであろう。これに対して「正直な」人は，定義の通り常に正直であるはずで，一度でも嘘をつけば「正直」とはよべないことになってしまう。言い換えると，一度「不正直」という評価を得た人は何回本当のことを言ってもなかなか「正直」だと認めてもらえないが，「正直」という第一印象はたった一回の嘘で容

易に更新される可能性がある。このように誠実さや親切さなどの「道徳性次元」にかかわる特性については，ポジティブな信念をネガティブ情報で変化させることよりも，ネガティブな信念をポジティブな事例でくつがえすことの方が難しい。これは先に述べた階層的制約性によるものと考えられる。一方，「能力次元」にかかわる特性はポジティブな信念をネガティブな事例でくつがえすことの方が難しいとされる。つまり，「力のない人」が重いものを持ち上げたり，「実力のない人」が難問を解いたりすることは定義からしてありえないが，一度でも重いものを持ち上げればその人は「力持ち」と見なされるのである。運動競技で世界記録を達成した人は，再びその記録を出すことが一度もなくても，「能力のある人」という特性推論が変わることは生涯ないであろう。

最後に「完全制約的スキーマ」とは，ある特性の結果生じる行動の幅がきわめて狭いと認識されているため，観察された行動から背景にある特性が高い対応性をもって推論されるような場合をさす。「神経質な」人が無頓着でだらしない行為をすることは少ないであろうし，逆に「だらしない」人が神経質な行動を示すことはほとんど考えられない。これなどは完全制約的特性の例である。

特性と行為の対応関係について知識構造の介在を想定することは，観察された行動からどのようにして傾性の推論がなされるかという，原因帰属過程の理解にとって重要な枠組みを与えた。それだけでなく，先にも触れた印象の変容可能性に関する議論との関連で，社会的ステレオタイプの形成や変容，そして温存の過程に関する研究にも寄与している（Rothbart & Park, 1986）。

さらに近年では，特性概念の「構造」に関する研究だけでなく，こうした認知構造がどのような「原理」に基づくのか，その心理的根拠に関する検討が理論面でも実証的研究においてもさかんに行われている。こうした研究動向は，さまざまな心理的起源と認知構造を視野に入れた，より詳細な分類と理論的位置づけの試みを次々に生み出している（Reeder et al., 1992）。→帰属過程，自発的特性推論，スキーマ，ステレオタイプ　（唐沢 穣）

II 社会的認知の理論と概念

▼達成の帰属

　社会で起こるいろいろな出来事や人間行動の背後にはどのような原因が作用しているのであろうか。社会的事象，とりわけ人間行動の因果的関係の認知を重視し，理論的に分析したのがハイダー（Heider, 1958）であった。ハイダーは，人間の行動と行動の結果を決定する原因の所在は二分できると仮定した。一方は，行動の主体であるその人本人に属する要因である。他方は，当人にかかわりなく外部の環境に属する要因である。本人に属する主要な要因には，当人の能力（ability：A）と努力（effort：E）があり，外部環境に属する要因には課題の難しさ（task difficulty：T）と運（luck：L）があると提起した。入学試験に失敗した人がいるとすれば，本人の能力が低かったから，努力が不足していたから，課題が難しかったから，運が悪かったから，などと考えることができる。

　ワイナーら（Weiner et al., 1971）は，ハイダーの分析やロッター（Rotter, 1966）の学習理論に基づく強化の統制の所在（locus of control）の考えを背景にしながら，達成の結果は上述の4つの原因要因（A, E, T, L）の関数として決定されると仮定した。達成行動の成功や失敗の結果を説明するために，われわれは，達成に要する能力や，払った努力の量，達成課題の難しさ，達成時の運の向き具合と強さを評価する。達成の結果を生むのに4つの原因要因がそれぞれどれだけ重要な役割を果たしたかを評価し，寄与の程度を決定する。これが達成結果の原因の帰属といわれるものである。課題の難しさや努力の大きさに比して能力の相対的な高さを主観的に判断することで，期待が上下することも予想される。

　ワイナーらはこれらの原因要因のもつ性質に注目し，次のような理論的な整理を試みた。1つの性質は，内的－外的次元である。能力と努力は，達成行動を行う人に属する性質をもつ内的要因であり，運と課題の難しさは環境内にある当人の関与しない性質をもつ外的要因である。他の性質は，安定－不安定次元である。能力は内的要因，課題の難しさは外的要因であるが，両者の水準はともに短期的に大きく変動するとは考えにくく，一定期間比較的安定している性質をもつ。対照的に，努力と運はその時々で量や作用が変化しやすく，不安定な性質をもつ。第三の次元として，達成者が原因を自ら統制できるか否かが将来の期待，動機，感情などに大きく影響するとして，統制可能性（controllability）を設定する場合もある。ワイナーは，統制の可能性の次元を加えた原因の分類次元を提案してい

る。統制不能の原因として能力，気分，課題の難しさ，運を，統制可能な原因として持続的な努力，一時的な努力，他者の癖やパーソナリティ，他者から受ける思いがけない援助等をあげている。達成結果の原因が次元上に整理されたことで，達成への期待や動機づけ，さらに成功や失敗経験から生まれる感情の形成過程を認知的に明らかにする基盤が与えられた。このことは，ワイナーらの大きな功績であろう。たとえば学習に無力感を抱く子どもは，失敗を予想し，努力せず，達成を回避する傾向が強い。学習不振児は，継続的な失敗をする結果，自分の能力では達成結果を改善することは難しいと思いこみ，努力の有効性を無視してしまう。失敗を努力不足に帰属する子どもは，その後の成績が向上し，能力不足に帰属する子どもは成績が低下する傾向があることも示されている。努力は内的で統制可能な要因であるのに対して，能力は内的で統制の難しい要因で無力感の形成に結びつきやすいと考えられる。自己の能力不足を確信している子どもに，努力することで成功経験が得られることを体験的に理解させ，達成への動機づけを改善することも試みられている。

　達成結果に伴い経験する感情もまた，われわれの心理や行動に大きな影響を及ぼす。ワイナー（1985）は，達成結果に付随する認知と感情の生起の過程を次の3つに分けている。1つめは，原因の帰属によるものではない，達成結果自体によって発生する喜びや落胆といった結果依存－帰属独立感情である。2つめは，達成の結果を特定の原因に帰属することで生じる帰属依存感情である。成功を努力に帰属する時には安心感が，運の良さに帰属する時には驚きの感情が，失敗を能力のなさに帰属する時には無力感が，努力不足に帰属する時には後ろめたさの感情が経験されるなどである。3つめは，達成結果をどの原因次元に帰属するかによって異なる感情である。たとえば，プライドや自尊感情は内的次元への原因帰属と，怒りは統制不能次元にある他者への原因帰属と関連することが指摘されている。研究は，達成行動の帰属の範囲を超えて抑うつや学習性の無力感の検討，帰属スタイルの研究など応用的な内容へと発展しており，実践的な課題の解決に貢献することが期待される。→帰属過程，セルフ・サービング・バイアス，感情の帰属理論（坂西）

II 社会的認知の理論と概念

▼基本的な帰属のエラー

　人間の行動の原因を大別すると，その人自身の性格，態度，能力などのような内的な原因と，他人や集団などからの社会的影響や自然・物理的環境の影響などの外的原因とに分類することができる。それに対応して，人間の行動の帰属についても，内的帰属と外的帰属の区別が重視されてきた。しかし，内的－外的原因は帰属において同等の重みをもつものではなく，とくに他者の行動の原因は，その個人の内部に帰せられる傾向が強いことが知られている。これは，帰属理論の出発点となったハイダー（Heider）の著作の中でもすでに触れられているが，ロス（Ross, 1977）は，その後の実証的な研究で見いだされた各種の帰属のエラーの中でも，これが最も広範かつ普遍的に見られるものであるとして，基本的な帰属のエラー（fundamental attribution error）とよんだ。

　基本的な帰属のエラーとは，「環境の影響力に比較して，個人的な傾性的（dispositional）要因の重要性を過大に推定する人間の一般的傾向」（Ross, 1977, p.184）をさすが，そのような原因帰属における推論の偏りだけでなく，周囲の状況の物理的・社会的影響によって行動が規定された場合，つまり本来は外的な原因に帰属されるはずの行動からも，それと対応する内的な特性が読みとられてしまうという，特性の推論におけるエラー（これをとくに対応バイアス correspondence bias とよぶこともある）をも含む。この2つの側面は密接不可分に結びついているが，それぞれに特有のメカニズムも関与している。

　原因帰属における内・外要因の不均衡は，さまざまな社会的行動をもっぱら本人の性格によって説明しようとする傾向や，個人の内面的な特性に関するわずかな情報から，将来の行動に関する確信をもった予測をしすぎる傾向などとして表れる。このような傾向の背後には，人間の行動は本人の内的・心理的な要因によって決定されるのだという，暗黙の信念が存在しているのかもしれない。ロスとニスベット（Ross & Nisbett, 1991）はこれを，一般人のもつ傾性主義志向（lay dispositionism）によるものと指摘しているが，現実には，人間の行動が周囲の状況や環境によって決定される部分が大きいにもかかわらず，状況よりも人の要因を重視する傾向は，きわめて広範な領域で見られる。

　特性推論における帰属のエラーの代表例としては，態度帰属の研究でくり返し見いだされてきた対応バイアスがある。これは，ディベート（討論大会）の場合

II-5 社会的推論

のように，本人の意思にかかわらず，賛否どちらの側からスピーチをするかを割り振られた際にも，賛成の場合は賛成，反対の場合は反対と，その人が話した内容に対応する態度を実際にもっていると推論されてしまう傾向で，過剰帰属（overattribution）などとよばれることもある。このような傾向は，外的な強制や自動的な割り振りという事実を無視した，不合理な推論であるが，実験条件やトピックなどを変化させても，消滅させることがきわめて困難な現象であることが知られている。

基本的な帰属のエラーがなぜ生じるかに関しては，さまざまな説明がなされている。まず，他者の行動を見聞きした場合，行動そのものや行為者に比べて，状況要因は地味で目立ちにくいという知覚的な相違があげられる。一般に，知覚的に顕現性が高く，注目されやすい要因は，因果的な推論においても重視されやすいが，状況要因は目立ちにくいために軽視されがちなのである。

他者の内的特性に関する情報を得ることは，その人の将来の行動を予測することを可能にし，もし比較的類似した状況がくり返されるならば，その予測に応じて適切な対処行動を準備できて，以後の相互作用を円滑に進められるという利点がある。そこで，他者の内面的情報を得ようとすることが，推論の暗黙の目標になっているという可能性も考えられるかもしれない。

態度帰属などの特性推論における対応バイアスに関しては，この他に，外的・状況的な行動の促進要因を考慮した，推論の修正や「割引」が不十分であるという点を指摘することができる。これに関して，ギルバートの3段階モデルでは，行動を見聞きした場合に，行動の原因を吟味することなく，まず自動的に行動の内容と対応した態度や特性を推論してしまい，その後で周囲の状況などを勘案した修正が行われると想定している。修正の段階は認知的な資源を要する意識的な推論であるので，場合によってはこの段階が省略され，その結果，対応バイアスが生じるのである。その他，状況の強制力の強さを過小評価し，外的圧力に対抗する個人の力を過大評価するゆえに個人の行動を額面通り受け取る傾向など，多くの要因がこのバイアスに関与している（Gilbert & Malone, 1995）。→帰属過程，ギルバートの3段階モデル，自動的処理　（外山）

Ⅱ 社会的認知の理論と概念

▼セルフ・サービング・バイアス

　セルフ・サービング・バイアス（self-serving bias）とは，課題遂行などの結果を自己にとって好ましい意味をもつように，解釈，説明する傾向をさす。とくに，成功，失敗の原因帰属において，成功を自分の能力や努力といった内的要因に帰属し，失敗を課題の難しさや運といった外的要因に帰属する傾向をさす。このうち，成功に関する歪みを自己高揚バイアス（self-enhancing bias），失敗に関する歪みを自己防衛バイアス（self-protective bias）とよぶ。

　このような原因帰属の歪みが生じる理由として，自己を好ましく見ようとするからだという動機的説明と，情報処理の歪みとする認知的説明とが存在する。

　動機的説明とは，人は自尊感情（self-esteem）を維持・高揚するように動機づけられており，この動機づけによってセルフ・サービング・バイアスが生じるのだと説明するものである（Bradley, 1978；Zuckerman, 1979）。自尊心を維持・高揚しようとする自己高揚動機（self-enhancing motive）は，社会心理学において，自己の認識や対人行動に重要な影響を及ぼすと考えられてきた。成功や失敗の原因帰属においても，単なる客観的な証拠の他に，自尊感情の維持・高揚のような主観的な欲求や望みが影響すると考えられるのである。実際に，成功を外的に帰属した時よりも内的に帰属した時の方が，また失敗を内的に帰属した時よりも外的に帰属した時の方が，自尊感情が高まることがわかっており，セルフ・サービング・バイアスが自尊感情の維持・高揚に役立つことが示されている。

　これに対し，ミラーとロス（Miller & Ross, 1975）は，自己高揚動機を介さない認知的説明を行っている。彼らは，それまでの研究をレビューし，自己高揚バイアスは支持されているが，自己防衛バイアスはほとんど支持されていないことを指摘した。そして，自己高揚バイアスのみであれば，動機的要因を仮定せず，認知的過程を考えるだけで説明できると主張した。一般的に人には，①失敗よりも成功を予期する傾向にあり，期待に即して結果を解釈しやすい傾向，②失敗し続けた時よりも，成績がしだいに向上し成功に向かった時の方が，努力と結果の共変を知覚しやすい傾向，③自分の行動と望ましい結果の同時生起には注目するが，自分の行動と望ましくない結果の同時生起は無視してしまう傾向の3つの認知的歪みが存在する。これらの認知的歪みの影響によって，自己高揚バイアスが生じると考えられるのである。

Ⅱ-5 社会的推論

　しかし，研究が進むにつれて，認知的説明だけではセルフ・サービング・バイアスが説明できないことが明らかになってきた（Zuckerman, 1979）。たとえば，期待が必ずしも努力への帰属に影響しないことが示され，成功期待による説明が当てはまらない可能性が指摘された。さらに，遂行が一度きりの研究においてもセルフ・サービング・バイアスが見られ，努力と成功の共変による説明が当てはまらない例が生じた。そして，自己高揚バイアスと同様に自己防衛バイアスも存在することが示された。これは，自分の行動と失敗の同時生起は無視するという説明と矛盾する。この結果，近年では，セルフ・サービング・バイアスの生起は認知的な要因よりも動機的な要因，とくに自己高揚動機によるところが大きいと考えられている。

　ところで，セルフ・サービング・バイアスには自己呈示（self-presentation）的な側面もあり，対人的要因の影響を受けやすいことが示唆されている（Bradley, 1978）。たとえば，他者によって原因帰属が正しいかどうか確認される可能性があると，人はセルフ・サービング・バイアスを示しにくくなり，場合によっては正反対の自己卑下的な原因帰属を行うことがある。この理由は次のように考えられる。セルフ・サービング・バイアスは，自尊感情を維持・高揚するのに役立つ。しかし，もしこの原因帰属が都合の良い解釈であることが発覚すると，周囲からさまざまな批判をうけるという危険がある。控えめな原因帰属や自己卑下的帰属は，自尊感情の維持・高揚ができないが，後で周囲から批判をうけるという危険を回避することができる。このような原因帰属を行った後のコストとベネフィットを考えて，人は，自分の原因帰属が誤りだと示される可能性が高まると，戦略的に控えめな原因帰属や自己卑下的帰属を行うのである。また，人は，自己への脅威が予期される場合，自分にとって都合の良い帰属ができるようにあらかじめハンディキャップを自分に与えたり，主張したりするというセルフ・ハンディキャッピング方略をとることがある。これは，セルフ・サービング・バイアスの自己呈示的側面がさらに進んで高度になったものと解釈しうる。→帰属過程，自尊感情，自己高揚（藤島）

Ⅱ 社会的認知の理論と概念

▼誤帰属（misattribution）

錯誤帰属ともよばれ，真の原因ではない別の要因に原因を帰するという誤った推論をさすが，当初この言葉はおもに情動の帰属に対して用いられた。

怒りや恐怖，喜びなどの情動の自己帰属においては，誤った推論が起こりやすいことが知られている。たとえば，シャクターとシンガーの有名な実験（Schachter & Singer, 1962）では，エピネフリンの注射によって生理的喚起を生じた被験者のうち，自分が経験している生理的状態が注射のせいであるという正しい情報を与えられていない人々は，周囲の状況操作に誘導されて，ある場合は喜びを示し，他の場合には怒りを表す傾向がみられた。この実験は，情動の経験には生理的喚起と認知的要因の2つが必要だという，情動2要因理論の基礎となったが，ここで見いだされた現象は，情動と関係のない薬剤の注射によって生じた自分の生理的喚起を，情動によって生じたものと誤って認知したというタイプの誤帰属と考えられる。

これとは逆に，情動によって生じた生理的喚起を，外部の無関連な原因に帰するという種類の誤帰属の例としては，ロスら（Ross et al., 1969）の研究をあげることができる。この研究では，電気ショックに対する恐怖によって生理的喚起状態に陥っている被験者に対して，その喚起状態を無関連な外部の騒音に帰属するよう誘導することによって，恐怖を減じることができることを示した。このように，本来，不安や恐怖などの情動によって生じた生理的喚起状態を，無関連な外部要因によるものだと誤帰属することは，不適応症状の改善につながるのではないかという期待から，帰属療法（attribution therapy）の可能性が検討された。

このほかに，2種類の要因が関与した生理的喚起に関する誤帰属も存在する。この例としては，ジルマンが興奮転移（excitation transfer）とよんだプロセスがあげられる。たとえばジルマンらの研究（Zillman et al., 1972）では，軽蔑や中傷によって怒りを誘発された後に激しい運動をした被験者は，軽い作業をした被験者よりも，その後のセッションで，相手に強い報復の攻撃反応を示すことが明らかになった。これは怒りによる喚起と身体的運動による喚起とが不可分に結びつき，それが情動的な反応を強めたものと考えられる。つまりこの場合には，2種類の原因による生理的興奮が重なっているにもかかわらず，本人が一方の原因の作用に気づかないために起こった誤帰属であると考えられる。この種の誤帰属

は，周囲に反対され，妨害されるほど恋愛感情が強まる，いわゆる「ロメオとジュリエット効果」など，対人魅力や恋愛感情に関しても起こることが知られている。

さて社会的認知研究の進展に伴って，上に述べたような情動帰属の範囲以外についても，やや異なった種類の「誤帰属」が問題にされるようになった。

同じ刺激をくり返し見聞きすると，その刺激に対する好意度が増すという単純接触効果（単純反復呈示効果）は，ザイアンス（Zajonc, 1968）の研究以来よく知られている。この効果は，刺激が閾下で呈示され，被験者がその刺激を知覚したことに気づいていないような場合にも起こるが，ボーンスタイン（Bornstein, 1992）は，これを「誤帰属」の現象として説明している。つまり何度も同じ写真を見たり，同じ言葉を聞いたりすると，「見慣れている」または「聞き慣れている」ために効率的に処理することができるが，被験者は刺激にくり返し接触していることを意識していないために，この知覚的流暢性（perceptual fluency）を，対象に対する好意の表れだと誤って解釈してしまう，つまり誤帰属するというのである。

またジャコビーら（Jacoby et al., 1989b）は，ある名前が有名であるかどうかの判断における誤りを検討している。彼らはまず，コンピュータの画面上に有名でない人名を呈示して，被験者にそれを読み上げるように指示し，その後，有名人の名と有名でない人名を混ぜたリストを呈示して，どれが有名な人名であるかを判断させた。ここで有名でない人名の中に，以前被験者が読み上げた人名が含まれていたが，被験者は，以前に読んだことのある有名でない人名を，有名人の名だと誤って判断する傾向があった。これは，「見覚えがある」という感覚を，その名が有名であることの証拠と誤解したものと考えることができる。

このように誤帰属という観点から説明される現象の範囲は広い。概括的に述べるならば，本人自身も気づかないような潜在的な認知プロセスの結果を，意識レベルで説明しようとする時に，目立ちやすく，いかにも原因らしく見える要因に帰属を行う現象だということができるであろう。→帰属過程，単純反復呈示効果，閾下知覚（外山）

Ⅱ 社会的認知の理論と概念

▼行為者と観察者の帰属の差

　自分が行った行為を，それを見ていた友人に説明しても解釈が異なり，理解されない経験をもつ人は多いだろう。ジョーンズとニスベット（Jones & Nisbett, 1971）は，同一の行為をとり上げる場合であっても，行為を行った本人とそれを見ていた他者の間には，原因の帰属を中心にした認知に大きな違いが生じることに注目した。この認知差は偶然ではなく，一般的に起こる現象だと考え，次の命題に表現した。「行為者は，自分の行為を状況が要求する諸条件に帰属し，観察者は，同じ行為者の行為を行為者個人の安定した特性（dispositions）に帰属する一般的な傾向がある」。行為者は，行為の原因を事態や状況のせいにし，観察者は，行為者自身の人柄や性格のせいにするというのである。行為者と観察者の帰属に表れる認知の差をさして，行為者と観察者の帰属差とよんでいる。

　行為者と観察者の認知の違いは，両者のもつ視点，情報，立場や動機の違いが根底にあると考えられている。行為者と観察者の認知差を生む要因には次のものがあるといわれている。

1. 利用される情報源の違い　①行為者は行為に伴う喜びや悔しさを知っているが，観察者は知らない。②行為の直接の原因は行為者しか知らない。③行為者の過去の経験や情報を行為者はよく知っている。
2. 認知と情報処理の違い　①行為者には自分の周りの状況が目立つ意味のある図となり，観察者には行為者が図となり，両者ともに図に原因を帰属しやすくなる。②観察者のかたより：役割行動をした人に「社交的な」などのラベルをつけると，観察者は役割を無視して社交的な特性を強くもつ人として見る傾向を強める。いったん特性で行為を説明すると，その後も特性で説明しやすくなる。③行為者のかたより：行為者は，自分を目的意識的で状況に応じて行動すると見る。他方，観察者は，事態の変化にかかわらず行為者個人の性格が行為を特徴づけていると見なしやすい。
3. 動機の違い　行為者には自己を防衛し自尊心を維持する動機が強く働き，状況への帰属が強くなる。

　行為者と観察者の帰属の違いに関する研究は，コミュニケーションの深化や相互理解を図るうえでわれわれが注意すべき点を示唆しており，重要である。→自尊感情，帰属過程，基本的な帰属のエラー，達成の帰属　（坂西）

▼コンセンサス情報の軽視

　ケリー（Kelley, 1967）のANOVAモデルによれば，観察者が，類似した事象を複数観察して原因帰属を行う時には，ある個人がある状況（時や様態）で特定の実体（対象）に対して示した反応が，他の実体に対しても同じように生じるかどうか（弁別性），他の時や様態でも同じように生じるかどうか（一貫性），その個人だけでなく他の人でも同じように生じるかどうか（コンセンサス：合意性，一致性ともいう）という3つの情報を考慮する。このモデルは，これらの情報を実験者が言葉で明示的に操作する実験（高いコンセンサスの操作の例は，「ほとんどの人が……した」という情報を与える）で検討され，人々が，この3つの情報を考慮して帰属判断を行うことができることを示している。

　しかし，いくつかの研究は，これらの3つの情報が必ずしも等しい影響力をもっているとはかぎらないことを示している。これまでに，一貫性情報は弁別性情報よりも大きな影響力をもつこと，なかでもコンセンサス情報は影響力をもたないことが示されてきた。カッシン（Kassin, 1979）は，このコンセンサス情報の軽視は，人々が実験者から与えられるコンセンサス情報と，あらかじめ抱いているコンセンサスに関する情報（規範的期待：normative expectancy）とが異なるために生じると考えている。規範的期待は，自分ならどうするかという自分の行動に関する知識に由来することもある（フォールス・コンセンサス効果）。このために，コンセンサス情報の実験操作が弱かったり，その情報の顕現性や利用可能性が低かったり，その情報をもたらすサンプルの代表性が低かったり，事象に対する人の因果的な関連性がなかったりする時には，コンセンサス情報は効果をもたないのである。

　コンセンサス情報の軽視は，人々が，ANOVAモデルが想定するような複雑な計算を行うのではなく，より簡便なヒューリスティックを用いて帰属判断を行うことを示している。この軽視は，ベースレートの軽視という一般的現象の1つと位置づけることもできる。→帰属過程，フォールス・コンセンサス効果，利用可能性ヒューリスティック，代表性ヒューリスティック，ベースレート・事前確率の軽視（岡）

Ⅱ 社会的認知の理論と概念

▼フォールス・コンセンサス効果

　自分の特性や意見や反応を他の人々に一般化して知覚する傾向は，属性投射（attributive projection）や想定類似性（assumed similarity）として以前から知られていたが，ロスら（Ross et al., 1977）は，この自分を基準としたコンセンサス（self-based consensus）の知覚をフォールス・コンセンサス効果（false consensus effect）とよび，人々が「自分自身の行動的選択や判断を，その状況では比較的一般的であり適切なものであるとみなす一方，それとは別の反応は一般的でなく逸脱した不適切なものみなす」傾向と定義した（p.280）。この効果は，たとえば，白パンを好きな人は，黒パンを好きな人よりも白パンを好きな人が多いと推測し，逆に，黒パンを好きな人は，白パンを好きな人よりも黒パンを好きな人を多いと推測する現象である。マリーンら（Mullen et al., 1985）のメタ分析，マークスとミラー（Marks & Miller, 1987）の展望論文から，最近のクルーガー（Krueger, 1998）の批判的論文までに示されるように，数多くの研究がこの効果を確認し，この効果の大きさを増減する要因を検討している。それらの要因は，①選択的接触（selective exposure）と利用可能性の要因，②顕現性と注意の焦点の要因，③曖昧性解消と論理的情報処理の要因，④動機的要因，に大別される。

① 選択的接触と利用可能性　人は，自分と背景，経験，興味，価値観などが似た人たちと連合を形成する傾向がある。人は，このような偏ったサンプルに基づいて統計的な判断を行うために，過大なコンセンサスを推測しやすくなる。さらに，人は，このように類似した人たちと選択的に接触しているために，自分の記憶のなかでそのような類似した事例を想起しやすくなっている。人が直感的に判断する時には，そのような事例の思いつきやすさ（利用可能性）に基づくために，過大なコンセンサスが推測される。

② 顕現性と注意の焦点　自分の立場や自分の行動は，自分が選んでいない立場や行動よりも，知覚的にも，また意識のなかでも目立っている。直感的な判断を行う時には，この顕現的な自分の立場や行動が，自分の知覚や意識のなかで注目されるために，それ以外の別の立場や行動が注目される時よりも，自分の立場や行動のコンセンサスが高く推測される。

③ 曖昧性解消と論理的情報処理　人は，自分自身が原因ではなく，対象や周り

Ⅱ-5 社会的推論

の状況の方が原因となって自分にその対象に対するある特定の立場や行動をとらせているのだという帰属を行いがちである。このような外的帰属が行われる時には，その対象や状況が備われば，自分以外の他の人々も，自分と同じような立場や行動をとるだろうという論理的な予測を行うことができる。このような論理的推論の結果，過大なコンセンサスが推測される。さらに，このように人々に同じ立場や行動をとらせる状況の力は，人々が，不確実で曖昧な選択状況に直面して，その状況を細部にまで克明に思い描こうとすることによって，より強く知覚されるようになる。

④　動機的要因　人は自分の高い自尊感情を維持しようとして，自分の立場や行動が，その状況では合理的で妥当なよいものであると思いたがる傾向がある。このような動機づけのために，1) 自分自身の立場や行動のコンセンサスを高く知覚したり，あるいは，そのようには知覚していなくても，人前ではそうであると表明したりする。また，この自己正当化の動機によって，2) コンセンサスが高く，規範的な立場や行動を自分自身の立場や行動であると偽って報告したり，あるいは，3) 実際にそのような規範的立場や行動を採用するようになったりする。これらのいずれもが，過大なコンセンサスの知覚をもたらす。

フォールス・コンセンサス効果は，コンセンサス知覚の過大な方向へのバイアスを問題にしているが，逆に，過小な方向へのバイアスは，フォールス・ユニークネス効果（false uniqueness effect）ないしはフォールス・イディオシンクラシー効果（false idiosyncrasy effect）とよばれている。また，これらの効果はフォールスとよばれ，バイアスやエラーとよばれることもあるが，人々の日常の知覚や判断の不正確さや非合理性を表しているとはかぎらない。実験室の中での規範からのズレと現実生活のなかでの誤判断の不一致の問題，自分を1つのサンプルとする統計的な判断もフォールス・コンセンサス効果をもたらすという問題などが考慮されなければならない。→セルフ・サービング・バイアス，利用可能性ヒューリスティック，顕現性，自尊感情（岡）

II 社会的認知の理論と概念

▼利用可能性ヒューリスティック

　利用可能性（availability）ヒューリスティックとは，ある事がらの生起確率や頻度，事例数などを判断する際に，その事例が想起しやすいあるいは思い浮かべやすければ，その生起確率や頻度が高いあるいは事例数が多いと判断する簡便方略である。トバースキーとカーネマン（Tversky & Kahneman, 1973）によって，代表性ヒューリスティックとともに提唱された概念である。一般に，起こりやすい事例や多くの事例をもつカテゴリーの方が，そうでない事例よりも思い浮かべやすく，想起しやすいため，生態学的には妥当な手がかりである。したがって，（認知的倹約家としての）人は，確率や頻度を判断する場合，すべての事例に基づいて判断するのは時間と努力が必要なため，いくつかの事例を想起したり思い浮かべて，その利用のしやすさに基づいて事例全体を判断する。しかし，想起しやすさや思い浮かべやすさは，（事例の確率や頻度情報以外の）記憶過程などの影響を受けるため，利用可能性ヒューリスティックによる判断は系統的バイアスが生じることがある。以下は利用可能性の類型であるが，これらは相互に関連をもっている。

① 　検索のしやすさ（accessibility）による利用可能性　事例の親近性や顕現性（salience）は，事例を検索しやすくするため，その事例集合の頻度を過大評価させる。たとえば，男女の名前リストを呈示して，男女どちらの名前の数が多いかを被験者に判断させる場合，有名人の名前を含む方が検索しやすいため，頻度が過大評価される。また，自分の貢献を他者の貢献よりも過大評価する，自己中心的バイアスは，自己の貢献が他者の貢献よりも選択的に注意，記憶され，想起しやすいことによる利用可能性ヒューリスティックにより説明できる。

② 　イメージの鮮明さによる利用可能性　事例のイメージの鮮明さ（vividness）は，事例の頻度や確率を過大評価させる。たとえば，航空機の墜落事故が起きた直後はその事故のイメージが鮮明に思い浮かぶため，類似の航空事故のリスク（生起確率と被害の大きさ）が過大評価されやすい。さらに，メディアによる事件報道の頻度は実際の頻度とは対応していないため，市民の利用可能な事例自体にバイアスが加わる。よって，社会的事象の判断（例：リスク認知，帰属）における利用可能性ヒューリスティックによるバイアスはいっそう高まる。

③ 　事例集合の走査しやすさによる利用可能性　事例集合が走査しやすい場合

は，カテゴリーの事例の頻度を過大評価しやすい。たとえば，英語において，rから始まる語（例：road）とrが3番目の語（例：car）のどちらが多いかを被験者に尋ねると，3分の2が前者の方が多いと答えた（実際は後者が多い）。

④ 事例の構成しやすさによる利用可能性　人は，ある事がらに当てはまる事例数を推定する場合，すべての事例を構成することはできないため，いくつかの事例を構成してみて，その構成しやすさに基づいて全体の事例数を推測する。たとえば，10人を小委員会に分ける場合の組合せ数を，2人委員会から8人委員会までを考えて，それぞれ被験者に直観で答えてもらうとする。この場合2人小委員会の組合せが最も多い数の推定がされ，8人委員会の組合せが最も少なく推定された（実際は$_{10}C_2 = {}_{10}C_8 = 45$）。それは，2人小委員会は，10人を分割する事例が最も構成しやすく，一方，8人委員会は，メンバーが重複しない事例を構成しにくいためである（実際には組合せ数が最も多いのは5人委員会の$_{10}C_5 = 252$である）。また，将来の出来事に関するシナリオの構成しやすさに基づいて，その出来事の起こる可能性を判断することを，カーネマンとトバースキーは，とくにシミュレーション・ヒューリスティックと名づけている。

⑤ 連合による利用可能性　2つの事象の共起頻度は単独事象の頻度に比べて過大評価される。その原因は，2事象が共起した時，その間の連合が形成されるため，その連合（共起事象）の方が単独事象よりも想起しやすいためである。これは連言錯誤（conjunction fallacy）や，（2事象に相関がないあるいは小さいにもかかわらず相関を認知する）幻相関（錯誤相関）（illusory correlation）を導く。これは，あるマイノリティ集団の成員が好ましくない行動をする頻度を過大視するような誤ったステレオタイプの形成を支えている（たとえば，外国人による犯罪数の過大視）。

こうした利用可能性ヒューリスティックは，確率・頻度などの数量的判断だけでなく，社会的判断や推論（対人認知，原因帰属など）における事例や連合の利用にも影響を及ぼしている（Taylor, 1982）。→ヒューリスティックス，代表性ヒューリスティック，シミュレーション・ヒューリスティック，ステレオタイプ，連言錯誤，幻相関（錯誤相関），検索，アクセスビリティ，顕現性（salience）の効果（楠見）

II 社会的認知の理論と概念

▼代表性ヒューリスティック

　代表性（representativeness）ヒューリスティックとは，限られた事例（標本）の代表性に基づいて，その事例があるカテゴリーに属する可能性や生起確率，頻度を直観的に判断・予測するための簡便な方略である。ある事例が，その母集団やカテゴリーを代表している（本質的な特性をもっている，類似している）と認知できるほど，その事例があるカテゴリーに属する可能性や生起確率，頻度を高く判断する。これは，カーネマンとトバースキー（Kahneman & Tversky, 1972, Tversky & Kahneman, 1982）が，利用可能性ヒューリスティックとともに提唱した概念である。

　直観的推論において，代表性ヒューリスティックが使われる理由は，被験者にとって，①確率を計算するよりも簡単に評価ができ，②起こりやすい事象はそうでない事象よりもふつう代表性が高く，さらに，③標本は母集団を代表するという信念が代表性と生起頻度の相関を過大視させているためである。しかし代表性は，対象の性質や手がかり，判断者の知識などの要因の影響を受ける。したがって，代表性ヒューリスティックを用いて確率や頻度判断を行うことは，系統的なバイアスが生じることもある。その例として，トバースキーとカーネマンは以下のケースをあげている。

①事前確率の軽視　人は，事前確率の情報を軽視して，代表性の情報を用いて，確率判断をすることがある。たとえば，30％がエンジニアで，70％が弁護士の100人集団から，ランダムに取り出した一人の人物記述が「政治・社会問題に無関心で，余暇には日曜大工をする…」であるとする。その人物がエンジニアである確率を大学生被験者たちに尋ねた。その結果，被験者は，事前確率（ベースレート）の情報を軽視して，その記述がエンジニアのステレオタイプにどれだけ似ているかという代表性情報に基づいて判断を行い，エンジニアである確率を90％と非常に高く答えた（一方，職業ステレオタイプにかかわらない記述を与えた統制条件では，事前確率に基づく判断ができた）。

②標本サイズの無視　人は，標本サイズを無視して，大標本の母集団で成立する分布が小さい標本でも成立すると考えてしまうことがある。たとえば，標本サイズ10人群，100人群，1000人群の身長の分布を推定させると，大学生被験者はいずれも標本サイズを無視して，代表性の高い釣り鐘型分布をどの標本にも

適用してしまった。

③**少数の法則** 人は，硬貨を5回投げた時「表裏表裏裏」と出る確率が「表表表表表」と出る確率よりも高いと判断する傾向がある。それは，前者の方が後者よりも硬貨投げのランダム系列との類似性が高く代表性が高いため，確率が高いと判断するためである。統計学には，硬貨投げを多数回くり返すことで，表裏の頻度が半々に近づく「大数の法則」がある。これをもじって，短い事象系列においてもランダム性を代表する特徴が出現するという誤信念を「少数の法則」という。これは硬貨が続けて5回表が出ると，その分布の歪みを回復するように裏が出ることを期待する，賭博者の錯誤（Gambler's fallacy）を引き起こす。

④**連言錯誤（conjunction fallacy）** 大学生被験者に事象の起こりやすさを順位法で予測させる実験で，あるテニスプレーヤーが「第一セットを落としたが，試合に勝つ」という連言事象は「第一セットを落とす」という単独事象よりも，確率が高いと判断された。これは，試合としての代表性が高く，因果関係が示されているためである。

また，人物の特性記述に関する起こりやすさの判断においても，たとえば大学時代，活動家であったリンダの現在に関して，連言事象（例：銀行員で女性解放運動家）は単独事象（銀行員）よりも，起こりやすいと判断された。これは，被験者の統計学の知識の有無に影響されなかった。連言事象は記述が詳細になるため，もっともらしさ（代表性）が高まり，確率が過大評価されたと考えられる。

なお，代表性には，カテゴリーにおける変数の分布を代表値（平均値，中央値，最頻値）でとらえたり，結果でそれを生み出す因果システムを代表したり（例：行為でその人物を代表させる），部分集合で母集団を代表する（例：法学部生は薬学部生よりもK大学生全体を代表する）ことがかかわる。ここで母集団やカテゴリーにおける代表性の高い事例は，最頻例（modal）だけでなく，典型例（typical）や理想例（ideal）もある。たとえば，「フランス女性」は，「中年の太った農婦」（最頻例）で代表させることも，「若くエレガントなパリ女性」（理想例）で代表させることもできる。これらはステレオタイプの形成を支えている。

→ヒューリスティックス，利用可能性ヒューリスティック，係留と調節，ベースレート・事前確率の軽視，連言錯誤，ステレオタイプ（楠見）

Ⅱ 社会的認知の理論と概念

▼係留と調節（anchoring and adjustment）

　数量的判断を行う時に，自分が推測した，あるいは与えられた最初の値を係留点として調節を行い，最終判断を行う簡便方略（heuristic）である。したがって，最初の値が偏っていたり，調節が不十分な場合は，最終判断にバイアスが生じることがある（Tversky & Kahneman, 1974）。

　たとえば，国連加盟国におけるアフリカ諸国が占める比率を被験者に答えさせる場合，まずある値（係留点）よりも多いか少ないかを尋ねてから，数値を答えさせると，10％を与えた時は回答の中央値は25％，65％を与えた時は45％となった。ここでは，最初の係留点が偏っていた場合，その係留点からの調節が十分に行われないためにバイアスが生じた（実際の比率は約30％）。

　また，連言事象の過大評価や選言事象の過小評価は，個々の事象の確率が係留点となって，連言または選言事象の確率を推定するために生じると説明できる。たとえば，①赤玉，白玉各50％の袋から赤玉を取り出す（単独事象），②赤玉（90％），白玉（10％）の袋から，（毎回玉は戻して）赤玉を7回連続取り出す（連言事象），③赤玉（10％），白玉（90％）の袋から，（毎回玉は戻して）赤玉を7回中，少なくとも1回取り出す（選言事象）の中で，起こりやすい順位を被験者に判断させると，①の単独事象に比べて，②の連言事象は過大評価され（連言錯誤），③の選言事象は過小評価された（実際の確率は，それぞれ.48, .50, .52である）。

　こうした係留と調節のヒューリスティックは，数量的判断だけでなく，社会的判断の説明にも用いられている。たとえば，態度変容実験において先行刺激として呈示される意見文は，態度の係留点となり，そこから調節して最終的態度が決定される。陪審員裁判の場合にも，陪審員が最初に思い浮かべたり与えられた判決が偏っていると，それが係留点となり最終的な判決に影響を及ぼす。

　他にも，基本的な帰属のエラー（fundamental attribution error）は，他者の行為の原因を判断する時に，自分の特性や態度が係留点となりやすいために，行為の原因を他者の内的な要因に帰属する傾向であると説明できる。さらに，フォールス・コンセンサス効果は，自分の意見や判断を係留点として，他者も同じ考えをもっていると推定するために生じると考えることができる。→ヒューリスティックス,連言錯誤,基本的な帰属のエラー，フォールス・コンセンサス効果（楠見）

II-5 社会的推論

▼シミュレーション・ヒューリスティック
（simulation heuristic）

　不確定な事象の予測，生起確率，因果などを直観的に判断する際に，こころの中でシナリオを構成して，その起承転結のもっともらしさや想像した帰結に基づいて判断する簡便方略をいう。カーネマンとトバースキー（Kahneman & Tversky, 1982）は，利用可能性ヒューリスティックにおける，情報を自分で生成，構成する心的操作の方略をシミュレーション・ヒューリスティックと命名して，以下の例をあげている。

① 予測　将来の予測をする場合，もっともらしいシナリオを立てて結末を予想する（例：初対面の2人を引き合わせたらうまくいくかどうか）。

② 特定事象の確率推定　ある事象に関して，ある結末が実現する可能性を推定する場合，現在の状況と結末とのギャップを埋めるシナリオがどの程度構成しやすいかで直観的に判断する（例：自分は志望校に合格できるか）。ここで，ある条件が成立した時に，ある結末が実現する可能性（条件付き確率）を推定する時には，現在の状況とは異なる初期条件から結末にいたるシナリオを構成することになる（例：自分は一浪すれば，志望校に合格できるか）。

③ 反実仮想の評価　現実の出来事の可変的特徴（例外的特徴，利用可能性の高い特徴，結果など）を変更して，現実とは異なるもっともらしいシナリオを構成して，現実とは異なる結末が起こる可能性を推定する。その時，より望ましい結末の可能性が高かった場合には，後悔などの感情反応が起こる（例：もし，いつもと同じ道を通っていれば，事故には遭わなかった）。

④ 因果性の評価　事象Aが事象Bを起こす因果性を評価する場合，原因Aをこころの中で取り消したシナリオを構成して，結果Bが起こるかどうかを評価する（例：試験前に風邪をひかなかった（not A）ならば，志望校は合格（B）だった）。

　こうしたシミュレーション・ヒューリスティックによるもっともらしさの判断には系統的なバイアスが生じることがある。たとえば，シナリオ記述が詳細になるほど生起確率は連言錯誤（conjunction fallacy）される。また，シナリオの例外的要素を取り除き，内的整合性を高めるほど生起確率は過大評価される。→ヒューリスティックス，代表性ヒューリスティック，利用可能性ヒューリスティック，連言錯誤，反実仮想，帰属過程（楠見）

II 社会的認知の理論と概念

▼顕現性(salience)の効果

　注意を引く刺激事象（stimulus event）が知覚および後続の認知過程に及ぼす効果を顕現性の効果とよぶ。たとえば，地に対して図となる視覚刺激，あるいは新奇性の高い刺激などは選択的注意（selective attention）を受けやすく，知覚者にとって重要な情報として処理される。その結果，後続する社会的認知に対しても影響を及ぼすと考えられる。

　社会的認知研究では，顕現性の高い対象には原因が帰属されやすいことが示されてきた。たとえば，テイラーとフィスク（Taylor & Fiske, 1975）の実験では，会話するグループの中の特定人物を観察者から見えやすい位置に置いた場合，その人物が会話を主導していたように判断される結果が報告されている。このように注意の焦点にある対象に対して原因が帰属されやすいことは，行為者－観察者の帰属の差を説明するものとなる。

　顕現性の効果は相対的な特異性の効果（effects of comparative distinctiveness）によってももたらされる。テイラーらは，やはり影響力の高い人間を判断させる実験において，一人だけ人種や性別の異なる人物を置くとその人物が会話を主導していたように判断される結果を報告している（Taylor et al., 1977）。このような社会的カテゴリーの比較によって生じる顕現性が対人認知や自己の認知に影響することは，帰属理論だけでなく自己カテゴリー化理論においても多くの実験によって示されている。

　なぜ顕現性が帰属過程に影響を与えるのかに関しては，記憶再生量を媒介要因とする説明と，知識の適用可能性（applicability）を媒介要因とする説明がある。前者は，多くの注意を向けられた顕現性の高い刺激は記憶されやすく，記憶の再生も容易であるために，後続の社会的認知に影響すると考える。しかし，顕現性が高くなるほど単純に記憶再生量が高くなるという結果は得られていないため，顕現性が帰属過程に影響するのは因果的表象（causally representative）の再生量が高まるためであると説明されている。

　後者の説明では，顕現性の高い刺激には十分な量の注意が払われるために増大する適用可能な知識量も多くなると考える。そこで，関連知識が活性化している顕現性の高い対象に対しては短時間のうちに社会的推論も行われるために，後続する社会的認知過程にも初期判断が影響すると説明する。

II-5 社会的推論

　顕現性に関しては，定義上曖昧な点が残されている。テイラーとフィスク (1978) によれば，刺激・状況・知覚者の要因を含めて，選択的注意を引き起こすような要因はすべて顕現性の要因に含めて考えられている。刺激の要因とは対象物の動きや明るさ，あるいは対比効果などである。この刺激の要因の他に，教示などによる構え (set) を含む状況要因や，欲求や動機などの知覚者の要因も顕現性を規定する要因となる。このような広義の定義おいては，顕現性とは結果的に特定の対象に多くの注意を引きつける原因となった特性であり，刺激自体の特性には限定されない。

　このように顕現性を広くとらえると，単に情報処理のされやすさという要因に収束してくるために，アクセスビリティと概念が重なることになる。そこでヒギンズ (Higgins, 1996a) は，構えなどの刺激が呈示される以前の要因を排除して，顕現性の効果は刺激が呈示されて初めて起こる効果に限定するべきであると論じている。この論議に従えば，顕現性とは特定の刺激に対する構えがなくても，刺激事象の特定の側面に選択的注意をもたらすような刺激自体の特質と定義される。アクセスビリティが記憶の活性化しやすさという知識にかかわる要因であるのに対して，顕現性は注意の引きやすさという刺激にかかわる要因となる。

　しかし，知識と刺激をどこまで明確に分離しうるのかについては議論の余地が残るだろう。これは，知識と刺激の関係をどのように考えるのかということにも関連する。ブルーナー (Bruner, 1957) の知覚的レディネス (perceptual readiness) 仮説では，刺激は仮説検証や目標達成のターゲットであり，知識が刺激に影響すると考える。一方シナプスモデル (Higgins & Brendl, 1995) では，刺激が呈示されてから神経ネットワークの興奮が始まり，一定量の興奮量に達した時に特定の刺激がターゲットとなる。すなわち，刺激から知識に影響すると考える。ヒギンズの定義による顕現性の特性は，このシナプスモデルの初期状態の刺激，すなわち，ターゲットとなる前の刺激の効果に限定されることになる。→アクセスビリティ，顕現性，行為者と観察者の帰属の差，自己カテゴリー化（有馬）

Ⅱ 社会的認知の理論と概念

▼情報収集・サンプリングのエラー

　社会的な推論や判断に際しては，周囲にある多様な情報の中から自分で必要な情報を収集せねばならないことが多い。しかし，関連する情報が必ずしも適切に，また，もれなく収集されているわけではなく，そこにはさまざまな偏りが見られる。その結果，社会的推論にもバイアスが生じるのである。

　一般に情報収集は，推論対象に対して保持している仮説や理論に影響される。社会的推論は，まったくの白紙から行われるのではなく，すでに何らかの仮説や理論をもっており，それが正しいかどうかを評価する形式で行われることがしばしばある。たとえば，対人判断において，予断を何ももたずに相手に関する情報を収集して判断を行う場合よりも，その人の職業や性別，他者からの意見などがすでに情報として存在し，それらが妥当かどうかが判断される場合が多い。そのような時，周囲に存在するさまざまな情報の中から判断材料となる情報を収集せねばならないが，われわれの注意は，仮説や理論と一致する情報に選択的に向けられがちとなる。また，スナイダーとスワン（Snyder & Swann, 1978）は，すでにもっている仮説や理論が正しいことを示すような情報を選択的に収集する「確証バイアス（confirmatory bias）」が生じることを報告している。情報収集における確証バイアスは，相互作用における行動を通しても生起する。たとえば，攻撃的であると認知している他者に対しては，一般に自分も攻撃的な態度をとるが，そのような態度がさらに相手の攻撃的な態度を生じさせる。したがって，相手が攻撃的であることを示すような情報が選択的に収集されてしまうのである。

　具体的な事例を用いて対象の性質を推論する時にも，推論の根拠となる事例のサンプリングにさまざまなエラーが見られる。まずあげられるのが，ごく少数のサンプルに基づく推論である。一般に信頼性の高い推論を行うためには，多くのサンプルが必要であるが，たとえば，他者の性格を，たまたま観察した一度きりの行動に基づき判断するなどのように，ごく少数のサンプルからでも，極度に一般化した断定的な推論が行われる。

　また，サンプルそのものの適切さに関する情報に対して注意を向けず，偏った不適切なサンプルや，非典型的なサンプルから推論が行われることもある。たとえば，自分の考えの妥当性を判断する際，幅広くさまざまな人の意見を聞かずとも，自分の友人の意見のみを参考にして，十分に自信をもって判断をしてしまう

が，自分の友人が意見分布について偏ったサンプルである可能性はほとんど考慮されない。

　また，極端なサンプルはそうでないものよりも目立ちやすく，推論の材料として必要以上に重みづけられるため，実際よりも極端な推論を生起させる。ロスバートら（Rothbart et al., 1978）は，ある集団での犯罪率を評定させる課題において，極端な犯罪事例を情報として与えると，犯罪率が過大評価されることを明らかにしている。

　回帰エラーも極端なサンプルがもたらす推論エラーの1つとして位置づけられる。社会的な現象はランダムな要因に左右され，そのために極端な値を示す事例が出現するが，そのような事例は，再度評価されるとより標準や平均に近い値を示す可能性が高い。このような「平均への回帰」とよばれる現象のために，一度観察した極端な事例から次を予測する時は，より平均や標準に近くなると推論することが正確な判断につながる。しかし，この現象はあまり理解されておらず，極端な事例が与えられれば，次も極端な結果を予測するのが普通である。

　情報収集やサンプリングでのエラーについては，ベースレート情報の軽視やヒューリスティック的判断との関連も議論されている。ベースレート情報の軽視が生起する原因の1つに，判断時に表象されるサンプルスペースの不適切さが指摘されたり，代表性ヒューリスティックを用いた判断で，サンプルサイズを考慮しないためのエラーが指摘されているのである。また，情報収集やサンプリングのエラーが，トレーニングにより減少する可能性も指摘されている。フォンらの推論能力改善に関する研究（Fong et al., 1986）では，大きいサンプルから得たデータは小さいサンプルからのデータよりも信頼できるという「大数の法則」を教えることで，その法則を適用した推論をより行うようになるという結果を得ている。→利用可能性ヒューリスティック，代表性ヒューリスティック，ベースレート・事前確率の軽視　（唐沢かおり）

▼共変性・随伴性の錯覚

われわれの知識は2つの事象の関係から成り立っていることが多い。たとえば「Pさんは明るい」といった他者に関する知識も、人「P」と「明るさ」という特性との関係についての言明である。両者の関係は、絶対的というより相対的で確率的と考えられる。この例も、「Pはかなり明るい」「Pは明るいことが多い」等を縮約して表現しているだろう。われわれは2つの事象の関係の程度をこのように勘案して、ある知識を獲得したり保有したりしていると考えられる。この関係の程度の認知を共変性（covariation）の知覚（または判断）とよぶ。

しかし共変性の判断は、実際の程度からしばしばズレることが知られている。これを共変性の錯覚とよぶ。とくに、実際よりも関係を過大に評価してしまう傾向が強く、過大視する傾向をさしてそうよぶこともある。

そもそも共変性の判断は、図に示したような4つのセルの事例をすべて調べた時に妥当なものとなる。ある事象Xが起きている時に他の事象Yも起きている事例（セルA）だけではなく、Xが生起する時にYが生起しない事例（セルB）、Xが生起しない時にYが生起する事例（セルC）、そしてXもYも生起しない事例（セルD）の4通りを調べて初めて可能となる。例をあげると、あるダイエット方法の効果は、そのダイエット法をした人で痩せた人がいる（セルA）だけでは判断がつかない（多くの宣伝広告は、たいていセルAの事例しか示さないので問題が多い）。そのダイエット法をしないで痩せていない人も確かにいる（セルD）が、そのダイエット法をしても痩せなかった人がいる（セルB）かもしれないし、そのダイエット法をしなくても痩せた人がいる（セルC）かもしれないからである。

ところが、2つの事象間に共変関係が存在しない場合でも、われわれは両者の間に共変が存在していると誤って判断しやすい（Gilovich, 1991）。この共変性の錯覚は、まず、2つの事象がともに生起する事例（セルA）にわれわれが注目しやすく、判断において重視しやすい傾向に由来する。また、ある共変関係を問題

		事象Y	
		生起	非生起
事象X	生起	A	B
	非生起	C	D

図：共変性を検討するマトリクス

にする時に，われわれは両者の間には関係があるのではないかという素朴な考え（仮説）をもって観察することが多い。この仮説（あるいは他の何らかの既有知識）が，仮説を肯定する（ともに生起するセルAと，ともに生起しないセルDの）事例への注目を生み，仮説を否定する（一方だけが生起して，他方が生起しないセルBおよびCの）事例を無視したり，過小評価したりすると考えられる。これが錯覚を生じさせやすいもう1つの理由である。

　共変性の知覚は因果関係の判断の基礎となるもので，われわれが環境に適応して生存していくために大切である。ケリーの原因帰属モデルの最も基本的な原理も共変原理であった。この判断に錯覚が生じやすいとすれば，錯覚することに何らかの適応的価値があるからだとも考えられる。とくに自分の行動とその結果が共変している程度の過大視は，外界に対するコントロール感の過大視であって，適応的価値があると論じられている。

　こういったコントロール感の錯覚に関しては，随伴性（contingency）の錯覚という学習心理学の用語が用いられることがある（Jenkins & Ward, 1965）。これは先行事象（行動）が後続事象（結果）をコントロールしている程度の認知を問題にする場合である。具体的には抑うつ傾向のある人ではこの随伴性の判断が正確であるのに対して，一般の非抑うつ的な人では過大視する傾向が強いことが指摘されている。

　われわれが，偶然で支配される事象にも自分の力が及んで，ある程度コントロールできると感じる現象を，とくにコントロールの錯覚とよぶこともある（Langer, 1975）。この錯覚は，技能に左右される現象の手がかりが，偶然現象にも表面上認められる時起きやすいことが示されている。われわれが賭事に熱中しやすい理由の1つとして，このコントロールの錯覚があると指摘できる。

　共変の錯覚が，集団のラベルとその集団成員の行動傾向（性格特性）との間に生じた場合には，幻相関（錯誤相関）とよばれている。ステレオタイプという知識も多くの場合，集団ラベルと性格特性との間の共変性の錯覚（錯誤相関）を，認知的基礎としていると考えられる。→帰属過程，幻相関（錯誤相関），情報収集・サンプリングのエラー，抑うつの自己情報処理，ステレオタイプ　（村田）

II 社会的認知の理論と概念

▼ベースレート・事前確率の軽視

　われわれは新しい情報を知った時に，関連する出来事の起こりやすさを考えることがある。たとえば，友人からある学生Aについて「コンピュータが好きで，数学も得意である」と聞かされたとしよう。Aが理工，文，法，経済の4学部からなるB大学の学生だった時に，どの学部に所属しているのか推測することがあるだろう。この問題を考える時には，友人から聞かされた記述内容がどれだけ理工学部の学生らしいのかという個別情報だけではなく，理工学部の学生がB大学にどれくらいいるのかという統計的情報（ベースレートあるいは事前確率）も必要である。学生総数千人のうち，理工学部生が50人，あるいは500人いるといった情報である。

　この問題は確率の規範的モデルの1つであるベイズの定理によって定式化することができる。この定理は，ある情報（データ）が得られた時の仮説の確からしさ（事後確率）が，仮説の事前確率と，仮説が正しいと仮定した時にその情報が得られる条件つき確率との積によることが示されている（厳密にはこの積をその情報が得られる確率の総和で割った値）。

　ところが，現実のわれわれの確率判断では，事前確率がしばしば軽視されたり無視されたりする。例で言えば，理工学部生の比率が学内でどのくらいであろうと，友人の話の内容の「理工学部生らしさ」（データの診断的な情報価）だけを頼りに判断しやすい，ということが起こるのである（Kahneman & Tversky, 1973）。この現象はベースレートの誤謬とよばれている。

　ベースレートが軽視される理由として，判断に際して母集団として想定する人の集団が適切でないこと，ベースレートが判断に関連していることが見抜けないことなどが指摘されている（唐沢，1999）。判断にかかわるように課題内容を変えてみると，ベースレート情報の利用が増えることも知られている。また，代表性ヒューリスティックに基づき個別情報を重視するからだとも考えられる。ベースレートの軽視は，原因帰属判断におけるコンセンサス情報の軽視と同種のバイアスであり，社会的推論の分野でも注目されている。→コンセンサス情報の軽視，代表性ヒューリスティック　（村田）

希釈効果（dilution effect）

われわれはよく知らない相手について判断・推論を下す時，ステレオタイプを用いる。ところが，判断している当の相手について，判断次元に関係のない情報が追加的に加わると，たとえこの情報が当該判断に無関連だと考える時にさえ，このステレオタイプの影響が薄められることがある。これを希釈効果という。たとえば，ポールとスーザンという名前から，ポールの方が自己主張が強いと判断される傾向がある（性ステレオタイプ）。ここに，彼らの母親が銀行に勤めていて，毎日片道30分かけて通っているという，自己主張性には無関連な情報が加わると，ポールとスーザンの自己主張性についての判断はそれほど違いのないものとなってしまうのである。言い換えれば，非診断的情報は，判断に対する診断的情報の効果を希釈する（Nisbett et al., 1981）。これは，非診断的情報が加わることによって，ポールやスーザンが個別の人間であることがより明らかになり，彼らと性ステレオタイプとの類似性が弱まるためではないかと考えられている。

より正確な認知に動機づけられている場合，無関連情報があると他者に対する極端な判断が控えられ，希釈効果が生起する傾向がある。（遠藤由美）

連言錯誤（conjunction fallacy）

リンダは31歳で，独身，ずばずばと意見を言い，とても聡明である。彼女は哲学を専攻した。学生時代，差別や社会的公正について深く考え，また反核運動にも参加した。次の2つの選択肢のうち，どちらがよりありうることだろうか（Tversky & Kahneman, 1983）。

a.リンダは銀行の窓口で働いている。
b.リンダは銀行の窓口で働いており，フェミニスト運動にも熱心である。

確率論的には，2つの事象の組合せからなる("and"で結ばれている)連言事象bの方が，1つの事象からなるaよりも生起確率が高くなることはありえない。しかし，トバースキーらの結果では，参加者の85％がbを選択した。リンダは単なる銀行窓口の女性よりも，フェミニストにより似ている，とわれわれには思えるからである。

連言錯誤は代表性ヒューリスティックの1つの現象であり，確率の低い事象Aと高い事象Bがある時，事象「A＋B」が事象Aよりも確かだと判断されてしまう傾向をいう。

連言錯誤は，きわめて堅固な支持証拠を得ている。（遠藤由美）

後知恵バイアス（hindsight bias）

　1999年の12月頃，あなたは2000年問題に関して1月1日にどのようなことが起きると予測を立てていただろうか？　「なあに，たいしたことにはならないだろうさ，と思っていた」これが多くの人の答えだろう。だが，そのような答えは，大事がなかったことをすでに知ってしまっている現在の知識の影響を受けていないと言い切れるだろうか？　ある事象の結果が判明した後の時点になって，それが起きる可能性を，それが生じる前の時点でどう見積もっていたかを，さかのぼって正確に再現することは困難である。一般に，事後推測確率は事前に見積もった確率よりも高くなる傾向がある。つまり，われわれは，たいていの場合「やっぱり，そうなるだろうと思っていた」と考えるのである。このような認知傾向を後知恵（hindsight）バイアスという。

　このような傾向は，曖昧な情報が現在の時点から再解釈され，判明した結果とは合わない情報は無関連だとして重要性が低められるからであり，結果を知って判断がまったく別のものになっていたことなど思いもしなくなってしまうからである。後知恵バイアスは史実，科学実験，スポーツ，選挙，医療など幅広い出来事で確認されている（Hawkins & Hastie, 1990）。（遠藤由美）

反実仮想（counterfactual thinking）

　ある出来事について考える時，われわれは出来事それ自体だけでなく，そうでないこと，つまり事実に反することについても思い浮かべて，その当該出来事を評価する。たとえば，次の問題を考えてみよう。「C氏とT氏は行き先が異なる，だが同時刻に出発の飛行機に乗る予定だった。二人は空港行きのバスに乗り合わせた。ところが，交通渋滞に巻き込まれ，バスは飛行機出発時刻に30分も遅れてようやく着いた。C氏の飛行機は予定通り出発してしまっていた。T氏の飛行機は出発が遅れ，たった5分前に離陸したところだった。さて，よりくやしい思いをするのはどちらだろうか？」（Kahneman & Tversky, 1982）。

　大多数の人（96％）の答えはT氏であった。どちらも客観的状況は同じであるが，T氏については，飛行機に間に合った場合のことを容易に思い浮かべることができる（信号にひっかかりさえしなければ……）からである。

　事の次第を左右する因果的要因にかかわらずとも，単なる表面的類似性によっても，反実仮想は起きる。宝くじの当選番号と1つだけ違う場合は，まったく違う場合より，残念に思われるのである。（遠藤由美）

II-6 社会的判断と意思決定

- 自動的処理と統制的処理
- 潜在記憶と社会的判断
- オンライン処理と記憶に基づいた処理
- 社会的判断と理由思考
- 仮説検証バイアス
- 社会的判断と文脈
- 社会的判断とフレーミング
- リスク認知
- 意思決定
- 態度アクセスビリティ
- 精緻化見込みモデル
- 集団の意思決定

　社会的認知研究の初期の頃には，認知的アプローチの記憶モデルを取り入れた研究が盛んになされたため，他者についての記憶（対人記憶）が1つの主要な研究領域になっていた。しかし，他者の印象1つをとっても，それは単なる記憶過程ではなく，観察した情報をもとに何らかの評価，判断を下している。このようなことから，判断の過程，判断に影響するさまざまな要因の検討がなされてきた。社会的な対象についての判断は多くの領域と関係をもち，社会心理学の中でも多くの理論が提出されてきた。本節では，近年の主要な評価，判断，決定の領域：他者についての判断・評価，社会的対象の判断・評価，命題・仮説の評価，説得的メッセージの評価，態度，意思決定などについて解説する。このような判断，意思決定の領域は，社会心理学を超えて，経済学など他の諸学問とも交流が可能な場であり，今後も活発な展開が期待できる興味深い領域である。

II 社会的認知の理論と概念

▼自動的処理と統制的処理

　人間の行う情報処理を注意を向けずに無意識に行う自動的処理（automatic processing）と注意を向けて意識的に行う統制的処理（controlled processing）とに区分してとらえる2過程理論が認知心理学の分野で提起され，これを拡大適用した形の処理の2分法が社会心理学の領域にも広く浸透した（Chaiken & Trope, 1999）。

　たとえば，対人認知の分野では，印象形成の2重処理モデルや連続体モデルにそれは代表される。これらのモデルは，対人認知事態では相手の属する社会的カテゴリーがまず同定され，既存のカテゴリカルな知識に基づいてトップダウン的に情報が処理されること，その後，必要に応じて非カテゴリカルな個人属性が考慮されることを論じている。そして，カテゴリカルな処理は処理資源をあまり必要とせず自動的になされるが，非カテゴリカルな処理を行うには十分な処理資源と強い動機づけがないと困難であるとされている。

　社会的推論の領域でも特性推論の段階モデルが提起され類似の議論がなされている。人は他者の行動を観察すると自発的にその行動に対応する特性ラベルを割り付ける（同定）。そのあと，その行為がなされた状況を考慮しながら行為の原因が本当に行為者本人の特性によるといえるのか吟味する（調節）。第一の段階はきわめて自動的に起こるが，第二の段階は意識的な努力を要すると考えられている。したがって，処理負荷のかかる状況では第二の段階はしばしば省略されることになる。

　態度形成過程にも2種類の処理経路が存在すると考えられている。われわれは何らかの情報に基づいて態度を決定するが，必ずしも常にその内容をよく吟味しているわけではない。入念でシステマティックな情報処理が行われるのは，動機づけが高く処理容量が十分確保されている時であって，多くの場合，人は迅速だがもっと安直なヒューリスティックな処理方略を用いる。前者には統制的処理の特徴が，後者は自動的処理の特徴がより多く認められる。

　こうした2分法的理解は，偏見，差別の問題をめぐる議論にも見受けられる。平等主義規範が定着した現代社会では特定の社会的属性を有する人たちをあからさまに嫌悪し排斥することは少ない。あるいは，そうした言動は意識的に抑制される。しかし，その一方で，人々の知識の一部を形成している古い社会通念（ス

II-6 社会的判断と意思決定

テレオタイプ）が無意識に作動し，思考や行動を方向づけ結果的に差別を助長していることがしばしばある。新しい規範に基づく反応には統制的過程が，古い知識に基づく反応は自動的過程が関与しているといえる。

このように，2過程理論が発展的に導入されたことにより，社会心理学では，同じ社会的反応が表出されても，そこにいたるプロセスが違えば，それのもつ意味はまったく異なることが広く認識されるようになったのである（池上，2001参照）。

バージ（Bargh, 1984）は，自動的処理と統制的処理を区別するための基準として，意図性，統制可能性，効率性，意識性をあげている。すなわち，前者は意図せずして生起するが，後者は意図的で目標志向的である。前者は関連する環境刺激が存在すると否応なく起動し，その進行を制御することはできないが，後者は主体による統制が可能である。前者は処理資源をほとんど費やさず効率的であるが，後者は多くの処理資源を必要とする。前者は意識化されることなく遂行されるが，後者は意識的自覚を伴う。しかし，現実にはこれらの基準をすべて満たす自動的処理や統制的処理はきわめて限定された形でしか存在しない。両者は連続的に変化する処理様態の両極を成すものであり，あらゆる心的プロセスはこの連続次元上のどこかに位置づけられる（Bargh, 1989）。なお，最近では，自動的処理と統制的処理は，いずれか一方のみで機能するものではなく，人間のあらゆる精神活動は両者の連係によって成立するものであると考えられるようになってきた（Wegner & Bargh, 1998）。たとえば，目標の設定は意識的であっても，それによって起動する下位過程は自動的であるかもしれない。ある反応を意図的に抑制している時は，無意識レベルではそれを絶えず活性化させ監視する必要があるであろう。また，意識の統制下にあったプロセスが反復により自動化されたり，自動化されていた反応が機能不全に陥り意識の統制下に置かれることもある。自動的処理と統制的処理は，人がどのような精神活動に従事していようと，ともにそれに関与し相互の働きを規定し合っていると考えられる。→自動性，カテゴリー依存型処理とピースミール処理，連続体モデルと二重処理モデル，ステレオタイプの利用，トローペの2段階モデル，ギルバートの3段階モデル，精緻化見込みモデル（池上）

Ⅱ 社会的認知の理論と概念

▼潜在記憶と社会的判断

　潜在記憶とは，再生や再認のような意識的な想起を必要とする記憶とは異なり，無意識的な記憶のことである。ある刺激に対する以前の経験が，その意識的な想起を必要としない課題（たとえば，単語完成課題，知覚的同定課題など）での遂行を促進した時，潜在記憶の存在が示されたとされる。

　こうした潜在記憶が，さまざまな社会的判断に及ぼす影響が検討されている。たとえば，①閾下単純反復呈示効果，②対人認知におけるプライミング効果，③有名性効果の研究，が代表的である。これらの研究では，刺激が閾下呈示される，あるいは，刺激呈示と社会的判断との間に時間的な遅延がある，という手続きが用いられる。これにより，刺激の意識的な想起が困難となり，社会的判断に影響を及ぼすことができるのは，刺激の無意識的な記憶である潜在記憶のみということになる。

① 閾下単純反復呈示効果（Kunst-Wilson & Zajonc, 1980）　閾下で反復呈示された刺激に対し好意をもつようになるという効果のことである。この効果を扱った研究は，数多くあり，その中には，人物の顔写真や実際の人物を刺激として用いたものもある。たとえば，人の顔写真が閾下，もしくは閾上で，数回呈示される。その後，呈示された顔写真と呈示されていない顔写真を対にして並べ，どちらを好ましいと思うかを尋ねると，閾下で顔写真が呈示された時のみ，呈示された顔写真を好ましいと判断する，という結果になる。

② 対人認知におけるプライミング効果（Bargh & Pietromonaco, 1982）　先行呈示された刺激が，後続課題である人物の印象評定に影響を及ぼすという効果のことである。この効果を扱った研究では，初めに何らかの方法で，特性に関する単語（プライム），たとえば，敵意内容の単語を呈示する。その後，曖昧な他者に関する記述を読み，その他者の印象評定をするように求められると，被験者はプライムと同じ方向にその他者を評価するようになる。つまり，敵意内容の単語がプライムとして用いられた場合には，その他者を敵意的であると評価するようになる，ということである。この効果を扱った研究の中には，プライムを閾下で呈示したり，プライムの呈示の24時間後に印象評定を行ったりすることで，プライムを意識的に想起できない状況で，効果の有無を確認しているものがある。

II-6 社会的判断と意思決定

③ 有名性効果（false fame effect）（Jacoby et al., 1989a） 以前呈示された名前は，呈示されたことのない他の名前に比べ，覚えていなくても有名だと判断しやすくなるという効果のことである。有名性効果を扱った研究では，被験者に有名な名前と無名な名前を呈示し，呈示直後もしくは24時間後に，呈示した，または一度も呈示していない有名名と無名名について，それぞれの名前が有名かどうかを尋ねる。すると，24時間後では，一度も呈示していない無名名より呈示した無名名の方が，有名であると判断されたのである。

さらに，この有名性効果研究の手続きを一部変更し，名前として男性名と女性名を区別して分析した研究もある。その研究では，以前呈示した名前の方が有名であると判断されやすいという有名性効果は，女性名より男性名の方で示された。こうした結果は，潜在的な性役割ステレオタイプ化により，男性名の方が，有名であるという判断に適用しやすかったため，より効果が強くなったと考えられている。

こうした潜在記憶によって生じたとされるさまざまな社会的判断は，どのようなプロセスを経て当該の現象が生じるのだろうか。閾下単純反復呈示効果や有名性効果と，対人認知におけるプライミング効果とでは，呈示された刺激と判断刺激とが同じ，または，異なるという違いがあり，このため想定されるプロセスに違いがある。先の2つの現象では，知覚的流暢性による説明が用いられることが多い。たとえば有名性効果では，名前が呈示されることで，その名前の知覚的流暢性が高まり，このため，名前に対する既知感も高まる。この既知感は，実際には名前の先行呈示によるが，24時間後に判断をする際にはそれを覚えていないため，名前自体が有名なことによると勘違いすることで，効果が生じるとされている。

一方，プライミング効果では活性化拡散モデルによる説明が用いられることが多い。プライムによって，プライムと関連のある情報が活性化し，印象評定を行う時にはそれらの情報が使われやすい状態になる。このため，印象評定がプライムと類似した内容に歪められやすくなるのである。ただし，それぞれの想定されるプロセスは，まだ確定的なものではなく，今後も検討の必要があるものである。
→潜在記憶，知覚的流暢性，単純反復呈示効果，プライミング効果　（坂元桂）

Ⅱ 社会的認知の理論と概念

▼オンライン処理と記憶に基づいた処理

われわれは社会的判断の際，その対象に関するさまざまな情報を観察し，観察された情報をもとに判断の材料となる情報を推論している。この時，判断の材料となる情報をどの段階で推論するかについてヘイスティとパーク（Hastie & Park, 1986）は2つの推論プロセスを区別している。1つは判断の材料となる情報を情報の入力段階で推論するモデルであり，これをオンライン処理という。もう1つはいったん観察され認知者の内部で表象に組み込まれた情報を改めて検索し，検索された情報から判断の材料を推論するモデルであり，これを記憶に基づいた処理という。

この2つのモデルは記憶と判断の関連を説明するために概念化されたものである。この2つの処理の最も大きな違いは，入力され記憶された情報の量と判断との間に正の相関が見られるか否かという点にある。記憶に基づいた処理では観察の際，何の加工もされずに記憶に表象された生の情報を，後に判断を求められた時に改めて検索し，そこから判断の材料となる情報を推論し判断にいたるため，記憶された他者情報と判断との間に高い正の相関が認められる。一方オンライン処理では，たとえば他者と接している段階で，相手の生の情報から現在求められている判断（たとえば印象判断や職業適性判断など）の根拠となる特徴を推論するため，実際に観察した生の情報よりも相手を観察した時に認知者自身が推論し表象に組み込んだ情報（たとえば性格特性や能力）の方が精緻な処理を受けているので判断の材料として利用されやすい。またオンライン処理では生の情報は推論による加工を受けるため，対象と接していた時に観察した生の情報の記憶と実際の判断との間には必ずしも相関は見られなくなる。

社会的判断に関する上記の2つのモデルは，対人認知，態度形成，世論形成などにおける記憶－判断の関係をモデル化するうえで重要な知見を提供している。とりわけオンライン処理は，われわれ人間が現実場面での生の情報を何の加工もせずに入力し記憶しているのではなく，入力段階で積極的に加工し，表象に組み込んでいることを表している点で，現実の社会認知をよく反映したモデルだといえる。（宮本）

▼社会的判断と理由思考

　社会的判断を行う際によく考えることは一般的によい判断をすることにつながると考えられている。また，自分の態度についてよく考えるように教示をすると，言語的に報告される態度と行動との一貫性が高まることを見いだしている研究も多い。しかしながら，ある種の社会的判断について「なぜそのように判断をするのかをよく考える（理由思考する）」ことは，言語的に報告される態度と行動の一貫性を低下させる効果をもち，また，望ましくない効果をもつことがある（Wilson et al., 1989）。

　態度対象に対して自分の感情や判断がどうして生じているのかについての人の説明はしばしば不正確である（たとえば，Nisbett & Wilson, 1977）。しかし，なぜそのような感情をもったり判断したりするのかについての理由を考える時，人は合理的に見えるような理由を考えようとして，しばしば態度対象の属性に対する信念を用いることになる。態度が感情要素と認知要素から成り立つとすると，認知要素を強調するような説明を与えることになってしまう。そのため，考えられた理由は態度対象に対する正確な理由の一部でしかなく，その理由はバイアスがかかっている可能性が高くなる。なぜなら，最も言語化しやすいものや，記憶の中でアクセスビリティが高いものが選ばれやすくなるからである。そのような理由が不完全で不正確であることがわからずに，理由が意味する態度を言語的に報告してしまうため，態度変化が生じてしまう。この変化は，態度報告直後の行動に対しては方向づけを与えるが，時間が経つにつれ，おそらく人の本来の好悪といった感情的反応が現れてくるので，行動はもとのものに戻ってしまい，報告された態度と行動の一貫性が低くなると考えられている。

　この理由思考の効果は，感情要素を基礎においている態度や知識や経験が少ないような態度対象に対して見られやすいことが実証的に示されている。

　日常生活においては，感情的反応に従って行動する方が望ましいことが多くある。そのような場合，理由思考をしたうえでの判断は，あとで後悔しやすくなることも実証研究によって示されている（Wilson et al., 1993）。→態度アクセスビリティ（沼崎）

▼仮説検証バイアス

　「PはQである」という言明が正しいかどうかを，実例をもとに確かめることが仮説検証の過程である。正しい結論に達するためには論理学的なルールがあるが，人間はしばしばそのルールにそむいて直感的な判断を下すことがある。仮説検証過程において一般に起こる，論理的には「誤った」判断方略を仮説検証バイアスとよぶ。なかでもよく知られているのが，仮説を確証（confirm）する方向に偏った情報収集を行う傾向，すなわち「仮説確証バイアス（hypothesis confirming bias）」である。

　仮説確証バイアスにはいくつかの様態がある。その第一は，仮説を反証（disconfirm）する事例のもつ情報価を過小評価することである。たとえば「アメリカ人は陽気」であるかどうかを明らかにしようとする場合，まず「陽気なアメリカ人」の事例をあげてこれを確かめようとする傾向が強く見られ，「陰気なアメリカ人」がいないかどうか，いるとすればどれくらいの割合を占めるのかを確かめることの重要性は無視されがちである。これはウェイソン（Wason, 1968）が見いだした，法則に関する推論におけるバイアスに類似している。すなわち，「D」「3」「R」「7」と記した4枚のカードのうち2枚だけを裏返して「Dの裏には必ず3がある」という法則が成り立つかどうかを確かめるという課題を与えられると，被験者の多くは「D」に加えて「3」を裏返そうとし，「7」の裏に「D」が書かれていないのを確かめることこそが必要であることに気づく者は，きわめて少ない。

　この傾向はコミュニケーションの様態にも反映する。社会的な事象に関する仮説は，対人的なコミュニケーションを通して検証されることが多いが，その際，仮説を確証する事例を引き出すような方略が用いられやすい。たとえば，相手が「外向的な人であるかどうか」を明らかにしようとする場合に，「あなたが新しい友人を見つけるのはどういう場合ですか？」といった，外向的行動を前提とした質問がなされやすく，逆に「内向的」という仮説を検証する状況では「落ち込んだ時にはどうしていますか？」といった質問が選ばれやすい（Snyder & Swann, 1978）。「はい」という肯定反応を引き出すことが仮説の反証にいたるような質問（例：「外向的」に対して「落ち込んで人と話したくなくなることがありますか？」）をすることによって，仮説棄却の可能性をチェックしておくことの重要

性は看過されやすいのである。

また,仮説が支持される場合とそうでない場合とで,事象の生起尤度に違いが生じる度合い,すなわち,事例のもつ「診断性」(diagnosticity)の重要性も軽視されやすい。仮に「内向的」な人の90％が「多くの人の前に出るとあがってしまうことがある」と答えるとしよう。一見これは内向的な人を見つけ出すのに有用な情報のように思える。しかし,外向的な人であっても,大多数が上の質問に「はい」と答えるなら,これは内向性について診断性の低い質問である。これに比べて,「新しい友人ができない状態が一年以上続いていますか？」という質問に対して内向的な人のわずか30％が「はい」と答えるだけであったとしても,外向的な人に「はい」と答える人がほとんどいないならば,診断性の高い質問といえる。一般に,仮説が成り立つ条件のもとで高い確率で出現することが期待されるような事例や特徴に関する情報は,好んで探索されるのに対し,たとえ診断性が高くとも確証事例が得られる確率の絶対値が低い情報は無視されやすい(Fischhoff & Beyth-Marom, 1983)。ただし,社会的な事象については,診断性について敏感な反応が観察されるという報告がなされている点は注目に値する(Trope & Bassok, 1982)。

仮説確証バイアスは,既有知識に反する情報よりも一致する情報に注意が向けられやすく記憶もされやすいという,情報処理の一般的傾向との関連で議論されることが多い。こうしたバイアスがスキーマや先入観の温存に寄与しているというのである。確かに,「期待一致効果」と仮説確証バイアスの間には何らかの関連が考えられる。しかし,「PはQである」ことを確証しようとする過程と,「PがQであるかないか」を吟味する時に確証的な情報収集がなされることとが,まったく同一の心理的過程であると断言することはできない。両者の関連もしくは相異について,さらに詳細な検討が必要である。

また,仮説確証的な情報処理は必ずしも非合理的とは限らない。問題構造しだいでは,確証情報を優先的に探索することがむしろ最適な問題解決方略となる場合も存在することが指摘されており,この点についてもさらなる理論的検討が必要である (Klayman & Ha, 1987)。→意思決定,スキーマ,ベースレート・事前確率の軽視 (唐沢穣)

II 社会的認知の理論と概念

▼社会的判断と文脈

　文脈の効果としては基準の変化（→文脈効果），先行経験の影響，ムード状態の影響（→気分一致効果）などがある。先行経験の影響としては，主として，社会的プライミング効果をあげることができる。社会的プライミング効果の実験では，通常，被験者に対しては無関連であることを装った2つのセッションから実験が構成される。

　第一セッションにおいて，特性語などの刺激材料を呈示して，処理経験を与える。これが，先行経験ということになるわけである。被験者には知覚課題であるという設定で呈示を行うことが多い。たとえば，閾下で呈示を行う場合などは，画面の左右どちらに刺激が現れたかを回答させたりする。閾上の場合は，スクランブルした語群から文章を構成させて，特定の特性概念を活性化させたりする。

　第二セッションでは，対人判断の課題として，刺激人物のプロフィールを呈示して，多くの場合には実験者が用意した尺度を用いて，その人物の印象を被験者に評定してもらう。

　対人判断の実験では，第一セッションで特性概念を活性化させることが，第二セッションの対人判断にいかに影響するかを観察することになる。期待される結果は，活性化した特性概念の方向にひきつけられるように評定がバイアスを受けるというものであり，これを同化効果と称している。認知研究の中でのプライミング効果が，プライムの言葉自体，あるいは関連概念の後続処理がおもに促進される現象を反応時間や単語完成率などから検討しているのに対して，社会的プライミングの研究では，印象判断という社会的判断への先行経験の影響を扱うことが多い。つまり，評定へのバイアスを観察することで，先行経験の影響を見ているのである。通常このバイアスは先行経験に影響されて，同化効果の方向に傾く。ただし，刺激人物に活性化された特性を当てはめることができる（適用可能性がある）ような場合で，いくらか特性が曖昧である場合に効果が得られやすい。たとえば，先行経験で敵意概念を活性化された被験者は，敵意概念を適用可能ではあるがやや曖昧なターゲット人物について，活性化を受けていない被験者に比べて，より敵意的であるとの評定をしがちである。

　同化効果を説明するモデルとしては，次の3種のものがある。①活性化拡散モデル，②流暢性モデル，③手続き的知識モデル。

① 活性化拡散モデル　認知研究における間接プライミング効果の説明と対応し，先行経験によって活性化した特性概念やその関連概念が活性化を受けたためにアクセスビリティが高まり，後続の判断に用いられやすくなったためであると説明する。
② 流暢性モデル　直接プライミング効果にかかわる知覚表象システムの活性化による知覚的流暢性の上昇が原因であると考える。たとえば，敵意的だという特性概念に触れた被験者は，ターゲット人物に対して，「敵意的」だという考えが浮かぶのがより流暢になっていることを，それだけターゲット人物の敵意性が明確であると誤帰属を行い，より極端に敵意的であるとの評定をしやすくなる。
③ 手続き的知識モデル　流暢性モデルと共通する点も多いが，とくに印象判断を1つのプロダクション・システムととらえるところが独特である。すなわち，ある行動を観察してそこから敵意的であるとの特性判断を下す一連のプロセスを実行するプロダクション・システムが備えられていて，このシステムが実行されることで，ターゲット人物が特性に当てはまるか否かの出力がなされると考える。プロダクション・システムはくり返し使用することで起動する可能性が高まるし，日常多く用いれば練習効果があり，それだけ利用がスムースになる。社会的プライミングの効果が時間の遅延の後にも効果を生じやすいことをもって，②，③のモデルの有用性を主張する意見があるが（Smith, 1990），認知研究とも共同して思考過程の働き方を精細にモデル化していく作業が必要であろう。

近年，以上の同化効果に対して，条件いかんでは，先行経験で接触した特性概念と逆の方向に評定が傾くことが注目されるようになった。ヘア（Herr, 1986）の実験では，敵意性の概念を活性化させるのに，ヒトラーなどのような極端に感じられる人物を先行呈示した場合，その人物と対比するように，ターゲットの印象判断がより敵意的とは見なされなくなるという対比効果が観察された。これまでの実験で，このような対比効果が見いだされた条件を大別すると，①意識的自覚がある場合，②プライムが極端な刺激であった場合，③先行経験としての評定がいったん完了した場合などに対比効果が現れやすい。

II 社会的認知の理論と概念

　マーティン（Martin, 1986）のセット−リセットモデルによれば，先行経験の影響を予測した場合，判断材料からその影響を取り除こうとして，そのために，図のように除外しすぎて，先に接触した特性に関係した判断材料が減少しすぎることから，判断が反対の方向に傾いてしまうことになるという。

　シュワルツとブレス（Schwarz & Bless, 1992）の提唱した包含−除外モデル（inclusion-exclusion model）においても，判断に影響する文脈情報を判断課題の目的しだいで，勘案すべき素材情報に含み入れるか，除外するかで，同化・対比の効果の現れが異なってくると考える。また，除外した情報，たとえば極端に敵意的な人物などを，ターゲットを判断する比較基準として用いたりすることで顕著に対比効果が生じるような場合がある。

　以上の2つのモデルでは，認知的に負荷のかかる修正が行われた場合に，対比効果が生じると考えている。つまり，自動的に処理を行っていれば，同化効果が生じやすく，とくにそれを修正した結果が対比効果だというわけである。

　これに対して，ウェーゲナーとペティ（Wegener & Petty, 1997）による柔軟修正モデル（flexible correction model）では，評定を行う文脈，場面によっては，常識的に起こりやすい

A 曖昧なターゲットについての最初の表象

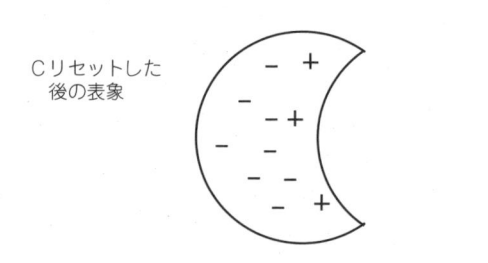

B ポジティブな概念によるプライミング後の表象

C リセットした後の表象

図：リセットによる対比効果の比喩的な表象
　（Martin & Achee, 1992より）

Ⅱ-6 社会的判断と意思決定

（したがって，被験者に自覚されやすい）バイアスが同化効果である場合も，対比効果である場合も両方あり，認知者によって知覚されたバイアスを修正するかどうかによって，効果の現れが決定されるものであると論じられている。すなわち，場面によってはそもそも対比効果が生じやすいような場合があり，そのことを自覚すれば，無自覚である場合に比べて，むしろ文脈に同化する方向で修正が行われるとする。

たとえば，旅行で滞在するのにどの程度好ましいかの評定を，まず観光地として人気の高いハワイやパリなど5か所の評定をさせた後に，ターゲットの滞在地（インディアナポリスなど）の好ましさを評定させると，何も教示を与えなければ，対比効果が生じて，ターゲットの滞在地の好ましさはあまり高くない評定となってしまう。つまり，ハワイなどと比べて，インディアナポリスがあまり魅力的な場所に思えなくなってしまうわけである。ところが，先立つ評定がターゲットの滞在地の知覚に影響しないように教示を受けた群では，ターゲットに対して比較的好意的な評価が与えられた。対比効果を生じさせてはいけないと考えた被験者は，むしろ同化の方向に向けて判断を修正したのである。

修正の方向はこのようにそれぞれの課題状況によって柔軟に変化するもので，時にそれが過剰修正になることもある。また，彼らは，個人差として，もともとバイアスの大きい人ほど，修正するよう教示を受けた際，尺度上修正を行う程度もまた大きい傾向にあることを指摘している。

従来はもっぱら対人判断を検討することが多かったが，柔軟修正モデルの実験例のように，場所やメッセージ（説得的メッセージにおいて情報源の好ましさの影響などを修正する），仮想的な裁判場面での有罪判断などさまざまな社会的判断において，その修正にかかわる現象が検討されている。同化効果か対比効果かという問題よりも，判断の過程として，近年強調されている，自動的－統制的処理をはじめとする2過程の区分（Chaiken & Trope, 1999）を視野に入れて，どのような過程が働いているかを解明し，統制的な修正過程を引き起こす条件などについて知見を深めていくのが，1つの生産的な研究の方向ではないかと考えられる。→文脈効果，プライミング効果，自動的処理と統制的処理，潜在記憶と社会的判断，印象形成の手続き的知識　（北村）

▼社会的判断とフレーミング

　社会的判断 (social judgment) とは，対人的問題や社会的問題に対する個人の判断である。社会的判断は，シェリフとホブランド (Sherif & Hovland, 1961) が指摘するように，知覚的判断と多くの共通する性質をもつ。しかし，社会的判断では，判断対象が言語表現されることがほとんどであり，言語に基づく推論がより働きやすいと考えられる。そのために，言語表現によって，問題のフレーミングの仕方（心的構成の仕方）が影響されやすいと予想される。

　これまでのフレーミングに関する研究によると，言語的表現によってフレーミングの仕方を変化させることによって，社会的判断や意思決定の結果が異なることが知られている (Dawes, 1998；竹村, 1994)。このような現象は，ワーディングによって回答結果が異なることがあるとして社会調査研究などにおいて経験的に知られていたことであるが，トバースキーとカーネマン (Tversky & Kahneman, 1981) は，判断と意思決定の理論的問題として最初に指摘して，この現象をフレーミング効果とよび，組織的な実証的研究を行った。

　彼らは，大学生の被験者に，600人を死にいたらしめると予想される病気が突発的に発生したという状況を設定して，2種類の対策を呈示し，どちらが望ましいかを選択させた。ポジティブ・フレーム条件では，対策A「もしこの対策を採用すれば200人が助かる」と対策B「もしこの対策を採用すれば600人が助かる確率は3分の1で，誰も助からない確率は3分の2である」を呈示し，ネガティブ・フレーム条件では，対策C「もしこの対策を採用すれば400人が死亡する」と対策D「もしこの対策を採用すれば誰も死なない確率は3分の1であり，600人が死亡する確率は3分の2である」を呈示した。ここで，対策Aと対策C，そして，対策Bと対策Dは表現を変えただけで，同じである。それにもかかわらず，ポジティブ・フレーム条件では，8割程度の被験者がリスクのない対策Aを選んだのに，ネガティブ・フレーム条件では，逆に2割程度の被験者しか対策Aと等価な対策Cを選ばなかったのである。彼らは，このフレーミング効果をプロスペクト理論 (prospect theory) を用いて説明している。プロスペクト理論においては，決定過程は，問題の認知を行う編集段階と確率と結果に関する評価を行う評価段階の2つに分かれる。編集段階では問題のフレーミングがなされ，そのフレームによって状況依存的に参照点が変化する。評価段階では，右図にあるような評価関数

Ⅱ-6 社会的判断と意思決定

で結果を評価する。この評価関数の形状は，フレームに依存しないが，設定された参照点に基づいて結果の評価がなされるので，結果的にフレーム依存的になり，フレーミング効果が生起することになる。すなわち，図にあるように，ポジティブ・フレーム条件では下に凹な評価関数なのでリスク回避的になり，ネガティブ・フレーム条件では下に凸な評価関数なのでリスク志向的になるのである。

このようなプロスペクト理論による説明は，リスク下での意思決定におけるフレーミング効果を整合的に説明している。しかし，リスク下以外の状況における社会的判断を説明することは困難である。また，考える時間を増やしたりして認知的精緻化の操作をすると，フレーミング効果が抑制されるという現象（竹村，1994）を説明することも困難である。このような理論的問題点を克服するために，参照点の移動による説明ではなく，焦点的注意の変化によってフレーミングが生起することを仮定する状況依存的焦点モデル（竹村，1994）が提案されている。→フレーミング，意思決定，社会的判断と文脈（竹村）

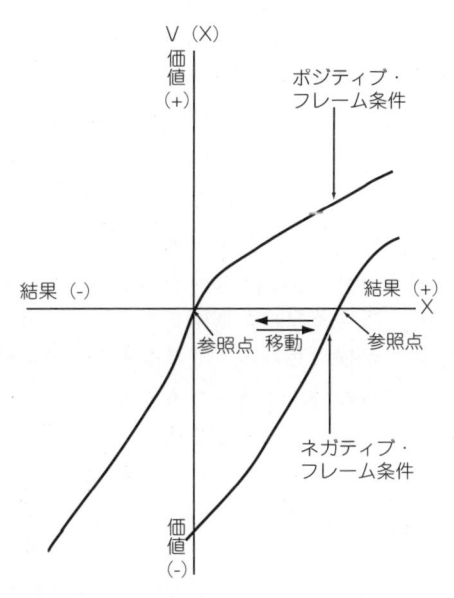

図：プロスペクト理論における評価関数と参照点の移動によるフレーミング効果の説明図
（竹村，1996）

II 社会的認知の理論と概念

▼リスク認知

　人やものに対して害を及ぼす可能性がある現象や活動（リスク）の特質を，人々がどのように評価しているかをリスク認知という。

　リスクは，客観的には被害の大きさとその生起確率の積で表現されるが，一般の人々は，このような客観的な数値をもとにリスクを評価しているわけではない。このような客観的なリスク評価は，背景となる科学的な知識や情報を十分にもっていてはじめてできるものである。しかし，普通はそのような情報は簡単には入手することも理解することも困難なので，人々が何をリスクと考えるかは，客観的なリスク評価に基づく専門家の判断とは大きく異なることになる。そこで，こうした専門家のリスク評価と対比する形で，一般の人々のリスク認知が問題とされるようになってきた。

　リスク認知の研究の端緒は，スロビック（Slovic, 1987）と考えることができる。この研究では，リスク専門家と一般の人々に原子力発電や，自動車の運転，喫煙などの30の科学技術や日常活動について，危険だと感じる順に1位から30位まで，順位をつけさせた。その結果，一般の人々は原子力を最も危険なものと考えており，ついで，自動車，拳銃，喫煙の順となっているのに対し，専門家は自動車を最も危険なものとみなしており，ついで，喫煙，アルコール飲料，の順であり，原子力は20位と低い順位になっていた。

　このような差が生じるのは，人々が着目するリスクの特質が，専門家のそれと異なっているためと推察される。そこで，どのようなリスクの特質に着目しているのかが検討されるようになった。その結果，①個人的な予防行動では避けることができない，②新奇なものである，③人工的なものである，④晩発性の影響がある，⑤通常とは異なる死に方をする，などの特質をもつリスクは，より危険度が高いと感じられることが明らかになった。

　人々が着目するこれらの数多くのリスクの特質を，因子分析を用いて比較的少数の要素にまとめたものを，リスク認知の「次元」という。たとえば，スロビック（1987）は，放射性廃棄物や自動車事故，たばこなど，さまざまな領域の81のリスクについて，リスク認知の次元を明らかにすることを試みている。その結果，「恐ろしさ」「未知であること」「被害を受ける人数」の3つが，次元として取り出されている。恐ろしさの次元には，制御できない，結果が致命的である，非自発

II-6 社会的判断と意思決定

的にリスクにさらされる，将来の世代にリスクが及ぶ，などの評価が含まれている。未知であることの次元には，観察することができない，結果が現れるのに時間がかかる（遅延効果），新しいリスクである，などの評価が含まれている。

　主要な2つの次元をもとに，人々のリスク認知を記述すると，以下のようになる。たとえば原子炉事故や放射性廃棄物は，恐ろしさも未知性の認知も，ともに高いリスクである。これに対して，たばこや自転車，スキーなどは恐ろしさも未知性も，ともに低いリスクである。恐ろしさの認知が高く，未知性の認知が低いのは，核戦争や炭鉱事故などである。また，恐ろしさの認知が低く，未知性の認知が高いリスクの代表的なものは，水道中の塩素，経口避妊薬，サッカリンなどである。

　これまでに述べてきたように，リスク専門家と一般の人々のリスク認知には，多くの点で違いが見られる。このことをリスク認知研究の分野では，人々のリスク認知の「バイアス」とみなして，研究がなされてきた。この言葉の背後には，リスク専門家のリスク評価を科学的で客観的な基準として受け入れ，その基準と比較して一般の人々のリスク認知がどのように歪んでいるかを検討するという考え方があるといえる。

　リスク認知のバイアスもさまざまなものが知られている。たとえば，人々のリスク認知は，出来事の記憶しやすさや想像しやすさによって影響を受けやすい（利用可能性ヒューリスティック）。したがって，最近起こった災害や，大量な報道などのように，記憶に残りやすくしたり，想像しやすいものとしたりする要因があると，リスク認知が高くなる。また，同じ事象であっても，表現の仕方（フレーム）が変わると，リスクにかかわる意思決定が異なる，というフレーミング効果もバイアスの1つである。ある病気による治療法を患者に選択させる状況で，「生存率40%（ポジティブ・フレーム）」と説明するか，「死亡率60%（ネガティブ・フレーム）」と説明するかは，ともに同じリスクの表現であるが，生存率で表現された治療法の方を，患者が選択することが知られている。→利用可能性ヒューリスティック，社会的判断とフレーミング　（吉川）

Ⅱ 社会的認知の理論と概念

▼意思決定

　意思決定（decision making）とは，ある複数の選択肢（alternative）の中から，1つあるいはいくつかの特定の選択肢を採択することであると定義できる（竹村，1996）。たとえば，商品の購買意思決定においては，比較される各商品が選択肢であり，援助行動においては，援助のためのさまざまの行為や非援助が選択肢になる。意思決定を，意思決定者の環境に関する知識状態から分類すると，以下の3つに分けられる。

　第一は，確実性（certainty）下の意思決定であり，選択肢を選んだことによる結果が確実に決まってくるような状況での意思決定である。第二は，リスク（risk）下での意思決定であり，選択肢を採択したことによる可能な結果が既知の確率で生じる状況での意思決定である。この結果の確率は，客観的に生起頻度の比率などによって定義できる場合と，主観的に構成される場合とがある。第三は，不確実性（uncertainty）下の意思決定であり，選択肢を採択したことによる結果の確率が既知でない状況での意思決定である。近年では，不確実性下の意思決定は，起こりうる結果の状態が既知である場合には曖昧性（ambiguity）下での意思決定とよばれ，起こりうる結果の状態自体も既知でない場合には無知（ignorance）下での意思決定とよばれている。

　意思決定現象を記述・説明する伝統的な代表的理論は，効用理論（utility theory）の体系である（竹村，1996）。効用理論の中では，期待効用理論（expected utility theory）が代表的である。期待効用理論は，基本的には，当該の選択肢を採択することによって起こりうるすべての状態における結果の価値（効用）とその状態が生起する確率との積和によって，その選択肢に対する効用が決まると仮定する。ここでいう効用とは，任意の2つの選択肢を取った場合の効用値の大小関係が選択肢間の選好関係を表現するような実数値関数である。

　期待効用理論は，不確実性下の意思決定を十分に表現できていないが，リスク下での意思決定までは数理的に定式化できている。リスクが客観的に定義できる場合については，フォン・ノイマンとモルゲンシュテルン（von Neuman & Morgenstern）が数理的に公理化を行った期待効用理論が代表的であり，リスクが主観的に定義される場合については，サヴェージ（Savage）が公理化した主観的期待効用理論が代表的である。現在においても期待効用理論は，経済学などの

II-6 社会的判断と意思決定

社会科学や交通工学などの工学分野で広く用いられている他,動物の選択行動の説明にまで利用されている。

しかし,トバースキーとカーネマン(Tversky & Kahneman, 1981)が行った一連の認知心理学的研究は,主観的期待効用理論も含めた期待効用理論が人々のリスク下での意思決定現象を十分に記述できないことを示した。彼らは,文脈や手続きや言語的表現を代えるだけで選好の逆転が生じるという多くの知見を見いだし,期待効用理論の説明力の限界を示したのである。とくに,言語表現を代えるだけで選好逆転が生起するというフレーミング効果は,期待効用理論だけでなく,効用理論一般に対して,その記述力の限界を示したといえる。

さらに彼らの研究以降に,期待効用理論の前提を否定するような多くの実証研究の結果が報告されるようになってきた(竹村,1996;Dawes, 1998)。

このような意思決定現象の実証的な記述を行いながら,期待効用理論などの理論の限界点を明らかにし,意思決定の記述的理論を探究するアプローチに行動的意思決定研究(behavioral decision research)とよばれるものがある(Dawes, 1998)。この種の研究においては,意思決定の結果を分析するだけでなく,言語プロトコル法や情報モニタリング法とよばれる過程追跡技法を用いて意思決定過程を分析することがなされている(竹村,1996)。

近年では,行動的意思決定研究の知見を参考にした,非線形効用理論とよばれる新たな効用理論が生まれている。トバースキーとカーネマン(1992)のプロスペクト理論(prospect theory)なども非線形効用理論の一種とみなすことができ,確率の意思決定へのウェイトが非加法的に作用する場合の期待効用をショケ積分というある種の積分によって表現している。さらに,非線形効用理論の中には,不確実性下の意思決定のうち,曖昧性下の意思決定を整合的に記述できるものも出てきている。他方,非線形効用理論のような数学的公理化をせずに,意思決定現象を過程追跡研究の知見から総合し,意思決定者の適応性を説明しようとするペインら(Payne et al., 1993)のアプローチがある。→フレーミング,社会的判断とフレーミング,リスク認知 (竹村)

Ⅱ 社会的認知の理論と概念

▼態度アクセスビリティ

　態度アクセスビリティとは，ファジオらによって提唱された態度の利用可能性（availability）についての概念をいう。操作的には，対象について質問されてから自分の態度を表明するまでの時間（反応潜時）であると定義される。

　新行動主義の理論に基づく古典的な「態度」概念は，特定の社会的刺激に対する個人の反応の傾向性を規定する仮説的構成概念であるとして，「行動の準備状態」と定義されてきた。しかしながら，態度尺度などに言語によって表明された「態度」は，必ずしも行動と一致しないことがあり，態度と行動の一致・不一致の規定因に関する概念がいくつか提唱されてきている。態度アクセスビリティはその1つである。

　ファジオら（Fazio et al., 1982）は，直接経験によって形成された態度が行動と一致しやすいのは，対象と態度評価との連合（association）が強まるからであるとして一連の実験を行った。彼らは，大学生の被験者に対してパズル課題を呈示した。この時，ビデオによってパズル課題の説明を視聴するだけの群（間接経験群）と，ビデオ視聴に加えて実際にパズル課題を試した群（直接経験群）を設定したところ，パズル課題に対する肯定的－否定的態度評価を回答するまでの反応潜時は，直接経験群の方が短く，かつ，肯定的－否定的態度評価と実験中に解いてみたいと意思表明したパズル課題の数との相関も直接経験群の方が強かった。

　現実の社会問題においても，態度アクセスビリティが態度と行動の一致を高めることを，ファジオとウイリアムズ（Fazio & Williams, 1986）は1984年のアメリカ合衆国大統領選挙を題材として明らかにしている。ファジオらは，投票日の数か月前にインディアナ州の有権者153名に対してインタビューして大統領候補者に対する態度アクセスビリティを測定した。その後，投票日直前のテレビ討論に対する評価と，実際の投票行動を調べたところ，態度アクセスビリティが高い群の方が低い群よりも，事前の態度評価とテレビ討論に対する評価や実際の投票行動がより一致していることが明らかになった。

　ファジオら（Fazio et al., 1986）は，対象と態度評価との連合がプライミング効果として生じることを明らかにしている。ファジオらは，大学生の被験者に対して，社会問題，社会集団，特定の人物，動物，食物などのさまざまな対象を表

す単語を呈示し，それらへの評価（良い−悪い）を求めて，その反応潜時（態度アクセスビリティ）を測定した。この結果から，肯定的態度−否定的態度，態度アクセスビリティの高低を基準として，対象は4カテゴリーに分類された。次に，これらの4カテゴリーに分類された単語を被験者にプライム刺激として呈示して，その直後にターゲット刺激として呈示した形容詞への評価（良い−悪い）をできるだけ素早く行うことを求めた。その結果，プライム刺激とターゲット刺激への評価が一致している場合の方が，一致していない場合よりも，ターゲットへの反応時間が短いというプライミング効果が認められ，さらに，この効果は態度アクセスビリティが高い対象であるほど顕著であることが明らかになった。さらに，このプライミング効果は，プライム刺激とターゲット刺激の呈示時間間隔（SOA）が300ミリ秒では生じたが，1,000ミリ秒では生じなかった。このことは，態度アクセスビリティが高い場合の態度対象と評価との連合が，意識されない自動的過程によるものであることを示唆しており，態度アクセスビリティが態度と行動の一致をもたらすメカニズムとして説明できるとファジオらは結論づけている。

　さらに，ファジオら（Fazio et al., 1995）は，このプライミング効果が，プライム刺激として単語などの言語ではなく写真を用いた場合でも生じることを明らかにして，従来の態度測定法ではなされなかった言語に現れない潜在的態度の測定が可能であることを示している。すなわち，ファジオらは，黒人への偏見（人種的態度）についてのプライミング効果を，白人の写真と黒人の写真をプライム刺激として測定した。その結果，視線や対人距離などの非言語行動に現れる潜在的態度は，プライミング効果の結果とは関連していたが，言語を用いた質問紙などによる態度測定結果とは関連していなかった。言語による態度表明は意識の統制下にあるが，プライミング効果の結果は意識に統制されていない自動的過程としての潜在的態度を測定しているといえよう。なお，潜在的態度についてはグリーンワルドとバナジ（Greenwald & Banaji, 1995）も研究を行っている。→アクセスビリティ，アベイラビリティ，自動的処理，プライミング効果，自動的処理と統制的処理，潜在記憶と社会的判断（土田）

Ⅱ 社会的認知の理論と概念

▼精緻化見込みモデル(ELM)

　ペティとカシオッポ（Petty & Cacioppo, 1986）は，説得メッセージの本質についてどれほど考える（すなわち精緻化する）見込みがあるかによって説得のされかたが異なるとして精緻化見込みモデル(ELM：Elaboration Likelihood Model)を提唱した。精緻化見込みモデルでは，説得的メッセージの議論の本質について精緻化したうえで生じた態度変化を中心的ルートによる態度変化とよび，説得的メッセージの議論の本質についてはあまり考えることなく，議論の本質とは関係のない要因に影響されて生じる態度変化を周辺的ルートによる態度変化とよんでいる。

　ペティらは，周辺的ルートによる態度変化において，議論の本質とは関係がないものの態度変化を生じさせる可能性がある要因を，周辺的手がかり（peripheral cue）とよび，①古典的条件づけのメカニズムによる「食べ物」「快い音楽や色」「電気ショック」など，②自己知覚理論のメカニズムによる「自分の過去の行動」，③均衡理論のメカニズムによる「自分の好きな人の意見」など，④説得的メッセージの送り手の魅力や信憑性，⑤説得的メッセージの量など，をその例としてあげている。このほかにも，相手の地位や服装，表情，身ぶりなども周辺的手がかりの例としてあげることができよう。

　精緻化見込みモデルのフローチャートが右図である。説得的メッセージを受けた場合，まず，メッセージについて考える動機があるかどうかが問題となる。考える動機がない場合に，周辺的手がかりがある場合には，周辺的ルートによる態度変化が生じる。しかし，周辺的手がかりが何もなければ，態度変化は生じない。考えようとする動機がある場合には，次に，考える能力があるかどうかが問題となる。考える能力とはここでは少し広い意味で定義され，考えている暇がない，対象についての知識がない，メッセージの内容が難解で理解できない，なども考える能力に含まれる。考える能力がない場合もまた，周辺的手がかりに影響される周辺的ルートへ向かう。考えようとする動機もあり，かつ，考える能力もある場合には，中心的ルートへ向かう。中心的ルートでは，当該の問題について考えるという認知処理がなされる。ただし，その認知処理において好意的認知と非好意的認知のどちらが優勢ともいえないような場合には，周辺的ルートへ向かう。

　中心的ルートによる態度変化では，本質的な認知の再構成がなされるので変化

Ⅱ-6 社会的判断と意思決定

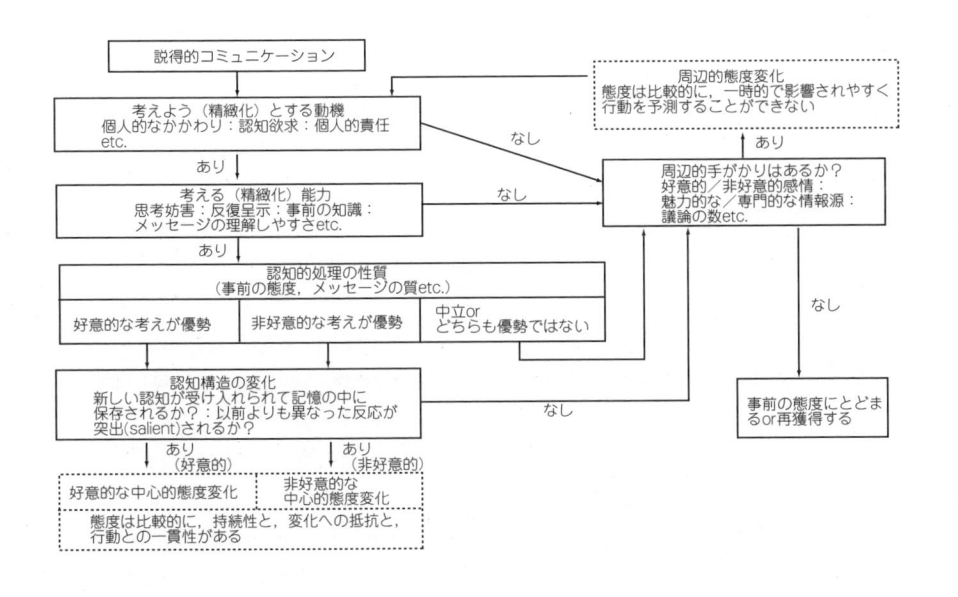

図：説得における「精緻化見込みモデル（ELM）」のフローチャート
（Petty & Cacioppo, 1986, p.126）

後の態度は安定的で行動とも一致しやすいのに対して，周辺的ルートによる態度変化は本質的な認知の変化が伴わないので，変化後の態度は不安定で行動とも一致しにくいと考えられる。

　精緻化認知処理の有無によって態度による社会的判断や意思決定に質的差異が生じることは，チェイケン（Chaiken, 1980；Chen & Chaiken, 1999）のHSモデル（Heuristic-Systematic model）や，フォーガス（Forgas, 1992）による感情の多重過程モデル（multiprocess model）においても，精緻化動機のないヒューリスティック処理と，精緻化動機のあるシステマティック処理として定式化されている。→処理水準，精緻化処理，体制化，ヒューリスティックス　（土田）

Ⅱ 社会的認知の理論と概念

▼集団の意思決定

　複数の人々が話し合いにより共通の決定を下す事態一般を，ここでは集団の意思決定とよぶ。投票による集合的決定とは異なり，メンバー間での合意形成のための直接的な相互作用を前提とする。現実社会における集団意思決定の重要性とあわせ，グループ・ダイナミックス研究における中心的なテーマの1つである。認知科学，政治学，経済学，経営学，法学，人類学，社会学などの他の社会諸科学と関心を共有する面も数多い。

　社会心理学における集団意思決定研究では，個人のもつさまざまな選好（preference）が集団決定にどのようにまとめられるのか，社会的な集約のプロセスをモデル化することに焦点が置かれてきた。デーヴィス（Davis, 1973）の提唱した「社会的決定図式理論（theory of social decision schemes）」は，1970年代以降，集団意思決定研究をリードする非常に重要な役割を果たした。デーヴィスのモデルは，決定課題に対して人々がもつ意見や判断がグループの決定にまとめられる合意プロセスを，投票モデルとの類比により数理的に解析する方法を与えている。こうした一連の解析の結果，集団意思決定の生み出す結果は，多数派の主導する形でよく近似できることが，さまざまな決定場面を用いてくり返し確かめられている。

　集団意思決定における社会的集約のプロセスが，多数派過程に従うという知見は2つの重要なマクロ的含意をもつ（亀田, 1997）。1つは，集団の決定は個人の決定と比べて極端なものになりやすいという「集団極化（group polarization）現象」の生起である。従来，この現象については，各人の意見が話し合いにより社会的に望ましい方向に変化し極化をもたらすという，個人の態度変化に着目する説明が行われてきた（たとえば「社会的比較説」）。しかし，小選挙区制度が選挙結果の極化をもたらす（得票率の相対的に高い政党が獲得議席数では圧倒的な勝利を納める）のと同じ意味で，話し合いによる個人の態度変化をまったく仮定しなくても，初期多数派の主導する社会的集約は，結果として集団極化現象を引き起こす。2つめの含意は，決定の操作可能性である。コンドルセ（Condorcet）のパラドクスとして知られているように，多数決原理はさまざまな論理的矛盾をはらむ。同様の意味で，話し合いにおいて多数派主導の集約プロセスが働きやすいという事実は，合意手続きの巧妙な操作を通じ，議長を含む特定個人が集団決定

II-6 社会的判断と意思決定

を自らに有利な方向に誘導することを可能にする。

近年の集団意思決定研究では，認知科学における「協同(collaboration)」研究の進展と並行し，個人のもつさまざまな知識・情報が話し合いの中でどのように使われるのかに関心が集まっている。たとえば，ステイサー(Stasser, 1992)は，グループの情報使用に関して「情報サンプリングモデル(information sampling model)」を提唱している。決定問題について，各メンバーがさまざまな情報をもっている場合，複数のメンバーが初めに共有している情報は，単一のメンバーしか知らない独自情報よりも，統計的な意味でサンプリングされやすく，グループの話し合いに投入される確率が高い。この結果，グループでの話し合いは，独自情報を新たに共有するよりも，既知の共有情報の再確認に使われやすく，結果的に確証的な傾向をもつことになる。こうした傾向は，メンバー間に「誰が何を知っていそうか」に関する「メタ知識(meta knowledge)」が存在しない場合，グループでの意思決定を時に誤らせる可能性をもつ。

ステイサーの見いだした共有情報の優先使用は，話し合いにおいて「社会的共有性(social sharedness)」一般がもたらすさまざまな効果の1つの例ととらえることができる(亀田, 1997; Kameda et al., in press)。選好，認知，情報のいずれについても，メンバーが初めに共有している知識は，共有していない知識に比べ，集団意思決定のプロセスを支配しやすい(上で述べた，選好の集約における多数派過程の頑健さもその一例である)。言い換えると，人々の間に存在している「知識の初期共有性」が，コミュニケーションを通じたメンバー間での了解を支える一方で，どのような知識が誰との間で新たに共有可能かという「知識の共有可能性」を大きく制約することになる。最近の集団意思決定研究では，社会的共有性のもつさまざまな効果を，ステレオタイプや他の社会的表象を用いてさらに経験的に検証するアプローチが展開しており，相互作用場面における社会的認知研究の1つの具体的な流れを作りつつある。また，社会的共有性の機能自体が適応的な意味でどのような合理的基盤をもつのか，進化ゲーム論を用いた理論的検討と経験的検証も始まっている。→意思決定，メタ認知，ステレオタイプ，表象 (亀田)

III 社会的認知の学び方

　第III部は本書の最後に位置し，社会的認知の学習に必要な事項がまとめてある。
　第III部の中心部分は，「III-1認知的アプローチの基礎用語」であるが，ここでは，社会的認知関係の研究を理解するために必要な基本的用語の意味が解説されている。重要な言葉が，あいうえお順に配列されているので，本書の第I部，第II部を読む際にも，また他の文献や研究論文を読む場合にも，一種のミニ辞典として利用していただきたい。ここに収録されている用語には社会的認知の分野特有のものもあるが，認知心理学，心理学全般で用いられる語も多く含まれている。しかし，心理学の中で情報処理的アプローチが比較的新しいものであるためもあって，各種の心理学辞典にも必要な用語がすべて収録されているとは限らず，その意味でも，このセクションは役に立つと思われる。
　「III-2社会的認知の参考文献」では，社会的認知についての学習をする際に，助けとなるような参考書類が紹介されている。ここで取り上げられているのは，おもに日本語で書かれ，入手しやすい単行本であるが，それ以外に，基本的な英語のテキストや英文誌もいくつか紹介されている。
　本書の第I部，第II部の中で引用されている文献，研究論文は，「III-3引用文献」の部分に，論文名や出典がまとめて掲載されている。各部の記述を読んで興味をもたれた読者は，ぜひ，原典にあたって，具体的な研究方法や結果の詳細に関する知識を得ていただきたい。
　最後に「III-4索引」があり，事項および人名によって検索ができるように配慮されている。

Ⅲ-1 認知的アプローチの基礎用語

III 社会的認知の学び方

アイコニックメモリー：iconic memory　視覚における感覚記憶。意味的処理以前の大容量の画像情報が短期記憶の前段階として短時間保持されるもの。1960年にスパーリング（Sperling）の実験で存在が示された。4字×3行の文字列を50ミリ秒呈示すると報告可能な文字数は約4.5文字であった（全体報告）。しかし呈示後に音刺激で報告すべき行を指示（部分報告法）すると全体報告から予想される1.5文字ではなく約3文字が報告できた。音刺激までの遅延時間を変化させた実験で，呈示直後にはほぼ完全であった情報が数100ミリ秒で消失することがわかっている。（松井）

アクションスリップ：action slip　人が意図した行為を行う際に，それとは異なった行為を誤って遂行してしまうエラーをいう。リーズン（Reason）はアクションスリップを以下の4つのタイプ，すなわち，①反復エラー（紅茶に砂糖を入れたことを忘れてまた入れてしまう），②目標の切り替わり（郵便局に寄ろうとしていたのに家に向かってしまう），③脱落・逆転（風呂の栓をしただけでお湯をためなかった，急須にお湯を注ぐ前に湯飲みにお茶を注ごうとする），④混同・混合（花を切るのに缶切りを持って外に出る，ガムの中身を捨てて包み紙を食べようとする），に分類した。これらのアクションスリップに共通する特徴は，日常生活で過度に自動化された行為の中で起きるという点である。アクションスリップが起こる原因としては，目的の行為をあまり意識せずに行うために，習慣化された別の行為の侵入を許し，目的の行為系列が妨げられること，遂行中の行為のモニタリングが的確でないために，限られた注意資源が別の行為や思考に向けられてしまうことなどがあげられる。工場や発電所のような産業場面では，アクションスリップは思わぬ大惨事を引き起こすヒューマンエラーの1つとして扱われ，重要視されている。（梅田）

III-1 認知的アプローチの基礎用語

▼
アクセスビリティ（接近可能性）：accessibility　長期記憶内の知識へのアクセスしやすさのことで，検索のしやすさとほぼ同義の言葉として使われることが多い。状況的な要因によって変化し，知覚者が最近接触した知識やくり返し利用した知識は，アクセスビリティが高くなることが知られている。アクセスビリティの高い知識は容易に心に浮かぶため，情報を解釈する際の手がかりとして使われ，社会的判断に影響を与える。これまでのところ，特性概念のアクセスビリティに関する研究がとくに盛んに行われており，プライミングによって特定の特性概念のアクセスビリティを一時的に高めると，それが対人判断に影響することが示されている。たとえば，「敵意性」に関連する言葉にくり返し接触した被験者は，ターゲット人物を通常より敵意的に評価するようになる。

　特性概念のアクセスビリティには個人差があることも知られている。すなわち特別な状況的要因がなければ，アクセスビリティが高い特性概念は個人によって異なっており，人は通常そうした概念を利用して，人物や事象の判断を行っている。そのため印象形成の対象が同じであっても，知覚者によって印象が異なるといった事態が生じる。アクセスビリティの高い概念が何かによって，他者を評価する観点が異なってくるからである。こうした個人差としてのアクセスビリティは強力なものではないが，常に一定程度の状態を保ち，慢性的に社会的判断に影響している。一方，プライミングなど状況要因によるアクセスビリティの増加は，強力だが短時間で消失する。したがって両者が拮抗した場合，最初は一時的なアクセスビリティの影響が優位だが，時間の経過とともに個人差としてのアクセスビリティがその効果をしのぐことが知られている。

　アクセスビリティは，態度においても言及されることがある。この場合，態度は長期記憶内にある特定の対象とそれに対する評価の連合とされ，態度アクセスビリティはこの連合の強度によって規定されると考えられる。すなわち，対象と評価が強力に結びついていれば，その対象に出合った時，評価は即座にアクセスされ，特性概念の場合と同様に，社会的事象の解釈や判断に利用される。こうした態度はまた，行動を導く役割も果たしており，アクセスビリティの高い態度は行動との一貫性が高いとされる。（森津太子）

III 社会的認知の学び方

▼アナグラム課題：anagram task
与えられた文字の綴りを並べ替えて，意味のある単語を作る課題を言う。たとえば，「むごけし」という無意味な4文字を並べ替えて「けしごむ」としたり，「こくばん（黒板）」という単語を「ばんこく（万国）」という別の単語に替えるなどである。この課題では，正答率や並べ替えに要する反応時間が指標とされる。もともと，学習や思考の分野において使われてきたが，最近では，潜在記憶の指標として，無意識的に活性化されている概念や記憶を調べることに使われることが多い。（高橋雅延）

▼アベイラビリティ（利用可能性）
：availability 長期記憶内の知識が利用される可能性のこと。アクセスビリティが知識の検索可能性をさすのに対し，アベイラビリティは知識が長期記憶内に存在する可能性に言及した概念である。たとえば，ある知識が手がかり再生で想起されても自由再生では想起されないという場合，この知識はアベイラブルだが，容易に検索されないという意味でアクセスブルではない。ただし，両者はしばしば混同され，たとえば，利用可能性ヒューリスティックでは，知識の検索可能性という意味で使われる。（森津太子）

▼閾下知覚：subliminal perception
閾値よりも刺激量が少ない刺激，すなわち，閾下刺激に対する知覚。閾下刺激の知覚によって生じる効果・現象も含めてさすこともある。閾下刺激のことをサブリミナル刺激ともよぶことから，サブリミナル知覚と称されることもある。

閾下知覚の効果については，効果の有効性について肯定派と否定派の間で長らく論争が続けられてきた。ただしこれらの議論では，論点の整理が十分になされて来なかったといえる。閾下知覚の効果について整理すべき点は，①影響の対象が，知覚，認識・判断，感情反応，行動のいずれを対象としたものなのかという対象範囲の明確化，②単発的な刺激接触によって生じるのか，それとも継続的な接触によって初めて生じるのか，③長期的に持続する効果なのか，④刺激特性および感覚器官別の考慮，⑤原理自体の有効性と現実的影響力を分けて考えることなどである。

これまでの研究知見から，知覚，認識・判断，感情反応については，特定の条件下において一定の効果を示しうることが明らかにされてきた一方で，行動に対して影響力を有するという確かな証拠は得られていない。

有効性の論議とは別に，閾下知覚の

Ⅲ-1 認知的アプローチの基礎用語

効果についての説明原理自体は明確である。その原理はプライミング効果（先行刺激の受容・処理が，後続の刺激に対する処理に影響を与えること）の原理であり，この効果は先行刺激が閾下刺激であっても生じうることが実証されてきた。

刺激が呈示されたか否かの判断確率が50％となる値を「客観的閾値」，一方，被験者が刺激を認識できるか否かという主観的な判断基準に基づく値を「主観的閾値」とよんで区別することがある。社会心理学的側面から重要である「閾下」の基準は，知覚者が刺激の意味内容を意識的に認識できていないという基準であると考えられる。さらに，刺激の物理的な呈示量自体は閾上であった場合でも，何らかの理由によって（たとえば他にもっと注意を引きつけられる刺激が存在していたなど）知覚者の注意が向けられず，刺激の存在が意識されなかった場合も，閾下処理がなされていたと考えられることになる。

閾下知覚の実験手続きは，刺激に対する意識的処理が介在しえないということから，純粋に自動的処理の効果について検証することを可能としてくれる実験手法である。（潮村）

閾　値：limen, threshold　刺激を検出可能な，あるいは複数の刺激を識別可能な，最低限度の刺激量のこと。前者を認知閾，後者を弁別閾とよび，社会心理学では前者をさすことが多い。すべての感覚器において存在する。また，状況要因や個人差要因によっても変動する。社会心理学的視点から取り組む場合には，刺激語や刺激概念に対する好悪や親和性，あるいは一時的／長期的なアクセスビリティの高さの考慮が重要となる。閾値は，測定方法上は特定の物理量をさすけれども，実際の認知上では明確な境界線として存在しているわけではない。（潮村）

III 社会的認知の学び方

▼
偽りの記憶：false memory　実際に起こっていない出来事にもかかわらず，その出来事をあったかのように思い出してしまう現象のことをいう。もともと，記憶の一部が変容したり，欠落したりする記憶の誤りの一種とされていたが，現在では，このような誤りとは区別されるのが普通である。

欧米においては，幼児期に近親者から受ける性的虐待が大きな社会問題となっている。そして，そのような虐待の記憶が「抑圧」され，それが原因となって，各種の不適応が生じることがある。そこで，セラピーによって，「抑圧」された幼児期の性的虐待の記憶を回復しようという試みが行われるようになってきた。しかし，このような試みによって，実際には起こっていない性的虐待にもかかわらず，それが起こったという「偽りの記憶」が思い出されることが起こっている。

実際，幼児期に経験していない出来事の記憶（ショッピングセンターでの迷子など）や学習していない単語の記憶が想起されることが実証されている。しかし，このような材料を使った研究結果を性的虐待のようなトラウマの記憶に一般化できないという反論もあり，現在もなお，活発な研究が進められている。（高橋雅延）

▼
意味記憶：semantic memory　長期記憶のうち，一般的知識の保持を担う記憶のことをさす。すなわち，概念や言語や記号，自然現象や法則や事実などに関する知識の記憶である。1972年にタルヴィング（Tulving）が長期記憶を個人的な経験に関連するエピソード記憶と一般的知識の記憶である意味記憶の2つに区分したことを受けて，意味記憶に関する研究は非常に活発に進められるようになった。意味記憶に貯蔵されている情報は，たとえば「リンゴは果物である」というような知識であり，われわれが"知っている"情報であって，その知識はもはやそれが学習された時や場所には依存しないものになっている。一方，エピソード記憶に貯蔵されている情報は，自分の経験と何らかのかかわりのある，エピソードや事象についての"覚えている"情報であり，覚えた時や場所と強く関連している。意味記憶のモデルには，種々のものが提起されているが，大きく分けると，①ネットワークモデル（互いに関連のある概念と概念の間に結合を考え，網の目のような概念間の結合の全体構造の中で，他の概念との相互関係に基づいて概念が表象される），②集合論モデル（概念が属性の集合によって表象される）の2つに区分される。（井上）

Ⅲ-1 認知的アプローチの基礎用語

▼
エピソード記憶：episodic memory　タルヴィング（Tulving）が、それまでひとくちに記憶といわれていたものを、エピソード記憶と意味記憶に区分したことをきっかけに、広く用いられるようになった記憶の区分。一般的には、時間－空間的に特定される個人の経験に関する記憶を意味するが、より狭義には、その内容を再現する際に想起意識を伴うことが重要な特徴とされる。つまり、再現される情報が個人の特定の事象に起因するものであるか否かに加え、その情報を再現する際にその個人がその事象を"思い出している"という意識を伴うことがこの記憶を区別するポイントとされる。この後者の意味でエピソード記憶は顕在記憶におおむね分類される。代表的なエピソード記憶課題としては、再生課題、再認課題があげられ、エビングハウス（Ebbinghaus）にはじまる言語学習と記憶研究の多くは、これらの課題を用いたエピソード記憶の研究であった。長期－短期記憶、顕在－潜在記憶、宣言的－非宣言的記憶という記憶区分のとらえ方においてエピソード記憶は長期記憶、顕在記憶、宣言的記憶に分類されるが、とらえ方によって重点を置く意味合いは異なる。エピソード記憶という区分は、今なお仮説的な区分である。（寺澤）

▼
階層構造：hierarchical structure　人間の知識や記憶の表象がもつ構造の特徴の1つで、相対的により抽象度が高く、具体性の低い上位概念が、より抽象度が低く、具体性の高い下位概念を順に包含し、最後には具体的な個物にいたるというピラミッド状の構造。各概念をノードで、上位概念と下位概念の間の包含関係をリンクで表した、意味ネットワークを用いて表現することが多い。ノードにはそれぞれの概念を記述する複数の特徴を貯蔵するが、下位概念が、その上位概念の特性を継承する（「鳥」がもつ一般的特徴である、「飛ぶ」という属性は、その下位概念である「スズメ」ノードには貯蔵されない）ことで、全体として認知的経済性を実現する。ロッシュ（Rosch）らは、自然カテゴリーの階層構造の中程度の抽象度の水準において最も情報量が多く、日常的に有用な、基礎レベルのカテゴリー（「家具－椅子－座卓」という階層では「椅子」、「哺乳類－犬－シェパード」という階層では「犬」）が存在することを主張した。概念の階層構造は、自然カテゴリーや人工物カテゴリーで顕著に見られ、研究も先行したが、性格特性語のような社会的概念における階層構造の存在を示唆する研究もある。（河原）

III 社会的認知の学び方

▼
階層ネットワーク：hierarchical network　人間の知識や記憶の表象がもつとされる階層構造を，個々の概念をノード（節点）で表し，上位概念と，それが包含する下位概念の間の関係をis-a（である）リンクでつなぐことで表現したネットワーク構造のモデル。ノードには，それぞれの概念を記述する複数の特徴を貯蔵するが，下位概念が，その上位概念の特性を順に引き継ぐ（「鳥」がもつ一般的特徴である，「飛ぶ」という属性は，その下位概念である「スズメ」ノードには貯蔵されない）ことにより，全体として認知的経済性を実現する。代表的なコリンズ（Collins）らの意味ネットワーク・モデルでは，人がある単語を処理すると，対応する概念のノードが活性化し，リンクに沿って活性値がネットワーク内に伝播していくと仮定していた。コリンズらは，ノードに対応する単語を含んだ文の真偽判断時間を測定する実験を行い，文に含まれる単語の概念の水準と，検証の対象となる属性が貯蔵された概念の水準が離れているほど，検証にかかる時間が長くなることを示して，人間の意味記憶が階層ネットワークで表現できることの証拠であるとした。（河原）

▼
活性化拡散理論：spreading activation theory　命題ネットワーク，意味ネットワークをはじめとする知識のネットワーク表現では，情報処理をノードの活性化（興奮）がリンクを通して隣接ノードに自動的に伝播するプロセスととらえることができる。こうしたアイデアで人間の情報処理を説明しようとする理論を一般に活性化拡散理論とよぶ。この理論が適用される現象としてたとえば意味的プライミング効果がある。同じ"butter"という綴りに対して単語であるという判断を下すのでも，"bread"に続けて呈示した時の方が，"doctor"の次に呈示した場合よりも判断時間が短くなる。この促進効果について"bread"と"butter"は関連性が強く前者の呈示で後者に活性化が拡散するので認知潜時が短くなったと解釈できる。活性化拡散理論は柔軟性が高く，適用対象が広い理論であり，意味記憶や概念体系の構造・処理メカニズムの説明に用いられるほかに，理解，思考など多様な認知プロセスに適用されている。活性化拡散の概念は神経細胞のふるまいのアナロジーにもなっていて，ネットワーク構成要素の微細化を進めている並列分散処理モデル（PDPモデル，コネクショニストモデル）でも用いられている。（久野）

Ⅲ-1 認知的アプローチの基礎用語

▼
活性化と抑制：activation and inhibition　知識構造や情報処理機構は多数のユニット（ノード）とそれを結ぶリンクからなるネットワークであるととらえることができるが，それらのユニットに対して活性水準（あるいは活性値）を考えることができる。ユニットの基本状態は通常，非活性であるが，外的刺激や他ユニットの活性水準の伝播によって，一時的に活性水準が高まる（活性化する）。また一度高まった活性水準も経時的減衰や，他ユニットからの抑制により低下する。ネットワーク内のユニットの相互関係には，一方が活性化すると他方の活性水準を上げる興奮性の結合と，活性水準を下げる抑制性の結合があり，これを組み合わせることで，活性化拡散の範囲，全体の活性水準の布置を適切なものとすることができる。活性化された情報は必ずしも意識化可能とは限らないが，作動記憶にある情報，アクセスしやすい情報と想定することもできる。活性化と抑制という考え方は神経細胞のふるまいの心理的なユニットへの応用ともいえる。神経細胞ニューロンは，内部電位がある水準（閾値）を超えると発火が起こり興奮する。これを興奮性－抑制性の2種類の神経伝達物質で別の神経細胞に伝えていくことで神経活動は実現されている。（久野）

▼
干　渉：interference　広くは，複数の対象の情報処理が互いに促進あるいは，抑制の影響を与えることをさす。↑の方向を口頭で答える時，（↑下）という刺激を呈示すると，（↑上）という刺激を呈示する時よりも反応が遅れる。これは，矢印と同時に知覚される文字（上・下）の処理が矢印の向きの処理に干渉する例である。↑の方向を指で示す場合は，文字からの干渉は口頭反応ほど大きくない。干渉刺激と同じモダリティ（ここでは言語）の反応が求められる時，干渉は最も大きくなる。干渉は，記憶の忘却という現象を説明するために用いられる概念の1つでもある。前に学習した事がらが，その後に学習した事がらの記憶を難しくすることを順向抑制とよび，後に学習した事がらが，前に学習した事がらの記憶を損なうことを逆向抑制とよぶ。干渉の程度は学習・記憶する事がら間の類似性（形態，意味など）が高いほど大きい。順向および逆向抑制を記憶の忘却原因と考えることを干渉説とよぶ。長期記憶では，学習内容が固定化するのに必要な一定期間の段階と，記憶を想起する段階との双方で，干渉が生じると考えられている。一方，短期記憶の忘却の原因には，自然消滅と並んで，順向抑制があげられている。（渡辺）

Ⅲ 社会的認知の学び方

▼
顕現性：salience　目立つこと，顕著性。ある情報が他の情報と比べて極端な性質や属性をもつ場合，その情報は顕現性が高いという。たとえば，新奇なもの，期待に反するもの，図となるもの，数が極端に多い（少ない）ものなどは，顕現性の高い情報である。顕現性の高い情報は，他の情報と比べて相対的に目立つため，注意を引くことになり，その結果，顕現性の高い刺激に重点をおいた処理が行われやすくなる。このことは，少ない処理資源で，効率的で迅速な処理を可能にするというメリットがある反面，その処理プロセスでさまざまな認知のバイアスを生じさせることになる。たとえば，一般に目立つ人物は場に対する影響力が大きく，極端な評価を与えられる，集団内に極端な性質をもつメンバーがいると，その性質は集団全体の特徴と誤解され，誤ったステレオタイプが形成される，小集団の少数事例は大集団のそれと比較して目立ちやすいため，集団全体に対する評価に影響しやすいなど。このような刺激の顕現性によって生じる認知のバイアスは，社会的偏見を生む一因であると考えられている。
（堀内）

▼
検　索：retrieval　記憶の3要素の1つとして，符号化した情報を保持の後に目的に応じて再び取り出すこと。

　一般的に"符号化（encoding）"に対応する用語としては"復号化（decoding）"があげられるが，心理学においては符号化・復号化の過程自体よりも，入力された記憶情報を再利用することに焦点を当てるため，"符号化"に対しては"検索"が対とされる。

　また，情報を検索する主体の視点からはこれを"想起"と表現することもある。検索とは，以前符号化され内部に存在するであろう情報を意識上に取り出し利用する過程である。しかし，再生の場合には，単に検索するだけではなく，その後，その項目が正しいのか，あるいは以前出力した項目に含まれていないかどうかの確認も必要となる。自由放出法などから明らかになったことは，この長期記憶からの検索過程が自動的であること，そして適切な検索手がかりを与えることにより，より多くの情報が取り出せることである。とくに，検索手がかりが符号化時と同様の文脈に埋めこまれている場合には，検索量も増えるとされる（符号化特定性原理）。（高橋晃）

Ⅲ-1 認知的アプローチの基礎用語

▼
語彙決定課題：lexical decision task　呈示される文字系列に対して，それが実在する単語であるか非単語なのかをできるだけ速く判断させる課題のことであり，通常，反応時間と正答率が指標として用いられる。この課題の遂行には，文字系列の認知，意味記憶の中に貯蔵されている概念的表象と語彙的表象へのアクセス，単語・非単語の判断，反応，という4つの過程を経る必要があると考えられており，意味記憶の特性を調べる研究や単語の認知に関する研究において，実験課題としてしばしば用いられている。なお，語彙判断課題とよばれる場合もある。（井上）

▼
誤再認：false alarm　虚再認，誤警報などともいわれる。実際は遭遇していない刺激（情報）に対して，遭遇したという判断を下すこと。タイプⅡエラーに分類される誤りである。感覚知覚と記憶，認知の研究領域でよく用いられる言葉であり，記憶研究では虚再認といわれることが多い。再認記憶実験においては，学習後に行われる再認記憶テストで，実際には学習していない項目（ディストラクター）に対して「学習した」と誤って判断を下すこと。ディストラクターに対する誤再認反応の割合は誤再認率とよばれ，ヒット率（実際に学習した項目に対する「学習した」という正答の割合）とともに再認成績の指標とされる。全般的な再認成績としては，ヒット率から誤再認率を引いた修正再認率と，信号検出理論を援用した d'（ディープライム）が用いられるが，これらは，被験者の全般的な反応の偏り（「学習した」という反応を多くしやすい，もしくは少なくする被験者の傾向）を排除する指標である。実際に訪れたことがない場所であるにもかかわらず，過去に来た覚えがあるといったデジャヴも誤再認といえる。また，偽りの記憶の1つの表れでもある。（寺澤）

III 社会的認知の学び方

▼
再学習：relearning method　記憶の測度の1つ。再生や再認では，学習した事象の直接的な想起を求めるが，再学習法では，一度学習したリストに対して，一定の時間おいたあとに，再度学習してもらい，完全学習するまでに要する時間や試行数，誤反応数などがどの程度減少したのかを測度とする。この減少の指標として，エビングハウス（Ebbinghaus）の用いた節約率を求めることもある。被験者が，最初のリストを学習したことを再認できない場合でも，再学習の効果が認められる場合もあり，再生・再認よりも敏感な測度であるといえる。（藤田）

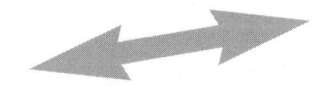

▼
再　生：recall　再生とは，最も一般的な記憶テストの一種であり，学習した事象を記憶の中から再生成することを求められるテストである。主要な再生手続きとして，自由再生（free recall），手がかり再生（cued recall），系列再生（serial recall）があげられる。自由再生とは，外的な想起手がかりなしで，学習した順番も不問で，思い出しやすい順に自由に再生する方法である。手がかり再生とは，学習した事象の一部（単語なら語幹などの単語の一部分やカテゴリー，文ならキーワード，主語やそれ以外の部分など）を手がかりにして，学習した事象を思い出すテストである。系列再生とは，学習した順番通りに報告することが求められる。学習時に，あとから記憶テストがあることを予期しながら学習することを意図学習，予期しないで学習することを偶発学習という。無意図再生（incidental recall）とよばれるのは，この偶発学習事態で学習した事象の再生を求める場合（偶発再生）のことである。偶発学習は，被験者の意図的な記銘方略の影響よりも，おもに方向づけ課題の操作（たとえば処理水準の操作）によって導入される符号化処理の違いの影響を検討したい場合に採用されることが多い。（藤田）

III-1　認知的アプローチの基礎用語

▼
再　認：recognition　問題とされる事象や刺激を，過去に経験もしくは遭遇したものと同一のものと認知すること。一般に再認判断という場合は再認記憶テストで要求される判断をさすことが多い。そこでは，被験者にまず学習すべきリストに対して何らかの処理が要求され，その後与えられるテスト項目のそれぞれに関して，学習した項目か否かの判断が要求される。テスト項目のうち実際に学習した項目はターゲット，学習していない項目はディストラクターとよばれる。再認テストの指標には，ヒット率，誤再認率，修正再認率，d'（ディープライム）などがある。（寺澤）

▼
作動記憶：working memory　さまざまな認知課題の遂行中に一時的に必要となる情報保持機能のことをさす。また，この機能を実現しているメカニズムや過程，そしてそれを支えるシステムをさすことも多い。同じく一時的な情報の保持を担う短期記憶は，短期性の記憶課題の遂行を説明する概念だが，作動記憶は，記憶以外の認知過程を説明するための記憶概念である。つまり，この概念は，記憶過程にのみ焦点を当てているのではなく，認知過程全体の中に位置づけられた記憶機能を強調している。

よく知られた作動記憶モデルはバドリー（Baddeley）のものである。これは音韻ループ，視空間的記銘メモ，中央実行系という3つのサブシステムから構成されている。音韻ループは音韻的な形式で情報を系列的に保持し，視空間的記銘メモは映像的・空間的な形式で情報を保持する。中央実行系は，作動記憶システムの制御，すなわち，他の2つのサブシステムの調整や注意の焦点化と切り替え，さらに長期記憶内の表象の活性化という機能を担う。

その他にも作動記憶のモデルはあるが，領域固有の貯蔵システムに加え，情報制御機能を担うシステムを備えたモデルの構成は，広く受け入れられるようになってきている。（齊藤）

III 社会的認知の学び方

▼
示差性：distinctiveness　精緻化と同様に，処理水準理論の問題点を克服すべく，提唱された概念。精緻化では，符号化される属性の量が重要とされるのに対して，示差性では，他の項目との区別を可能にするユニークで質的な符号化属性が重要とされる。示差的な符号化属性は，検索時に有効に機能する。たとえば，再認テストでは，示差的な学習項目の符号化属性は，未学習項目の属性との差異が明確であるため，両者の弁別を容易にする。しかし，適切な示差性の操作的定義がないために，符号化属性の示差性の程度を決定することは困難である。（堀内）

▼
実行意図：implementation intention　状況ないし外界の事象と行動反応との結びつきを考えるうえで，ゴルヴィツァー（Gollwitzer）らが提唱した行動をコントロールする方略の1つ。通常の意図が意識的に行動を導くのに対して，実行意図は少ない心的努力で，自動的な行動を引き起こすという。目標や意図を設定する時は意識的であるが，状況が条件を満たしたら，自動的に行動が発動する。たとえば，「やかんの沸いた音が聞こえたら，コーヒーを入れよう」という実行意図を形成しておけば，何かに注意をとられていても，やかんの音が聞こえたら，スムースにコーヒーを入れることができる。①行為決定前段階，②決定後-行為前段階，③行為段階，④評価段階の4段階があり，実行意図は「状況Xが生じたら，行為Yを遂行する」という形式をなし，状況Xはきわめて具体的な環境状況を示す。また，実行意図を設定する段階で，その状況をよくイメージすることが有効である。実行意図を形成しておくと，問題の状況的文脈に対して感受性が高まり，自覚的な心的努力を払わなくても行為過程が進行しやすいことが示されている。しかし，行為の発動が，どの程度自動的行動といえるのか，まだ要検討の段階である。（北村）

Ⅲ-1　認知的アプローチの基礎用語

▼
自動的処理，自動性：automatic processing, automaticity　刺激に対する処理が，自動的処理と統制的処理（コントロール処理）の2つの処理からなるとする考え方は一般に広く受け入れられている。自動的処理は刺激の知覚後，数百ミリ秒以内に生起するのに対して，統制的処理は刺激の知覚後，数百ミリ秒以降に生起するとされている。自動的処理は意識とは無関係に生じる。そのため，自動的処理を当人がモニターしたりコントロールすることはできないと考えられている。いかなる自動的処理が働くのかについては，刺激に対してこれまでの過去経験によって形成されてきた概念間の連合（意味的な結びつき）の度合いに応じて規定されると考えられている。自動的処理によってガイドされた反応の性質を自動性とよぶ。

社会心理学的観点からとらえた自動性の特性として，①個人の側では意図していない「無意図性」，②当人は気づいていない「無自覚性」，③個人が何をすべきかをよく考える前に生じるという「効率性」，④当人が影響に気づいている時でさえコントロールや抑制が難しい「統制困難性」の4つが指摘されている。しかし実際には，これらすべての要素を満たしている処理はきわめてまれであり，これらの要素を満たしている程度が高くなるほど，自動性という特質がより強まるといえる。

偏見的態度を，偏見対象集団と否定的概念との連合（たとえば特定の人種カテゴリーと敵対性概念との連合）に沿った自動的処理の結果として考えることができる。そしてこの連合は，社会化という社会文化的価値の内面化過程に不可避的に付随すると想定される。その結果，対象集団のことを考えたり，対象集団の構成員と顔を合わせることなどを契機として，自動的処理過程によって否定的概念が想起されやすくなる（アクセスビリティが高くなる）。さらに，自動的処理の特質として意識的なコントロールが関与しないことから，この反応は対象集団に対する意識的な偏見の強弱にかかわらず生じていると考えることができ，それを実証する研究が報告されている。また，習慣的行動を偏見と同様に自動的処理過程に基づく反応メカニズムで説明する考え方も成り立つ。偏見や習慣はたやすくは修正されないが，長期的かつ能動的で意識的な対処によってそれを克服しうることがあるように，自動的処理もそのもととなっている概念連合に対して長期間にわたって意識的注意を働かせることによって変容可能なものと考えるべきであろう。（潮村）

Ⅲ 社会的認知の学び方

▼
処理水準：levels of processing　クレイク（Craik）らによって提唱された記憶研究の理論的枠組み。認知処理は，一般に，対象となる事物の線分や角度のような物理的・形態的な属性に対する浅い分析から始まって，語彙の決定や概念識別といった意味的・概念的な属性に対する深い分析へと継時的に行われる。この時，一連の認知処理によって，さまざまな生成物（記憶痕跡）が生じることになるが，記憶とはそのような生成物（記憶痕跡）にほかならない。そして，記憶痕跡が永続的で強固であるほど，その事物に関する記憶の保持がよくなるのであるが，クレイクらによると，記憶痕跡の持続性や強さは処理の深さの関数であり，意味的・概念的な深い処理を行うほど，より永続的で強固な記憶痕跡が生成されるという。たとえば，クレイクとタルヴィング（Tulving）は，処理水準として形態，音韻，意味処理の3水準を設定し，意味的な処理を受けた項目は浅い処理を受けた項目より保持がよいことを確認している。しかし，後になって，水準の操作的定義が困難であることや，同一水準内における処理の記憶成績の差を説明できない，などの問題点が指摘された。（堀内）

▼
処理の負荷：processing load　遂行する認知活動が遂行者に与える心的負担，とくに求められる注意配分の量をさす。多数の事がらを記憶保持し続けたり，自動化していない複数課題を並列的に遂行する時には，負荷が高くなる。負荷が高いと認知活動の達成度が下がる可能性があるため，われわれはできるだけ少ない認知的負担で，認知的達成度をできるだけ上げようとする傾向（認知的経済性）がある。たとえば，自らの記憶の負荷を軽減するため，使用する電話番号を有意味なフレーズに変換して覚えようとしたり，手帳にメモするなど，外部記憶に依存する。（渡辺）

III-1 認知的アプローチの基礎用語

▼処理容量：processing capacity

注意を認知活動遂行のために引き出される心的資源とみなす概念。カーネマン（Kahneman）は，すべての認知活動には，何らかの注意配分が必要であるとの仮説に立ち，認知活動の源を処理容量とよんだ。複数の認知活動への容量配分すなわち注意の強度の配分は，需要と意図に沿って，配分機構が定めると考えた。利用可能な処理容量は覚醒水準によって変化するものの，一定の上限がある。同時に行う認知活動に必要な総処理容量が限界以下ならば，複数活動の同時処理が可能だが，総量が限界を超えると活動は十分に達成されない。たとえば，人と一緒に歩きながらの会話は容易だが，17×46という計算を暗算しながらの会話は難しい。処理容量の概念は，ノーマンとボブロウ（Norman & Bobrow）により，心的機能（注意，記憶，思考など）の総体をさす"処理資源"という概念に発展した。彼らは認知活動を資源依存型とデータ依存型に分類した。前者は資源を多く使うほど活動の達成度が向上するもの。後者は，達成度はデータの質に依存し，資源の配分量とは独立な活動である。処理資源は1つではなく，各感覚様相ごとに存在するとして複数処理資源モデルを提案する研究者もいる。（渡辺）

▼信号検出理論：signal detection theory

心理学実験の課題においてある被験者の成績は課題そのものの難しさだけでなく，その被験者のもつ反応バイアスによっても変化する。たとえば雑音の中からある信号音を検出する課題において，被験者の信号検出力が同一であっても，信号を見いだしたいというような動機づけや期待あるいは信号らしき音には必ず反応するという判断基準をもつ被験者は，そういった動機づけをもたないかあるいはある程度明瞭な信号にしか反応しない厳しい判断基準をもつ被験者よりも，信号の存在を正しく検出する確率（ヒット率）が高くなる。しかしその一方，信号が実際に存在しないにもかかわらず「信号がある」と誤って答える確率（フォールス・アラーム率）も高くなる。つまり信号の存否に対する被験者の動機，期待，態度といった反応バイアスによって課題の成績（閾値）は変化するのである。信号検出理論は統計的決定理論を心的過程に適用し，このような信号の検出力と反応バイアスを分離して数値的に扱うことを可能にする理論である。信号検出といった知覚課題だけでなく，2つ以上のカテゴリー弁別といった認知課題などにも応用され，心理学のさまざまな領域で利用されている。（中澤）

III 社会的認知の学び方

▼
心的努力：mental effort　当該の課題に対して被験者が向ける注意の程度のことをさす。これは，被験者のもつ心的容量の総量によって制限されるが，被験者の意図によっても変化する。認知システムの自発的な制御が，現在の認知心理学の中心的問題であることを考えると，心的努力は，被験者自身の主体的なかかわり方の問題を取り入れている点で，現代的な概念である。

心的努力を精確に測定することは難しいが，生理的指標の活用や二重課題法によって，ある程度見積もることができると考えられている。（齊藤）

▼
スキーマ：schema　人間のもつ知識体系中で，1つのまとまりをなし，独立して機能し，ある程度一般性をもった知識の単位をスキーマとよぶ。たとえば，「医者」「物語」「歩行」のような1つの概念に対応して，1つのスキーマが存在すると仮定される。人間の知識は，関連し合うスキーマが結合して複雑な体系をなす。たとえば，「専門職」－「医者」－「眼科医」のような，一般性や抽象性の階層構造，「蝋燭」－「線香」－「花」のような，文脈の共有に基づくネットワーク構造，「物語」－「場面設定」－「人物の設定」のような，部分－全体関係に基づく階層構造がある。スキーマ中の情報には，文脈による変動がない「定数」と，一定範囲で変動する「変数」がある。人は直面する状況を，スキーマの定数や変数とのマッチングによって理解する。たとえば1つの物語を理解する時は，個々の出来事が「発端」「結末」などの変数の値たりうる内容か，話全体の流れが「必須の場面の種類」のような定数に一致しているか，という観点からマッチングする。スキーマ使用の経験の蓄積の中で，定数が変数に，変数が定数に変化したり，スキーマの一部が新たなスキーマとして独立するなどの形で学習が生じる。（鈴木）

Ⅲ-1 認知的アプローチの基礎用語

▼
スクリプト：script 「レストランで食事する」「球場で野球の試合を観戦する」といった，くり返し経験される，目的志向の出来事の標準的展開についての知識を，スキーマ理論の中では「スクリプト」とよんでいる。たとえば，「レストランでの食事」のスクリプトは，概略以下のような情報を含んでいると考えられる。
場面1＜入店＞（客が店に入る，客が席に座る，……）
場面2＜注文＞（客がメニューを見る，客がウェイトレスに合図する……）
場面3＜食事＞（ウェイトレスが食事を席に運ぶ，客が食べる……）
場面4＜支払い＞（客が会計で支払う，客が店を出る……）

　幼児の社会的場面の理解の発達を，スクリプトに含まれる内容が豊富になったり，スクリプトの利用が柔軟になっていくという観点から研究するなどが行われている。なお，スクリプト理論の提唱者であるシャンク（Schank）の最近の理論では，場面ごとの知識に独立したスキーマとしての地位を与え，そこに一般性に基づく階層性を導入するなどのモデル修正を行い，状況の変化に柔軟に対処可能な，複雑で動的な知識体系を仮定した。その中でスクリプトという用語の意味も変化した。（鈴木）

▼
ステレオタイプ：stereotype 社会的集団（カテゴリー）に対する紋切り型の認知傾向もしくはその認知内容をさす。ステレオタイプは固定的で否定的な内容となりやすい。ただし必ずしも否定的なものばかりではなく，肯定的内容のステレオタイプも存在する。

　ステレオタイプが形成・維持されるメカニズムとして大きくは2つのモデル枠組みが提唱されている。記憶内に貯蔵されている具体的な個別情報が利用されると考えるエグゼンプラーモデルと，プロトタイプとよばれる抽象的表象の利用を想定するプロトタイプモデルである。現在では両機能が複合的に働いていると考えられている。

　ステレオタイプは主として認知・認識のレベルに対応しているのに対して，態度として固定化され，また多くの場合，感情的要素を付与されたものを偏見，そしてそれが行動となって現れたものを差別とよぶのが通例である。したがって差別の原因となるのが偏見であり，そして偏見の原因となっているのがステレオタイプであると一般的には考えられている。ただしステレオタイプ，偏見，差別は測定上，常に直接的な関連性が示されるものではなく，これらの概念相互の結びつきに関する統合的視点が希求されている。（潮村）

III 社会的認知の学び方

▼
ストループ効果：Stroop effect
単語の意味する色とは異なる色がついた色名単語の色を命名する課題（たとえば，緑色で印字された単語"あか"にミドリと命名）をストループ課題とよび，単に色を命名する時よりも（たとえば，緑色の○にミドリと命名）反応時間が長くなる割合をストループ効果とよぶ。色の命名課題遂行中に単語から受ける干渉の強さを示すこの現象は，一般に選択的注意力の指標として利用される。妨害刺激に色名連想語，線画，情動喚起を用いるバリエーションもある。ストループとはこの現象を最初に雑誌に発表した人の名。（渡辺）

▼
精緻化処理：elaboration 処理水準理論の問題点を克服すべく，クレイク（Craik）らによって提唱された概念。精緻化とは，記銘すべき項目を，既存の知識構造に関連づけて符号化することであり，精緻な処理を行えば検索ルートの数が増すため，記憶成績が良くなると考えられている。形態処理のような浅い水準でも精緻化が生じており，意味処理のような深い水準では，知識量と適合性の程度によって精緻化の程度が変化すると仮定することによって，処理水準よりも精緻化こそが符号化の本質的要因であるとみなされる。（堀内）

▼
生理的測定：physiological measure
心理学の領域で，生理的に測定される指標には，大別して脳波，事象関連電位，心拍，血圧，皮膚電気反応などの電気生理学的指標と，各種のホルモン，免疫的指標などの生化学的指標がある。

電気生理的指標はさらに中枢系指標と末梢の自律神経の活動を評価する指標に分類することができる。脳波は前者の代表であり，周波数分析により同定される α 成分や β 成分のパワーにより，リラックス－緊張などの精神状態，処理の深さや量を評価できる。また，刺激呈示や処理に同期して観測される脳波である事象関連電位は，さまざまな認知過程を鋭敏に反映する指標として期待されている。とくに，事象関連電位の後期成分のうち，P300や後期陽性成分とよばれるものは，注意の配分や作動記憶の更新，単位時間内での意識的処理の総量などを表す指標として，社会的認知研究でも利用されている。

また，社会的認知の各過程には，生理的覚醒の影響が仮定されることがある。一般に，覚醒は意識的処理を阻害し，自動的処理には影響を与えないので，既有の態度，慢性的に高まったアクセスビリティ，自己スキーマ，ステレオタイプなどの影響を強調するよう

Ⅲ-1 認知的アプローチの基礎用語

に作用すると考えられている。こうした生理的覚醒は生理学的には交感神経の活性化と副交感神経の抑制として理解されるが，単一の指標でそれらを直接評価しうるものはないことに注意しなければならない。皮膚電気反応，心拍，血圧，手掌部発汗，容積脈波，呼吸などの指標を複数測定し，かつ周波数分析などの精緻な分析方法を用いることが望ましい。

生化学的指標では，怒りなどの情動の指標とみなされる性ホルモンであるエストロゲンや，代表的なストレス・ホルモンであるコルチゾールがよく用いられる。また，情動やストレスと健康の関連を検討するために，ナチュラル・キラー細胞活性や末梢リンパ球数，免疫グロブリン量などの免疫指標が測定される例も増えてきた。これらの測定には生化学的実験設備と技術が必要だが，検査会社に外注するなどの方法により心理学領域でも簡便に利用できるようになってきた。

いずれの生理的指標も，個人差がきわめて大きく不安定だという性質がある。測定にあたっては，それらを可能な限り統制する必要がある。また，どんな生理的指標もその意味を一義的に解釈できるものではないので，精緻な仮説に基づいた巧妙な実験計画が必要とされる。（大平）

▼
宣言的知識，命題的知識：
declarative knowledge, propositional knowledge　長期記憶に貯蔵される記憶のうち，言葉によって記述できるような事実についての記憶のことを宣言的記憶という。この宣言的記憶に対比されるものとして，手続き的記憶（さまざまな認知的活動を遂行する際のやり方に関する記憶）がある。宣言的記憶は，さらに，個人的な経験に関連する記憶のエピソード記憶と，一般的な知識の記憶である意味記憶とに区分される。宣言的記憶のうち，とくに知識の記憶の部分が宣言的知識とよばれるが，この宣言的知識は意味記憶に保持されるものと考えられる。この宣言的知識には，知識が命題の形で表象されている記憶の部分が含まれており，それは命題的知識とよばれている。命題とは，真偽判断の可能な最小の意味の単位のことをさしており，1つの主張として存在しうる知識の最小の単位である。この命題は，抽象的で非連続的なシンボルであって，言語よりももっと抽象的であり，知識が獲得された時のモダリティ（視覚，聴覚など）には依存しない符号であると考えられている。命題的知識は，文章の記憶表象のモデルなどを考える場合に，しばしば取り上げられている。（井上）

III 社会的認知の学び方

▼
潜在学習：implicit learning　環境や刺激の中に存在する構造が，学習意識を伴わずに獲得されること。多くの場合，学習された知識を利用はできるが言語化することはできない。1967年，リーバー（Reber）により人工文法課題を用いた初めての実験研究が公刊された。人工文法課題では有限状態文法で生成された文字列が呈示され，被験者は文法の存在を知らされないままそれを記銘する。記銘後に文法の存在が教示され，その後呈示される新しい文字列が文法に従っているかどうかを判断することが要求される。正答率はチャンスレベル以上となるが，被験者は文法の内容や判断の理由を正確には報告できない。ほかにも系列反応・概念形成・頻度検出・複雑なシステムの制御などの課題を用いて同様な無意識的学習の存在が示されており，刺激の性質の影響，顕在的・意識的な学習との関連，獲得された知識の抽象性・潜在性などについてのさまざまな検討がなされている。また，PDPによるモデル構築も試みられている。意識的情報処理をおもな研究対象としてきた認知心理学において，潜在記憶・閾下知覚・自動的処理などとともに，無意識的・非方略的な情報処理過程の解明をめざす分野として注目される。（松井）

▼
潜在記憶：implicit memory　記憶の再現時（検索時）に想起意識を伴わない記憶。つまり，特定のエピソードを自分の経験として思い出しているという意識を伴わないにもかかわらず，そのエピソードの経験によってさまざまな認知課題の成績が変化した場合に，その変化の原因となるもの。対照的に，想起意識を伴う記憶は顕在記憶とよばれる。潜在記憶を測定する課題は，直接プライミング効果を検出する課題に，顕在記憶を測定する課題はエピソード記憶を測定する課題にほぼ対応する。ただし，潜在記憶－顕在記憶という区別と，現在提案されているさまざまな記憶区分は完全に一致するものでなく，潜在－顕在という区別も，記憶をとらえる1つの切り口と現時点では見なすべきである。両課題の違いは，教示によって，その課題を学習エピソードに関する記憶テストであると被験者に認識させるか，無関係な認知課題と認識させるかが違うのみである。潜在記憶は，学習項目とテスト項目の知覚的な類似度に大きく影響を受けること，処理水準や意図的学習－偶発学習の違いが影響として現れにくいこと，学習の効果が長期のインターバルをあけても持続することなどがあげられる。これらは顕在記憶と対照的な特徴である。（寺澤）

Ⅲ-1 認知的アプローチの基礎用語

▼
選択的注意：selective attention
多くの情報の中から，認知対象とする情報のみを抽出し，他を排除する機能。パーティに出席していると，さまざまな他の音が存在していても，特定の相手とだけ会話を楽しむことができる。カクテルパーティ効果として知られるこの現象は，典型的な選択的注意機能の現れである。1960年代から70年代には，選択的注意が機能する位置は，情報処理の知覚段階（フィルター説）か，反応段階（選択的反応説）かが，議論された。ナイサー（Neisser）は，情報処理を感覚入力からの流れ（データ駆動型：bottom-up）と知識あるいは意図からの流れ（概念駆動型：top-down）との双方向的なものととらえることで両説を統合した。彼は注意を，前注意過程と焦点化の2つに分類。前者は刺激を自動的に大まかに分析する機能をもち，後者は抽出された特定の情報を既有の知識に基づいて深く分析する機能をもつ。ポズナーとコーエン（Posner & Cohen）は，この2つの機能を，外発的システムと内発的システムという概念に発展させた。前者は予期せぬ刺激の変化に対して注意を喚起する受動的注意機構，後者は意図的に注意を向ける機構である。2つのシステムは相互抑制的に作用し，選択対象の切り替えと選択状態の維持を行う。（渡辺）

▼
体制化，体制化の指標
：organization, index of organization
一般的な学問的体系や概念的関係に基づいて情報を整理して覚える方略を体制化という。体制化によって情報を整理することは，記銘効率だけでなく，ある情報が想起されると関連情報も想起されやすくなるというように，検索効率もよくする。被験者が体制化方略を用いているか否か，自由再生における項目の再生順によって検討できる。たとえば家具や野菜などのカテゴリーに属する項目をランダムに呈示し学習させても，再生時にはカテゴリーごとにまとまって報告されるという群化が起こっていれば，体制化方略が用いられていたことがわかる。どの程度の群化が行われているか，体制化の指標として，たとえばローエンカー（Roenker）らが提唱したARC（Adjusted Ratio of Clustering）は次式で求められる。
ARC= $(R - E(R)) / (MaxR - E(R))$

ここで，R は同一のカテゴリー内の項目が続いて再生された数（反復数），$E(R)$ は反復数の期待値で，1つのカテゴリー内で再生された項目数（Xi）を用いて次式で求める。$\Sigma Xi^2 / \Sigma Xi - 1$。$MaxR$ は再生された項目によってとりうる最大反復数で，再生された項目数（N）と再生されたカテゴリー数（k）の差（$N - k$）で算出される。（藤田）

III 社会的認知の学び方

▼
短期記憶：short-term memory
人間の記憶機構は，情報の保持時間，保持形態，容量などの点において，長期記憶と短期記憶に区別されるという。短期記憶内の情報は，維持リハーサルを行わなければ，10数ないし30秒程度で大部分が忘却される。リハーサルによって維持される，あるいは音声的干渉を受けやすいことから，短期記憶内の情報は音声的形態を有すると言われてきた。しかしその後，視空間的形態や意味的・概念的形態を有する短期記憶情報の存在が明らかとなっている。容量限界は7±2チャンクというのが定説だが，情報の発音時間，構音速度の個人差の影響を受ける。短期記憶の保持時間を査定するブラウン＝ピーターソン（Brown-Peterson）パラダイムと類似の手続きを用い，再生テストが予期されない場合，それが予期される場合に比べ，短期記憶からの忘却は急速であり，それはリハーサル量の違いなどの認知的・個人的要因によらないことを示した研究がある。他者（実験者）のテスト要請に応える必要があるか否かが忘却速度を左右すると，この研究結果を解するならば，短期記憶の作動が社会的状況と無関係でないことが示唆され，社会的認知の立場からすれば興味深い話題といえる。(森直久)

▼
単語完成課題：word-fragment/stem completion task　潜在記憶課題の一種。単語の一部分（例：た＿ひ＿い）を呈示し，もとの単語（たまひろい）を回答させる課題。もとの単語をあらかじめ学習しておくと，未学習の単語に比べ完成率が高くなる（直接プライミング効果）。被験者に与える教示は「何でもよいので最初に頭に浮かんだ単語で回答するように」であり，学習語を想起するよう求めなくてもプライミング効果は生起する。もし学習語の想起を求める教示を与えたら，単語完成ではなく，顕在記憶課題である手がかり再生になってしまうので注意が必要。(藤田)

Ⅲ-1 認知的アプローチの基礎用語

▼
知覚的流暢性：perceptual fluency
ある特定の刺激の処理が，容易で，処理速度が速く，効率のよい状態であることをさす。知覚的流暢性は，その刺激を以前経験することで生じた潜在記憶によって高められる。知覚的流暢性が高まると，その刺激に対する主観的経験（通常，ファミリアリティと表現される）に影響を与える。たとえば，以前聞いた文章と初めて聞く文章とが，さまざまな大きさのホワイトノイズとともに呈示された時，ノイズがどの程度大きいかを評定するようにもとめられると，以前聞いた文章の背後にあるノイズの方が，初めて聞く文章の背後にあるノイズより小さいと判断されやすい。以前聞いた文章は，知覚的流暢性が高まっているため，よく聞こえるという主観的経験を与える。しかし，聞き取りやすいのは背後のノイズが小さいためだと誤解されることでこうした現象が生じると考えられている。とくに，刺激が閾下，あるいは，一日前に呈示されることで，主観的経験の原因が以前の刺激経験にあると気づきにくい場合には，その原因を刺激自体の客観的性質（好ましい，有名な）にあると誤帰属しやすくなる。こうしたメカニズムで，閾下単純反復呈示効果や有名性効果が生じると考えられている。（坂元桂）

▼
チャンキング：chunking　チャンクとは何らかのまとまりをもつ情報のかたまりであり，複数のチャンクを1つのチャンクにまとめることを，チャンキングとよぶ。ミラー（Miller）によれば人間が一時的に保持できる情報量は$7±2$チャンクである。たとえば0754310361はそのままでは10個の数字（10チャンク）なので保持することは困難であるが，これを「北大路書房の電話番号」というように既知の情報に置き換えれば，1チャンクの情報として処理することが可能になる。チャンキングは多量の情報の保持・処理・検索に有効な方略である。（藤田）

III 社会的認知の学び方

▼
長期記憶：long-term memory
人間の記憶に対する1つの仮説的な区分。人間の記憶は、外界の情報が入力されていく順に、感覚記憶、短期記憶、長期記憶と分けられ、この順で情報の保持時間も長くなる。一般に短期記憶に入った情報のうちリハーサルを受けた情報が長期記憶に転送されるといわれ、その容量はほぼ無限で、永続的に情報は保持されるといわれる。宣言的－非宣言的、エピソード－意味、顕在－潜在など、現在提案されている記憶区分の多くは、長期記憶をさらに区分するものである。記憶研究では、1970年代より記憶区分に焦点を当てた研究が数多くなされ、1990年代には、それまでの記憶区分の議論と脳の部位との対応関係の検討へと関心が進み、神経心理学の主要な研究領域を構成するようになっている。長期記憶における情報の蓄えられ方について、最も頻繁に用いられる考え方は命題（意味）ネットワークの考え方であるが、それ以外に、一つひとつのエピソード情報が独立した形で多数蓄えられると考える多痕跡理論の考え方も注目されつつある。記憶の区分に関しては議論が尽くされた感が強い。今後は、その区分を参考にしつつ、そのメカニズムを解明していく必要がある。（寺澤）

▼
手続き的知識：procedural knowledge　認知科学で想定される知識の種類の1つ。宣言的知識が事実や信念を表現するのに対して、手続き的知識は行動の方法を表現する。多くのモデルでは、問題解決などの行為遂行に必要な一連の手続きを、「…ならば、…せよ」という、条件と行為のペアで表現する。ただし、「方法の知識」と言っても、簡単にひとくくりにはできない。まず、プロダクション・システムなど手続き的知識を用いたモデルに含まれる知識の多くは、特定の条件下で自動的、無意識的に起動され、なすべき行動を命令する、暗黙的知識である。日常語的には、知識というより「身体にしみついたやり方」に近い。自分でも気づきにくい問題解決の詳細な手順などは、暗黙的手続き的知識である。一方、日常語で「方法の知識」というと、日頃のやり方を意識的、反省的に認識した結果の産物をさす。実際のやり方とは違う場合もあり、むしろ「方法についての信念を表す宣言的知識」であることも多い。これが対人関係をうまく運ぶコツだと自分で信じている方法など、自覚的方法は宣言的知識のことが多い。なお、事実の知識は暗黙的手続き的知識に含意されており、宣言的知識は存在しないという立場もある。（鈴木）

III-1 認知的アプローチの基礎用語

▼
日常記憶：everyday memory　自然で日常的な文脈，現実的な文脈における記憶や記憶活動のこと。

19世紀，エビングハウス（Ebbinghaus）は記憶を客観的に研究するために，無意味綴りの系列を一定の早さ，最小限の抑揚で読み上げ，特定の記憶術を用いず，注意を集中して記憶するという方法をとった。また実験に際しては妨害を避け，環境の変化や不規則な生活を排除するよう心掛けたという。こういった，状況を単純化し記憶過程そのものに焦点を当てる実験法は後の記憶研究にも引き継がれ，多くの成果をあげた。しかし，一方で記憶は現実にどのように機能し，どのように用いられるのかという根源的な問題は残されることになった。このような状況に対し，1978年，ナイサー（Neisser）は記憶の実用的側面という会議を組織し「記憶の日常的な側面には興味深い問題がたくさんある」と指摘した。また編著『観察された記憶』などを通して，自然な文脈における生態学的に妥当な研究の重要性を強調した。人は自然の環境の中で最も有効に行動しうるのであり，実験室という限られた空間の中だけでは認知過程を研究することはできない，と主張したのである。

日常記憶研究は，自然な日常的，現実的な文脈での記憶活動を研究対象とする。たとえば生活で意味をもつ非言語的な記憶（人物・顔，地域・場所，運動の記憶），超長期記憶（かつて学校で学んだ事がら，幼なじみの名前），時間の記憶（社会的事象の継続期間や順序，展望記憶），記憶の障害（記憶の錯誤，障害，リハビリ），感情がかかわる記憶（外傷的な出来事の記憶，フラッシュバルブ記憶），目標や意図と記憶のかかわり，自伝的記憶，メタ記憶（時間・頻度の認識，記憶に関する報告，記憶術），目撃証言などである。これらの研究は，①実験室で得られた理論の一般化，②実験室外での新しい現象の探究，③実験室では扱えない諸変数（たとえば感情，痛み等）の研究などの目的のもとに，まずは現象の記述から行われることが多かった。だが理論化も行われている。たとえば実験室での記憶課題ではうまくふるまえなくても，現実の目標のもとでは効率的に記憶できることがある（幼児でも買い物場面では項目を想起できる，牛飼い人は飼っている牛の特徴を詳細に記憶できる等）。このような例から「記憶力」といった純粋な能力があるのではなく，記憶とは特定の状況，目標のもとに，特定の道具を用いて行われる活動であるとする見方（社会-文化的な理論化）もある。（仲）

III 社会的認知の学び方

▼
認知的倹約家：cognitive miser 人間が社会的刺激の情報処理に必要以上の努力を投入せず，常に認知的な資源を節約するよう動機づけられていることを表した言葉。これは人間の認知容量に限界があるためであり，したがって特別な動機づけや必要性がない限り，認知的負荷の高い情報処理は避けられ，認知的負荷の低い処理が好まれる。こうした傾向は多くの場合適応的であり，人間は複雑で多様な情報に満ちた周辺環境を効率よく処理している。しかし，情報を選択的に処理するために，時に深刻なエラーやバイアスをもたらすことがある。（森津太子）

▼
ノード：node 記憶などのネットワークモデルにおいて，関連のある情報の間をリンクがつないでいると考えているが，そのリンクどうしが出合って交わった部分がノードである。ノードには，概念や属性の情報が表象されていると仮定される。結節点とよばれる場合もある。（井上）

▼
反応潜時：latency 反応時間は認知心理学において重要な指標であるが，十分に知覚－運動協応が成立した課題における，刺激に対する反応の決定と，それに基づく身体運動の遂行に要する最小時間と定義される。反応潜時もほぼ同義であるが，比較的複雑で構造化された課題について用いられる。社会的認知研究においては，複雑・高次で複数の処理過程が想定される課題が多いので，反応潜時という語を用いることが多い。

反応潜時が短いほど，関与する処理過程が少ない，処理効率がよい，少ない資源で処理が可能である，などと解釈される。たとえば，自己スキーマに一致する特性形容詞についての自己照合判断は，より効率的な処理に基づいて行われるので反応潜時は短くなる。しかし，反応潜時の解釈は実験パラダイムに依存するので注意すべきである。

反応潜時の測定では，実験開始前に十分に練習試行を行い，知覚－運動協応を成立させておく必要がある。また，個人差がきわめて大きいので，できるだけ被験者内実験計画を採用する，少なくとも5－10試行で反応潜時を測定してエラー試行を除いたうえで平均化する，データを対数変換して分析する，などの工夫が必要である。（大平）

III-1　認知的アプローチの基礎用語

▼
PDPモデル：parallel distributed processing models　PDPモデルは，並列（parallel）処理と分散（distributed）処理に注目した情報処理モデルで，認知心理学において主流であった直列処理・中央処理に対するアンチテーゼとして登場してきた。

現行のコンピュータでは，すべての情報は基本的にCPU（中央処理ユニット）が直列（＝継時的）に処理している。認知心理学では，人間の情報処理をコンピュータになぞらえて，継時的にとらえることが多かった。

さらには，現行コンピュータによる情報処理がデジタル処理であり，特定の記号を照合したり，別の記号に置き換えたりすることでなされていることから，従来の認知心理学では，人間の情報処理を基本的に心的表象としての記号の処理とみなしてきた。

このことはまた，「Aという記号を別のBという記号と照合し，その結果に応じてCに置き換える」というように，認知の仕組みを言語化された規則としてとらえようとすることでもあり，意識化することでもある。

一方，人間の認知プロセスを支えているのは脳神経系であり，その特徴は並列処理と分散処理にある。人間の脳では140億もの神経細胞が同時（＝並列的）に働くことで情報処理を行っている。PDPモデルでは脳神経系のこうした特徴を重視し，脳神経系になぞらえた情報処理の仕組みを通して，人間の認知プロセスを研究しようとするものである。

研究方法としては，神経細胞を模して作った仮想的な神経ユニットを組み合わせたネットワークを作り，種々の学習規則の下で，ネットワークのふるまいをコンピュータシミュレーションするというものが一般的である。

PDPモデルは知覚研究の分野で著しい成果があったことなどから知覚・認知の分野で注目されてきたが，基本的には心理学の一般モデルであり，発達心理学や社会心理学，臨床心理学などすべての研究分野に適用可能である。

神経網をなぞらえたモデルという意味で，「ニューラルネットワークモデル」とよばれることも多い。また，神経系の「結びつき（connection）」に注目したモデルであることから，「コネクショニズム（connectionism）」「コネクショニスト・モデル」ともよばれる。

代表的な研究者は，ラメルハート（Rumelhart）とマクレランド（McClelland）らが中心となった研究グループである。

参考図書に，守・都築・楠見『コネクショニストモデルと心理学』北大路書房がある。（守）

III 社会的認知の学び方

▼
ヒューリスティックス：heuristics 問題解決，判断，意思決定を行う際に，規範的でシステマティックな計算手順（アルゴリズム）によらず，近似的な答えを得るための解決法である。1970年代以降，トバスキーとカーネマン（Tversky & Kahneman）の一連の研究によって，簡便な方略としてのヒューリスティックスとその系統的なバイアスに焦点が当てられるようになった。現実世界では，人は，情報処理能力や知識，時間の制約のもとで，判断や決定の最適化をはかる必要がある。そこで，認知的倹約家としての人は，ヒューリスティックスによって，素早く，おおまかな認知的処理をする。これは制約された合理性あるいは，適応的な生態学的合理性の現れである。こうした考えに基づいてギーゲレンツァー（Gigerenzer）らは，ヒューリスティックスは認知的処理のための道具箱のようなもので，問題状況に応じて利用されやすいものがある。

不確実状況下での確率や判断などに用いられるヒューリスティックスには，トバスキーやカーネマンがあげた（想起しやすさに基づく）利用可能性，（典型性判断に基づく）代表性，（初期値から推定する）係留と調節，（こころの中のシナリオによる）シミュレーション・ヒューリスティックがある。より一般的な問題解決におけるヒューリスティックスとしては，（過去経験をそのまま利用する）再認ヒューリスティックや類推の利用がある。また，意思決定に用いるヒューリスティックスとしては，決定に必要な根拠を1つだけ記憶や外的情報から探索する単一理由決定，選択肢を削っていく消去法，系列的に結婚相手を捜す時などに用いる停止型問題では，選択肢が要求水準を越えた時に決める満足化ヒューリスティックがある。複雑な対象の評価では，気分や態度に基づくヒューリスティックが用いられる。たとえば，今通っている大学の満足度の評価をする時に，さまざまな側面の情報を統合的に判断するのではなく，今の気分に基づいて判断する方略である。態度のヒューリスティックは，当該人物に対する好意あるいは非好意的態度に基づいて，その人物に関する他の推論を行う方略である。これはハロー効果を導く。

ヒューリスティックスが利用されやすい条件には，こうした特定の問題や文脈のほかに，領域知識や経験，情報が不足している時，時間圧力がある時，情報過剰の時，問題の重要性が低い時がある。（楠見）

Ⅲ-1 認知的アプローチの基礎用語

▼
表　象：representation　表象とは，何かを代表して表す符号やシンボルのことをさす。その表象が，言語や絵のように外的に存在するものの場合は外的表象とよばれ，一方，われわれの心の中に表される場合には心的表象とよばれる。心理学では，表象という語で心的表象をさす場合が多い。心的表象は，人間によって内的に保持される情報（記憶）の内容を，心の中で表現したものとその表現形式のことをいう。たとえば，われわれがもっている「リンゴ」がどのようなものなのかに関する知識を，記憶の中で表しているものが心的表象なのである。心的表象は，その表現形式の違いによって，アナログ的表象と命題的表象の2つに区分される。アナログ的表象は，表されるものの物理的特徴にかなり類似した特徴をもつ表象で，連続的であり，もとの情報の感覚モダリティ（視覚，聴覚など）に密接に関係している。これに対して，命題的表象は，表されるものの物理的特徴には直接関係しない形式による表象で，非連続的であり，もとの情報の感覚モダリティとは無関係な，抽象的な命題によって表されるものである。なお，コンピュータ科学で，メモリーに保持された情報の場合には，"表現"とよばれることが多い。（井上）

▼
符号化：encoding　記憶の3要素の1つとして，各種感覚器官から入力された情報を，何らかの心理的・生理的な記号に置き換え，伝達可能にし，保存に耐え，そして利用可能な状態に位置づける。

生理面においては，感覚ニューロンを通ってインパルスとして入力された情報は，神経細胞内のRNAを経て最終的に蛋白質という物質基盤の存在に置き換えられると考えられている。これは物質に変換するという側面で符号化の一種である。心理面においては，感覚入力で得られた情報を内的な記号（コード）に置き換えることを意味する。この手続きは必ずしも意識的ではなく，また一定でもないが，たとえばイメージ化や言語化などはこの符号化過程が顕在化したものである。符号化された情報は保持され，利用時に検索されることでその存在が明らかになる。この符号化の際の精緻化により，後の検索時にその情報の検索可能性が上昇する。また，符号化時には容量の制約があるが（マジカルナンバー7±2）符号化時に情報の圧縮（チャンキング）が行われることもあり，これによって符号化のみかけの容量が増加し，後により多くの情報の利用を可能にする。（高橋晃）

III 社会的認知の学び方

▼符号化特定性原理：encoding specificity principle

一般に，記憶過程は，情報を「覚える」という記銘（符号化），「覚えておく」という保持，「思い出す」という想起（検索）の3つの段階から成り立っている。符号化特定性原理とは，符号化と検索の関係から記憶成績を考えようとするものであり，タルヴィング（Tulving）によって提唱された。すなわち，ある符号化の方法が効果的であるかどうかは，検索状況との類似の程度に規定されるということを示した原理をいう。

たとえば，「strawberry jam（イチゴジャム）」という言葉を記銘し，それを想起する際の手がかりとして，「strawberry（イチゴ）」を呈示すると，「jam（ジャム）」が想起されやすくなるのが普通である。ところが，記銘時に，「traffic jam（交通渋滞）」という言葉で覚えた場合，「strawberry」という単語を手がかりとして呈示しても，「jam（渋滞）」を想起することは難しい（この場合，想起手がかりとしては，「traffic（交通）」という単語の方が効果的である）。このように，符号化特定性原理によれば，ある情報を記銘（符号化）する状況と想起（検索）する状況が一致している方が，そうでない場合よりも記憶の想起が促進されることになるのである。（高橋雅延）

▼プライミング効果：priming effect

先行する刺激（プライマー）の処理が，その後要求される，同一刺激もしくは関連する刺激（ターゲット）の処理に与える影響をさす。プライミング効果に関する研究は，プライマーとターゲットの呈示の時間間隔の長短によって，2つに分けてとらえるとわかりやすい。時間間隔がミリ秒〜数秒単位の研究と，分〜週単位の研究に大きく分けられる。前者は，語彙決定課題のように反応潜時を指標とする研究が多く，そこではプライマーと関連する刺激をターゲットとして用いることが多いため，間接プライミング効果，連合プライミング効果とよばれることが多い。一方，後者は単語完成課題のように正答率を指標とする研究が多く，そこではプライマーを直接ターゲットとして用いることが多いため，直接プライミング効果，反復プライミング効果とよばれることが多い。また，直接プライミング効果は潜在記憶の表れとされる。一般に，プライミング効果はターゲットの処理が促進される方向で現れることが多いが，逆に抑制される方向で現れる場合もあり，その場合はネガティブプライミング効果とよばれる。（寺澤）

Ⅲ-1 認知的アプローチの基礎用語

▼
プラン：plan ある目的を達成するために必要な一連の行為や認知的操作の生起順序を事前に決定し，コントロールすること，あるいはその決定内容をさす。プランを形成，実行し，評価，修正する過程をプラニングとよぶ。

ミラー（Miller）らは，プランを階層的構造をもつ過程としてとらえ，コンピュータプログラムと同義的なものと見なしていた。階層的構造をもつということは，マクロな視点からとらえることのできる行為や認知的操作のレベルと，その下にある相対的にミクロな視点からとらえることのできる行為や認知的操作のレベルがあるということを意味する。

このようなプランという心理学的概念は，何らかの心的操作の存在を仮定することになり，認知心理学の展開に大きな影響を与えた。また，運動コントロールや発話，さまざまな技能だけでなく，プランの記憶としての作動記憶や，プランの実行・評価とかかわる展望記憶など，認知心理学の今日的問題を検討するための手がかりとなる鍵概念となっている。（齊藤）

▼
フレーミング：framing フレーミングとは，判断や意思決定において，当該の判断または意思決定問題を心理的に編集あるいは構成することをいう。同じ対象に関する判断や意思決定であっても，フレーミングの仕方が，同じ個人内においても状況や文脈によって異なることがある。たとえば，10万円する商品の購買意思決定において，支払うべき10万円を「毎日の喫茶店のコーヒー代を約1年間節約することに相当する」と考えるか，「1回海外旅行に出るのを我慢することに相当する」と考えるかによって，購買意思決定問題のフレーミングの仕方は異なることになる。このフレーミングの仕方が実際の判断や意思決定の結果に影響を与える現象をフレーミング効果（framing effect）とよぶ。この効果は，研究者の間では，同じ問題を記述するための言語表現を変えることによって判断結果や決定結果が変化することであると操作的に定義されている。たとえば，医師が，「この手術をすることによる死亡率は5％です」と述べるか，「この手術をすることによる生存率は95％です」と述べるかによって，患者の手術の意思決定が変化するならば，フレーミング効果が生起したことになる。（竹村）

III 社会的認知の学び方

▼
プロトタイプ：prototype　あるカテゴリーに所属する事例のうちで，最も典型性が高く，中心的な成員。現実に存在している事物とは限らず，複数の成員の特徴を適当に合成した表象である場合もある。典型性とは，ある事物が，それが所属するカテゴリーのどれだけ代表的な成員であるかの度合いである（スズメとペンギンは，どちらも鳥カテゴリーの成員であるが，鳥としての典型性はスズメの方がずっと高い）。自然カテゴリーの多くは，プロトタイプを中心とした典型性の高い多数の中心的成員と，典型性の低い少数の例外的成員からなる，ファジーな構造をもつとされる。概念学習のプロトタイプ・モデルでは，所属する成員の次元ごとに属性値を平均して得られた表象をプロトタイプとみなすことが多い。具体的事物に関する情報が少ない時に，それが所属するカテゴリーのプロトタイプがもつ属性を用いて推論するのは一般によく行われるが，対人認知場面においては，あるカテゴリーに所属する人物が典型的にもつとされる属性が誤再認されやすいことを示したキャンターとミッシェル（Cantor & Mischel）の研究に見る通り，ステレオタイプや偏見の形成と関係が深い過程である。（河原）

▼
妨害課題：distractor task　記憶システムの特性を検討するために，記憶すべき材料の保持に干渉するように，とくに考慮して作られた課題のこと。通常，記憶すべき材料が呈示された直後に課される。たとえば，記憶材料と音韻的に類似した単語が呈示され，それを声に出して書き取る課題やある数の引き算の暗算をくり返す課題などがある。これとは別に注意機能の特性を検討するため，2つの異なる課題を同時に遂行させる時にも（二重課題法），一方を当該課題，他方をその遂行を妨げる妨害課題とよぶことがある。（渡辺）

Ⅲ-1 認知的アプローチの基礎用語

▼
忘 却：forgetting　ある事がらを思い出そうとしても，それが思い出せない事態を忘却という。忘却の理論はいくつか提唱されている。ソーンダイク（Thorndike）の不使用の法則に起源をもち，記憶の減衰を時間の関数として理解しようとした崩壊説がある。時間は表示変数であり真の原因ではないと崩壊説を批判し，S-R理論を背景にした情報間の反応競合による説明を企てたのが干渉説である。入力時の符号化と検索手がかりの間の適合性の問題による情報へのアクセス不能状態として，より認知心理学的な色彩の強い説明を行うのが検索失敗説である。検索失敗という事態の背後に，無意識による検閲を想定するのが抑圧説である。抑圧の実験的検証は十分ではないものの，最近の関心である記憶と感情の問題や，心的外傷をともなった記憶の回復の問題などにとっては示唆的な内容を含んでいる。社会・対人的状況に関連する話題としては，ツァイガルニク（Zeigarnik）効果として一般化されたレヴィン（Lewin）の古典的逸話が興味深い。これは対人的要請の成就完了が忘却をひきおこすという事例である。さらには社会的構成主義の立場からの，想起・忘却事態の社会・対人的達成という観点にも注目される。（森直久）

▼
ボトムアップ，トップダウン：bottom up, top down　認知情報処理一般において，より下位の直接的な情報から出発して，順に高次の抽象的な情報へと合成していく方向の処理を，ボトムアップ（上昇型）処理といい，逆に，より上位の抽象的な情報から出発して，そこから生成された期待に，低次の具体的な情報を順に当てはめていく方向の処理を，トップダウン（下降型）処理という。たとえば，言語的な音声知覚の処理過程を考えてみると，物理的な音声の波形情報から出発して，知覚された低次の特徴に当てはまる音素，音節などを順に検索して，単語や文の同定にいたろうとするのが，ボトムアップ処理の過程である。これに対して，先行して現れた単語等の文脈から，次にはどのような単語が現れることが期待されるか，その単語にはどのような知覚特徴が存在するかを検索し，その特徴が実際に出現しているかを確認するのが，トップダウン処理の過程である。現実の認知処理においては，ボトムアップ処理が依拠する情報も，トップダウン処理が依拠する情報も，いずれも不完全である可能性が高いので，有効な認知処理機構は，両方向の処理を，循環的に統合したものである必要がある。（河原）

III 社会的認知の学び方

▼

命題ネットワーク：propositional network　命題は真偽判定の可能な抽象的表現であり，述語を中心として記述される。たとえば「述語 主体」というリストの形で「親切である Aさん」と記述できる。命題は文に似ているが言語記述そのものより抽象的なもので，意味内容の表現を目的とし，心的表象（心内表現）の単位として重要性と有効性が認められている。複数の命題をノード（節点）とそれを結合するリンク（矢印）で図示したものを命題ネットワークとよぶ。リンクには結合のタイプを記すラベル（関係，主体，対象等）や結合強度などの情報を示す。命題ネットワークを用いることで階層性，論理的関係，連想などが自然に記述でき，意味，概念，知識，記憶などの構造と，そこで生起する情報処理プロセスが表現できる。記憶検索や推論，理解といった情報処理は，ネットワークにおいて活性化が拡散していくプロセスとしてとらえることができる。ネットワーク表現は柔軟性に富むが，それだけに具体的な記述法はさまざまである。命題ネットワークを用いた代表的な認知モデルとしてアンダーソン（Anderson）のACT-Rがある。意味ネットワークは命題ネットワークの上位概念であるが，ほぼ同義に用いられている。（久野）

▼

メタ認知：metacognition　自己の認知能力がどのように機能するのかについての"知識"を意味する。また，認知過程の"モニタリング"と"制御"をさすことも多い。モニタリングとは，現在の認知過程の状態についての"気づき"あるいはそれを導く過程であり，認知過程の制御とは，課題遂行のための方略の選択など，認知過程を修正するための操作である。

モニタリングの例として，問題解決の領域では，FOWs（feelings of warmth）があげられる。これは，問題の答にはまだ達していない時に，問題解決者が体験する，確かに"解に近づいている感じ"にある状態をさす。記憶の領域で言えば，FOKs（feelings of knowing）がモニタリングのよい例である。これは，記憶者はターゲットを今は思い出していないが"知っている感じ"にある状態をさす。いずれも，問題解決や記憶のための方略選択など，"制御"過程に影響を与えるが，必ずしも正確であるとは限らない。

さらに，認知の"制御"過程には，課題に必要となる認知過程や自分自身の認知過程の特徴，そして方略の性質についての"知識"が参照される。これらの知識も必ずしも正確であるとは限らない。（齊藤）

Ⅲ-1 認知的アプローチの基礎用語

▼
リアリティモニタリング：reality monitoring　実際に起こった出来事の記憶と考えたり想像しただけの事がらの記憶とを区別する過程をさす。情報源モニタリングの一種で，外的な情報源の記憶と内的な情報源の記憶を区別するのがリアリティモニタリングである。子どもは，成人よりもそのような区別が難しいために，夢で見たり想像した事がらと現実に経験した出来事の間に混乱が生じやすい。ジョンソンとレイ（Johnson & Raye）のモデルでは，リアリティモニタリングは，記憶を構成する情報，すなわち，感覚的情報，文脈的情報，意味的情報，さらに認知的操作についての情報等を見積もる過程である。これらの情報が，外的な情報源の記憶と内的な情報源の記憶において異なることにより，リアリティモニタリングは可能となる。たとえば，感覚的情報は，内的な情報源の記憶よりも外的な情報源の記憶において多いと仮定されているので，感覚的情報の量を見積もることで内的・外的情報源の区別ができる。一般に，対比されるべき記憶の情報の量が同程度だとリアリティモニタリングはうまくいかなくなる。ただし，2つの記憶の情報が量的に同じであっても質的に異なる場合もあり，質的な差異が弁別の手助けとなることもある。（齊藤）

▼
リハーサル：rehearsal　覚えるべき材料を外言ないしは内言の形で機械的に反復する意図的ないしは無意図的な操作をいう。現在，リハーサルは，維持リハーサルと精緻化リハーサルの2種類に分けられている。前者の維持リハーサルは，情報を一時的に保持するだけで，リハーサルの時間や回数が増えても，再生記憶が向上することはない（ただし，再認記憶に対しては，促進効果が認められている）。これに対して，後者の精緻化リハーサルは，より長期的な記憶（再生記憶と再認記憶の両方）を形成するとされている。（高橋雅延）

Ⅲ 社会的認知の学び方

▼
両耳分離聴法：dichotic listening method　注意研究のために用いる実験手法の1つ。左右耳に異なる音刺激（たとえば，音の大小や高低，声の質，意味の有無，言語の違い，メッセージ内容の違い）を同時に呈示する。被験者の課題には，一方の耳に呈示される刺激を追唱し，それのみに注意を向けるもの，両耳に分離呈示された刺激両方を記憶し，再生するものなどがある。後者は，記憶範囲分離手法ともいう。前者の手法は非注意刺激から追唱へ侵入を受ける程度と，2種類の刺激の類似性との関連を検討するなど，選択的注意の特性を明らかにするために用いられる。（渡辺）

▼
リンク：link　記憶などのネットワークモデルにおいて，概念や属性の情報を表象するノードに関して，互いに関連のあるノード間の結合が仮定されている。このノードとノードの間をつないでいる部分が，リンクとよばれるものである。リンクには，結合のタイプを示すラベルがつく場合もある。（井上）

Ⅲ-2
社会的認知の参考文献

III 社会的認知の学び方

社会的認知に関する日本語の参考文献

　社会的認知に関する日本語の参考文献は，必ずしも多くない。学部の学生が手軽に読める概論書，参考文献が乏しい現状では，社会的認知を扱った研究論文をただちに読もうとしても，難解な用語や聞き慣れない概念に出合い，また研究手法などの記述にとまどって，理解が困難であることが多い。本書が企画されたのは，そのような状況を改善するためであると言ってもよい。

　「社会的認知」という語そのものがタイトルに入っている和書は，
唐沢穣・池上知子・唐沢かおり・大平英樹　2001　『社会的認知の心理学―社会を描く心のはたらき―』　ナカニシヤ出版，
山本眞理子・外山みどり（編）　1998　『社会的認知』　誠信書房
のみであろう。

　前者は，対人認知，原因帰属，自己，ステレオタイプなどの領域別の論述の他に，処理過程や認知的表象，さらには方法論など，認知研究全体に通じる問題に関する章も含んでおり，初学者だけでなく，本格的な社会的認知研究を志す人にとっても役に立つ参考書である。後者は，「対人行動学研究シリーズ」の中の1巻であり，自己，対人情報処理，社会的認知と感情，社会的推論，ステレオタイプなどのトピックに関して，近年の研究成果を概説したものである。

　同じ「対人行動学研究シリーズ」の中には，
安藤清志・押見輝男（編）　1998　『自己の社会心理』　誠信書房
土田昭司・竹村和久（編）　1996　『感情と行動・認知・生理―感情の社会心理学―』　誠信書房
があり，それらの中でも社会的認知と関連のある諸問題が論じられている。

　和書の中で最も早く，社会的認知の諸問題を扱った単行本としては，
池田謙一・村田光二　1991　『こころと社会―認知社会心理学への招待―』　東京大学出版会
がある。これは認知的な視点から，社会心理学の諸問題を見直そうとした試みである。また，
ギロビッチ，T.　1991　『人間 この信じやすきもの』（守一雄・守秀子訳　新曜社　1993）

では，社会的認知におけるエラーやバイアスの実例がわかりやすく解説されている。
沼崎誠・工藤恵理子・北村英哉　1997　『誤りから探る心理学』　北樹出版
は，本来心理学全般のテキストであるが，とくに社会心理学の領域における「認知の誤り」が数多く取り上げられている。同様に，社会心理学全般のテキストとして編まれた書籍であるが，社会的認知の重要事項が詳しく解説されているものとして，
池上知子・遠藤由美　1998　『グラフィック社会心理学』　サイエンス社
をお薦めしたい。

　社会的認知におけるさまざまな研究を理解するためには，記憶・学習・思考など認知心理学全般に関する知識が必要になることが多い。その意味で，認知心理学の概説書で参考になりそうな文献を，次にいくつかあげておくことにしたい。

　近年，認知科学・認知心理学に関するシリーズや叢書がいくつか刊行されているが，その中で，
市川伸一・伊東裕司・渡邊正孝・酒井邦嘉・安西祐一郎　1994　『記憶と学習』（岩波講座　認知科学5）　岩波書店
高野陽太郎（編）　1995　『認知心理学2　記憶』　東京大学出版会
市川伸一（編）　1996　『認知心理学4　思考』　東京大学出版会
などが推薦できる。社会的認知の基礎となる認知プロセスについて，多くの知識が得られる。

　また総説的ではないが，最新の記憶研究が紹介されている書物としては，
梅本堯夫（監修）・川口潤（編）　1999　『現代の認知研究［21世紀に向けて］』　培風館
があり，内容はやや専門的であるが，社会的認知に関する章も2章あって参考になる。

　より基本的な認知心理学の概説書・テキストとしては，
御領謙・菊地正・江草浩幸　1993　『最新　認知心理学への招待―心の働きとしくみを探る―』（新心理学ライブラリ7）　サイエンス社
森敏昭・井上毅・松井孝雄　1995　『グラフィック　認知心理学』　サイエ

ンス社
などをあげることができる。

社会的認知に関する欧文の参考文献

　英文で書かれた社会的認知の参考文献は多数あって枚挙にいとまがないが，定評のあるすぐれた概説書として，
Fiske, S.T. & Taylor, S.E.　1991　*Social cognition* (2nd ed). New York: McGraw-Hill.
より新しいテキストとして，
Kunda, Z. 1999　*Social cognition: Making sense of people.*　Cambridge, MA: MIT press.
ハンドブックとして，
Wyer, R. S. Jr. & Srull, T. K.　1994　*Handbook of Social Cognition* Vols.1-2. Hillsdale, N.J.: Lawrence Erlbaum Associates.
をあげておく。

　また英文雑誌には，社会的認知の領域に限定した，
Social Cognition（Guilford Press）という専門誌がある。
もちろん，*Journal of Personality and Social Psychology*をはじめとする，他の社会心理学・心理学のジャーナルにも社会的認知関連の論文が数多く掲載されるので，参照していただきたい。

　さらに，毎年1冊ずつ刊行される逐次刊行物としては，
Advances in Social Cognition (Lawrence Erlbaum Associates)
があり，毎年異なったテーマのもとに，1つの中心的論文と数篇の関連論文から構成されており，参考になる。

　以上のように，社会的認知関係の参考文献には各種のものがあるが，本書がこれらと並んで，あるいはこの種の参考文献を読むための手引きとしても役立つことを願うものである。上述の参考文献および本書によって社会的認知の基礎知識を身につけた読者の皆さんが，関連する領域のさまざまな問題に興味をもち，自ら進んで研究活動に参加してくださることを期待している。

Ⅲ-3
引用文献

III 社会的認知の学び方

Abelson, R. P. 1981 Psychological status of the script concept. *American Psychologisit*, 36, 715-729.

Abrams, D. & Hogg, M. A. (Eds.) 1999 *Social identity and social cognition*. Oxford, Blackwell.

Ackerman, B. F., Abe, J. A. A., & Izard, C. E. 1998 Differential emotions theory and emotional development: Mindful of modularity. In M. F. Mascolo & M. F. Griffin (Eds.), *What develops in emotional development?*. Plenum Press. Pp.85-106.

Ainsworth, M. D. S., Blehar, M. C., Waters, E., & Wall, S. 1978 *Patterns of attachment*. Hillsdale, N.J.: Erlbaum.

Alloy, L. B., Abramson, L. Y., Murray, L. A., Whitehouse, W. G., & Hogan, M. E. 1997 Self-referent information-processing in individuals at high and low cognitive risk for depression. *Cognition and Emotion*, 11, 539-568.

Allport, G. W. & Postman, L. 1947 *The psychology of rumor*. New York : Henry Holt. 南 博（訳）1952 デマの心理学 岩波書店

Anderson, J. R. 1983 *The architecture of cognition*. Cambridge : Harvard University Press.

Arndt, J., Greenberg, J., Pyszczynski, T., & Solomon, S. 1997 Subliminal exposure to death-related stimili increases defense of the cultural world view. *Psychological Science*, 8, 379-385.

Aron, A., Mashek, D., & Lewandowski, G. 1999 The Relational Brain : Spatial and Temporal contical mapping of self and close others. paper presented in *1999 Meeting of the Society of Experimental Social Psychology*.

Aronson, E. 1968 Disonnance theory: Progress and problems. In R. P. Abelson, E. Aronson, W. J. McGuire, T. M. Newcomb, M J. Rosenberg, & P. H. Tannenbaum (Eds.), *Theories of cognitive consistency*: A sourcebook. Skokie, IL: Rand McNally.

Atkinson, R. C. & Shiffrin, R. M. 1971 The control of short-term memory. *Scientific American*, 225, 82-90.

Bargh, J. A. 1984 Automatic and conscious processing of social information. In R. S. Wyer, Jr. & T. K. Srull (Eds.), *Handbook of social cognition*, Vol. 3. Hillsdale, N. J.: Erlbaum. Pp. 1-44.

Bargh, J. A. 1989 Conditional automaticity : Varieties of automatic influence in social perception and cognition. In J.S. Uleman & J. A. Bargh (Eds.), *Unintended thought*. New York : Guilford Press. Pp. 3-51.

Bargh, J. A. & Barndollar, K. 1996 Automaticity in action: The unconscious as repository of chronic goals and motives. In P. M. Gollwitzer & J. A. Bargh (Eds.), *The psychology of action: Linking cognition and motivation to behavior*. New York : Guilford Press. Pp. 457-481.

Bargh, J. A. & Pietromonaco, P. 1982 Automatic information processing and social perception: The influence of trait information presented outside of conscious awareness on impression formation. *Journal of Personality and Social Psychology*, 43, 437-449.

Bargh, J. A. & Tota, M. E. 1988 Context-dependent automatic processing in depression: Accessibility of negative constructs with regard to self but not others. *Journal of Personality and Social Psychology*, 54, 925-939.

Bassili, J. N. & Smith, M. C. 1986 On the spontaneity of trait attribution: Converging evidence for the role of cognitive strategy. *Journal of Personality and Social Psychology*, 50, 239-245.

Baumeister, R. F. 1998 The self. In D.GIlbert, S. Fiske, & G. Lindzey (Eds.), *The handbook of social psychology*. Vol.1. The McGraw Hill.

Baumeister, R. F., Bratslavsky, E., Muraven, M., & Tice, D.M. 1998 Ego depletion: Is the active self a limited resource? *Journal of Personality and Social Psychology*, 74, 1252-1265.

Baumeister, R. F. & Leary, M. R. 1995 The need to belong: Desire for interpersonal attachments as a fundamental human motivation. *Psychological Bulletin*, 117, 497-529.

Beach, S. R. H. & Tesser, A. 1995 Self-esteem and the extended self-evaluation maintenance model: The self in social context. In M. H. Kernis (Ed.), *Efficacy, agency, and self-esteem*. New York : Plenum Press. Pp. 145-170.

Beck, A. T. 1967 *Depression : Clinical, experimental, and theoretical aspects*. New York : Hoeber.

Belli, R. F. & Loftus, E. F. 1996 The pliability of autobiographical memory : Misinformation and the false memory problem. In D. C. Rubin (Ed.), *Remembering our past : Studies in autobiographical memory*. Cambridge, NY : Cambridge University Press.

Berglas, S. C. & Jones, E. E. 1978 Drug choice as a self-handicapping strategy in response to non-contingent success. *Journal of Pesonality and Social Psychology*, 36, 405-417.

Bodenhausen, G. V. & Nacrae, C. N 1998 Stereotype activation and inhibition. In R. S. Wyer, Jr.(Ed.), *Stereotype activation and inhibition : Advances in social cognition*. Vol. 11, N.J. : Lawrence Erlbaum Associates. Pp.1-52.

Bornstein, R. F. 1992 Subliminal mere exposure effects. In R. F. Bornstein (Ed.), *Perception without awareness*. New York : Guilford Press, Pp.191-210.

Bower, G. H. 1981 Mood and memory. *American Psychologist*, 36, 129-148.

Bower, G. H. 1991 Mood congruity of social judgments. In J. P. Forgas (Ed.), *Emotion and social judgments*. Oxford: Pergamon Press. Pp.31-53.

Bower, G. H. & Gilligan, S. G. 1979 Remembering information related to one's self. *Journal of Research in Personality*, 13, 420-432.

Bower, G. H., Gilligan, S. G., & Monteiro, K. P. 1981 Selectivity of learning caused by affective states. *Journal of Experimental Psychology* : General, 110, 451-473.

Bower, G. H., Monteiro, K. P., & Gilligan, S. G. 1978 Emotional mood as a context for learning and recall. *Journal of Verbal Learning and Verbal Behavior*, 17, 573-585.

Bradley, G. W. 1978 Self-serving biases in the attribution process: A reexamination of the fact or fiction question. *Journal of Personality and Social Psychology*, 36, 56-71.

Brendl, C. M. & Higgins, E. T. 1996 Principles of judging valence : What makes events positive or negative? In M. P. Zanna (Ed.), *Advances in Experimental Social Psychology*, Vol.28, San Diego : Academic Press. Pp.95-160.

Brennan, K. A., Clark, C. L., & Shaver, P. R. 1998 Self-report measurement of adult attachment: An integrative overview. In J. A. Simpson & W. S. Rholes (Eds.), *Attachment theory and close relationships*, New York : Guilford Press. Pp.46-76.

Brewer, M. B. 1988 A dual process model of impression formation. In T. K. Srull & R. S. Wyer,Jr. (Eds.), *Advances in social cognition*, Vol.1. Hillsdale, N.J.: Erlbaum. Pp.1-36.

Brewer, M. B. 1999 Discussant in Symposium "Social Neuro science" *1999 Meeting of the Society of Experimental Social Psychology*.

Bruner, J. 1994 The remembered self. In U. Neisser & R. Fivush (Eds.), *The remembering self construction and accuraucy in the self-narrative*. Cambridge, NY : Cambridge University Press.

Bruner, J. S. 1957 On perceptual readiness. *Psychological Review*, 64, 123-152.

Bruner, J. S. & Tagiuri, R. 1954 The perception of people. In G. Lindzey(Ed.), *Hanbook of social psychology*. Addison-Wesley.

Cantor, N. & Mischel, W. 1977 Traits as prototypes: Effects on recognition memory. *Journal of Personality and Social Psychology*, 35, 38-48.

III 社会的認知の学び方

Carlston, D. E. 1994 Associated systems theory: A systematic approach to cognitive representation of person. In R. S. Wyer (Ed.), *Advances in social cognition*, Vol. 7, Lawrence Erbaum Associates. Pp. 1-78.

Carlston, D. E. & Smith, E. R. 1996 Principles of mental representation. In E. T. Higgins & A. W. Kruglanski (Eds.), *Social psychology: Handbook of basic principles*. New York : Guilford Press. Pp.184-210.

Carpenter, S. L. 1988 Self-relevance and goal-directed processing in the recall and weighting of information about others. *Journal of Experimental Social Psychology*, 24, 310-322.

Carver, C. S. & Scheier, M. F. 1981 *Attention and self-regulation: A control theory approach to human behavior*. New York : Springer-Verlag.

Chaiken, S. 1980 Heuristic versus systematic information processing and the use of source versus message cues in persuasion. *Journal of Personality and Social Psychology*, 39, 752-766.

Chaiken, S. & Trope, Y. (Eds.) 1999 *Dual-process theories in social psychology*. New York : Guilford Press.

Chapman, L. J. 1967 Illusory correlation in observational report. *Journal of Verbal Learning and Verbal Behavior*, 6, 151-155.

Chapman, L. J. & Chapman, J. P. 1967 Genesis of popular but erroneous psychodiagnostic observations. *Journal of Abnormal Psychology*, 72(3), 193-204.

Chen, S. & Chaiken, S. 1999 The heuristic-systematic model in its broader context. In S.Chaiken & Y. Trope (Eds.), *Dual-process theories in social psychology*. New York : The Guilford Press. Pp. 73-96.

Cheng, P. W. & Novick, L. R. 1990 A probabilistic contrast model of causal induction. *Journal of Personality and Social Psychology*, 58, 545-567.

Chiu, C., Hong, Y., & Dweck, C. S. 1997 Lay dispositionism and implicit theories of personality. *Journal of Personality and Social Psychology*, 73, 19-30.

Clark, D. M. & Teasdale, J. D. 1982 Diurnal variation in clinical depression and accessibility of memories of positive and negative experiences. *Journal of Abnormal Psychology*, 91, 87-95.

Clore, G. L., Schwarz, N., & Conway, M. 1994 Affective causes and consequences of social information processing. In R. S. Wyer, Jr., & T. K. Srull (Eds.), *Handbook of social cognition*, Vol.1 : basic processes. Lawrence Erlbaum Associates. Pp.323-417.

Cohen, C. E. 1981 Person categories and social perception : Testing some boundaries of the processing effects of prior knowledge. *Journal of Personality and Social Psychology*, 40, 441-452.

Cohen, C. E. & Ebbesen, E. B. 1979 Observational goals and schema activation: A theoretical framework for behavior perception. *Journal of Experimental Social Psychology*, 15, 305-329.

Collins, A. M. & Loftus, E.F. 1975 A spreading-activation theory of semantic processing. *Psychological Review*, 82, 407-428.

Craik, F. I. M. & Tulving, E. 1975 Depth of processing and the retention of words in episodic memory. *Journal of Experimental Psychology* : General, 104, 268-294.

Crocker, J., Major, B., & Steele, C. 1998 Social stigma. In D. T. Gilbert, S. T. Fiske, & G. Lindzey (Eds.), *Handbook of Social Psychology*, 4th ed., Vol.2. New York : McGraw-Hill. Pp.504-553.

Crocker, J., Voelkl, K., Testa, M., & Major, B. 1991 Social stigma : The affective consequences of attributional ambiguity. *Journal of Personality and Social Psychology*. 60, 218-228.

Crockett, W. H. 1965 Cognitive complexity and impression formation In E. A. Maher (Ed.), *Progress in experimental personality research*, Vol. 2. New York : Academic Press. Pp.47-90.

Darley, J. M. & Gross, P. H. 1983 A hypothesis-confirming bias inlabeling effects. *Journal of Personality and Social Psychology,* 44, 20-33.

Davis, J. H. 1973 A theory of social decision schemes. *Psychological Review,* 80, 97-125.

Dawes, R. M. 1998 Behavioral decision making and judgment. In D. T. Gilbert, S.T.Fiske, & G.Lindzey (Eds.), *The handbook of social psychology,* 4th ed. Vol.1. New York : McGraw-Hill. Pp. 497-548.

Devine, P. G. 1989 Stereotypes and prejudice: Their automatic and controlled components. *Journal of Personality and Social Psychology,* 56, 5-18.

Devine, P. G., Hamilton, D. L., & Ostrom, T. M. 1994 *Social cognition : Impact on social psychology.* Academic Press : San Diego.

Duncan, S. L. 1976 Differential social perception and attribution of intergroup violence: Testing the lower limits of stereotyping of blacks. *Journal of Personality and Social Psychology,* 34, 590-598.

Duval, S. & Wicklund, R.A. 1972 *The theory of objective self-awareness.* New York: Academic Press.

Dweck, C. S., Chiu, C., & Hong, Y. 1995 Implicit theories and their role in judgment and reactions: A world from two perspectives. *Psychological Inquiry,* 6(4), 267-285.

Dweck, C. S. & Leggett, E. L. 1988 A social-cognitive approach to motivation and personality. *Psychological Review,* 95(2), 256-273.

Ekman, P. 1992 An argument for basic emotions. *Cognition & Emotion,* 6, 169-200.

Ekman, P. 1999 Basic emotions. In T. Dalgleish & M. Power (Eds.), *Handbook of cognition and emotion.* John Wiley & Sons. Pp.45-60.

Ekman, P. & Friesen, W. V. 1971 Constants across cultures in the face and emotion. *Journal of Personality and Social Psychology,* 17, 124-129.

Ellis, H. C. & Ashbrook, P. W. 1988 Resource allocation model of the effects of depressed mood states on memory. In K. Fiedler & J. Forgas (Eds.), *Affect, cognition, and social behavior.* Toronto : C. J. Hogrefe. Pp. 25-43.

遠藤利彦 1996 喜怒哀楽の起源:情動の進化論・文化論 岩波書店

遠藤由美 2000 「自尊感情」を関係性からとらえ直す 実験社会心理学研究, 39, 150-167.

Epstein, S. 1990 Cognitive-experiential self-theory. In L. Pervin(Ed.), *Handbook of Personality: Theory and Resesarch,* New York : Guilford Press. Pp.165-192.

Epstein, S. 1994 Integration of the Cognitive and the Psychodynamic Unconscious. *American Psychologist,* 49, 709-724.

Epstein, S. & Pacini, R. 1999 Some basic issues regarding dual-process theories from the persopective of cognitive-experiential self-theory. In S. Chaiken & Y. Trope (Eds.), *Dual-Process theories in social psychology.* New York : Guilford Press. Pp.462-482.

Erber, R. & Fiske, S. T. 1984 Outcome dependency and attention to inconsistant information. *Journal of Personality and Social Psychology,* 47, 709-726

Fazio, R. H., Chen, J., McDonel, E. C., & Sherman, S. J. 1982 Attitude accessibility, attitude-behavior consistency, and the strength of the object-evaluation association. *Journal of Experimental Social Psychology,* 18, 339-357.

Fazio, R. H., Jackson, J. R., Dunton, B. C., & Williams, C. J. 1995 Variability in automatic activation as an unobtrusive measure of racial attitudes: A bona fide pipeline?. *Journal of Personality and Social Psychology,* 69, 1013-1027.

Fazio, R. H., Sanbonmatsu, D. M., Powell, M. C., & Kardes, F. R. 1986 On the automatic activation of attitudes. *Journal of Personality and Social Psychology*, 50, 229-238.

Fazio, R. H. & Williams, C. J. 1986 Attitude accessibility as a moderator of the attitude-perception and attitude-behavior relations : An investigation of the 1984 presidential election. *Journal of Personality and Social Psychology*, 51, 505-514

Fenigstein, A., Scheier, M. F., & Buss, A. H. 1975 Public and private self-consciousness : Assessment and theory. *Journal of Consulting and Clinical Psychology*, 43, 522-527.

Fennell, M. J. & Teasdale, J. D. 1984 Effects of distraction on thinking and affect in depressed patients. *British Journal of Psychology*, 23, 65-66.

Fischhoff, B. & Beyth-Marom, R. 1983 Hypothesis testing from a Bayesian perspective. *Psychological Review*, 90, 239-260.

Fiske, S. T. 1982 Schema-triggered affect: Applications to social perception. In M S. Clark & S. T. Fiske (Eds.), *Affect and cognition: The 17th annual Carnegie symposium on cognition*. Hillsdale, N. J.: Erlbaum. Pp. 55-78.

Fiske, S. T. 1992 Thinking is for doing: Portraits of social cognition from daguer-stereotype to laserphoto. *Journal of Personality and Social Psychology*, 63, 877-899.

Fiske, S. T. 1993 Controlling other people : The impact of power on steretyping. *American Psychologist*, 48, 621-628.

Fiske, S. T. & Cox, M. G. 1979 Person concepts: The effects of target familiarity and descriptive purpose on the process of describing others. *Journal of Personality*, 47,136-161.

Fiske, S. T. & Deprét, E. 1996 Control,interdependence and power: Understanding social cognition in its social context. In W.Stroebe & M.Hewstone (Eds.), *European Review of Social Psychology*, Vol.7, John Wiley & Sons. Ltd. Pp. 31-61.

Fiske, S. T. & Neuberg, S. L. 1990 A continuum model of impression formation, from category-based to individuating processes : Influences of information and motivation on attention and interpretation In M. P. Zanna (Ed.), *Advances in Experimental Social Psychology*, 23, Academic Press. Pp.1-74.

Fiske, S. T. & Pavelchak, M. A. 1986 Category-based versus piecemeal-based affective responses: Developments in schema-triggered affect. In R. M. Sorrentino, & E. T. Higgins (Eds.), Handbook of motivation and cognition: Foundations of social behavior. New York: Guilford Press. Pp.167-203.

Fiske, S. T. & Taylor, S. E. 1984 *Social Cognition*. New York : Random House.

Fiske, S. T. & Taylor, S. E. 1984 Affect. In S. T. Fiske & S. E. Taylor (Eds.), *Social Cognition*. Addison-Wesley. 310-339.

Fiske, S. T. & Taylor, S. E. 1991 *Social cognition* (2nd ed.). New York : McGraw-Hill.

Folkman, S. & Lazarus, R. S. 1991 Coping and emotion. In A. Monat & R. S. Lazarus (Eds.). *Stress and Coping*, Columbia University Press. Pp.207-227.

Fong, G., Krantz, D. H., & Nisbett, R. E. 1986 The effects of statistical training on thinking about everyday problems. *Cognitive Psychology*, 18, 253-292.

Forgas, J. P. 1992 Affect in social judgments and decisions : A multiprocess model. In M. P. Zanna (Ed.), *Advances in Experimental Social Psychology*, Vol. 25. New York : Academic Press. Pp. 227-276.

Forgas, J. P. 1995 Mood and judgment: The affect infusion model (AIM). *Psychological Bulletin*, 117, 39-66.

III-3　引用文献

Forgas, J. P. & Bower, G. H.　1987　Mood effects on person-perception judgments. *Journal of Personality and Social Psychology*, 53, 53-60.

Fransella, F. & Bannister, D.　1977　*A manual for Repertory Grid Technique*. Academic Press.

Fried, L. S. & Holyoak, K. J.　1984　Induction of category distributions: A framework for classification learning. *Journal of Experimental Psychology : Learning, Memory and Cognition*, 10, 234-257.

Frijda, N. H.　1988　The laws of emotion. *American Psychologist*, 43, 349-358.

Frijda, N. H., Kuipers, P., & ter Shure, E.　1989　Relations among emotion, appraisal, and emotion action rediness. *JPSP*, 57, 212-228.

Gaertner, S. L., Dovidio, J. F., Anastasio, P. A., Bachman, B. A., & Rust, M. C.　1993　The Common ingroup identity model : Recategorization and the reduction of intergroup bias. In W. Stroebe & M. Hewstone (Eds.), *European Review of Social Psychology*, Vol. 4, New York : Wiley. Pp. 1-26.

Giesler, R. B. & Swann, W. B. Jr.　1999　Striving for confirmation: The role of self-verification in depression. In T. Joiner & J. C. Coyne (Eds.), *The interactional nature of depression*. Washinton, DC: A.P.A. Pp. 189-217.

Gilbert, G. T.　1989　Thinking lightly about others: Automatic components of the social inference process.　In J. S. Uleman & J. A. Bargh (Eds.), *Unintended thought*. New York : Guilford Press, Pp. 189-211.

Gilbert, D. T. & Hixon, J. G. 1991 The trouble of thinking: Activation and application of stereotypic beliefs. *Journal of Personality and Social Psychology*, 60, 509-517.

Gilbert, G. T. & Malone, P. S.　1995　The correspondence bias. *Psychological Bulletin*, 117, 21-38.

Gilbert, G. T., Pelham, B. W., & Krull, D. S.　1988　On cognitive busyness : When person perceivers meet persons perceived. *Journal of Personality and Social Psychology*, 54, 733-739.

Gilovich, T.　1991　*How we know what isn't so : The fallibility of human reason in everyday life*. New York : The Free Press.　守　一雄・守　秀子（訳）1993　人間この信じやすきもの—迷信・誤信はどうして生まれるのか　新曜社

Goffman, E.　1963　*Stigma ; Notes on the management of spoiled identity*. Prentice-Hall, Inc.　石黒　毅（訳）1970　スティグマの社会学—烙印を押されたアイデンティティ　せりか書房

Goodwin, S. A., Gubin, A., Fiske, S. T., & Yzerbyt, V.　2000　Power can bias impression formation : Stereotyping subordinates by default and by design. *Group Processes and Intergroup Relation*, 3, 227-256.

Greenberg, J., Pyszczynski, T., & Solomon, S.　1986　The causes and consequences of a need for self-esteem: A terror management theory. In R.F.Baumeister (Ed.), *Public self and private self*. New York : Springer-Verlag. Pp.189-207.

Greenberg, J., Pyszczynski, T., Solomon, S., Rosenblatt, A., Veeder, M., Kirkland, S., & Lyon, D.　1990　Eveidence ofr terror management theory II: The effects of mortality salience on reactions to those who threaten of bolster the cultural worldview. *Journal of Personality and Social Psychology*, 58, 308-318.

Greenberg, J., Solomon, S., & Pyszczynski, T.　1997　Terror management theory of self-esteem and cultural worldviews: Empirical assessments and conceptual refinements. In M. P. Zanna(Ed.), *Advances in experimental social psychology*, Vol. 27. San Diego: Academic Press. Pp.61-139.

Greenwald, A. G. & Banaji, M. R.　1995　Implicit social cognition: Attitudes, self-esteem, and stereotypes. *Psychological Review*, 102, 4-27.

Greenwald, A. G., MdGhee, D. E., & Schwartz, J. K.　1998　Measuring individual differences in implicit cognition: The implicit association test. *Journal of Personality and Social Psychology*, 74, 1464-1480.

Gurwitz, S. B. & Dodge, K. A. 1977 Effects of confirmations and disconfirmations on stereotype-based attributions. *Journal of Personality and Social Psychology*, 35, 495-500.

Hamilton, D. L., Devine, P. G. & Ostrom, T. M. 1994 Social cognition and classic issues in social psychology. In P. G. Devine, D. L. Hamilton, T. M. Ostrom (Eds.), *Social cognition: Impact on social psychology*. Academic Press : San Diego. Pp. 1-13.

Hamilton, D. L. & Gifford, R. K. 1976 Illusory correlation in interpersonal perception: A cognitive basis of stereotypic judgments. *Journal of Experimental Social Psychology*, 12, 392-407.

Hamilton, D. L., Katz, L. B., & Leirer, V. O. 1980a Cognitive representation of personality impressions: Organizational processes in first impression formation. *Journal of Personality and Social Psychology*, 39, 1050-1063.

Hamilton, D. L., Katz, L. B., & Leirer,V. O. 1980b Organizational processes in impression formation. In R. Hastie et al. (Eds.), *Person memory: The cognitive basis of social perception*. Hillsdale, N.J. : Erlbaum. Pp. 121-153.

Hamilton, D. L. & Sherman, J. W. 1994 Stereotypes. In R. S. Wyer & T. K. Srull (Eds.), *Handbook of Social Cognition* (2nd Ed.) Vol. 2. Erlbaum. Pp.1-68.

Hamilton, D. L. & Sherman, S. J. 1996 Perceiving persons and groups. *Psychological Review*, 103, 336-355.

Harré, R. 1986 *The social construction of emotions.* Blackwell.

Hastie, R. & Kumer, P. A. 1979 Person memory: Personality traits as organizing principles in memory for behavior. *Journal of Personality and Social Psychology*, 37, 25-38.

Hastie, R., Ostrom, T. M. Ebbesen, E. B. Wyer, R. S. Hamilton, D. L., & Carlston, D. E. (Eds.), 1980 *Person memory: The cognitive basis of social perception.* Hillsdale, N. J.:Erlbaum. Pp. 141-172.

Hastie, R., & Park, B. 1986 The relationship between memory and judgment depends on whether the judgment task is memory-base or on-line. *Psychological Review*, 93, 258-268.

Hastorf, A. H. & Isen, A. M. (Eds.) 1982 *Cognitive social psychology*. Elsevier North Holland, Inc.

Hawkins, S. A. & Hastie, R. 1990 Hindsight: Biased judgement of past events after the outcomes are known. *Psychological Bulletin*, 107, 311-327.

Hazan, C. & Shaver, P. R. 1987 Romantic love as an attachment process. *Journal of Personality and Social Psychology*, 52, 511-524.

Heider, F. 1958 The psychology of interpersonal relations. New York : Wiley. Herr, P. M. 1986 Consequences of priming: Judgment and behavior. *Journal of Personality and Social Psychology*, 51, 1106-1115.

Herr, P. M. 1986 Consequences of priming: Judgment and behavior. *Journal of Personality and Social Psychology*, 51, 1106-1115.

Hesse, E. 1999 The adult attachment interview: Historical and current perspectives. In J. Cassidy & P. R. Shaver (Eds.), *Handbook of Attachment*, New York : Guilford Press. Pp.395-433.

Hewstone, M., Johnston, L., & Aird, P. 1992 Cognitive models of stereotype change : (2) Perceptions of homogeneous and heterogeneous groups. *European Journal of Social Psychology*, 22, 235-249.

Higgins, E. T. 1987 Self-discrepancy: A theory relating self and affect. *Psychological Review*, 94, Pp.319-340.

Higgins, E. T. 1989 Self-discrepancy theory : What patterns of self-beliefs cause people to suffer? In L.Berkowitz (Ed.), *Advances in Experimental Social Psychology*, Vol.22, San Diego : Academic Press. Pp. 93-136.

Higgins, E. T. 1996a Knowledge activation : Accessibility, applicability, and salience. In Higgns, E. T. & Kruglanski, A. W. (Eds.), *Social psychology - Handbook of basic principles*. New York : The Gulford Press, Pp.133-183.

Higgins, E. T. 1996b Shared reality in the self-system : The social nature of self-regulation. In W. Stroebe & M. Hewstone (Eds.), *European Review of Social Psychology*, Vol. 7. Wiley, Pp.1-29.

Higgins, E. T. 1996c The Self Digest: Self-knowledge serving self-regularoy functions. *Journal of Personality and Social Psychology*, 71, 1062-1083.

Higgins, E. T. 1998 Promotion and prevention: Regulatory focus as a motivational principle. In M.P.Zanna(Ed.), *Advances in Experimental Social Psychology*, Vol.30, San Diego : Academic Press. Pp.1-46.

Higgins, E. T. 1999 "Saying is believing" effects : When sharing reality about something biascs knowledge and evaluation. In L. L. Thompson, J. M. Levine, & D. M. Messick (Eds.), *Shared cognition in Organization : The management of knowledge*. Mahwah, N.J.: Lawrence Erlbaum Associates. Pp. 33-48.

Higgins, E. T. & Brendl, M. 1995 Accessibility and applicability : Some "activation rules" influencing judgment. *Journal of Experimental Social Psychology*, 31, 218-243.

Higgins, E. T., Rholes, W. S., & Jones, C. R. 1977 Category accessibility and impression formation. *Journal of Experimental Social Psychology*, 13, 141-154.

Higgins, E. T. & Stangor, C. 1988 Context-driven social judgment and memory: When behavior engulfs the field in reconstructive memory. In D. Bar-Tal & A. W. Kruglanski (Eds.), *The social psychology of knowledge*. Cambridge University Press. Pp.262-298.

Hilton, D. J. & Slugoski, B. R. 1986 Knowledge-based causal attribution: The abnormal conditions focus model. *Psychological Bulletin*, 93, 75-88.

Hilton, J. L. & Darley, J. M. 1991 The effects of Interaction Goals on person perception In M. P. Zanna(Ed.), *Advances in Experimental Social Psychology*, 24, New York Academic Press. 235-267.

Hogg, M. A. & Abrams, D. 1988 *Social Identification : A social psychology of intergroup relations and group processes*. London: Routledge.

Howard, J. W. & Rothbart, M. 1980 Social categorization and memory for in-group and out-group behavior. *Journal of Personality & Social Psychology*, 38, 301-310.

池上知子 2001 自動的処理・統制的処理—意識と無意識の社会心理学 唐沢穣・池上知子・唐沢かおり・大平英樹（編） 社会的認知の心理学—社会を描く心のはたらき ナカニシヤ出版 Pp. 130-151.

Isen, A. M. 1984 Toward understanding the role of affect in cognition. In R. Wyer & T. Srull (Eds.), *Handbook of Social Cognition*. Lawrence Erlbaum Associates, 179-236.

Isen, A. M. 1987 Positive affect, cognitive processes and social behavior. In L. Berkowitz (Ed.), *Advances in experimental social psychology*. Vol.20. New York : Academic Press. Pp.203-253.

磯崎三喜年・高橋 超 1988 友人選択と学業成績における自己評価維持機転 心理学研究, 59, 113-119.

伊藤忠弘 1998 特性自尊心と自己防衛・高揚行動 心理学評論, 41, 57-72.

Izard, C. E. 1991 *The psychology of emotions*. Plenum Press.

Izard, C. E. 1993 Four systems for emotion activation : Cognitive and noncognitive processes.

III 社会的認知の学び方

Psychological Review, 100, 68-90.

Jacoby, L. L., Kelly, C. M., Brown, I., & Jasenchko, J.　1989a　Becoming famous overnight: Limits on the ability to avoid unconscious influences of the past. *Journal of Personality and Social Psychology*, 56, 326-338.

Jacoby, L. L., Woloshyn, V., & Kelley, C. M.　1989b　Becoming famous without being recognized: Unconscious influences of memory produced by dividing attention. *Journal of Experimental Psychology*, General, 118, 115-125.

James, W.　1884　What is an emotion? *Mind*, 4, 188-204.

James, W.　1890　*The principle of psychology*.

Jenkins, H. M. & Ward, W. C.　1965　Judgment of contingency between　responses and outcomes. *Psychological Monographs : General and Applied*, 79, 1-17.

神 信人・山岸俊男　1997　社会的ジレンマにおける集団協力ヒューリスティックの効果　社会心理学研究, 12, 190-198.

Johnson-Laird, P. N. & Oatley, K.　1992　Basic emotions, rationality, and folk theory. *Cognition and Emotion*, 6, 201-224.

Johnston, L. & Hewstone, M.　1992　Cognitive models of stereotype change：(3) Subtyping and the typicality of disconfirming group members. *Journal of Experimental Social Psychology*, 28, 360-386.

Jones, E. E. & Davis, K. E.　1965　From acts to dispositions: The attribution process in person perception. In L. Berkowitz (Ed.), *Advances in experimental social psychology*, New York: Academic Press. Vol.2, Pp. 220-226.

Jones, E. E. & Nisbett, R. E.　1971　The actor and the observer : Divergent　perceptions of the causes of behavior. In E. E. Jones, D. Kanouse, H. H.　Kelley, R. E. Nisbett, S. Valins, & B. Weiner (Eds.), *Attribution : Perceiving the causes of behavior*. Hillsdale, New Jersey : Lawrence Erlbaum Associates, Pp. 79-94.

Kahneman, D., Slovic, P. & Tversky, A. (Eds.)　1981　*Judgment under uncertainty : Heuristics and biases*. Cambridge: Cambridge University Press.

Kahneman, D. & Tversky, A.　1972　Subjective probability : A judgment of representativeness. *Cognitive Psychology*, 3, 430-454.

Kahneman, D. & Tversky, A.　1973　On the psychology of prediction. *Psychological Review*, 80, 237-251.

Kahneman, D. & Tversky, A.　1982　The simulation heuristic. In D. Kahneman, P. Slovic, A. Tversky (Eds.), *Judgement under uncertainty: Heuristics and biases*. New York: Cambridge University Press. Pp.201-208.

海保博之（編）　1997　「温かい認知」の心理学　金子書房

亀田達也　1997　合議の知を求めて―グループの意思決定　共立出版.

Kameda, T., Tindale, R. S., & Davis, J. H.　in press　Cognitions, preferences, and social sharedness: Past, present, and future directions in group decision making.　In S. L. Schneider & J. Shanteau (Eds.), *Emerging Perspectives on Decision Making*. Cambridge, UK : Cambridge University Press.

Kanouse, D. E. & Hanson, L. R., Jr.　1972　Negativity in evaluations. In E. E. Jones, D. E. Kanouse, H. H. Kelley, R. E. Nisbett, S. Valins, & B. Weiner (Eds.), *Attribution: Perceiving the causes of behavior*. General Learning Press. Pp. 47-62.

唐沢かおり　1999　社会的推論　山本眞理子・外山みどり（編）　社会的認知　誠信書房　Pp.155-176.

唐沢　穣　2001　集団の認知とステレオタイプ　唐沢　穣・池上知子・唐沢かおり・大平英樹　社会的認知の心理学—社会を描く心のはたらき　ナカニシヤ出版　Pp.105-127.

Kassin, S. M.　1979　Consensus information, prediction, and causal attribution: A review of the literature and issues. *Journal of Personality and Social Psychology*, 37, 1966-1981.

Katz, D. & Braly, K.　1933　Racial stereotypes in one hundred college students. *Journal of Abnormal and Social Psychology*, 28, 280-290.

Kelley, H. H.　1950　The warm-cold variable in first impressions of persons. *Journal of Personality*, 18, 431-439.

Kelley, H. H.　1967　Attribution theory in social psychology. In D.Levine (Ed.), *Nebraska symposium on motivation*, Lincoln : University of Nebraska Press. Vol.15, Pp. 192-238.

Kelley, H. H.　1972　Attribution in social interaction.　In E. E. Jones, D. E. Kanouse, H. H. Kelley, R. E. Nisbett, S. Valins, & B. Weiner (Eds.), *Attribution: Perceiving the causes of behavior.* Morristown, N.J.: General Learning Press, Pp.1-26.

Kelly, G. A.　1955　*The psychology of personal constructs.* Norton,

北村英哉・沼崎　誠・工藤恵理子　1995　説得過程におけるムードの効果　感情心理学研究, 2, 49-59.

北山　忍　1998　自己と感情—文化心理学による問いかけ　共立出版

Klayman, J. & Ha, Y-W.　1987　Confirmation, disconfirmation, and information in hypothesis testing. *Psychological Review*, 94, 211-228.

Klein, S. B., Loftus, J., & Burton, H.　1989　Two self-reference effects: The importance of distinguishing between self-descriptiveness judgment and autobiographical retrieval in self-referent encoding. *Journal of Personality and Social Psychology*, 56, 853-865.

Krueger, J.　1998　On the perception of social consensus. In P. Zanna (Ed.), *Advances in Experimental Social Psychology*, Vol. 30.　San Diego, CA : Academic Press.

Krueger, J. & Rothbart, M.　1988　Use of categorical and individuating information in making inferences about personality. *Journal of Personality and Social Psychology*, 55, 187-195.

久保田健市　2001　最小条件集団研究の展開　人間研究, 6, 21-63.

Kuiper, N. A. & Rogers, T. B.　1979　Encoding of personal information: Self-other differences. *Journal of Personality and Social Psychology*, 37, 499-514.

Kunda, Z.　1990　The case for motivated reasoning. *Psychological Bulletin*, 108, 480-498.

Kunst-Wilson, W. R. & Zajonc, R. B.　1980　Affective discrimination of stimuli that cannot be recognized. *Science*, 207, 557-558.

Lachman, R., Lachman, J. L., & Butterfield, E. C.　1979　*Cognitive psychology and information processing.* Hillsdale, N.J.: Erlbaum.

Langer, E. J.　1975　The illusion of control. *Journal of Personality and Social Psychology*, 32, 311-328.

Lazarus, R. S. & Folkman, S.　1984　*Stress, appraisal, and coping.*　New York : Springer Publishing Company, Inc.　本明　寛・春木　豊・織田正美（監訳）1991　ストレスの心理学　実務教育出版

Leary, M. R., Tambor, E. S., & Terdal, S. K., Downs, D. L.　1995　Self-esteem as interpersonal monitor: The sociometer hypothesis. *Journal of Personality and Social Psychology*, 68, 518-530.

Lichtenstein, M. & Srull, T. K.　1987　Processing objectives as a determinant of the relationship between recall and judgment. *Journal of Experimental Social Psychology*, 23, 93-118.

Linville, P. W.　1982　The complexity extremity effect and age-based stereotyping. *Journal of Personality and Social Psychology*, 42, 193-211.

III 社会的認知の学び方

Linville, P. W. 1985 Self-complexity and affective extremity: Don't put all of your eggs in one cognitive basket. *Social Cognition*, 3, 94-120.

Linville, P. W. 1987 Self-complexity as a cognitive buffer against stress-related illness and depression. *Journal of Personality and Social Psychology*, 52, 673-676.

Linville, P. W., Fischer, G. W., & Salovey, P. 1989 Perceived distributions of the characteristics of in-group and out-group members: Empirical evidence and a computer simulation. *Journal of Personality and Social Psychology*, 57, 165-188.

Lippmann, W. 1922 *Public opinion*. New York : Harcourt, Brace, Jovanovitch. 掛川トミ子（訳）1987 世論（上・下）岩波文庫

Llord, G. G. & Lishman, W. A. 1975 Effects of depression on the speed of recall of pleasant and unpleasant experiences. *Psychological Medicine*, 5, 173-180.

Maass, A. 1999 Linguistic intergroup bias: Stereotype perpetuation through language. In M. P. Zanna (Ed.), *Advances in experimental social psychology*. Vol. 31, San Diego, CA: Academic Press. Pp. 79-121.

Mackie, D. M. & Worth, L. T. 1989 Processing deficits and the mediation of positive affect in persuasion. *Journal of Personality and Social Psychology*, 57, 27-40.

Martin, L. L. & Achee, J. W. 1992 Beyond accessibility: The role of processing objectives in judgment. In L. L. Martin & A.Tesser (Eds.), *The construction of social judgments*. Hillsdale, N.J.: Erlbaum. Pp. 195-216.

Manstead, A. S. R. 1989 The role of facial movement in emotion. In. H. L. Wagner (Ed.), *Social psychophysiology : Theory and clinical applications*. Chichester, England : Wiley. Pp. 105-129.

Marks G. & Miller, N. 1987 Ten years of research on the false-consensus effect: An empirical and theoretical review. *Psychological Bulletin*, 102, 72-90.

Markus, H. 1977 Self-schemata and processing information about the self. *Journal of Personality and Social Psychology*, 35, 63-78.

Markus, H. & Nurius, P. 1986 Possible selves. *American Psychologist*, 41, 954-969.

Markus, H. & Ruvolo, A. 1989 Possible Selves : Personalized representations of goals. In L.A.Pervin(Ed.) *Goal concepts in personality and social psychology*. Hillsdale, N.J.: Lawrence Erlbaum Associates, Inc., Publishers. Pp.211-241.

Markus, H., Smith, J., & Moreland, R. L. 1985 Role of the self-concept in the perception of others. *Journal of Personality and Social Psychology*, 49, 1494-1521.

Markus, H. & Wurf, E. 1987 The dynamic self-concept: A social psychological perspective. *Annual Review of Psychology*, 8, 299-337.

Marques, J. M. & Paez, D. 1994 The 'black sheep effect' : Social categorization, rejection of ingroup deviates, and perception of group variabiliy. In W. Stroebe & M. Hewstone (Eds.), *European Review of Social Psychology*, Vol. 5. Chichester : John Wiley and Sons. Pp.37-68.

Marques, J. M., Yzerbyt, V. Y., & Leyens, J. P. 1988 The 'black sheep' effect: Extremity of judgements towards in-group members as a function of group identificatior. *European Journal of Social psychology*, 18, 1-16.

Martin, L. L. 1986 Set/reset: Use and disuse of concepts in impression formation. *Journal of Personaligy and Social Psychology*, 51, 493-504.

Martin, L. L. & Achee, J. W. 1992 Beyond accessibility : The role of processing objectives in judgment. In L. L. Martin & A. Tesser (Eds.), *The construction of social judgment*. Hillsdale, N.J. : Erlbaum. Pp.195-216.

Ⅲ-3 引用文献

Martin, L. L., Seta, J.J., & Crelia, R. A. 1990 Assimilation and contrast as a function of people's willingness and ability to expend effort in forming impression. *Journal of Personality and Social Psychology,* 59, 27-37.

McDougall, W. 1920 *The group mind.* Putnam's

Miller, D. T. & Ross, M. 1975 Self-serving biases in the attribution of causality: Fact or fiction? *Psychological Bulletin,* 82, 213-225.

Mischel, W., Shoda, Y., & Peake, P.K. 1988 The nature of adolescent competencies predicted by preschool delay of gratification. *Journal of Personality and Social Psychology,* 54, 687-696.

宮本聡介 1996 連続行動の観察場面で観察者が処理する情報内容の分析―印象形成と行動記憶に見られる発話内容の分析を中心として 社会心理学研究, 12, 104-112.

宮本聡介・山本眞理子 1994 連続行動の観察場面における観察目標の効果 心理学研究, 65, 371-376.

Mullen, B., Atkins, J. L., Champion, D. S., Edwards, C., Hardy, D., Story, J. E., & Vanderklok, M. 1985 The false consensus effect: A meta-analysis of 115 hypothesis tests. *Journal of Experimental Social Psychology,* 21, 262-283.

村田光二 1991 働く知識 池田謙一・村田光二 こころと社会―認知社会心理学への招待 東京大学出版会 Pp.53-88.

Murphy, S. T. & Zajonc, R. B. 1993 Affect, cognition, and awareness: Affective priming with suboptimal and optimal stimuli. *Journal of Personality and Social Psychology,* 64, 723-739.

Neuberg, S. L. 1989 The goal of forming accurate impressions during social interactions: Attenuating the impact of negative expectancies. *Journal of Personality and Social Psychology,* 56, 374-386.

Newtson, D. 1976 Foundations of attribution: The perception of ongoing behavior. In J. H. Harvey, W. J. Ickes, & R. F. Kidd (Eds.), *New Directions in attribution research.* Vol. 1, Hillsdale, N.J.: Erbaum. Pp. 223-247.

Nisbett, R. E. & Wilson, T. D. 1977 Telling more than we can know: Verbal reports on mental process. *Psychological Review,* 84, 231-259.

Nisbett, R. E., Zukuier, H., & Lemley, R. E. 1981 The dilution effect : Nondiagnostic information weakens the implications of diagnostic information. *Cognitive Psychology,* 13, 248-277.

沼崎 誠・北村英哉・工藤恵理子 1994 広告効果を規定する広告接触時と商品購買時の感情の役割についての情報処理的研究 平成5年度吉田秀雄記念事業団助成研究報告書

Ohira, H. & Kurono, K. 1993 Facial feedback effects on impression formation. *Perceptual and Motor Skills,* 77, 1251-1258.

岡 隆 1999 概説／ステレオタイプ，偏見，差別の心理学 岡 隆・佐藤達哉・池上知子（編）偏見とステレオタイプの心理学 現代のエスプリ384 至文堂 Pp.5-14.

Ortony, A., Clore, G. L., & Collins, A. 1988 *The cognitive structure of emotions.* New York: Cambridge University Press.

Ortony, A. & Turner, T. J. 1990 What's basic about basic emotions? *Psychological Review,* 97, 315-331.

Park, B., Judd, C. M., & Ryan, C. S. 1991 Social categorization and the representation of variability information. In W. Stroebe & M. Hewstone (Eds.), *European review of social psychology.* Vol. 2, Chichester, UK: Wiley. Pp. 211-245.

Park, B. & Rothbart, M. 1982 Perception of outgroup homogeneity and levels of social categorization: Memory for the subordinate attributes of ingroup and outgroup members.

III 社会的認知の学び方

Journal of Personality and Social Psychology, 42, 1051-1068.

Parkinson, B. 1995 *Ideas and realities of emotion.* Routledge.

Payne, J. W., Bettman, J. R., & Johnson, E. J. 1993 *The adaptive decision maker.* Cambridge: Cambridge University Press.

Peeters, G. & Czapinski, J. 1990 Positive-negative asymmetry in evaluations: The distinction between affective and informational negativity effects. In W. Stroebe & M. Hewstone (Eds.), *European review of social psychology*, Vol. 1. John Wiley & Sons. Pp. 33-60.

Pettigrew, T. F. 1979 The ultimate attribution error: Extending Allport's cognitive analysis of prejudice. *Personality & Social Psychology Bulletin*, 5, 461-476.

Petty, R. E. & Cacioppo, J. T. 1986 *Communication and persuasion : Central and peripheral routes to attitude change.* New York : Springer-Verlag.

Plutchik, R. 1980 A general psychoevolutionary theory of emotion. In R.Plutchik & H. Kellerman (Eds.), *Emotion : Theory, research, and experience.* Vol.1. Theories of emotion. Academic Press. Pp. 3-31.

Powers, W.T. 1973 *Behavior: The control of perception.* Chicago : Aldine.

Pyszczynski, T. & Greenberg, J. 1987 Self-regulatory perseveration and the depressive self-focusing style: A self-awareness theory of reactive depression. *Psychological Bulletin*, 102, 122-138.

Pyszczynski, T., Hamilton, J. C., Herring, F. H., & Greenberg, J. 1989 Depression, self-focused attention, and negative memory bias. *Journal of Personality and Social Psychology*, 57, 351-357.

Reeder, G. D. & Brewer, M. B. 1979 A schematic model of dispositional attribution in interpersonal perception. *Psychological Review*, 86, 61-79.

Reeder, G. D., Pryor, J. B., & Wojciszke, B. 1992 Trait-behavior relations in social information processing. In G. Semin & K. Fiedler (Eds.), *Language, interaction and social cognition.* Newbury Park, CA: Sage. Pp. 37-57.

Rogers, T.B., Kuiper, N.A., & Kirker, W.S. 1977 Self-reference and the encoding of personal information. *Journal of Personality and Social Psychology*, 35, 677-688.

Rogers, T. B., Rogers, P. J., & Kuiper, N. A. 1979 Evidence for the self as a cognitive prototype: The "false alarms effect ." *Personality and Social Psychology Bulletin,* 5, 53-56.

Roseman, I. J., Antoniou, A. A., & Jose, P. E. 1996 Appraisal determinants of emotions: Constructing a more accurate and comprehensive theory. *Cognition and Emotion*, 10, 241-277.

Rosenberg, M. 1965 *Society and adolescent self image.* Princeton : Princeton University Press.

Rosenberg, S. & Jones, R. 1972 A method for investigating and representing a person's implicit theory of personality: Theodore Dreiser's view of the people. *Journal of Personality and Social Psychology,* 22, 372-386.

Ross, L. 1977 The intuitive psychologist and his shortcomings: Distortions in the attribution process. In L. Berkowitz (Ed.), *Advances in experimental social psychology*, Vol.10, New York: Academic Press, Pp.174-221.

Ross, L., Greene, D., & House, P. 1977 The false consensus effect: An egocentric bias in social perception and attribution processes. *Journal of Experimental Social Psychology*, 13, 279-301.

Ross, L. & Nisbett, R. E. 1991 *The person and the situation: Perspectives of social psychology.* Philadelphia : Temple University Press.

Ross, L., Rodin, J., & Zimbardo, P. G. 1969 Toward an attribution therapy : The reduction of fear through induced cognitive-emotional misattribution. *Journal of Personality and Social Psychology*, 13, 279-301.

Rothbart, M., Fulero, S., Jensen, C., Howard, J., & Birrell, B. 1978 From individual to group impressions: Availability heuristics in stereroype formation. *Journal of Experimental Social Psychology*, 14, 237-255.

Rothbart, M. & Park, B. 1986 On the confirmability and disconfirmability of trait concepts. *Journal of Personality and Social Psychology*, 50, 131-141.

Rotter, J. P. 1966 Gneralized expectancies for internal versus external control of reinforcement. *Psychological MonoGraphs*, 80, 1, Whole No. 609.

Ruscher, J. B. & Fiske, S.T. 1990 Interpersonal competition can cause individuating processes. *Journal of Personality and Social Psychology*, 58, 832-843.

Russell, J. A. 1994 Is the universal recognition of emotion from facial expression? A review of the cross-cultural studies. *Psychological Bulletin*, 115,102-141.

坂元 章 1993 認知的複雑性と社会的知覚システムの進展 風間書房

坂元 章 1998 人物表象の形成と使用—体制化と接近可能性 山本眞理子・外山みどり（編） 社会的認知 誠信書房 Pp. 51-76.

坂本真士 1997 自己注目と抑うつの社会心理学 東京大学出版会

Salovey, P. & Rodin, J. 1985 Cognitions about the self: Connecting feeling states and social behavior. In P. Shaver (Ed.), *Review of personality and social psychology*, Vol. 6. Beverly Hills: Sage. Pp. 143-166.

Schachter, S. & Singer, J. E. 1962 Cognitive, social, and physiological determinants of emotional state. *Psychological Review*, 69, 379-399.

Scherer, K. R. 1984 On the nature and function of emotion: A component process approach. In K. R. Scherer & P. Ekman (Eds.), *Approaches to emotion*. Hillsdale, N.J. : Lawrence Erlbaum Associates. Pp.293-317.

Scherer, K. R. 1997 The Role of Culture in Emotion-Antecedent Appraisal. *Journal of Personality and Social Psychology*, 73, 902-922.

Schneider, D. J. 1973 Implicit personality theory: A review. *Psychological Bulletin*, 79, 5, 294-309.

Schroder, H. M., Driver, M. J., & Streufert, S. 1967 *Human information processing*. New York : Holt, Rinehart & Winston.

Schwarz, N. 1990 Feelings as information: Informational and motivational functions of affective states. In R. Sorrentino, & E. T. Higgins (Eds.), *Handbook of motivation and cognition: foundations of social behavior*. Vol. 2. New York : Guilford Press. Pp. 527-561.

Schwarz, N. & Bless, H. 1992 Constructing reality and its alternatives: An inclusion/exclusion model of assimilation and contrast effects in social judgment. In L. L. Martin & A. Tesser (Eds.), *The construction of social judgments*. Hillsdale, N.J. : Erlbaum. Pp. 217-245.

Schwarz, N., Bless, H., & Bohner, G. 1991 Mood and persuasion: Affective states influence the processing of persuasive communications. In M. Zanna (Ed.), *Advances in experimental social psychology*. Vol. 24. New York : Academic Press. Pp.161-199.

Scott, W. A., Osgood, D. W., & Perterson, C. 1979 *Cognitive structure : Theory and measurement of individual difference*. Washington, DC. : V. H. Winston.

Sedikides, C. 1992 Mood as a determinant of attentional focus. *Cognition and Emotion*, 6, 129-148.

Sedikides, C. & Strube, M. J. 1997 Self-evaluation: To thine own self be good, to thineown self be

III 社会的認知の学び方

sure, to thine own self be true and thine own self be better. In M. P. Zanna (Ed.), *Advances in Experimental Social Psychology*, Vol. 29. San Diego:Academic Press. Pp.209-269.

Sherif, M. 1962 Intergroup relations and leadership : Introductory statement. In M. Sherif (ed.), *Intergroup relations and leadership : Approaches and research in industrial, ethnic, cultural, and political areas*. NewYork : John Wiley & Sons. Pp.3-21.

Sherif, M. & Hovland, C. I. 1961 *Social judgment: Assimilation and contrasteffects in communication and attitude change*. London : Yale University Press　柿崎祐一（監訳）　社会的判断の法則―コミュニケーションと態度変化　ミネルヴァ書房

Simon, B. & Brown, R. 1987 Perceived intragroup homogeneity in minority-majority contexts. *Journal of Personality and Social Psychology*, 53, 703-711.

Skowronski, J. J. & Carlston, D. E. 1989 Negativity and extremity biases in impression formation: A review of explanations. *Psychological Bulletin*, 105, 131-142.

Slovic, P. 1987 Perception of risk. *Science*, 236, 280-285.

Smith, C. A. & Ellsworth, P. C. 1985 Patterns of cognitive appraisal. *Journal of Personality and Social Psychology*, 48, 813-838.

Smith, E. R. 1984 Model of social inference processes. *Psychological Review*, 91, 392-413.

Smith, E. R. 1990 Content and process specificity in the effects of prior experiences. In T.K.Srull & R. S. Wyer, Jr. (Eds.), *Advances in social cognition*. Vol. 3. Hillsdale, N.J. : Erlbaum. Pp. 1-59.

Smith, E. R. 1998 Mental representation and memory. In D. T. Gilbert, S. T. Fiske, & G. Lindzey (Eds.), *The handbook of social psychology* (4th ed.), Vol. 1. McGraw-Hill. Pp.391-445.

Smith, E. R. & Zárate, M. A. 1992 Exemplar-based model of social judgment. *Psychological Review*, 99, 3-21.

Snyder, M. & Swann, W. B., Jr. 1978 Hypothesis-testing processes in social interaction. *Journal of Personality and Social Psychology*, 36, 1202-1212.

Snyder, M. & Uranowitz, S. W. 1978 Reconstruction the past: Some cognitive consequences of person perception. *Journal of Personality and Social Psychology*, 36, 941-951.

Sorentino, R. M. & Higgins, E. T. 1986 *Handbook of motivation and cognition : Foundations of social behavior*. The Guilford Press.

Stasser, G. 1992 Information salience and the discovery of hidden profiles by decision-making groups: A thought experiment. *Organizational Behavior and Human Decision Processes*, 52, 156-181.

Steele, C. M. 1988 The psychology of self-affirmation : Sustaining the integrity of the self. *Advances in Experimental Social Psychology*, 21, 261-302.

Steele, C. M. & Aronson, J. 1995 Stereotype vulnerability and the intellectual test performance of African-Americans. *Journal of Personality and Social Psychology*, 69, 797-811.

Stevens, L. E. & Fiske, S. T. 2000 Motivated impressions of a powerholder: Accuracy under task dependency and misperception under evaluation dependency. *Personality and Social Psychology Bulletin*, 26, 907-922.

杉森伸吉　1999　幻相関とステレオタイプ　岡隆・佐藤達哉・池上知子（編著）　偏見とステレオタイプの心理学　現代のエスプリ384号　至文堂　Pp. 24-36.

Swann, W. B., Jr. 1987 Identity negotiation:Where two roads meet. *Journal of Personality and Social Psychology*, 53, 1068-1051.

Swann, W. B., Jr. 1990 To be adored or to be known: The interplay of self-enhancement and self-verification. In R. M. Sorrentino & E. T. Higgins, (Eds.), *Handbook of motivation and cognition,* Vol. 2. New York : Guilford Press. Pp. 408-480.

Tajfel, H. 1978a Inter individual behaviour and inter group behaviour. In H. Tajfel (Ed.), *Differentiation between social groups : Studies in the social psychology of intergroup relations.* London: Academic Press.

Tajfel, H. 1978b The achievement of group differentiation. In H. Tajfel (Ed.), *Differentiation between Social Groups: Studies in the social psychology of intergroup relations.* London : Academic Press.

Tajfel, H. 1978c *Differentiation between social groups : Studies in the social psychology of intergroup relations.* London: Academic Press.

Tajfel, H., Billig, M. G., Bundy, R. P., & Flament, C. 1971 Social categorization and intergroup behaviour. *European Journal of Social Psychology,* 1, 149-178.

Tajfel, H. & Turner, J. C. 1979 An integrative theory of intergroup conflict. In W.G. Austin & S. Worchel (Eds.), *The social psychology of intergroup relations.* Mondterey, CA : Brooks/Cole.

Taylor, S. E. 1976 Developing a cognitive social psychology. In J. S. Carroll & J. W. Payne (Eds.) *Cognition and social behavior.* Lawrece Erlbaum Associates, Publishers. Pp. 69-77.

Taylor, S. E. 1991 Asymmetrical effects of positive and negative events: The mobilization-minimization hypothesis. *Psychological Bulletin,* 110, 67-85.

Taylor, S. E. & Brown, J. D. 1988 Positive illusions and well-being: A social psychological perspective on metal health. *Psychological Bulletin,* 103, 193-210, 211-222.

Taylor, S. E. & Crocker, J. 1981 Schematic bases of social information processing. In E.T.Higgins, C.P.Herman & M.P.Zanna (Eds.), *Social cognition : The Ontario Symposium,* Vol. 1. Hillsdale N.J.: Erlbaum. Pp. 89-134.

Taylor, S. E. & Fiske, S. T. 1975 Point of view and perception of causality. *Journal of Personality and Social Psychology,* 32, 439-445.

Taylor, S. E. & Fiske, S. T. 1978 Salience, attention, and attribution : Top of the head phenomena. *Advances in Experimental Social Psychology,* 11, 249 - 288.

Taylor, S. E., Fiske, S. T., Close, M., Anderson, C., & Ruderman, A. 1977 *Solo status as a psychological variable : The power of being distinctive.* Unpublished manuscript. Harvard University.

Taylor, S. E., Neter, E., & Wayment, H. A. 1995 Self-evaluation processes. *Personality and Social Psychology Bulletin,* 21, 1278-1287.

竹村和久 1994 フレーミング効果の理論的説明―リスク下での意思決定の状況依存的焦点モデル 心理学評論, 37, 270-293.

竹村和久 1996 意思決定とその支援 市川伸一（編） 認知心理学4 思考東京大学出版会, 81-105.

Teasdale, J. D. & Barnard, P. J. 1993 *Affect, cognition, and change.* Hove : Lawrence Erlbaum Association.

Tesser, A. 1988 Toward a self-evaluation maintenance model of social behavior. In L. Berkowitz (Ed.), *Advances in Experimantal Social Psychology,* Vol. 21. San Diego : Academic Press. Pp.181-227.

Tetlock, P. E. & Boettger, R. 1989 Accountability : A social magnifier of the dilution effect. *Journal of Personality and Social Psychology,* 57, 388-398.

Toda, M. 1982 *Man, robot, and society : Models and speculations.* Boston : Martinus Nijhoff.

III 社会的認知の学び方

戸田正直　1992　感情―人を動かしている適応プログラム　認知科学選書24　東京大学出版会

Tomkins, S.　1962　*Affect, imagery, and consciousness.* Vol. 1. The positive affects. New York : Springer.

Trope, Y.　1986a　Identification and inferential process in dispositional attribution. *Psychological Review,* 93, 239-257.

Trope, Y.　1986b　Self-enhancement and self-assessment in achievement behavior. In R. M. Sorrentino & E. T. Higgins (Eds.), *Handbook of motivation and cognition.* New York : The Guilford Press. Pp. 350-378.

Trope, Y. & Bassok, M.　1982　Confirmatory and diagnosing strategies in social information gathering. *Journal of Personality and Social Psychology,* 43, 22-34.

Trope, Y. & Gaunt, R.　1999　A dual-process model of overconfident attributional inferences. In S. Chaiken & Y. Trope (Eds.), *Dual-process theories in social psychology,* New York : Guilford Press, Pp.161-178.

Tulving, E.　1983　*Elements of episodic memory.* London: Oxford University Press.

Turner, J. C. 1982　Towards a cognitive redefinition of the social group. In H. Tajfel (Ed.), *Social Identity and Intergroup Relations.* Cambridge: Cambridge University Press.

Turner, J.C.　1987　Rediscovering the social group. In J. C. Turner, M. A. Hogg, P. J. Oakes, S. D. Reicher, & M. S. Wetherell, *Rediscovering the social group : A Self-Categorization Theory.* Oxford: Basil Blackwell. Pp.19-41.　蘭 千壽・磯崎三喜年・内藤哲雄・遠藤由美 (訳)　1995　社会集団の再発見―自己カテゴリー化理論　誠信書房

Turner, J. C., Hogg, M. A., Oakes, P. J., Reicher, S. D., & Wetherell, M. S. 1987　*Rediscovering the social group : A Self-Categorization Theory.* Oxford: Basil Blackwell.　蘭 千壽・磯崎三喜年・内藤哲雄・遠藤由美 (訳)　1995　社会集団の再発見―自己カテゴリー化理論　誠信書房

Turner, R. G., Scheier, M. F., Carver, C. S., & Ickes, W.　1978　Correlates of self-consciousness. *Journal of Personality Assessment,* 42, 285-289.

Tversky, A. & Kahneman, D.　1973　Availability: A heuristic for judging frequencyand probability, *Cognitive Psychology,* 5, 207-232.

Tversky, A. & Kahneman, D.　1974　Judgment under uncertainty : Heuristics and biases. *Science,* 185, 1124-1131.

Tversky, A. & Kahneman, D.　1981　The framing of decisions and psychology of choice. *Science,* 211, 453-458.

Tversky, A. & Kahneman, D.　1982　Judgments of and by representativeness. In D. Kahneman, P. Slovic, P., & A. Tversky (Eds.) 1982 *Judgment under uncertainty : Heuristics and biases.* Cambridge : Cambridge University Press. Pp.84-98.

Tversky, A. & Kahneman, D.　1983　Extentional versus intuitive reasoning : The conjunction fallacy in probability judgement. *Psychological Review,* 90, 293-315.

Tversky, A. & Kahneman, K.　1992　Advances in prospect theory: Cumulative representation of uncertainty. *Journal of Risk and Uncertainty,* 5, 297-323.

Twaddle, V. & Scott, J.　1991　Depression. In W. Dryden., & R. Rentoul (Eds.), *Adult clinical problems.* London: Routledge. Pp. 56-85.　坂本真士 (訳)　1996　第3章・抑うつ　丹野義彦 (監訳)　認知臨床心理学入門―認知行動アプローチの実践的理解のために　東京大学出版会

Uleman, J. S., Newman, L. S., & Moskowitz, G. B.　1996　People as flexible interpreters: Evidence and issues from spontaneous trait inference. In M. P. Zanna (Ed.), *Advances in experimental social psychology,* Vol. 28. New York : Academic Press. Pp.211-279.

Uleman, J. S., Newman, L. S., & Winter, L. 1992 Can personality traits be inferred automatically? : Spontaneous inferences require cognitive capacity at encoding. *Consciousness and cognition*, 1, 77-90.

Velten, E. 1968 A laboratory task for induction of mood states. *Behavior Research and Therapy*, 6, 473-482.

Wason, P. C. 1968 Reasoning about a rule. *Quarterly Journal of Experimental Psychology*, 20, 273-281.

Waynbaum, I. 1907 La physionomic humaine: Son mecanisme et son role social. Paris : Alcan. Cited In R. B. Zajonc 1985 Emotion and facial efference. *Science*, 228, 15-21.

Weber, R. & Crocker, J. 1983 Cognitive processes in the revision of stereotypic beliefs. *Journal of Personality and Social Psychology*, 45, 961-977.

Wegener, D. T. & Petty, R. E. 1997 The flexible correction model: The role of naive theories of bias in bias correction. In M. P. Zanna (Ed.), *Advances in experimental social psychology*, Vol. 29. San Diego : Academic Press. Pp. 141-208.

Wegner, D. M. 1994 Ironic processes of mental control. *Psychological Review*, 101, 34-52.

Wegner, D. M. & Bargh, J. A. 1998 Control and automaticity in social life. In D. T. Gilbert, S. T. Fiske, & G. Lindzey (Eds.), *The handbook of social psychology* (4th ed.), Vol. I. McGraw-Hill. Pp. 446-496.

Wegner, D. M. & Erber, R. 1992 The hyperaccessibility of suppressed thoughts. *Journal of Personality and Social Psychology*, 63, 903-912.

Wegner, D. M. & Vallacher, R, R. 1977 *Implicit psychology : An introduction to social cognition.* 倉智佐一（他訳） 1988 暗黙の心理：何が人をそうさせるのか 創元社.

Weiner, B. 1985 An attributional theory of motivation and emotion. *Psychologocal Review*, 92, 548-573.

Weiner, B. 1986 *An attributional theory of motivation and emotion.* New York : Springer-Verlag.

Weiner, B., Frieze, I., kukla, A., Reed, L., Rest, S., & Rosenbaum, R. M. 1971 Perceiving the causes of success and failure. In E. E. Jones, D. Kanouse, H. H. Kelley, R. E. Nisbett, S. Valins, & B. Weiner (Eds.), *Attribution : Perceiving the causes of behavior.* Hillsdale, New Jersey, Lawrence Erlbaum Associates, Pp. 95-120.

Wicklund, R. A. 1975 Discrepancy reduction or attempted distraction? A reply to Liebling, Seiler and Shaver. *Journal of Experimental Social Psychology*, 11, 78-81.

Wicklund, R. A. & Gollwitzer, P. M., 1982 *Symbolic self-completion.* Hillsdale, N.J.: Erlbaum.

Wilder, D. A. 1984 Predictions of belief homogeneity and similarityfollowing social categorization. *British Journal of Social Psychology*, 23, 323-333.

Wilson, T. D., Dunn, D. S., Kraft, D., & Lisle, D. J. 1989 Introspection, attitude change, and attitude-behavior consistency: The disruptive effects of explaining why we feel the way we do. In L. Berkowitz (Ed.), *Advances in experimental social psychology*, Vol. 22. San Diego : Academic Press. Pp. 287-343.

Wilson, T. D., Lisle, D. J., Schooler, J. W., Hodges, S. D., Klaaren, K. J., & LaFleur, S. J. 1993 Introspection about reasons can reduce post-choice satisfaction. *Personality and Social Psychology*, Bulletin, 19, 331-339.

Winter, L. & Uleman, J. S. 1984 When are social judgments made? Evidence for the spontaneousness of trait inferences. *Journal of Personality and Social Psychology*, 47, 237-252.

Worth, L. T. & Mackie, D. M. 1987 Cognitive mediation of positive affect in persuasion. *Social*

III 社会的認知の学び方

Cognition, 5, 76-94.

Wyer, R. S. Jr. & Carlston, D. E. 1994 The cognitive representation of persons and events. In R. S. Wyer, Jr. & T. K. Srull (Eds.), *Handbook of social cognition*, Vol. 1, Basic Processes. Hillsdale, N.J.: Lawrence Erlbaum Associates. Pp.41-98.

Wyer, R. S. Jr., Clore, G. L., & Isbell, L. M. 1999 Affect and information processing. In M. P. Zanna (Ed.), *Advances in experimental social psychology*. Vol.31. San Diego : Academic press. Pp.1-77.

Wyer, R. S. Jr. & Gordon, S. E. 1982 The recall of information about persons and groups. *Journal of Experimental Social Psychology*, 18, 128-164.

Wyer, R. S. Jr. & Gordon, S. E. 1984 The cognitive representation of social information. In R. S., Jr. Wyer, & D. E. Carlston, (Eds.), *Handbook of social ognition*, Vol. 2. Hillsdale, N. J.: Erlbaum. Pp.73-150.

Wyer, R. S. Jr. & Srull, T. K. 1989 *Memory and cognition in its social context*. Hillsdale, N.J.: Lawrence Erlbaum Associates.

Wyer, R. S. Jr. & Srull, T. K. (Eds.) 1994 *Handbook of social cognition* (2nd. ed.). Hillsdale, N.J.:Erlbaum.

山本眞理子　1999　対人情報処理過程—印象形成過程における社会的認知　山本眞理子・外山みどり（編）　社会的認知　誠信書房　Pp.103-128.

吉田冨二雄・久保田健市　1994　社会的カテゴリー化による少数派および多数派集団の集団間差別行動—最小条件集団パラダイムを用いて　心理学研究, 65, 346-354.

Yzerbyt, V. Y. & Leyens, J.-Ph. 1994 Requesting information to form an impression: The influence of valence and confirmatory status. *Journal of Experimental Social Psychology*, 27, 1991, 337-356.

Yzerbyt, V. Y. , Schadron, G., Leyens, J.-Ph. & Rocher, S. 1994 Social judgeability: The impact of meta-informational cues on the use of stereotypes. *Journal of Personality and Social Psychology*, 66, 48-55.

Zajonc, R. B. 1968 Attitudinal effects of mere exposure. *Journal of Personality and Social Psychology* [Monograph], 9, 1-27.

Zajonc, R. B. 1980a Cognition and social cognition : A historical perspective. In L. Festinger (Ed.), *Restropection on social psychology*. Oxford Universsity Press. Pp. 180-204.

Zajonc, R. B. 1980b Feeling and thinking: Preferences need no inferences. *American Psychologist*, 35, 151-175.

Zajonc, R. B. 1985 Emotion and facial efference: A theory reclaimed. *Science*, 228, 15-21.

Zajonc, R. B., Murphy, S., & Inglehart, M. 1989 Feeling and facial efference : Implication of the vascular theory of emotion. *Psychological Review*, 96, 395-416.

Zillman, D., Katcher, A. H., & Milavsky, B. 1972 Excitation transfer from physical exercise to subsequent aggressive behavior. *Journal of Experimental Social Psychology*, 8, 247-259.

Zuckerman, M. 1979 Attribution of success and failure revisited, or : The motivational bias is alive and well in attribution theory. *Journal of Personality*, 47, 245-287.

Ⅲ-4
索　引

III 社会的認知の学び方

事項索引

▼ア行

アージ　178
アージ・システム（urge system）　178
アイコニックメモリー（iconic memory）　250
アイデンティティ・ネゴシエーション（identity negotiation）　52
曖昧さへの耐性　85
曖昧性（ambiguity）　238
アクションスリップ（action slip）　250
アクションレディネス理論　**161**
アクセスビリティ（接近可能性：accessibility）　137, 138, 158, 227, **251**, 253, 263
　——効果（accessibility effect）　96
温かい心理学（warm psychology）　8
アダルトアタッチメント（adult attachment）　**170**
アナグラム課題（anagram task）　**252**
アナログ的表象　279
アベイラビリティ（利用可能性：availability）　**252**
ある結論へ向かう動機づけ　64
安定性　166
暗黙の自尊感情（implicit self-esteem）　49, 67
暗黙の性格観　91
暗黙の性格推論　94
閾下単純反復呈示効果　273
閾下知覚（subliminal perception）　**252**
閾値（limen/threshold）　**253**, 265
意思決定（decision making）　238, 278
　——理論　179
維持リハーサル　285
一貫性　203
偽りの記憶（false memory）　61, **254**
意図学習　260
意味記憶（semantic memory）　**254**, 255
意味ネットワーク　255, 274, 284
因果推論　190
印象形成の手続き的知識　98
ヴェルテン法（VIP：velten mood induction procedure）　146
エグゼンプラーモデル（exemplar model）　**135**
エピソード記憶（episodic memory）　255, 270
音韻ループ　261
オンライン処理　**226**

▼カ行

カールストンの対人表象モデル　**76**
下位概念　255, 256
回帰エラー　215
外言　285
外集団　131
　——知覚　118
　——同質性効果（outgroup homogeneity effect）　131
階層構造（hierarchical structure）　**255**
階層制約的スキーマ　192
階層ネットワーク（hierarchical network）　**256**
概念学習　282
確証バイアス（confirmatory bias）　214
　仮説——（hypothesis confirming bias）　228
下降型処理　283
可視性（visibility）　139
仮説検証バイアス　**228**
活性化　284
　——拡散理論（spreading activation theory）　225, **256**
　——と抑制（activation and inhibition）　**257**
カテゴリー　22, 267
　——依存型感情（category-based affect）　84
　——依存型処理（category-based processing）　86, 88
　——化　109
可能自己（possible self）　**36**
下方比較　55
観察目標（observational goals）　**90**
干渉（interference）　**257**
感情（affect）　8
　——アージ理論　**178**
　——がかかわる記憶　275
　——血流理論（vascular theory of emotional efference）　**177**

312

Ⅲ-4 索引

――混入モデル（AIM：Affect Infusion Model） **143**, **154**
――情報機能説 **160**
――先行仮説 **180**, **182**
――と処理方略 **152**
――と注意の理論 **156**
――ネットワーク理論 **143**, **148**
――の帰属理論 **166**
――の末梢起源説 **176**
間接プライミング 19
――効果 **280**
完全制約的スキーマ **193**
顔面フィードバック仮説（facial feedback hypothesis） **176**
記憶に基づいた処理 **226**
記憶の誤り 254
記憶の再構成 112
希釈効果（dilution effect） **219**
基準変化効果（change-of-standard effect） 97
帰属 53
――過程 **184**
――の曖昧性（attribution ambiguity） 139
基本的な――のエラー（fundamental attribution error） **196**, **210**
基礎レベル 255
期待 265
期待効用理論（expected utility theory） 238
気分一致効果（mood congruent effect） **142**, **145**, **148**, **151**, **152**, **158**, **160**
気分状態依存効果（mood state dependent effect） **142**, **145**, **148**
気分操作法 **146**
基本情動 172
――理論（basic emotions theory） **172**
記銘 **280**
客我 26
客体的自覚理論（objective self-awareness theory） 38, 40
協同（collaboration） 245
共変性（covariation） 216
――の錯覚 **216**
虚再認 259
ギルバートの3段階モデル **190**
偶発学習 **260**
グリッド・テスト 79
黒い羊効果（black sheep effect） **130**
経験的システム 66

継時的比較 55
傾性的（dispositional）要因 **196**
係留と調節（anchoring and adjustment） **210**, **278**
系列再生（serial recall） **260**
結果依存性（outcome-dependency） **100**
権威主義 85
原因の所在 166
顕現性（salience） 109, 124, **258**
――の効果 **212**
顕在記憶 255, **270**
――課題 **272**
検索（retrieval） **258**, 279, 280
現実的葛藤理論 120
幻相関（錯誤相関）（illusory correlation） **133**, 207, 217
語彙決定課題（lexical decision task） 93, **259**, **280**
故意に行うステレオタイプ化（stereotyping by design） 101
行為者と観察者の帰属の差 **202**
合意性 203
行為的構え（action set） 102
好意度 182
後悔 211
公的自己意識（public self-consciousness） 38
行動的意思決定研究（behavioral decision research） 239
行動の区切り **105**
行動の同定 189
興奮転移（excitation transfer） 200
高揚動機 53
効用理論（utility theory） 238
合理性 178
合理的システム 66
誤帰属（misattribution） **200**
誤再認（false alarm） **259**
――率 259
個人的構成体理論（personal constructs theory） **78**, **94**
個人的信念 138
後知恵バイアス（hindsight bias） **220**
コネクショニスト・モデル 277
コネクショニズム（connectionism） 277
混合モデル（mixed model） 136
コンセンサス情報の軽視 203
コントロール処理 263
コントロールの錯覚 217

313

III 社会的認知の学び方

コンバージョンモデル（conversion model） 116
コンポーネントプロセスモデル 162

▼サ行

再学習（relearning method） 260
最小条件集団（minimal group） 131
　——実験 128
　——パラダイム（minimal group paradigm） 126
再生（recall） 260
　——記憶 285
再認（recognition） 261
　——記憶 285
再評価 169
作動記憶（working memory） 261, 257
作動自己（working self） 36, 37
サブタイピング（subtyping） 116
サブリミナル刺激 252
差別 126, 128
サンプリングのエラー 214
自覚状態（self-awareness） 32, 38, 40
視空間的記銘メモ 261
資源割り当てモデル（resource allocation model） 156
自己 30
自己意識 31, 38
　——尺度 41
　——特性（self-consciousness） 38
自己一貫性（self-consistency） 44
自己改善（self-improvement） 45, 52
　——動機 55
自己概念（self-concept of the moment） 30, 37, 43, 130
自己確証（self-verification） 43, 52
　——動機 55
自己語り（self narratives） 60
自己カテゴリー化（self-categorization） 124
　——理論 130
自己関連づけ効果 33, 149
自己関連づけ目標 90
自己記述課題 34
自己高揚（self-enhancement） 42, 45, 49, 52
　——傾向 43
　——動機（self-enhancing motive） 53, 55, 198
自己査定（self-assessment） 42, 52

　——動機 55
自己照合判断 276
自己焦点づけ(self-fucusing) 41
自己スキーマ 30, 80, 151
自己知識 26, 44
自己注意（self-attention） 39
自己注目（self-focus） 39
自己呈示（self-presentation） 45, 199
自己に向けられた注意（self-directed attention） 39
自己評価 48, 52
自己評価維持モデル 53, 58
自己表象 26, 35, 44
自己複雑性 67
示差性（distinctiveness） 262
事前確率の軽視 208, 218
自尊感情（self-esteem） 42, 45, 48
実行意図（implementation intention） 262
私的自己意識（private self-consciousness） 38
　——特性 32
自伝想起課題 34
自伝の記憶（autobiographical memory） 60
自動性（automaticity） 263
自動的過程（automatic process） 114, 138
自動的思考 31
自動的処理（automatic processing） 222, 263
自発的特性推論（spontaneous trait inference） 92
シミュレーション・ヒューリスティック（simulation heuristic） 211, 207, 278
社会的アイデンティティ 139
　——理論（social identity theory） 11, 119, 120, 123, 127, 129, 130
社会的カテゴリー化 121
　——理論 134
社会的競争 122
社会的共有性（social sharedness） 245
社会的構成主義 173, 283
社会的スキーマ 80, 88
社会的創造性 122
社会的判断（social judgment） 224, 227, 230, 234
社会的判断可能性理論（social judgeability theory） 104
社会的比較 52, 55
社会的プライミング効果 230
集合論モデル 254

314

III-4 索引

自由再生（free recall） 260
集団間バイアス（intergroup bias） 128
集団極化（group polarization） 244
集団心 118
集団同質性認知 **131**
集団の意思決定 **244**
集団の実体性 118
集団の知覚と表象 **118**
集団のネットワーク的表象 119
集団の変動性 117
周辺的手がかり（peripheral cue） 242
周辺的ルートによる態度変化 242
主我 26
主観的効用理論 238
上位概念 255, 256
状況依存的焦点モデル 235
状況要因 197
上昇型処理 283
少数の法則 209
情動2要因理論 172, 200
情報源モニタリング 285
情報収集のエラー **214**
処理資源 74
処理水準（levels of processing） **264**
　　　──理論 262, 268
処理の負荷（processing load） **264**
処理目標 74
処理容量（processing capacity） 153, **265**
進化心理学 179
神経細胞 257
神経生理学的社会心理学（neuro social psychology） 12
信号検出理論（signal detection theory） **265**
診断性（diagnosticity） 229
心的努力（mental effort） **266**
人物表象 72
親密な2者関係 59
随伴性の錯覚 **216**
推論の修正 190
スキーマ（schema） **266**, 267
　　　──仮説 143
　　　──引き金感情（schema-triggered affect） 84
スクリプト（script） 81, 91, 267
スティグマ 139
ステレオタイプ（stereotype） 80, **108**, 131, 137, 138, 207, 209, **267**, 282
　　　──一致情報 87

　　　──脅威（stereotype threat） 139
　　　──の変容 116
　　　──の利用 **112**
　　　──不一致情報 87
　　　──抑制（stereotype suppression） 137
ストループ効果（Stroop effect） **268**
ストレスの認知評価理論 **168**
スパーリング（sperling）の実験 250
正確さへの動機づけ 64
制御理論（control theory） 38
精緻化処理（elaboration） 153, **268**
精緻化認知処理 243
精緻化見込みモデル（ELM：elaboration likelihood model） **242**
精緻化リハーサル 285
性的虐待 254
生理的喚起 200
生理的測定（physiological measure） **268**
勢力者（the powerful） 100
セット－リセットモデル 232
セルフ・サービング・バイアス（self-serving bias） 53, 65, **198**
セルフ・ディスクレパンシー（self-discrepancy） 56
セルフ・ハンディキャッピング 54
セルフ・レギュレーション（self-regulation） 62
宣言的記憶 255
宣言的知識（declarative knowledge） **269**, 274
潜在学習（implicit learning） 270
潜在記憶（implicit memory） 224, 252, 270, 273, 280
　　　──課題 272
潜在的態度 241
選択肢（alternative） 238
選択的注意（selective attention） 212, 271
想起 280
想起手がかり 280
相互作用目標（interaction goal） **102**
相対的な特異性の効果（effects of comparative distinctiveness） 212
想定類似性（assumed similarity） 204
属性投射（attributive projection） 204
側方比較 55
ソシオメーター 47, 54
存在脅威管理理論（terror management theory） 47, 50

III 社会的認知の学び方

▼タ行
対応推論　192
　　——理論（theory of correspondent inference）　184
対応バイアス　196
体系的処理方略　152
対処（coping）　168
対人記憶（person memory）　14, 70
対人情報処理　90, 100, 102
対人表象　73
体制化（organization）　271
　　——の指標（index of organization）　271
態度　227, 265
　　——アクセシビリティ　240, 251
　　——帰属　196
　　——と行動の一致　240
　　——評価　240
　　中心的ルートによる——変化　242
対比効果（contrast effect）　96, 231
代表性（representativeness）ヒューリスティック　208, 218, 278
怠慢によるステレオタイプ化（stereotyping by default）　100
多痕跡理論　274
脱個人化（depersonal-ization）　124
達成の帰属　194
脱同一視（disidentification）　140
短期記憶（short-term memory）　261, 272, 274
単語完成課題（word-fragment/stem completion task）　272, 280
単純反復呈示効果（単純接触効果：mere exposure effect）　182, 201
知覚的流暢性（perceptual fluency）　201, 273
知覚表象システム　19
チャンキング（chunking）　273
チャンク　273
注意を散逸させるための対象をさがす過程（controlled distracter search）　137
中央実行系　261
中心的概念　75
長期記憶（long-term memory）　21, 255, 274
聴衆効果（audience effect）　97
直接プライミング　19
　　——効果　270, 272, 280
ツァイガルニク（Zeigarnik）効果　283
冷たい心理学（cool psychology）　8
手がかり再生（cued-recall）　92, 260
適応行動選択システム　178
手続き的知識（procedural knowledge）　98, 274
典型性　282
展望記憶　281
当為自己　56
同化効果（assimilation effect）　96, 230
動機　265
動機づけられた推論　64
統制可能性（controllability）　139, 166
統制的過程（controlled process）　114, 138
統制的処理（controlled processing）　222, 263
特性概念のアクセシビリティ　251
特性・行動クラスター　75
特性推論　188, 190
独断主義　85
トップダウン（top down）　283
　　——処理　283
賭博者の錯誤（Gambler's fallacy）　209
トラウマ　254
トローペの2段階モデル　188

▼ナ行
内言　285
内集団　130, 131
　　——同質性効果（ingroup homogeneity effect）　131
　　——バイアス（ingroup bias）　128
内的作業モデル（IWM：internal working models）　170
2過程モデル　233
二重課題　266
二重処理モデル　66, 88
二重表象モデル　71
日常記憶（everyday memory）　61, 275
2貯蔵庫モデル　19
ニューラルネットワークモデル　277
認知依存的情動（dependent emotions）　175
認知感情独立仮説　180
認知サブシステム（ICS：interacting cognitive subsystems）　143
認知資源　137, 138
認知社会心理学（cognitive social psychology）　9
認知的経済性　256
認知的倹約家（cognitive miser）　276

Ⅲ-4 索引

認知的努力仮説　143
認知的多忙（cognitively busy）　191
認知的評価理論　162
認知的負荷　276
認知的不協和　65
　――理論　44
認知的複雑性　85
認知独立的情動（independent emotions）　175
ネガティビティ・バイアス（negativity bias）　99
ネットワークモデル　71, **73**, 74, 76, 77, 158, 254
ノード（node）　118, 148, **276**, 255, 256

▼ハ行

パーソナリティ理論　78
ハロー効果　278
反映過程　58
反実仮想（counterfactual thinking）　220
反証事例　116
反応潜時（latency）　**276**
ピースミール依存型感情（piecemeal-based affect）　84
ピースミール処理（piecemeal processing）　86, 91
比較過程　58
非共通効果（noncommon effect）　184
非線形効用理論　239
ヒット率　259
人カテゴリースキーマ　81
ヒューマンエラー　250
ヒューリスティックス（heuristics）　**278**
評価（appraisal）　168
評価的構え（assesement set）　102
評価的人物表象　75
表象（representation）　15, 279
フォールス・イディオシンクラシー効果（false idiosyncrasy effect）　205
フォールス・コンセンサス効果（false consensus effect）　**204**, 210
フォールス・ユニークネス効果（false uniqueness effect）　205
複数記憶システム論　34
符号化（encoding）　258, 279, 280
　――特定性原理（encoding specificity principle）　258, **280**
ブックキーピングモデル（book keeping model）　116
部分制約的スキーマ　192
プライミング　114, 230, 251
　――効果（priming effect）　18, 96, 180, 240, 253, 256, **280**
プラン（plan）　**281**
フレーミング（framing）　**234**, 281
　――効果　234, 239, 281
フレーム　237
プロスペクト理論（prospect theory）　234, 239
プロダクション・システム　98, 231, 274
プロトタイプ（prototype）　267, **282**
　――モデル（prototype model）　70, **135**
文化心理学　46, 59
分散分析モデル（ANOVA model）　184
文脈　230
　――効果（context effect）　**96**
分離モデル　138
並列分散処理モデル　256
ベースレートの軽視　208, **218**
偏見　128, 138, 263, 282
弁別性　203
妨害課題（distractor task）　**282**
包含−除外モデル　232
忘却（forgetting）　**283**
保持　280
ポジティビティ・バイアス　65
ボトムアップ（bottom up）　**283**
　――処理　283
ポリアンナ仮説（Pollyanna hypothesis）　99
本質論（entity theory）　94

▼マ行

無意図再生（incidental recall）　260
無知（ignorance）　238
命題的知識（propositional knowledge）　**269**
命題的表象　279
命題ネットワーク（propositional network）　256, 274, **284**
メタ記憶　275
メタ対比の原理　124
メタ認知（metacognition）　**284**
目撃証言　275
モニタリング　250

III 社会的認知の学び方

▼ヤ行
役割固定セラピー　79
有名性効果　224
抑圧　254
抑うつ(depression)　31, 158
　——スキーマ　31
　——の自己情報処理　31
　——の情報処理理論　158
抑制対象をさがす過程(automatic target search)　137

▼ラ行
リアリティモニタリング（reality monitoring）　285
リーダーとブルーワーのスキーマ・モデル　192
力動的自己概念　35
リスク認知　206, 236
理想自己　56
離脱（disengagement）　140
リハーサル（rehearsal）　274, 285
リバウンド効果（rebound effect）　63, 137
理由思考　227
流暢性モデル　230
利用可能性（availability）ヒューリスティック　133, 206, 208, 211, 252, 278
両耳分離聴法（dichotic listening method）　286
リンク（link）　255, 256, 286
連言錯誤（conjunction fallacy）　209, 210, 211, 219

連合システム理論（associated systems theory）　71, 76
連合ネットワークモデル（associative network model）　73, 74
錬成論（incremental theory）　95
連続行動の知覚　105
連続体モデル　88
ロメオとジュリエット効果　201

▼ワ行
ワイヤーとスラルの人物記憶モデル　75
割引原理　189

▼A〜Z
ACTモデル　77
ANOVAモデル　203
CEST（Cognitive-Experiential Self-Theory）　66
FOKs（feelings of knowing）　284
FOWs（feelings of warmth）　284
HSモデル（Heuristic-Systematic Model）　243
OCC理論　163
PDPモデル（Parallel Distributed Processing Model）　277
PNA（Positive-Negative Asymmetry）　144, 149, 151

人名索引

▼A
Abelson, R. P.　81
Abrams, D.　11, 123
Achee, J. W.　232
Ackerman, B. F.　172, 175
Ainsworth, M. D. S.　170
Alloy, L. B.　159
Allport, G. W.　112
Anderson, J. R.　21, 77, 284
Anderson, N. H.　5
Arndt, J.　51
Aron, A.　11
Aronson, E.　44
Aronson, J.　139
Asch, S. E.　5
Ashbrook, P. W.　156
Atkinson, R. C.　20

▼B
Baddeley, A. D.　261
Banaji, M. R.　67, 241
Bannister, D.　79
Bargh, J. A.　11, 114, 158, 223, 224
Barnard, P. J.　143
Barndollar, K.　114
Bassili, J. N.　93
Bassok, M.　229
Baudenhausen, G. V.　10
Baumeister, R. F.　28, 47, 63
Beach, S. R. H.　59
Beck, A. T.　31, 143
Belli, R. F.　61
Berglas, S. C.　54
Beyth-Marom, R.　229
Bless, H.　232
Bobrow, D. G.　265
Boettger, R.　64
Bornstein, R. F.　201
Bower, G. H.　27, 142, 143, 145, 146, 148, 149, 150, 151
Bowlby, J.　171
Bradley, G. W.　198, 199
Braly, K.　108
Brendl, C. M.　57, 213

▼
Brennan, K. A.　171
Brewer, M. B.　9, 10, 11, 87, 88, 192
Brown, J. D.　46, 54, 65
Brown, R.　132
Brown-Peterson　272
Bruner, J.　29, 61, 94, 213

▼C
Cacioppo, J. T.　242, 243
Cantor, N.　9, 78, 282
Carlston, D. E.　70, 72, 76, 99
Carpenter, S. L.　30
Carver, C. S.　38, 40, 62
Chaiken, S.　86, 222, 233, 243
Chapman, J. P.　133
Chapman, L. J.　133
Chen, S.　243
Cheng, P. W.　187
Chiu, C.　95
Clark, D. M.　158
Clore, G. L.　160
Cohen, C. E.　9, 82, 90, 91, 112, 271
Collins, A. M.　148, 256
Condorcet, M.　244
Cox, M. G.
Craik, F. I. M.　33, 264, 268
Crocker, J.　80, 82, 117, 140
Crockett, W. H.　85
Czapinski, J.　99,

▼D
Darley, J. M.　102, 113
Darwin, C.　172
Davis, J. H.　244
Davis, K. E.　184
Dawes, R. M.　234, 239
Devine, P. G.　10, 12, 114, 138
Dodge, K. A.　117
Duncan, S. L.　113
Duval, S.　38, 40, 41, 62
Dweck, C. S.　94
Deprét, E.　8, 9, 86, 100, 104

319

III 社会的認知の学び方

▼E
Ebbesen, E. B.　90, 91
Ebbinghaus, H.　255, 260, 275
Ekman, P.　172, 173, 174
Ellis, H. C.　156
Ellsworth, P. C.　162, 163
遠藤利彦　175
遠藤由美　47
Epstein, S.　44, 46, 66
Erber, R.　101, 137

▼F
Fazio, R. H.　240, 241
Fenigstein, A.　38
Fennell, M. J.　32
Fischhoff, B.　229
Fiske, S. T.　5, 8, 9, 10, 12, 80, 84, 86, 88, 90, 100, 101, 104, 112, 151, 212, 213
Folkman, S.　168, 169
Fong, G.　215
Forgas, J. P.　143, 151, 153, 154, 243
Fransella, F.
Fried, L. S.　110
Friesen, W. V.　174
Frijda, N. H.　152, 161

▼G
Gaertner, S. L.　128
Gaunt, R.　189
Gergen, K. J.　29
Giesler, R. B.　43
Gifford, R. K.　10, 133
Gilbert, G. T.　115, 138, 185, 190, 191, 197
Gilligan, S. G.　27
Gilovich, T.　216
Goffman, E.　139
Gollwitzer, P. M.　55, 262
Goodwin, S. A.　101
Gordon, S. E.　70, 72, 90
Greenberg, J.　32, 47, 50, 51
Greenwald, A. G.　67, 241
Gross, P. H.　113
Gurwitz, S. B.　117

▼H
Ha, Y-W.　229

Hamilton, D. L.　5, 6, 7, 10, 73, 90, 102, 118, 133, 135, 136
Hanson, L. R., Jr.　99
Harré, R.　173
Hastie, R.　8, 9, 70, 74, 220, 226
Hastorf, A. H.　9
Hawkins, S. A.　220
Hazan, C.　171
Heider, F.　184, 194, 196
Herr, P. M.　231
Hesse, E.　170
Hewstone, M.　117
Higgins, E. T.　8, 19, 29, 53, 56, 57, 62, 78, 96, 97, 98, 164, 213
Hilton, D. J.　187
Hilton, J. L.　102
Hixon, J. G.　115, 138
Hogg, M. A.　11, 123
Holyoak, K. J.　110
Hovland, C. I.　234
Howard, J. W.　128

▼I
Isen, A. M.　9, 151, 152, 156
池上知子　223
磯崎三喜年　59
伊藤忠弘　47
Izard, C. E.　172, 173, 175

▼J
Jacoby, L. L.　201, 225
James, W.　26, 28, 60, 176
Jenkins, H. M.　217
神信人　129
Johnson, P. E.　285
Johnson-Laird, P. N.　173
Johnston, L.　117
Jones, E. E.　54, 94, 184, 202

▼K
Kahneman, D.　14, 133, 206, 207, 208, 210, 211, 218, 219, 220, 234, 239, 265, 278
海保博之　8
亀田達也　244, 245
Kanouse, D. E.　99
唐沢　かおり　218

Ⅲ-4 索引

唐沢 穣　108
Kassin, S. M.　203
Katz, D.　108
Kelley, H. H.　82, 184, 186, 189, 203
Kelly, G. A.　78, 79, 85
北村英哉　153
北山 忍　46, 59
Klayman, J.　229
Klein, S. B.　34
Krueger, J.　113, 204
久保田健市　126, 129
Kuiper, N. A.　34
Kumer, P. A.　74
Kunda, Z.　64
Kunst-Wilson, W. R.　182, 224
Kurono, K.　176
楠見 孝　277

▼L
Lachman, R.　17
Langer, E. J.　217
Lazarus, R. S.　163, 168, 169, 180
Leary, M. R.　47, 54, 55
LeDoux, J.　180
Lewin, K.　283
Lichtenstein, M.　90
Linville, P. W.　67, 129, 131
Lippmann, W.　108
Lishman, W. A.　158
Llord, G. G.　158
Loftus, E. F.　61, 148

▼M
Maass, A.　111
Mackie, D. M.　152, 153
Macrae, C. N.　10
Main, M.　170
Malone, P. S.　191, 197
Mandler, G.　180
Manstead, A. S. R.　176
Marks, G.　204
Markus, H.　27, 30, 35, 36, 37, 60, 80, 105
Marques, J. M.　130
Martin, L. L.　64, 232
McClelland, D. C.　277
McDougall, W.　118
Mead, G. H.　38

Miller, D. T.　198
Miller, G. A.　273, 281
Miller, N.　204
Mischel, W.　9, 62, 78, 282
宮本聡介　90, 91
Morgenstern, O.　238
守 一雄　277
Mullen, B.　204
村田光二　9, 10, 81
Murphy, S. T.　180

▼N
Neisser, U.　271, 275
Neuberg, S. L.　10, 86, 88, 91
Newtson, D.　72, 105
Nisbett, R. E.　95, 196, 202, 219, 227
Norman, D. A.　265
Novick, L. R.　187
沼崎 誠　153
Nurius, P.　36

▼O
Oatley, K.　173
Ohira, H.　176
岡 隆　10
Ortony, A.　162, 163, 175

▼P
Pacini, R.　66
Paez, D.　130
Park, B.　110, 131, 193, 226
Parkinson, B.　172
Pavelchak, M. A.　84
Payne, J, W.　239
Peeters, G.　99
Pettigrew, T. F.　129
Petty, R. E.　96, 232, 242, 243
Pietromonaco, P.　224
Plutchik, R.　173
Posner, M. I.　271
Postman, L.　112
Powers, W. T.　62
Pyszczynski, T.　32, 151, 158

321

III 社会的認知の学び方

▼R

Raye, C. L.　285
Reason, J. T.　250
Reber, A. S.　270
Reeder, G. D.　192, 193
Rodin, J.　157
Roenker, D. L.　271
Rogers, T. B.　27, 33, 34
Rosch, E.　255
Roseman, I. J.　162
Rosenberg, M.　49, 94
Ross, L.　95, 196, 200, 204
Ross, M.　198
Rothbart, M.　113, 128, 131, 193, 215
Rotter, J. P.　194
Rumelhart, D. E.　277
Ruscher, J. B.　101
Russell, J. A.　175
Ruvolo, A.　36

▼S

坂元 章　75, 85
坂本真士　32, 39
Salovey, P.　157
Savage, L. J.　238
Schachter, S.　172, 200
Schank, R. C.　267
Scheier, M. F.　38, 40, 62
Scherer, K. R.　162, 163, 165
Schneider, K.　94
Schroder, H. M.　85
Schwarz, N.　152, 160, 232
Scott, J.　31
Scott, W. A.　85
Sedikides, C.　8, 32, 42, 46, 53, 157
Shaver, P. R.　171
Sherif, M.　120, 234
Sherman, J. W.　135, 136
Sherman, S. J.　118
Shiffrin, R. M.　20
Simon, B.　132
Singer, J. E.　172, 200
Skowronski, J. J.　99
Slovic, P.　236
Slugoski, B. R.　187
Smith, C. A.　162, 163
Smith, E. R.　70, 72, 77, 98, 136, 231
Smith, M. C.　93

Snyder, M.　83, 214, 228
Sorrentino, R. M.　8
Srull, T. K.　5, 9, 72, 75, 90, 93
Stangor, C.　96
Stasser, G.　245
Steele, C. M.　54, 139
Stevens, L. E.　101
Strube, M. J.　8, 42, 46, 53
杉森伸吉　134
Swann, W. B. Jr.　8, 43, 44, 46, 52, 214, 228

▼T

Tagiuri, R.　94
Tajfel, H.　120, 121, 122, 124, 126, 127, 128, 130, 132
高橋超　59
竹村和久　234, 235, 238, 239
Taylor, S. E.　4, 5, 6, 7, 8, 9, 46, 54, 55, 65, 80, 82, 90, 99, 112, 151, 207, 212, 213
Teasdale, J. D.　32, 143, 158
Tesser, A.　53, 58, 59
Tetlock, P. E.　64
Thorndike, E. L.　283
戸田正直　178, 179
Tomkins, S.　176
Tota, M. E.　158
Trope, Y.　8, 42, 86, 185, 188, 189, 222, 229, 233
Tulving, E.　21, 33, 34, 254, 255, 264, 280,
Turner, J. C.　120, 130, 132
Turner, R. G.　41, 123, 124
Turner, T. J.　175
都築誉史　277
Tversky, A.　14, 133, 206, 207, 208, 210, 211, 218, 219, 220, 234, 239, 278
Twaddle, V.　31

▼U

Uleman, J. S.　92, 93
Uranowitz, S. W.　83

▼V

Vallacher, R, R.　94
Velten, E.　146
vonNeuman, J.　238

▼W
Ward, W. C.　218
Wason, P. C.　228
Waynbaum, I.　177
Weber, R.　117
Wegener, D. T.　96, 232
Wegner, D. M.　63, 94, 137, 223
Weiner, B.　163, 166, 167, 194, 195
Wicklund, R. A.　38, 40, 41, 55, 62
Wilder, D. A.　131
Williams, C. J.　240
Wilson, T. D.　227
Winter, L.　92
Wolff, C.　38
Worth, L. T.　152, 153
Wurf, E.　35, 37
Wyer, R. S. Jr.　5, 9, 70, 72, 75, 90, 93, 153

▼Y
山岸俊男　129
山本眞理子　88, 90
吉田冨二雄　129
Yzerbyt, V. Y.　104

▼Z
Zajonc, R. B.　4, 6, 7, 177, 180, 181, 182, 201, 224
Zárate, M. A.　136
Zeigarnik, B.　283
Zillman, D.　200
Zuckerman, M.　198, 199

執筆者一覧

【編者】

山本眞理子		：Ⅰ-1，Ⅱ-2
外山みどり	（学習院大学文学部）	：Ⅱ-5，Ⅲ-2
池上知子	（大阪市立大学大学院文学研究科）	：Ⅱ-4
遠藤由美	（関西大学社会学部）	：Ⅱ-1
北村英哉	（東洋大学社会学部）	：Ⅰ-2，Ⅱ-6，Ⅲ-1
宮本聡介	（明治学院大学心理学部）	：Ⅱ-3

【執筆者】（50音順）

有馬淑子	（京都学園大学人間文化学部）			究科）
伊藤忠弘	（学習院大学文学部）		川瀬隆千	（宮崎公立大学人文学部）
井上 毅	（滋賀大学教育学部）		河原哲雄	（埼玉工業大学人間社会学部）
梅田 聡	（慶應義塾大学文学部）		吉川肇子	（慶應義塾大学商学部）
遠藤利彦	（東京大学大学院教育学研究科）		楠見 孝	（京都大学大学院教育学研究科）
大石千歳	（東京女子体育大学体育学部）		工藤恵理子	（東京女子大学文理学部）
大江朋子	（東京大学大学院総合文化研究科）		久保田健市	（名古屋市立大学大学院人間文化研究科）
岡 隆	（日本大学文理学部）		齊藤 智	（京都大学大学院教育学研究科）
大平英樹	（名古屋大学大学院環境学研究科）		坂元 章	（お茶の水女子大学大学院人間文化創成科学研究科）
柿本敏克	（群馬大学社会情報学部）			
上瀬由美子	（江戸川大学社会学部）		坂元 桂	（立教大学）
亀田達也	（北海道大学大学院文学研究科）		坂本真士	（日本大学文理学部）
			佐久間勲	（文教大学情報学部）
唐沢かおり	（東京大学大学院人文社会系研究科）		潮村公弘	（フェリス女学院大学文学部）
			杉森伸吉	（東京学芸大学教育学部）
唐沢 穰	（名古屋大学大学院環境学研）		鈴木高士	

高橋　晃	（静岡大学情報学部）	藤島喜嗣	（昭和女子大学大学院生活機構研究科）
高橋雅延	（聖心女子大学文学部）	藤田哲也	（法政大学文学部）
竹村和久	（早稲田大学文学学術院）	堀内　孝	（岡山大学大学院社会文化科学研究科）
谷口高士	（大阪学院大学情報学部）		
土田昭司	（関西大学社会学部）		
寺澤孝文	（岡山大学大学院教育学研究科）	堀毛一也	（岩手大学人文社会科学部）
		松井孝雄	（中部大学人文学部）
戸田弘二	（北海道教育大学岩見沢校）	村田光二	（一橋大学大学院社会学研究科）
友田貴子	（埼玉工業大学人間社会学部）		
仲真紀子	（北海道大学大学院文学研究科）	守　一雄	（東京農工大学大学院）
		森津太子	（放送大学教養学部）
中澤宏光		森　直久	（札幌学院大学人文学部）
沼崎　誠	（首都大学東京人文科学研究科）	山上真貴子	（お茶の水女子大学文教育学部）
原奈津子	（就実大学人文科学部）	渡辺めぐみ	（温心会（医社）ヒヨドリ医院）
坂西友秀	（埼玉大学教育学部）		
久野雅樹	（電気通信大学電気通信学部）		

社会的認知ハンドブック

| 2001年10月1日 | 初版第1刷発行 | 定価はカバーに表示 |
| 2010年7月5日 | 初版第3刷発行 | してあります。 |

編者	山本　眞理子
	外山　みどり
	池上　知子
	遠藤　由美
	北村　英哉
	宮本　聡介

発行所　㈱北大路書房

〒603-8303　京都市北区紫野十二坊町12-8
電　話　(075) 431-0361㈹
ＦＡＸ　(075) 431-9393
振　替　01050-4-2083

ⓒ2001　　制作／T.M.H.　　印刷・製本／亜細亜印刷㈱
検印省略　落丁・乱丁本はお取り替えいたします。

ISBN 978-4-7628-2225-4　　Printed in Japan